国家治理现代化十八讲

颜晓峰 ○ 主编
常培育 李徐步 ○ 副主编

人民日报出版社
北京

图书在版编目（CIP）数据

国家治理现代化十八讲 / 颜晓峰主编. -- 北京：人民日报出版社，2019.10
ISBN 978-7-5115-6185-5

Ⅰ.①国… Ⅱ.①颜… Ⅲ.①国家－行政管理－现代化管理－研究－中国 Ⅳ.① D630.1

中国版本图书馆 CIP 数据核字（2019）第 205294 号

书　　名：国家治理现代化十八讲
　　　　　GUOJIA ZHILI XIANDAIHUA SHIBAJIANG
主　　编：颜晓峰

出 版 人：刘华新
责任编辑：曹　腾　高　亮
封面设计：阮全勇

出版发行：人民日报出版社
社　　址：北京金台西路 2 号
邮政编码：100733
发行热线：(010) 65369527　65369509　65369512　65369846
邮购热线：(010) 65369530　65363527
编辑热线：(010) 65369523
网　　址：www.peopledailypress.com
经　　销：新华书店
印　　刷：大厂回族自治县彩虹印刷有限公司

开　　本：710mm×1000mm　1/16
字　　数：310 千字
印　　张：21
版次印次：2019 年 11 月第 1 版　2020 年 3 月第 2 次印刷

书　　号：ISBN 978-7-5115-6185-5
定　　价：46.00 元

主　　编　颜晓峰
副 主 编　常培育　李徐步
本书作者（按姓氏笔画排序）

王　恒　王　磊　王寿林　王丽君　王燕群　刘　群
刘志华　朱康有　祁一平　孙存良　李徐步　杨文圣
杨永利　张　畅　张　震　屈　婷　姜钦云　徐菁忆
黄昆仑　常培育　韩　刚　詹仲亚　颜　旭　颜晓峰

目录 CONTENTS

中国共产党第十九届中央委员会第四次全体会议公报 / 1

(2019年10月31日中国共产党第十九届中央委员会第四次全体会议通过)

中共中央关于坚持和完善中国特色社会主义制度　推进国家治理体系和治理能力现代化若干重大问题的决定 / 9

(2019年10月31日中国共产党第十九届中央委员会第四次全体会议通过)

第一讲　具有开创性里程碑意义的战略决策 / 1

(一) 站在历史交汇点的战略眼光和历史担当 / 1

(二) 具有多方面显著优势的中国特色社会主义制度和国家治理体系 / 6

(三) 在坚持和完善中国特色社会主义制度的实践中推进国家治理体系和治理能力现代化 / 8

第二讲　新时代坚持和完善中国特色社会主义制度的必然要求 / 12

(一) 推进国家治理现代化的重大意义 / 12

(二) 国家治理现代化的基本内涵 / 17

(三) 把我国制度优势更好转化为国家治理效能 / 21

第三讲　中国传统治理思想 / 25

（一）传统治理思想的内核 / 25

（二）传统治理思想的主流 / 32

（三）传统治理思想的分歧 / 37

第四讲　治理社会主义社会的探索历程 / 46

（一）马克思和恩格斯关于国家治理的重要论述 / 47

（二）列宁对社会主义国家治理的探索 / 52

（三）斯大林时期苏联对社会主义国家治理的探索 / 56

（四）现实启示 / 57

第五讲　新中国 70 周年建立和完善社会主义制度、加强和完善国家治理的历史性成就 / 60

（一）新中国 70 年建立和完善社会主义制度、加强和完善国家治理的探索历程 / 61

（二）新中国 70 年来中国共产党在社会主义制度和国家治理上的伟大历史性成就 / 73

第六讲　当代西方国家治理的发展状况 / 77

（一）当代西方国家治理的实践历程 / 77

（二）当代西方国家治理的思想发展脉络 / 82

（三）当代西方国家治理之路的审视 / 88

（四）当代中国与西方国家治理比较 / 91

第七讲　坚持和完善中国特色社会主义制度、推进国家治理体系和治理能力现代化的总体要求 / 94

（一）深刻认识总体要求的重大意义 / 95

（二）全面把握总体要求的主要内容 / 98

（三）认真领会总体要求的基本特点 / 102

第八讲 坚持和完善中国特色社会主义制度、推进国家治理体系和治理能力现代化的总体目标 / 105

（一）总体目标的历史演进 / 105

（二）总体目标的两个基本点和"三步走"安排及其关系 / 107

（三）总体目标实现的价值判断和评价标准 / 114

（四）设定总体目标的重大意义 / 118

第九讲 我国国家制度和国家治理体系的显著优势 / 121

（一）我国国家制度和国家治理体系显著优势的形成 / 121

（二）十三个方面显著优势的基本内涵与表现 / 127

（三）使我国的制度优势更加充分地发挥出来 / 139

第十讲 坚持和完善中国特色社会主义制度、推进国家治理体系和治理能力现代化的重点任务 / 144

（一）坚持和完善党的领导制度 / 144

（二）坚持和完善中国特色社会主义政治制度 / 147

（三）坚持和完善中国特色社会主义经济制度 / 154

（四）坚持和完善中国特色社会主义文化制度 / 157

（五）坚持和完善中国特色社会主义社会制度 / 160

（六）坚持和完善中国特色社会主义生态文明制度 / 162

（七）坚持和完善中国特色社会主义军事制度 / 164

（八）坚持和完善中国特色社会主义外事制度 / 166

第十一讲　实现国家治理制度化、规范化、程序化 / 168

（一）实现国家治理制度化、规范化、程序化的根本要求 / 168

（二）制度化、规范化、程序化是国家治理现代化的核心内容 / 172

（三）着眼全面深化改革积极推进国家治理制度化、规范化、程序化 / 177

第十二讲　国家制度和国家治理体系 / 183

（一）中国特色社会主义制度和治理体系的主要特征及重大意义 / 183

（二）中国特色社会主义制度和治理体系不断完善的历史路径 / 188

（三）坚持与完善中国特色社会主义制度和治理体系的建构原则 / 192

第十三讲　提高国家治理能力的任务、重点和机制 / 197

（一）明确提高国家治理能力的任务 / 198

（二）把握提高国家治理能力的重点 / 205

（三）构建提高国家治理能力的机制 / 211

第十四讲　创新社会治理制度 / 216

（一）社会治理的基本内涵 / 216

（二）创新社会治理的重大意义 / 222

（三）创新社会治理的重点工作 / 225

第十五讲　提高城市治理现代化水平 / 232

（一）我国社会主义现代化城市发展理念和治理体系的形成 / 233

（二）城市治理现代化的具体内涵和意义 / 235

（三）我国城市发展水平现状及问题 / 238

（四）提高城市治理现代化水平的战略目标、举措和根本保证 / 240

第十六讲　推进乡村治理体系和治理能力现代化 / 243

（一）乡村治理体系和治理能力现代化的内涵 / 243

（二）推进乡村治理体系和治理能力现代化的意义 / 246

（三）推进乡村治理体系和治理能力现代化的途径 / 248

第十七讲　促进制度体系、治理体系与价值体系融合贯通 / 257

（一）制度体系、治理体系与价值体系的高度统一 / 258

（二）制度体系、治理体系与价值体系相互促进的生动实践 / 264

（三）促进制度体系、治理体系与价值体系的良性互动 / 268

第十八讲　在坚持和完善中国特色社会主义制度的实践中推进国家治理体系和治理能力现代化 / 274

（一）坚定维护中国特色社会主义制度 / 274

（二）有效提升国家治理执行力 / 278

（三）全面加强党对国家治理现代化的领导 / 283

（四）持续深化机构和行政体制改革 / 286

（五）大力弘扬社会主义核心价值体系 / 287

后记 / 291

中国共产党第十九届中央委员会
第四次全体会议公报

（2019年10月31日中国共产党第十九届
中央委员会第四次全体会议通过）

中国共产党第十九届中央委员会第四次全体会议，于2019年10月28日至31日在北京举行。

出席这次全会的有，中央委员202人，候补中央委员169人。中央纪律检查委员会常务委员会委员和有关方面负责同志列席会议。党的十九大代表中的部分基层同志和专家学者也列席会议。

全会由中央政治局主持。中央委员会总书记习近平作了重要讲话。

全会听取和讨论了习近平受中央政治局委托作的工作报告，审议通过了《中共中央关于坚持和完善中国特色社会主义制度、推进国家治理体系和治理能力现代化若干重大问题的决定》。习近平就《决定（讨论稿）》向全会作了说明。

全会充分肯定党的十九届三中全会以来中央政治局的工作。一致认为，面对国内外风险挑战明显增多的复杂局面，中央政治局高举中国特色社会主义伟大旗帜，坚持以马克思列宁主义、毛泽东思想、邓小平理论、"三个代表"重要思想、科学发展观、习近平新时代中国特色社会主义思想为指导，全面贯彻党的十九大和十九届二中、三中全会精神，准确把握国内国际两个大局，着力抓好发展和安全两件大事，加强战略谋划，增强战略定力，坚持稳中求进工作总基调，继续统筹推进"五位一体"总体布局和协调推进"四个全面"战略布局，团结带领全党全国各族人民攻坚克难、砥砺前行，庆祝中华人民共和国成立70周年系列活动极大振奋和凝聚了党心军心民心，庆祝改革开放40周年系列活动增强了将改革进行到底的信心，"不忘初心、牢记使命"主题教育成效明显，深化党和国家机构改革各项工作胜利完成，改革开放全面深化，经济社会保持健康稳定发展，坚决打好三大攻坚战和应对各种风险挑战工作有力有效，国防和军队现代化深入推进，推动党和国家各项事业取得新的重大进展。

全会提出，中国特色社会主义制度是党和人民在长期实践探索中形成的科学制度体系，我国国家治理一切工作和活动都依照中国特色社会主义制度展开，我国国家治理体系和治理能力是中国特色社会主义制度及其执行能力的集中体现。

全会认为，中国共产党自成立以来，团结带领人民，坚持把马克思主义基本原理同中国具体实际相结合，赢得了中国革命胜利，并深刻总结国内外正反两方面经验，不断探索实践，不断改革创新，建立和完善社会主义制度，形成和发展党的领导和经济、政治、文化、社会、生态文明、军事、外事等各方面制度，加强和完善国家治理，取得历史性成就。党的十八大以来，我们党领导人民统筹推进"五位一体"总体布局、协调推进"四个全面"战略布局，推动中国特色社会主义制度更加完善、国家治理体系和治理能力现代化水平明显提高，为政治稳定、经济发展、文化繁荣、民族团结、人民幸福、社会安宁、国家统一提供了有力保障。实践证明，中国特色社会主义制度和国家治理体系是以马克思主义为指导、植根中国大地、具有深厚中华文化根基、深得人民拥护的制度和治理体系，是具有强大生命力和巨大优越性的制度和治理体系，是能够持续推动拥有近十四亿人口大国进步和发展、确保拥有五千多年文明史的中华民族实现"两个一百年"奋斗目标进而实现伟大复兴的制度和治理体系。

全会强调，我国国家制度和国家治理体系具有多方面的显著优势，主要是：坚持党的集中统一领导，坚持党的科学理论，保持政治稳定，确保国家始终沿着社会主义方向前进的显著优势；坚持人民当家作主，发展人民民主，密切联系群众，紧紧依靠人民推动国家发展的显著优势；坚持全面依法治国，建设社会主义法治国家，切实保障社会公平正义和人民权利的显著优势；坚持全国一盘棋，调动各方面积极性，集中力量办大事的显著优势；坚持各民族一律平等，铸牢中华民族共同体意识，实现共同团结奋斗、共同繁荣发展的显著优势；坚持公有制为主体、多种所有制经济共同发展和按劳分配为主体、多种分配方式并存，把社会主义制度和市场经济有机结合起来，不断解放和发展社会生产力的显著优势；坚持共同的理想信念、价值理念、道德观念，弘扬中华优秀传统文化、革命文化、社会主义先进文化，促进全体人民在思想上精神上紧紧团结在一起的显著优势；坚持以人民为中心的发展思想，不断保障和改善民生、增进人民福祉，走共同富裕道路的显著优势；坚持改革创新、与时俱进，善于自我完善、自我发展，使社会充满生机活力的显著优势；坚持德才兼备、选贤任能，聚天下英才而用之，培养造就更多更优秀人才的显著优势；坚持党指挥枪，确保人民军队绝对忠诚于党和人民，有力保障国家主权、安全、发展利益的显著优势；坚持"一国两制"，保持香港、澳门长期繁荣稳定，促进祖国和平统一的显著优势；坚持独立自主和对外开放相统一，积极参与全球治理，为构建人类命运共同体不断作出贡献的显著优势。这些显著优势，是我们坚定中国特色社会主义道路自信、理论自信、制度自信、文化自信的基本依据。

全会强调，必须坚持以马克思列宁主义、毛泽东思想、邓小平理论、"三个代表"重要思想、科学发展观、习近平新时代中国特色社会主义思想为指导，增强"四个意识"，坚定"四个自信"，做到"两个维护"，坚持党的领导、人民当家作主、依法治国有机统一，坚持解放思想、实事求是，坚持改革创新，突出坚持和完善支撑中国特色社会主义制度的根本制度、基本制度、重要制度，着力固根基、扬优势、补短板、强弱项，构建系统完备、科学规范、运行有效的制度体系，加强系统治理、依法治理、综合治理、源头治理，把我国制度优势更好转化为国家治理效能，为实现"两个一百年"奋斗目标、实现中华民族伟大复兴的中国梦提供有力保证。

全会提出，坚持和完善中国特色社会主义制度、推进国家治理体系和治理能力现代化的总体目标是，到我们党成立一百年时，在各方面制度更加成熟更加定型上取得明显成效；到二〇三五年，各方面制度更加完善，基本实现国家治理体系和治理能力现代化；到新中国成立一百年时，全面实现国家治理体系和治理能力现代化，使中国特色社会主义制度更加巩固、优越性充分展现。

全会提出，坚持和完善党的领导制度体系，提高党科学执政、民主执政、依法执政水平。必须坚持党政军民学、东西南北中，党是领导一切的，坚决维护党中央权威，健全总揽全局、协调各方的党的领导制度体系，把党的领导落实到国家治理各领域各方面各环节。要建立不忘初心、牢记使命的制度，完善坚定维护党中央权威和集中统一领导的各项制度，健全党的全面领导制度，健全为人民执政、靠人民执政各项制度，健全提高党的执政能力和领导水平制度，完善全面从严治党制度。

全会提出，坚持和完善人民当家作主制度体系，发展社会主义民主政治。必须坚持人民主体地位，坚定不移走中国特色社会主义政治发展道路，确保人民依法通过各种途径和形式管理国家事务，管理经济文化事业，管理社会事务。要坚持和完善人民代表大会制度这一根本政治制度，坚持和完善中国共产党领导的多党合作和政治协商制度，巩固和发展最广泛的爱国统一战线，坚持和完善民族区域自治制度，健全充满活力的基层群众自治制度。

全会提出，坚持和完善中国特色社会主义法治体系，提高党依法治国、依法执政能力。建设中国特色社会主义法治体系、建设社会主义法治国家是坚持和发展中国特色社会主义的内在要求。必须坚定不移走中国特色社会主义法治道路，全面推进依法治国，坚持依法治国、依法执政、依法行政共同推进，坚持法治国家、法治政府、法治社会一体建设。要健全保证宪法全面实施的体制机制，完善立法体制机制，健全社会公平正义法治保障制度，加强对法律实施的监督。

全会提出，坚持和完善中国特色社会主义行政体制，构建职责明确、依法行政的政府治理体系。国家行政管理承担着按照党和国家决策部署推动经济社会发展、管理社会事务、服务人民群众的重大职责。必须坚持一切行政机关为人民服务、对人民负责、受人民监督，创新行政方式，提高行政效能，建设人民满意的服务型政府。要完善国家行政体制，优化政府职责体系，优化政府组织结构，健全充分发挥中央和地方两个积极性体制机制。

全会提出，坚持和完善社会主义基本经济制度，推动经济高质量发展。公有制为主体、多种所有制经济共同发展，按劳分配为主体、多种分配方式并存，社会主义市场经济体制等社会主义基本经济制度，既体现了社会主义制度优越性，又同我国社会主义初级阶段社会生产力发展水平相适应，是党和人民的伟大创造。必须坚持社会主义基本经济制度，充分发挥市场在资源配置中的决定性作用，更好发挥政府作用，全面贯彻新发展理念，坚持以供给侧结构性改革为主线，加快建设现代化经济体系。要毫不动摇巩固和发展公有制经济，毫不动摇鼓励、支持、引导非公有制经济发展，坚持按劳分配为主体、多种分配方式并存，加快完善社会主义市场经济体制，完善科技创新体制机制，建设更高水平开放型经济新体制。

全会提出，坚持和完善繁荣发展社会主义先进文化的制度，巩固全体人民团结奋斗的共同思想基础。发展社会主义先进文化、广泛凝聚人民精神力量，是国家治理体系和治理能力现代化的深厚支撑。必须坚定文化自信，牢牢把握社会主义先进文化前进方向，激发全民族文化创造活力，更好构筑中国精神、中国价值、中国力量。要坚持马克思主义在意识形态领域指导地位的根本制度，坚持以社会主义核心价值观引领文化建设制度，健全人民文化权益保障制度，完善坚持正确导向的舆论引导工作机制，建立健全把社会效益放在首位、社会效益和经济效益相统一的文化创作生产体制机制。

全会提出，坚持和完善统筹城乡的民生保障制度，满足人民日益增长的美好生活需要。增进人民福祉、促进人的全面发展是我们党立党为公、执政为民的本质要求。必须健全幼有所育、学有所教、劳有所得、病有所医、老有所养、住有所居、弱有所扶等方面国家基本公共服务制度体系，注重加强普惠性、基础性、兜底性民生建设，保障群众基本生活。满足人民多层次多样化需求，使改革发展成果更多更公平惠及全体人民。要健全有利于更充分更高质量就业的促进机制，构建服务全民终身学习的教育体系，完善覆盖全民的社会保障体系，强化提高人民健康水平的制度保障。坚决打赢脱贫攻坚战，建立解决相对贫困的长效机制。

全会提出，坚持和完善共建共治共享的社会治理制度，保持社会稳定、维护国家安全。社会治理是国家治理的重要方面。必须加强和创新社会治理，完善党委领导、政府负责、民主协商、社会协同、公众参与、法治保障、科技支撑的社会治理体系，建设人人有责、人人尽责、人人享有的社会治理共同体，确保人民安居乐业、社会安定有序，建设更高水平的平安中国。要完善正确处理新形势下人民内部矛盾有效机制，完善社会治安防控体系，健全公共安全体制机制，构建基层社会治理新格局，完善国家安全体系。

全会提出，坚持和完善生态文明制度体系，促进人与自然和谐共生。生态文明建设是关系中华民族永续发展的千年大计。必须践行绿水青山就是金山银山的理念，坚持节约资源和保护环境的基本国策，坚持节约优先、保护优先、自然恢复为主的方针，坚定走生产发展、生活富裕、生态良好的文明发展道路，建设美丽中国。要实行最严格的生态环境保护制度，全面建立资源高效利用制度，健全生态保护和修复制度，严明生态环境保护责任制度。

全会提出，坚持和完善党对人民军队的绝对领导制度，确保人民军队忠实履行新时代使命任务。党对人民军队的绝对领导是人民军队的建军之本、强军之魂。必须牢固确立习近平强军思想在国防和军队建设中的指导地位，巩固和拓展深化国防和军队改革成果，构建中国特色社会主义军事政策制度体系，全面推进国防和军队现代化，确保实现党在新时代的强军目标，把人民军队全面建成世界一流军队，永葆人民军队的性质、宗旨、本色。要坚持人民军队最高领导权和指挥权属于党中央，健全人民军队党的建设制度体系，把党对人民军队的绝对领导贯彻到军队建设各领域全过程。

全会提出，坚持和完善"一国两制"制度体系，推进祖国和平统一。"一国两制"是党领导人民实现祖国和平统一的一项重要制度，是中国特色社会主义的一个伟大创举。必须严格依照宪法和基本法对香港特别行政区、澳门特别行政区实行管治，维护香港、澳门长期繁荣稳定。建立健全特别行政区维护国家安全的法律制度和执行机制。要坚定推进祖国和平统一进程，完善促进两岸交流合作、深化两岸融合发展、保障台湾同胞福祉的制度安排和政策措施，团结广大台湾同胞共同反对"台独"、促进统一。

全会提出，坚持和完善独立自主的和平外交政策，推动构建人类命运共同体。必须统筹国内国际两个大局，高举和平、发展、合作、共赢旗帜，坚定不移维护国家主权、安全、发展利益，坚定不移维护世界和平、促进共同发展。要健全党对外事工作领导体制机制，完善全方位外交布局，推进合作共赢的开放体系建设，积极参与全球治理体系改革和建设。

全会提出，坚持和完善党和国家监督体系，强化对权力运行的制约和监督。党和国家监督体系是党在长期执政条件下实现自我净化、自我完善、自我革新、自我提高的重要制度保障。必须健全党统一领导、全面覆盖、权威高效的监督体系，增强监督严肃性、协同性、有效性，形成决策科学、执行坚决、监督有力的权力运行机制，构建一体推进不敢腐、不能腐、不想腐体制机制，确保党和人民赋予的权力始终用来为人民谋幸福。

全会强调，坚持和完善中国特色社会主义制度、推进国家治理体系和治理能力现代化，是全党的一项重大战略任务。各级党委和政府以及各级领导干部要切实强化制度意识，带头维护制度权威，做制度执行的表率，带动全党全社会自觉尊崇制度、严格执行制度、坚决维护制度。加强制度理论研究和宣传教育，引导全党全社会充分认识中国特色社会主义制度的本质特征和优越性，坚定制度自信。推动广大干部严格按照制度履行职责、行使权力、开展工作，提高推进"五位一体"总体布局和"四个全面"战略布局等各项工作能力和水平。

全会按照党章规定，决定递补中央委员会候补委员马正武、马伟明同志为中央委员会委员。

全会审议并通过了中共中央纪律检查委员会关于刘士余同志严重违纪违法问题的审查报告，确认中央政治局之前作出的给予刘士余同志留党察看二年的处分。

全会号召，全党全国各族人民要更加紧密地团结在以习近平同志为核心的党中央周围，坚定信心，保持定力，锐意进取，开拓创新，为坚持和完善中国特色社会主义制度、推进国家治理体系和治理能力现代化，实现"两个一百年"奋斗目标、实现中华民族伟大复兴的中国梦而努力奋斗！

（新华社北京 10 月 31 日电）

《人民日报》（2019 年 11 月 01 日　01 版）

中共中央关于坚持和完善中国特色社会主义制度推进国家治理体系和治理能力现代化若干重大问题的决定

（2019年10月31日中国共产党第十九届中央委员会第四次全体会议通过）

为贯彻落实党的十九大精神，十九届中央委员会第四次全体会议着重研究了坚持和完善中国特色社会主义制度、推进国家治理体系和治理能力现代化的若干重大问题，作出如下决定。

一、坚持和完善中国特色社会主义制度、推进国家治理体系和治理能力现代化的重大意义和总体要求

中国特色社会主义制度是党和人民在长期实践探索中形成的科学制度体系，我国国家治理一切工作和活动都依照中国特色社会主义制度展开，我国国家治理体系和治理能力是中国特色社会主义制度及其执行能力的集中体现。

中国共产党自成立以来，团结带领人民，坚持把马克思主义基本原理同中国具体实际相结合，赢得了中国革命胜利，并深刻总结国内外正反两方面经验，不断探索实践，不断改革创新，建立和完善社会主义制度，形成和发展党的领导和经济、政治、文化、社会、生态文明、军事、外事等各方面制度，加强和完善国家治理，取得历史性成就。党的十八大以来，我们党领导人民统筹推进"五位一体"总体布局、协调推进"四个全面"战略布局，推动中国特色社会主义制度更加完善、国家治理体

系和治理能力现代化水平明显提高，为政治稳定、经济发展、文化繁荣、民族团结、人民幸福、社会安宁、国家统一提供了有力保障。

新中国成立70年来，我们党领导人民创造了世所罕见的经济快速发展奇迹和社会长期稳定奇迹，中华民族迎来了从站起来、富起来到强起来的伟大飞跃。实践证明，中国特色社会主义制度和国家治理体系是以马克思主义为指导、植根中国大地、具有深厚中华文化根基、深得人民拥护的制度和治理体系，是具有强大生命力和巨大优越性的制度和治理体系，是能够持续推动拥有近十四亿人口大国进步和发展、确保拥有五千多年文明史的中华民族实现"两个一百年"奋斗目标进而实现伟大复兴的制度和治理体系。

我国国家制度和国家治理体系具有多方面的显著优势，主要是：坚持党的集中统一领导，坚持党的科学理论，保持政治稳定，确保国家始终沿着社会主义方向前进的显著优势；坚持人民当家作主，发展人民民主，密切联系群众，紧紧依靠人民推动国家发展的显著优势；坚持全面依法治国，建设社会主义法治国家，切实保障社会公平正义和人民权利的显著优势；坚持全国一盘棋，调动各方面积极性，集中力量办大事的显著优势；坚持各民族一律平等，铸牢中华民族共同体意识，实现共同团结奋斗、共同繁荣发展的显著优势；坚持公有制为主体、多种所有制经济共同发展和按劳分配为主体、多种分配方式并存，把社会主义制度和市场经济有机结合起来，不断解放和发展社会生产力的显著优势；坚持共同的理想信念、价值理念、道德观念，弘扬中华优秀传统文化、革命文化、社会主义先进文化，促进全体人民在思想上精神上紧紧团结在一起的显著优势；坚持以人民为中心的发展思想，不断保障和改善民生、增进人民福祉，走共同富裕道路的显著优势；坚持改革创新、与时俱进，善于自我完善、自我发展，使社会始终充满生机活力的显著优势；坚持德才兼备、选贤任能，聚天下英才而用之，培养造就更多更优秀人才的显著优势；坚持党指挥枪，确保人民军队绝对忠诚于党和人民，有力保障国家主权、安全、发展利益的显著优势；坚持"一国两制"，保持香港、澳门长期繁荣稳定，促进祖国和平统一的显著优势；坚持独立自主和对外开放相统一，积极参与全球治理，为构建人类命运共同体不断作出贡献的显著优势。这些显著优势，是我们坚定中国特色社会主义道路自信、理论自信、制度自信、文化自信的基本依据。

当今世界正经历百年未有之大变局，我国正处于实现中华民族伟大复兴关键时期。顺应时代潮流，适应我国社会主要矛盾变化，统揽伟大斗争、伟大工程、伟大事业、伟大梦想，不断满足人民对美好生活新期待，战胜前进道路上的各种风险挑战，必须在坚持和完善中国特色社会主义制度、推进国家治理体系和治理能力现代化上下更大功夫。

必须坚持以马克思列宁主义、毛泽东思想、邓小平理论、"三个代表"重要思想、科学发展观、习近平新时代中国特色社会主义思想为指导，增强"四个意识"，坚定"四个自信"，做到"两个维护"，坚持党的领导、人民当家作主、依法治国有机统一，坚持解放思想、实事求是，坚持改革创新，突出坚持和完善支撑中国特色社会主义制度的根本制度、基本制度、重要制度，着力固根基、扬优势、补短板、强弱项，构建系统完备、科学规范、运行有效的制度体系，加强系统治理、依法治理、综合治理、源头治理，把我国制度优势更好转化为国家治理效能，为实现"两个一百年"奋斗目标、实现中华民族伟大复兴的中国梦提供有力保证。

坚持和完善中国特色社会主义制度、推进国家治理体系和治理能力现代化的总体目标是，到我们党成立一百年时，在各方面制度更加成熟更加定型上取得明显成效；到二〇三五年，各方面制度更加完善，基本实现国家治理体系和治理能力现代化；到新中国成立一百年时，全面实现国家治理体系和治理能力现代化，使中国特色社会主义制度更加巩固、优越性充分展现。

二、坚持和完善党的领导制度体系，提高党科学执政、民主执政、依法执政水平

中国共产党领导是中国特色社会主义最本质的特征，是中国特色社会主义制度的最大优势，党是最高政治领导力量。必须坚持党政军民学、东西南北中，党是领导一切的，坚决维护党中央权威，健全总揽全局、

协调各方的党的领导制度体系，把党的领导落实到国家治理各领域各方面各环节。

（一）建立不忘初心、牢记使命的制度。确保全党遵守党章，恪守党的性质和宗旨，坚持用共产主义远大理想和中国特色社会主义共同理想凝聚全党、团结人民，用习近平新时代中国特色社会主义思想武装全党、教育人民、指导工作，夯实党执政的思想基础。把不忘初心、牢记使命作为加强党的建设的永恒课题和全体党员、干部的终身课题，形成长效机制，坚持不懈锤炼党员、干部忠诚干净担当的政治品格。全面贯彻党的基本理论、基本路线、基本方略，持续推进党的理论创新、实践创新、制度创新，使一切工作顺应时代潮流、符合发展规律、体现人民愿望，确保党始终走在时代前列、得到人民衷心拥护。

（二）完善坚定维护党中央权威和集中统一领导的各项制度。推动全党增强"四个意识"、坚定"四个自信"、做到"两个维护"，自觉在思想上政治上行动上同以习近平同志为核心的党中央保持高度一致，坚决把维护习近平总书记党中央的核心、全党的核心地位落到实处。健全党中央对重大工作的领导体制，强化党中央决策议事协调机构职能作用，完善推动党中央重大决策落实机制，严格执行向党中央请示报告制度，确保令行禁止。健全维护党的集中统一的组织制度，形成党的中央组织、地方组织、基层组织上下贯通、执行有力的严密体系，实现党的组织和党的工作全覆盖。

（三）健全党的全面领导制度。完善党领导人大、政府、政协、监察机关、审判机关、检察机关、武装力量、人民团体、企事业单位、基层群众自治组织、社会组织等制度，健全各级党委（党组）工作制度，确保党在各种组织中发挥领导作用。完善党领导各项事业的具体制度，把党的领导落实到统筹推进"五位一体"总体布局、协调推进"四个全面"战略布局各方面。完善党和国家机构职能体系，把党的领导贯彻到党和国家所有机构履行职责全过程，推动各方面协调行动、增强合力。

（四）健全为人民执政、靠人民执政各项制度。坚持立党为公、执政为民，保持党同人民群众的血肉联系，把尊重民意、汇集民智、凝聚民力、改善民生贯穿党治国理政全部工作之中，巩固党执政的阶级基础，厚植党执政的群众基础，通过完善制度保证人民在国家治理中的主体地位，着力防范脱离群众的危险。贯彻党的群众路线，完善党员、干部联系群众制度，创新互联网时代群众工作机制，始终做到为了群众、相信群众、依靠群众、引领群众，深入群众、深入基层。健全联系广泛、服务群众的群团工作体系，推动人民团体增强政治性、先进性、群众性，把各自联系的群众紧紧团结在党的周围。

（五）健全提高党的执政能力和领导水平制度。坚持民主集中制，完善发展党内民主和实行正确集中的相关制度，提高党把方向、谋大局、定政策、促改革的能力。健全决策机制，加强重大决策的调查研究、科学论证、风险评估，强化决策执行、评估、监督。改进党的领导方式和执政方式，增强各级党组织政治功能和组织力。完善担当作为的激励机制，促进各级领导干部增强学习本领、政治领导本领、改革创新本领、科学发展本领、依法执政本领、群众工作本领、狠抓落实本领、驾驭风险本领，发扬斗争精神，增强斗争本领。

（六）完善全面从严治党制度。坚持党要管党、全面从严治党，增强忧患意识，不断推进党的自我革命，永葆党的先进性和纯洁性。贯彻新时代党的建设总要求，深化党的建设制度改革，坚持依规治党，建立健全以党的政治建设为统领、全面推进党的各方面建设的体制机制。坚持新时代党的组织路线，健全党管干部、选贤任能制度。规范党内政治生活，严明政治纪律和政治规矩，发展积极健康的党内政治文化，全面净化党内政治生态。完善和落实全面从严治党责任制度。坚决同一切影响党的先进性、弱化党的纯洁性的问题作斗争，大力纠治形式主义、官僚主义，不断增强党的创造力、凝聚力、战斗力，确保党始终成为中国特色社会主义事业的坚强领导核心。

三、坚持和完善人民当家作主制度体系，发展社会主义民主政治

我国是工人阶级领导的、以工农联盟为基础的人民民主专政的社会主义国家，国家的一切权力属于人民。必须坚持人民主体地位，坚定不移走中国特色社会主义政治发展道路，健全民主制度，丰富民主形式，拓宽民主渠道，依法实行民主选举、民主协商、民主决策、民主管理、民主监督，使各方面制度和国家治理更好体现人民意志、保障人民权益、激发人民创造，确保人民依法通过各种途径和形式管理国家事务，管理经济文化事业，管理社会事务。

（一）坚持和完善人民代表大会制度这一根本政治制度。人民行使国家权力的机关是全国人民代表大会和地方各级人民代表大会。支持和保证人民通过人民代表大会行使国家权力，保证各级人大都由民主选举产生、对人民负责、受人民监督，保证各级国家机关都由人大产生、对人大负责、受人大监督。支持和保证人大及其常委会依法行使职权，健全人大对"一府一委两院"监督制度。密切人大代表同人民群众的联系，健全代表联络机制，更好发挥人大代表作用。健全人大组织制度、选举制度和议事规则，完善论证、评估、评议、听证制度。适当增加基层人大代表数量。加强地方人大及其常委会建设。

（二）坚持和完善中国共产党领导的多党合作和政治协商制度。贯彻长期共存、互相监督、肝胆相照、荣辱与共的方针，加强中国特色社会主义政党制度建设，健全相互监督特别是中国共产党自觉接受监督、对重大决策部署贯彻落实情况实施专项监督等机制，完善民主党派中央直接向中共中央提出建议制度，完善支持民主党派和无党派人士履行职能方法，展现我国新型政党制度优势。发挥人民政协作为政治组织和民主形式的效能，提高政治协商、民主监督、参政议政水平，更好凝聚共识。完善人民政协专门协商机构制度，丰富协商形式，健全协商规则，优化界别设置，健全发扬民主和增进团结相互贯通、建言资政和凝聚共识双向发力的程序机制。

坚持社会主义协商民主的独特优势，统筹推进政党协商、人大协商、政府协商、政协协商、人民团体协商、基层协商以及社会组织协商，构建程序合理、环节完整的协商民主体系，完善协商于决策之前和决策实施之中的落实机制，丰富有事好商量、众人的事情由众人商量的制度化实践。

（三）巩固和发展最广泛的爱国统一战线。坚持大统战工作格局，坚持一致性和多样性统一，完善照顾同盟者利益政策，做好民族工作和宗教工作，健全党外代表人士队伍建设制度，凝聚港澳同胞、台湾同胞、海外侨胞力量，谋求最大公约数，画出最大同心圆，促进政党关系、民族关系、宗教关系、阶层关系、海内外同胞关系和谐。

（四）坚持和完善民族区域自治制度。坚定不移走中国特色解决民族问题的正确道路，坚持各民族一律平等，坚持各民族共同团结奋斗、共同繁荣发展，保证民族自治地方依法行使自治权，保障少数民族合法权益，巩固和发展平等团结互助和谐的社会主义民族关系。坚持不懈开展马克思主义祖国观、民族观、文化观、历史观宣传教育，打牢中华民族共同体思想基础。全面深入持久开展民族团结进步创建，加强各民族交往交流交融。支持和帮助民族地区加快发展，不断提高各族群众生活水平。

（五）健全充满活力的基层群众自治制度。健全基层党组织领导的基层群众自治机制，在城乡社区治理、基层公共事务和公益事业中广泛实行群众自我管理、自我服务、自我教育、自我监督，拓宽人民群众反映意见和建议的渠道，着力推进基层直接民主制度化、规范化、程序化。全心全意依靠工人阶级，健全以职工代表大会为基本形式的企事业单位民主管理制度，探索企业职工参与管理的有效方式，保障职工群众的知情权、参与权、表达权、监督权，维护职工合法权益。

四、坚持和完善中国特色社会主义法治体系，提高党依法治国、依法执政能力

建设中国特色社会主义法治体系、建设社会主义法治国家是坚持和发展中国特色社会主义的内在要求。必须坚定不移走中国特色社会主义法治道路，全面推进依法治国，坚持依法治国、依法执政、依法行政共同推进，坚持法治国家、法治政府、法治社会一体建设，加快形成完备的法律规范体系、高效的法治实施体系、严密的法治监督体系、有力的

法治保障体系，加快形成完善的党内法规体系，全面推进科学立法、严格执法、公正司法、全民守法，推进法治中国建设。

（一）健全保证宪法全面实施的体制机制。依法治国首先要坚持依宪治国，依法执政首先要坚持依宪执政。加强宪法实施和监督，落实宪法解释程序机制，推进合宪性审查工作，加强备案审查制度和能力建设，依法撤销和纠正违宪违法的规范性文件。坚持宪法法律至上，健全法律面前人人平等保障机制，维护国家法制统一、尊严、权威，一切违反宪法法律的行为都必须予以追究。

（二）完善立法体制机制。坚持科学立法、民主立法、依法立法，完善党委领导、人大主导、政府依托、各方参与的立法工作格局，立改废释并举，不断提高立法质量和效率。完善以宪法为核心的中国特色社会主义法律体系，加强重要领域立法，加快我国法域外适用的法律体系建设，以良法保障善治。

（三）健全社会公平正义法治保障制度。坚持法治建设为了人民、依靠人民，加强人权法治保障，保证人民依法享有广泛的权利和自由、承担应尽的义务，引导全体人民做社会主义法治的忠实崇尚者、自觉遵守者、坚定捍卫者。坚持有法必依、执法必严、违法必究，严格规范公正文明执法，规范执法自由裁量权，加大关系群众切身利益的重点领域执法力度。深化司法体制综合配套改革，完善审判制度、检察制度，全面落实司法责任制，完善律师制度，加强对司法活动的监督，确保司法公正高效权威，努力让人民群众在每一个司法案件中感受到公平正义。

（四）加强对法律实施的监督。保证行政权、监察权、审判权、检察权得到依法正确行使，保证公民、法人和其他组织合法权益得到切实保障，坚决排除对执法司法活动的干预。拓展公益诉讼案件范围。加大对严重违法行为处罚力度，实行惩罚性赔偿制度，严格刑事责任追究。加大全民普法工作力度，增强全民法治观念，完善公共法律服务体系，夯实依法治国群众基础。各级党和国家机关以及领导干部要带头尊法学法守法用法，提高运用法治思维和法治方式深化改革、推动发展、化解矛盾、维护稳定、应对风险的能力。

五、坚持和完善中国特色社会主义行政体制，构建职责明确、依法行政的政府治理体系

国家行政管理承担着按照党和国家决策部署推动经济社会发展、管理社会事务、服务人民群众的重大职责。必须坚持一切行政机关为人民服务、对人民负责、受人民监督，创新行政方式，提高行政效能，建设人民满意的服务型政府。

（一）完善国家行政体制。以推进国家机构职能优化协同高效为着力点，优化行政决策、行政执行、行政组织、行政监督体制。健全部门协调配合机制，防止政出多门、政策效应相互抵消。深化行政执法体制改革，最大限度减少不必要的行政执法事项。进一步整合行政执法队伍，继续探索实行跨领域跨部门综合执法，推动执法重心下移，提高行政执法能力水平。落实行政执法责任制和责任追究制度。创新行政管理和服务方式，加快推进全国一体化政务服务平台建设，健全强有力的行政执行系统，提高政府执行力和公信力。

（二）优化政府职责体系。完善政府经济调节、市场监管、社会管理、公共服务、生态环境保护等职能，实行政府权责清单制度，厘清政府和市场、政府和社会关系。深入推进简政放权、放管结合、优化服务，深化行政审批制度改革，改善营商环境，激发各类市场主体活力。健全以国家发展规划为战略导向，以财政政策和货币政策为主要手段，就业、产业、投资、消费、区域等政策协同发力的宏观调控制度体系。完善国家重大发展战略和中长期经济社会发展规划制度。完善标准科学、规范透明、约束有力的预算制度。建设现代中央银行制度，完善基础货币投放机制，健全基准利率和市场化利率体系。严格市场监管、质量监管、安全监管，加强违法惩戒。完善公共服务体系，推进基本公共服务均等化、可及性。建立健全运用互联网、大数据、人工智能等技术手段进行行政管理的制度规则。推进数字政府建设，加强数据有序共享，依法保护个人信息。

（三）优化政府组织结构。推进机构、职能、权限、程序、责任法

定化，使政府机构设置更加科学、职能更加优化、权责更加协同。严格机构编制管理，统筹利用行政管理资源，节约行政成本。优化行政区划设置，提高中心城市和城市群综合承载和资源优化配置能力，实行扁平化管理，形成高效率组织体系。

（四）健全充分发挥中央和地方两个积极性体制机制。理顺中央和地方权责关系，加强中央宏观事务管理，维护国家法制统一、政令统一、市场统一。适当加强中央在知识产权保护、养老保险、跨区域生态环境保护等方面事权，减少并规范中央和地方共同事权。赋予地方更多自主权，支持地方创造性开展工作。按照权责一致原则，规范垂直管理体制和地方分级管理体制。优化政府间事权和财权划分，建立权责清晰、财力协调、区域均衡的中央和地方财政关系，形成稳定的各级政府事权、支出责任和财力相适应的制度。构建从中央到地方权责清晰、运行顺畅、充满活力的工作体系。

六、坚持和完善社会主义基本经济制度，推动经济高质量发展

公有制为主体、多种所有制经济共同发展，按劳分配为主体、多种分配方式并存，社会主义市场经济体制等社会主义基本经济制度，既体现了社会主义制度优越性，又同我国社会主义初级阶段社会生产力发展水平相适应，是党和人民的伟大创造。必须坚持社会主义基本经济制度，充分发挥市场在资源配置中的决定性作用，更好发挥政府作用，全面贯彻新发展理念，坚持以供给侧结构性改革为主线，加快建设现代化经济体系。

（一）毫不动摇巩固和发展公有制经济，毫不动摇鼓励、支持、引导非公有制经济发展。探索公有制多种实现形式，推进国有经济布局优化和结构调整，发展混合所有制经济，增强国有经济竞争力、创新力、控制力、影响力、抗风险能力，做强做优做大国有资本。深化国有企业改革，完善中国特色现代企业制度。形成以管资本为主的国有资产监管体制，有效发挥国有资本投资、运营公司功能作用。健全支持民营经济、外商投资企业发展的法治环境，完善构建亲清政商关系的政策体系，健

全支持中小企业发展制度,促进非公有制经济健康发展和非公有制经济人士健康成长。营造各种所有制主体依法平等使用资源要素、公开公平公正参与竞争、同等受到法律保护的市场环境。深化农村集体产权制度改革,发展农村集体经济,完善农村基本经营制度。

(二)坚持按劳分配为主体、多种分配方式并存。坚持多劳多得,着重保护劳动所得,增加劳动者特别是一线劳动者劳动报酬,提高劳动报酬在初次分配中的比重。健全劳动、资本、土地、知识、技术、管理、数据等生产要素由市场评价贡献、按贡献决定报酬的机制。健全以税收、社会保障、转移支付等为主要手段的再分配调节机制,强化税收调节,完善直接税制度并逐步提高其比重。完善相关制度和政策,合理调节城乡、区域、不同群体间分配关系。重视发挥第三次分配作用,发展慈善等社会公益事业。鼓励勤劳致富,保护合法收入,增加低收入者收入,扩大中等收入群体,调节过高收入,清理规范隐性收入,取缔非法收入。

(三)加快完善社会主义市场经济体制。建设高标准市场体系,完善公平竞争制度,全面实施市场准入负面清单制度,改革生产许可制度,健全破产制度。强化竞争政策基础地位,落实公平竞争审查制度,加强和改进反垄断和反不正当竞争执法。健全以公平为原则的产权保护制度,建立知识产权侵权惩罚性赔偿制度,加强企业商业秘密保护。推进要素市场制度建设,实现要素价格市场决定、流动自主有序、配置高效公平。强化消费者权益保护,探索建立集体诉讼制度。加强资本市场基础制度建设,健全具有高度适应性、竞争力、普惠性的现代金融体系,有效防范化解金融风险。优化经济治理基础数据库。健全推动发展先进制造业、振兴实体经济的体制机制。实施乡村振兴战略,完善农业农村优先发展和保障国家粮食安全的制度政策,健全城乡融合发展体制机制。构建区域协调发展新机制,形成主体功能明显、优势互补、高质量发展的区域经济布局。

(四)完善科技创新体制机制。弘扬科学精神和工匠精神,加快建设创新型国家,强化国家战略科技力量,健全国家实验室体系,构建社会主义市场经济条件下关键核心技术攻关新型举国体制。加大基础研究投入,健全鼓励支持基础研究、原始创新的体制机制。建立以企业为主体、市场为导向、产学研深度融合的技术创新体系,支持大中小企业和各类主体融通创新,创新促进科技成果转化机制,积极发展新动能,强化标准引领,提升产业基础能力和产业链现代化水平。完善科技人才发现、培养、激励机制,健全符合科研规律的科技管理体制和政策体系,改进科技评价体系,健全科技伦理治理体制。

(五)建设更高水平开放型经济新体制。实施更大范围、更宽领域、更深层次的全面开放,推动制造业、服务业、农业扩大开放,保护外资合法权益,促进内外资企业公平竞争,拓展对外贸易多元化,稳步推进人民币国际化。健全外商投资准入前国民待遇加负面清单管理制度,推动规则、规制、管理、标准等制度型开放。健全促进对外投资政策和服务体系。加快自由贸易试验区、自由贸易港等对外开放高地建设。推动建立国际宏观经济政策协调机制。健全外商投资国家安全审查、反垄断审查、国家技术安全清单管理、不可靠实体清单等制度。完善涉外经贸法律和规则体系。

七、坚持和完善繁荣发展社会主义先进文化的制度,巩固全体人民团结奋斗的共同思想基础

发展社会主义先进文化、广泛凝聚人民精神力量,是国家治理体系和治理能力现代化的深厚支撑。必须坚定文化自信,牢牢把握社会主义先进文化前进方向,围绕举旗帜、聚民心、育新人、兴文化、展形象的使命任务,坚持为人民服务、为社会主义服务,坚持百花齐放、百家争鸣,坚持创造性转化、创新性发展,激发全民族文化创造活力,更好构筑中国精神、中国价值、中国力量。

(一)坚持马克思主义在意识形态领域指导地位的根本制度。全面贯彻落实习近平新时代中国特色社会主义思想,健全用党的创新理论武装全党、教育人民工作体系,完善党委(党组)理论学习中心组等各层级学习制度,建设和用好网络学习平台。深入实施马克思主义理论研究和建设工程,把坚持以马克思主义为指导全面落实到思想理论建设、哲

学社会科学研究、教育教学各方面。加强和改进学校思想政治教育,建立全员、全程、全方位育人体制机制。落实意识形态工作责任制,注意区分政治原则问题、思想认识问题、学术观点问题,旗帜鲜明反对和抵制各种错误观点。

(二)坚持以社会主义核心价值观引领文化建设制度。推动理想信念教育常态化、制度化,弘扬民族精神和时代精神,加强党史、新中国史、改革开放史教育,加强爱国主义、集体主义、社会主义教育,实施公民道德建设工程,推进新时代文明实践中心建设。坚持依法治国和以德治国相结合,完善弘扬社会主义核心价值观的法律政策体系,把社会主义核心价值观要求融入法治建设和社会治理,体现到国民教育、精神文明创建、文化产品创作生产全过程。推进中华优秀传统文化传承发展工程。完善青少年理想信念教育齐抓共管机制。健全志愿服务体系。完善诚信建设长效机制,健全覆盖全社会的征信体系,加强失信惩戒。

(三)健全人民文化权益保障制度。坚持以人民为中心的工作导向,完善文化产品创作生产传播的引导激励机制,推出更多群众喜爱的文化精品。完善城乡公共文化服务体系,优化城乡文化资源配置,推动基层文化惠民工程扩大覆盖面、增强实效性,健全支持开展群众性文化活动机制,鼓励社会力量参与公共文化服务体系建设。

(四)完善坚持正确导向的舆论引导工作机制。坚持党管媒体原则,坚持团结稳定鼓劲、正面宣传为主,唱响主旋律、弘扬正能量。构建网上网下一体、内宣外宣联动的主流舆论格局,建立以内容建设为根本、先进技术为支撑、创新管理为保障的全媒体传播体系。改进和创新正面宣传,完善舆论监督制度,健全重大舆情和突发事件舆论引导机制。建立健全网络综合治理体系,加强和创新互联网内容建设,落实互联网企业信息管理主体责任,全面提高网络治理能力,营造清朗的网络空间。

(五)建立健全把社会效益放在首位、社会效益和经济效益相统一的文化创作生产体制机制。深化文化体制改革,加快完善遵循社会主义先进文化发展规律、体现社会主义市场经济要求、有利于激发文化创新创造活力的文化管理体制和生产经营机制。健全现代文化产业体系和市场体系,完善以高质量发展为导向的文化经济政策。完善文化企业履行社会责任制度,健全引导新型文化业态健康发展机制。完善文化和旅游融合发展体制机制。加强文艺创作引导,完善倡导讲品位讲格调讲责任、抵制低俗庸俗媚俗的工作机制。

八、坚持和完善统筹城乡的民生保障制度,满足人民日益增长的美好生活需要

增进人民福祉、促进人的全面发展是我们党立党为公、执政为民的本质要求。必须健全幼有所育、学有所教、劳有所得、病有所医、老有所养、住有所居、弱有所扶等方面国家基本公共服务制度体系,尽力而为,量力而行,注重加强普惠性、基础性、兜底性民生建设,保障群众基本生活。创新公共服务提供方式,鼓励支持社会力量兴办公益事业,满足人民多层次多样化需求,使改革发展成果更多更公平惠及全体人民。

(一)健全有利于更充分更高质量就业的促进机制。坚持就业是民生之本,实施就业优先政策,创造更多就业岗位。健全公共就业服务和终身职业技能培训制度,完善重点群体就业支持体系。建立促进创业带动就业、多渠道灵活就业机制,对就业困难人员实行托底帮扶。坚决防止和纠正就业歧视,营造公平就业制度环境。健全劳动关系协调机制,构建和谐劳动关系,促进广大劳动者实现体面劳动、全面发展。

(二)构建服务全民终身学习的教育体系。全面贯彻党的教育方针,坚持教育优先发展,聚焦办好人民满意的教育,完善立德树人体制机制,深化教育领域综合改革,加强师德师风建设,培养德智体美劳全面发展的社会主义建设者和接班人。推动城乡义务教育一体化发展,健全学前教育、特殊教育和普及高中阶段教育保障机制,完善职业技术教育、高等教育、继续教育统筹协调发展机制。支持和规范民办教育、合作办学。构建覆盖城乡的家庭教育指导服务体系。发挥网络教育和人工智能优势,创新教育和学习方式,加快发展面向每个人、适合每个人、更加开放灵活的教育体系,建设学习型社会。

(三)完善覆盖全民的社会保障体系。坚持应保尽保原则,健全统

筹城乡、可持续的基本养老保险制度、基本医疗保险制度，稳步提高保障水平。加快建立基本养老保险全国统筹制度。加快落实社保转移接续、异地就医结算制度，规范社保基金管理，发展商业保险。统筹完善社会救助、社会福利、慈善事业、优抚安置等制度。健全退役军人工作体系和保障制度。坚持和完善促进男女平等、妇女全面发展的制度机制。完善农村留守儿童和妇女、老年人关爱服务体系，健全残疾人帮扶制度。坚决打赢脱贫攻坚战，巩固脱贫攻坚成果，建立解决相对贫困的长效机制。加快建立多主体供给、多渠道保障、租购并举的住房制度。

（四）强化提高人民健康水平的制度保障。坚持关注生命全周期、健康全过程，完善国民健康政策，让广大人民群众享有公平可及、系统连续的健康服务。深化医药卫生体制改革，健全基本医疗卫生制度，提高公共卫生服务、医疗服务、医疗保障、药品供应保障水平。加快现代医院管理制度改革。坚持以基层为重点、预防为主、防治结合、中西医并重。加强公共卫生防疫和重大传染病防控，健全重特大疾病医疗保险和救助制度。优化生育政策，提高人口质量。积极应对人口老龄化，加快建设居家社区机构相协调、医养康养相结合的养老服务体系。聚焦增强人民体质，健全促进全民健身制度性举措。

九、坚持和完善共建共治共享的社会治理制度，保持社会稳定、维护国家安全

社会治理是国家治理的重要方面。必须加强和创新社会治理，完善党委领导、政府负责、民主协商、社会协同、公众参与、法治保障、科技支撑的社会治理体系，建设人人有责、人人尽责、人人享有的社会治理共同体，确保人民安居乐业、社会安定有序，建设更高水平的平安中国。

（一）完善正确处理新形势下人民内部矛盾有效机制。坚持和发展新时代"枫桥经验"，畅通和规范群众诉求表达、利益协调、权益保障通道，完善信访制度，完善人民调解、行政调解、司法调解联动工作体系，健全社会心理服务体系和危机干预机制，完善社会矛盾纠纷多元预

防调处化解综合机制,努力将矛盾化解在基层。

(二)完善社会治安防控体系。坚持专群结合、群防群治,提高社会治安立体化、法治化、专业化、智能化水平,形成问题联治、工作联动、平安联创的工作机制,提高预测预警预防各类风险能力,增强社会治安防控的整体性、协同性、精准性。

(三)健全公共安全体制机制。完善和落实安全生产责任和管理制度,建立公共安全隐患排查和安全预防控制体系。构建统一指挥、专常兼备、反应灵敏、上下联动的应急管理体制,优化国家应急管理能力体系建设,提高防灾减灾救灾能力。加强和改进食品药品安全监管制度,保障人民身体健康和生命安全。

(四)构建基层社会治理新格局。完善群众参与基层社会治理的制度化渠道。健全党组织领导的自治、法治、德治相结合的城乡基层治理体系,健全社区管理和服务机制,推行网格化管理和服务,发挥群团组织、社会组织作用,发挥行业协会商会自律功能,实现政府治理和社会调节、居民自治良性互动,夯实基层社会治理基础。加快推进市域社会治理现代化。推动社会治理和服务重心向基层下移,把更多资源下沉到基层,更好提供精准化、精细化服务。注重发挥家庭家教家风在基层社会治理中的重要作用。加强边疆治理,推进兴边富民。

(五)完善国家安全体系。坚持总体国家安全观,统筹发展和安全,坚持人民安全、政治安全、国家利益至上有机统一。以人民安全为宗旨,以政治安全为根本,以经济安全为基础,以军事、科技、文化、社会安全为保障,健全国家安全体系,增强国家安全能力。完善集中统一、高效权威的国家安全领导体制,健全国家安全法律制度体系。加强国家安全人民防线建设,增强全民国家安全意识,建立健全国家安全风险研判、防控协同、防范化解机制。提高防范抵御国家安全风险能力,高度警惕、坚决防范和严厉打击敌对势力渗透、破坏、颠覆、分裂活动。

十、坚持和完善生态文明制度体系,促进人与自然和谐共生

生态文明建设是关系中华民族永续发展的千年大计。必须践行绿水

青山就是金山银山的理念,坚持节约资源和保护环境的基本国策,坚持节约优先、保护优先、自然恢复为主的方针,坚定走生产发展、生活富裕、生态良好的文明发展道路,建设美丽中国。

(一)实行最严格的生态环境保护制度。坚持人与自然和谐共生,坚守尊重自然、顺应自然、保护自然,健全源头预防、过程控制、损害赔偿、责任追究的生态环境保护体系。加快建立健全国土空间规划和用途统筹协调管控制度,统筹划定落实生态保护红线、永久基本农田、城镇开发边界等空间管控边界以及各类海域保护线,完善主体功能区制度。完善绿色生产和消费的法律制度和政策导向,发展绿色金融,推进市场导向的绿色技术创新,更加自觉地推动绿色循环低碳发展。构建以排污许可制为核心的固定污染源监管制度体系,完善污染防治区域联动机制和陆海统筹的生态环境治理体系。加强农业农村环境污染防治。完善生态环境保护法律体系和执法司法制度。

(二)全面建立资源高效利用制度。推进自然资源统一确权登记法治化、规范化、标准化、信息化,健全自然资源产权制度,落实资源有偿使用制度,实行资源总量管理和全面节约制度。健全资源节约集约循环利用政策体系。普遍实行垃圾分类和资源化利用制度。推进能源革命,构建清洁低碳、安全高效的能源体系。健全海洋资源开发保护制度。加快建立自然资源统一调查、评价、监测制度,健全自然资源监管体制。

(三)健全生态保护和修复制度。统筹山水林田湖草一体化保护和修复,加强森林、草原、河流、湖泊、湿地、海洋等自然生态保护。加强对重要生态系统的保护和永续利用,构建以国家公园为主体的自然保护地体系,健全国家公园保护制度。加强长江、黄河等大江大河生态保护和系统治理。开展大规模国土绿化行动,加快水土流失和荒漠化、石漠化综合治理,保护生物多样性,筑牢生态安全屏障。除国家重大项目外,全面禁止围填海。

(四)严明生态环境保护责任制度。建立生态文明建设目标评价考核制度,强化环境保护、自然资源管控、节能减排等约束性指标管理,严格落实企业主体责任和政府监管责任。开展领导干部自然资源资产离任审计。推进生态环境保护综合行政执法，落实中央生态环境保护督察制度。健全生态环境监测和评价制度，完善生态环境公益诉讼制度，落实生态补偿和生态环境损害赔偿制度，实行生态环境损害责任终身追究制。

十一、坚持和完善党对人民军队的绝对领导制度，确保人民军队忠实履行新时代使命任务

人民军队是中国特色社会主义的坚强柱石，党对人民军队的绝对领导是人民军队的建军之本、强军之魂。必须牢固确立习近平强军思想在国防和军队建设中的指导地位，巩固和拓展深化国防和军队改革成果，构建中国特色社会主义军事政策制度体系，全面推进国防和军队现代化，确保实现党在新时代的强军目标，把人民军队全面建成世界一流军队，永葆人民军队的性质、宗旨、本色。

（一）坚持人民军队最高领导权和指挥权属于党中央。中央军委实行主席负责制是坚持党对人民军队绝对领导的根本实现形式。坚持全国武装力量由军委主席统一领导和指挥，完善贯彻军委主席负责制的体制机制，严格落实军委主席负责制各项制度规定。严明政治纪律和政治规矩，坚决维护党中央、中央军委权威，确保政令军令畅通。

（二）健全人民军队党的建设制度体系。全面贯彻政治建军各项要求，突出抓好军魂培育，发扬优良传统，传承红色基因，坚决抵制"军队非党化、非政治化"和"军队国家化"等错误政治观点。坚持党委制、政治委员制、政治机关制，坚持党委统一的集体领导下的首长分工负责制，坚持支部建在连上，完善党领导军队的组织体系。建设坚强有力的党组织和高素质专业化干部队伍，确保枪杆子永远掌握在忠于党的可靠的人手中。

（三）把党对人民军队的绝对领导贯彻到军队建设各领域全过程。贯彻新时代军事战略方针，坚持战斗力根本标准，建立健全基于联合、平战一体的军事力量运用政策制度体系，构建新时代军事战略体系，加强联合作战指挥体系和能力建设，调整完善战备制度，健全实战化军事

训练制度，有效塑造态势、管控危机、遏制战争、打赢战争。坚持以战领建、抓建为战，建立健全聚焦打仗、激励创新、军民融合的军事力量建设政策制度体系，统筹解放军现役部队和预备役部队、武装警察部队、民兵建设，统筹军队各类人员制度安排，深化军官职业化制度、文职人员制度、兵役制度等改革，推动形成现代化战斗力生成模式，构建现代军事力量体系。建立健全精准高效、全面规范、刚性约束的军事管理政策制度体系，强化军委战略管理功能，加强中国特色军事法治建设，提高军队系统运行效能。加快军民融合深度发展步伐，构建一体化国家战略体系和能力。完善国防科技创新和武器装备建设制度。深化国防动员体制改革。加强全民国防教育。健全党政军警民合力强边固防工作机制。完善双拥工作和军民共建机制，加强军政军民团结。

十二、坚持和完善"一国两制"制度体系，推进祖国和平统一

"一国两制"是党领导人民实现祖国和平统一的一项重要制度，是中国特色社会主义的一个伟大创举。必须坚持"一国"是实行"两制"的前提和基础，"两制"从属和派生于"一国"并统一于"一国"之内。严格依照宪法和基本法对香港特别行政区、澳门特别行政区实行管治，坚定维护国家主权、安全、发展利益，维护香港、澳门长期繁荣稳定，绝不容忍任何挑战"一国两制"底线的行为，绝不容忍任何分裂国家的行为。

（一）全面准确贯彻"一国两制"、"港人治港"、"澳人治澳"、高度自治的方针。坚持依法治港治澳，维护宪法和基本法确定的宪制秩序，把坚持"一国"原则和尊重"两制"差异、维护中央对特别行政区全面管治权和保障特别行政区高度自治权、发挥祖国内地坚强后盾作用和提高特别行政区自身竞争力结合起来。完善特别行政区同宪法和基本法实施相关的制度和机制，坚持以爱国者为主体的"港人治港"、"澳人治澳"，提高特别行政区依法治理能力和水平。

（二）健全中央依照宪法和基本法对特别行政区行使全面管治权的制度。完善中央对特别行政区行政长官和主要官员的任免制度和机制、

全国人大常委会对基本法的解释制度,依法行使宪法和基本法赋予中央的各项权力。建立健全特别行政区维护国家安全的法律制度和执行机制,支持特别行政区强化执法力量。健全特别行政区行政长官对中央政府负责的制度,支持行政长官和特别行政区政府依法施政。完善香港、澳门融入国家发展大局、同内地优势互补、协同发展机制,推进粤港澳大湾区建设,支持香港、澳门发展经济、改善民生,着力解决影响社会稳定和长远发展的深层次矛盾和问题。加强对香港、澳门社会特别是公职人员和青少年的宪法和基本法教育、国情教育、中国历史和中华文化教育,增强香港、澳门同胞国家意识和爱国精神。坚决防范和遏制外部势力干预港澳事务和进行分裂、颠覆、渗透、破坏活动,确保香港、澳门长治久安。

(三)坚定推进祖国和平统一进程。解决台湾问题、实现祖国完全统一,是全体中华儿女共同愿望,是中华民族根本利益所在。推动两岸就和平发展达成制度性安排。完善促进两岸交流合作、深化两岸融合发展、保障台湾同胞福祉的制度安排和政策措施,团结广大台湾同胞共同反对"台独"、促进统一。在确保国家主权、安全、发展利益的前提下,和平统一后,台湾同胞的社会制度和生活方式将得到充分尊重,台湾同胞的私人财产、宗教信仰、合法权益将得到充分保障。

十三、坚持和完善独立自主的和平外交政策,推动构建人类命运共同体

推动党和国家事业发展需要和平国际环境和良好外部条件。必须统筹国内国际两个大局,高举和平、发展、合作、共赢旗帜,坚定不移维护国家主权、安全、发展利益,坚定不移维护世界和平、促进共同发展。

(一)健全党对外事工作领导体制机制。坚持外交大权在党中央,加强中国特色大国外交理论建设,全面贯彻党中央外交大政方针和战略部署。深入推进涉外体制机制建设,统筹协调党、人大、政府、政协、军队、地方、人民团体等的对外交往,加强党总揽全局、协调各方的对外工作大协同格局。加强涉外法治工作,建立涉外工作法务制度,加强国际法研究和运用，提高涉外工作法治化水平。

（二）完善全方位外交布局。坚定不移走和平发展道路，坚持在和平共处五项原则基础上全面发展同各国的友好合作，坚持国家不分大小、强弱、贫富一律平等，推动建设相互尊重、公平正义、合作共赢的新型国际关系，积极发展全球伙伴关系，维护全球战略稳定，反对一切形式的霸权主义和强权政治。坚持通过对话协商、以和平手段解决国际争端和热点难点问题，反对动辄使用武力或以武力相威胁。坚持奉行防御性的国防政策，永远不称霸，永远不搞扩张，永远做维护世界和平的坚定力量。

（三）推进合作共赢的开放体系建设。坚持互利共赢的开放战略，推动共建"一带一路"高质量发展，维护完善多边贸易体制，推动贸易和投资自由化便利化，推动构建面向全球的高标准自由贸易区网络，支持广大发展中国家提高自主发展能力，推动解决全球发展失衡、数字鸿沟等问题，推动建设开放型世界经济。健全对外开放安全保障体系。构建海外利益保护和风险预警防范体系，完善领事保护工作机制，维护海外同胞安全和正当权益，保障重大项目和人员机构安全。

（四）积极参与全球治理体系改革和建设。高举构建人类命运共同体旗帜，秉持共商共建共享的全球治理观，倡导多边主义和国际关系民主化，推动全球经济治理机制变革。推动在共同但有区别的责任、公平、各自能力等原则基础上开展应对气候变化国际合作。维护联合国在全球治理中的核心地位，支持上海合作组织、金砖国家、二十国集团等平台机制化建设，推动构建更加公正合理的国际治理体系。

十四、坚持和完善党和国家监督体系，强化对权力运行的制约和监督

党和国家监督体系是党在长期执政条件下实现自我净化、自我完善、自我革新、自我提高的重要制度保障。必须健全党统一领导、全面覆盖、权威高效的监督体系，增强监督严肃性、协同性、有效性，形成决策科学、执行坚决、监督有力的权力运行机制，确保党和人民赋予的权力始

终用来为人民谋幸福。

（一）健全党和国家监督制度。完善党内监督体系，落实各级党组织监督责任，保障党员监督权利。重点加强对高级干部、各级主要领导干部的监督，完善领导班子内部监督制度，破解对"一把手"监督和同级监督难题。强化政治监督，加强对党的理论和路线方针政策以及重大决策部署贯彻落实情况的监督检查，完善巡视巡察整改、督察落实情况报告制度。深化纪检监察体制改革，加强上级纪委监委对下级纪委监委的领导，推进纪检监察工作规范化、法治化。完善派驻监督体制机制。推进纪律监督、监察监督、派驻监督、巡视监督统筹衔接，健全人大监督、民主监督、行政监督、司法监督、群众监督、舆论监督制度，发挥审计监督、统计监督职能作用。以党内监督为主导，推动各类监督有机贯通、相互协调。

（二）完善权力配置和运行制约机制。坚持权责法定，健全分事行权、分岗设权、分级授权、定期轮岗制度，明晰权力边界，规范工作流程，强化权力制约。坚持权责透明，推动用权公开，完善党务、政务、司法和各领域办事公开制度，建立权力运行可查询、可追溯的反馈机制。坚持权责统一，盯紧权力运行各个环节，完善发现问题、纠正偏差、精准问责有效机制，压减权力设租寻租空间。

（三）构建一体推进不敢腐、不能腐、不想腐体制机制。坚定不移推进反腐败斗争，坚决查处政治问题和经济问题交织的腐败案件，坚决斩断"围猎"和甘于被"围猎"的利益链，坚决破除权钱交易的关系网。深化标本兼治，推动审批监管、执法司法、工程建设、资源开发、金融信贷、公共资源交易、公共财政支出等重点领域监督机制改革和制度建设，推进反腐败国家立法，促进反腐败国际合作，加强思想道德和党纪国法教育，巩固和发展反腐败斗争压倒性胜利。

十五、加强党对坚持和完善中国特色社会主义制度、推进国家治理体系和治理能力现代化的领导

坚持和完善中国特色社会主义制度、推进国家治理体系和治理能力

现代化，是全党的一项重大战略任务。必须在党中央统一领导下进行，科学谋划、精心组织、远近结合、整体推进，确保本次全会所确定的各项目标任务全面落实到位。

制度的生命力在于执行。各级党委和政府以及各级领导干部要切实强化制度意识，带头维护制度权威，做制度执行的表率，带动全党全社会自觉尊崇制度、严格执行制度、坚决维护制度。健全权威高效的制度执行机制，加强对制度执行的监督，坚决杜绝做选择、搞变通、打折扣的现象。

加强制度理论研究和宣传教育，引导全党全社会充分认识中国特色社会主义制度的本质特征和优越性，坚定制度自信。教育引导广大干部群众认识到，中国特色社会主义制度和国家治理体系经过长期实践检验，来之不易，必须倍加珍惜；完善和发展我国国家制度和治理体系，必须坚持从国情出发、从实际出发，既把握长期形成的历史传承，又把握党和人民在我国国家制度建设和国家治理方面走过的道路、积累的经验、形成的原则，不能照抄照搬他国制度模式，既不走封闭僵化的老路，也不走改旗易帜的邪路，坚定不移走中国特色社会主义道路。

把提高治理能力作为新时代干部队伍建设的重大任务。通过加强思想淬炼、政治历练、实践锻炼、专业训练，推动广大干部严格按照制度履行职责、行使权力、开展工作，提高推进"五位一体"总体布局和"四个全面"战略布局等各项工作能力和水平。坚持党管干部原则，落实好干部标准，树立正确用人导向，把制度执行力和治理能力作为干部选拔任用、考核评价的重要依据。尊重知识、尊重人才，加快人才制度和政策创新，支持各类人才为推进国家治理体系和治理能力现代化贡献智慧和力量。

推进全面深化改革，既要保持中国特色社会主义制度和国家治理体系的稳定性和延续性，又要抓紧制定国家治理体系和治理能力现代化急需的制度、满足人民对美好生活新期待必备的制度，推动中国特色社会主义制度不断自我完善和发展、永葆生机活力。

全党全国各族人民要更加紧密地团结在以习近平同志为核心的党中

央周围，坚定信心，保持定力，锐意进取，开拓创新，为坚持和完善中国特色社会主义制度、推进国家治理体系和治理能力现代化，实现"两个一百年"奋斗目标、实现中华民族伟大复兴的中国梦而努力奋斗！

(新华社北京11月5日电)

《人民日报》(2019年11月06日　01版)

第一讲

具有开创性里程碑意义的战略决策

党的十九届四中全会是在世界发展经历百年未有之大变局、我国正处于实现中华民族伟大复兴关键时期召开的一次重要会议。全会的主题是审议通过《中共中央关于坚持和完善中国特色社会主义制度 推进国家治理体系和治理能力现代化若干重大问题的决定》。习近平总书记就《决定》起草情况向全会作了说明,并在会议结束时发表重要讲话。《决定》紧紧围绕"坚持和巩固什么、完善和发展什么",全面总结了中国特色社会主义制度建设的历史性成就,集中概括了中国特色社会主义制度和国家治理体系的显著优势,深刻阐述了支撑中国特色社会主义制度的根本制度、基本制度、重要制度,明确了坚持和完善中国特色社会主义制度、推进国家治理体系和治理能力现代化的总体要求、总体目标和重点任务,是坚持和完善中国特色社会主义制度、推进国家治理体系和治理能力现代化的政治宣言和行动纲领,是具有开创性、里程碑意义的战略决策。

(一)站在历史交汇点的战略眼光和历史担当

党的十八大以来,新时代中国特色社会主义全面推进,中华民族伟大复兴战略全局统筹展开。党的十九届四中全会在这一历史进程中召开,主题重大、意义深远。全会审议通过的《决定》是新时代坚持和发展中国特色社会主义的重大战略部署,是为实现"两个一百年"奋斗目标进而实现中华民族伟大复兴构建系统制度保证和坚实治理基石。

1. 全面建设社会主义现代化国家的基础工程

党的十九届四中全会是站在"两个一百年"奋斗目标的历史交汇点上，承前启后、继往开来、掌控大势、谋划未来的一次重要会议。从十九大到二十大，是"两个一百年"奋斗目标的历史交汇期。既要全面建成小康社会、实现"第一个百年"目标，又要乘势而上开启全面建设社会主义现代化国家新征程，向着"第二个百年"目标进军。无论是全面建成小康社会，还是全面建设社会主义现代化国家，都要打好基础、搭好框架、铺好轨道。党的十八届三中全会作出全面深化改革的决定，明确提出全面深化改革的总目标，即完善和发展中国特色社会主义制度、推进国家治理体系和治理能力现代化。这个总目标统领决胜全面建成小康社会和全面建设社会主义现代化国家整个进程。党的十八大以来，以习近平同志为核心的党中央领导人民统筹推进"五位一体"总体布局、协调推进"四个全面"战略布局，推动中国特色社会主义制度更加完善、国家治理体系和治理能力现代化水平明显提高，为政治稳定、经济发展、文化繁荣、民族团结、人民幸福、社会安宁、国家统一提供了有力保障，有力证明了中国特色社会主义制度和国家治理体系对于实现"两个一百年"奋斗目标、实现中华民族伟大复兴中国梦的基础性作用。

党的十九大着眼于"两个一百年"奋斗目标的过渡转变，制定了全面建设社会主义现代化国家两个阶段的战略安排，中国特色社会主义制度和国家治理体系的建设目标纳入其中。第一个阶段各方面制度更加完善，国家治理体系和治理能力现代化基本实现；第二个阶段物质文明、政治文明、精神文明、社会文明、生态文明将全面提升，实现国家治理体系和治理能力现代化。制度是国家之基、社会之规、治理之据，治理是制度的有效运用、功能发挥和实践拓展。坚持和完善中国特色社会主义制度，推进国家治理体系和治理能力现代化，是关系党和国家事业兴旺发达、国家长治久安、人民幸福安康的重大问题，是关系到全面建成社会主义现代化强国的根本问题。《决定》指出："中国特色社会主义制度是党和人民在长期实践探索中形成的科学制度体系，我国国家治理一切工作和活动都依照中国特色社会主义制度展开，我国国家治理体系和治理能力是中国特色社会主义制度及其执行能力的集中体现。"①《决定》奠定了全面现代化的制度和治理平台，确立了全面现代化的枢纽机制，贯通于全面现代化各个领域，是全面建设社会主义现代化国家新征程的一个里程碑。以坚持和完善中国特色社会主义制度、推进国家治理体系和治理能力现代化为强大牵引和有力保障，全面建设社会主义现代化国家的进程将稳步推进、有序展开。

2. 新中国 100 年的制度和治理目标

党的十九届四中全会是在新中国成立 70 周年之际召开的具有重大历史意义的会议。新中国成立以来，我们党坚持把马克思主义基本原理同中国具体实际相结合，深刻总结国内外正反两方面经验，不断探索实践，不断改革创新，建立和完善社会主义制度，形成和发展党的领导和经济、政治、文化、社会、生态文明、军事、外事等各方面制度，加强和完善国家治理，取得历史性成就。70 年后再出发，习近平总书记指出："在新中国成立 70 周年的重要历史时刻，要把新中国成立以来我们国家在社会主义制度建设、国家治理体系和治理能力建设方面的经验好好总结一下，进而在运用历史经验的基础上，明确未来一个时期制度建设、治理体系和治理能力建设的着力点和目标任务。"《决定》凝结着我们党建立和完善社会主义制度的宝贵经验，凝结着几代中国共产党人保证党和国家长治久安的深谋远虑，是从政治上、全局上、战略上全面考量，立足当前、着眼长远作出的重大决策，充分体现了以习近平同志为核心的党中央高瞻远瞩的战略眼光和强烈的历史担当。

建设什么样社会主义、怎样建设社会主义，其中的核心问题是建设什么样的社会主义制度和国家治理体系、怎样完善社会主义制度和加强国家治理。新中国成立后，我国确立了社会主义基本制度，为当代中国一切发展进步奠定了根本政治前提和制度基础，开始了社会主义治国理政的实践。改革开放历史新时期，中国特色社会主义制度形成发展，为当代中国发展进步提供了根本制度保障，中国特色社会主义国家治理特色鲜明、富有效率。中国特色社会主义进入新时代，摆在党和国家面前的一项重大任务，就是推动中国特色社会主义制度更加成熟定型，推进国家治理体系和治理能力现代化。正如

---

① 《中共中央关于坚持和完善中国特色社会主义制度　推进国家治理体系和治理能力现代化若干重大问题的决定》，《人民日报》2019 年 11 月 6 日，第 1 版。

习近平总书记指出的：“从形成更加成熟更加定型的制度看，我国社会主义实践的前半程已经走过了，前半程我们的主要任务是建立社会主义基本制度，并在这个基础上进行改革，现在已经有了很好的基础。后半程，我们的主要历史任务是完善和发展中国特色社会主义制度，为党和国家事业发展、为人民幸福安康、为社会和谐稳定、为国家长治久安提供一整套更完备、更稳定、更管用的制度体系。"① 站在新中国成立 70 年的历史节点上，着眼于新中国成立 100 年时中国特色社会主义制度和国家治理体系的建设目标，《决定》分别提出了到建党 100 年、2035 年、新中国成立 100 年时制度和治理的总体目标，为把我国建成富强民主文明和谐美丽的社会主义现代化强国构筑了坚实的制度和治理基石。

3. 新时代改革开放推向前进的更高起点

改革开放 40 年，是新时代改革开放再出发新的起点。习近平总书记在《决定》的说明中指出："新时代改革开放具有许多新的内涵和特点，其中很重要的一点就是制度建设分量更重，改革更多面对的是深层次体制机制问题，对改革顶层设计的要求更高，对改革的系统性、整体性、协同性要求更强，相应地建章立制、构建体系的任务更重。"② 这是从物质层面、观念层面到制度层面、治理层面的实践深化和机制跃升，是新时代改革开放的再攀登、再攻坚、再突破。我们看到，一些国家长期社会动荡、冲突不已、乱象丛生，制度建设落后、治理能力软弱是一个根本性原因。苏联、东欧等国家，没有建成完善的制度体系，没有形成有效的国家治理体系和国家治理能力，各种社会矛盾和问题日积月累、积重难返，最后的结局是国亡政息，教训十分深刻。党的十八大以来，从全面深化改革决定、全面依法治国决定到制定《新形势下党内政治生活的若干准则》、修订《中国共产党党内监督条例》等，从深化党和国家机构改革到十九届四中全会决定等，都贯穿着坚持和完善中国特色社会主义制度、推进国家治理体系和治理能力现代化这一主旨和主线，都是强基固本的系统工程。

---

① 《习近平论全面深化改革》，中央文献出版社 2018 年版，第 93—94 页。
② 习近平：《关于〈中共中央关于坚持和完善中国特色社会主义制度　推进国家治理体系和治理能力现代化若干重大问题的决定〉的说明》，《人民日报》2019 年 11 月 6 日，第 4 版。

中国特色社会主义制度体系还不是尽善尽美、成熟定型的，需要不断发展完善。国家治理体系是在党领导下管理国家的制度体系，国家治理能力是运用国家制度管理社会各方面事务的能力。推进国家治理现代化，就是中国特色社会主义制度建设、创新、完善、实践的过程，是充分发挥中国特色社会主义制度功能的过程，是新时代改革开放的重大课题。

4. 中国共产党走向第二个百年的战略擘画

我们党是百年大党，即将进入第二个百年。党立志于中华民族千秋伟业，百年恰是风华正茂。目前在全党开展的"不忘初心、牢记使命"主题教育，正是党走向第二个百年的思想洗礼、精神激励、政治整训。习近平总书记在中央政治局以"牢记初心使命，推进自我革命"为题进行集体学习时的重要讲话中深刻指出："我们党作为百年大党，如何永葆先进性和纯洁性、永葆青春活力，如何永远得到人民拥护和支持，如何实现长期执政，是我们必须回答好、解决好的一个根本性问题。"[①] 回答好解决好这个根本性问题，防止某些党员干部的消极腐败、脱离群众现象，跳出执政党的历史周期率，必须依靠制度建党、治理兴党，必须以根本性举措应对根本性问题，从中国特色社会主义制度和国家治理体系的宏观视野和总体构建出发，全面从严治党。

党的十九届四中全会《决定》，是我们党作为马克思主义执政党，在新时代为中国人民谋幸福、为中华民族谋复兴所擘画的战略宏图，是新时代坚持和发展中国特色社会主义的战略工程，是从实现中华民族伟大复兴战略高度回答和解决党的"百年之问"的基础建设。"三个如何"说到底，是如何夺取新时代中国特色社会主义伟大胜利，从而为党始终保持马克思主义政治本色提供不竭动力，为党始终同人民想在一起、干在一起构造事业平台，为党经受长期执政考验、抵御各种利益诱惑强化理想信念。坚持和完善中国特色社会主义制度，推进国家治理体系和治理能力现代化，本身就是新时代党的建设的强劲机制，是推进党的自我革命、全面从严治党的使命牵引。

坚持党的集中统一领导，是我国国家制度和国家治理体系的首要优势；坚持和完善党的领导制度体系，提高党科学执政、民主执政、依法执政水平，是坚持和完善中国特色社会主义制度、推进国家治理体系和治理能力现代化

---

① 习近平：《牢记初心使命，推进自我革命》，《求是》2019年第15期。

的首要任务；加强党对坚持和完善中国特色社会主义制度、推进国家治理体系和治理能力现代化的全面领导，是贯彻落实党的十九届四中全会精神的首要要求。这都有力促使把百年大党新的伟大工程与国家制度和国家治理体系建设统一起来，把增强党的政治领导力、思想引领力、群众组织力、社会号召力与增强国家制度能力和治理能力统一起来，把永葆党的旺盛生命力和强大战斗力与完善国家制度和强化国家治理体系的进展统一起来。

5. 应对世界百年未有之大变局的中国力量

深刻理解党的十九届四中全会的重大意义，还要从当今世界大势、国际战略大局的视野来看待。可以说，中国与世界关系的变化，是世界百年未有之大变局的最大变局。100 年前，中国是一个半殖民地半封建社会的国家，100 年后，中国成为世界上最大的社会主义国家；100 年前，中国在世界舞台上还是边缘化的弱国，100 年后，中国正日益走近世界舞台中央；100 年前，成为世界强国的美国还没有把中国放在眼里，100 年后，美国已把中国作为最大战略对手。中国在从大到强、从富到强的发展过程中，外部环境更趋复杂，世界大变局既带来重大战略机遇期，也带来严峻风险挑战期。面对来自外部力量的战略遏制和打压，面对世界范围两种意识形态、两种社会制度的竞争较量，党和国家进行的伟大斗争不是短期的而是长期的，至少要伴随实现第二个百年奋斗目标全过程。敢于斗争、善于斗争，最大的底气来自中国特色社会主义制度和治理的强大力量。坚持和完善中国特色社会主义制度，推进国家治理体系和治理能力现代化，是应对越来越复杂的风险考验的治本之策，是战胜难以想象的惊涛骇浪的"定海神针"。

（二）具有多方面显著优势的中国特色社会主义制度和国家治理体系

中国特色社会主义制度是具有明显制度优势、强大自我完善能力的先进制度，是在实践中逐步成熟定型的生长制度。制度为体、治理为用。坚持和完善中国特色社会主义制度、推进国家治理体系和治理能力现代化，体现了从制度自觉到治理自觉，从制度功能到治理效能，从制度优势到治理转化。党的十九届四中全会《决定》，将中国特色社会主义制度和国家治理体系建设提升至一个崭新的历史和时代高度。

1. 有着深厚根基的制度和治理体系

《决定》指出，中国特色社会主义制度和国家治理体系是以马克思主义为指导、植根中国大地、具有深厚中华文化根基、深得人民拥护的制度和治理体系。因此，坚持和完善这一制度和治理体系是强固政治根基、弘扬政治优势的战略举措。中国特色社会主义制度和治理体系，是科学社会主义基本原理与中国国情和中国社会主义实践相结合的结晶，是社会主义政治文明本质内涵与中华优秀传统文化相结合的成果，是坚持党的领导、人民当家作主、依法治国相结合的产物。这一制度和治理体系，坚持和发展马克思主义的国家学说、制度理论、治理思想，体现了中国共产党人建设社会主义制度、进行社会主义国家治理的理论创新和实践创造。这一制度和治理体系，立足社会主义初级阶段基本国情，顺应我国社会主要矛盾转变的发展要求，反映新时代坚持和发展中国特色社会主义的制度和治理需求。这一制度和治理体系，将中华优秀传统文化作为治国理政的重要思想文化资源，坚持依法治国和以德治国相结合，做好中华优秀传统文化在新时代国家制度和治理体系建设中的创造性转化和创新性发展。这一制度和治理体系，把维护和保障最广大人民的利益作为根本目的，把有利于人民追求幸福生活的努力作为构建准则，把权力接受人民监督作为基本理念。

2. 具有强大生命力和巨大优越性的制度和治理体系

《决定》指出，中国特色社会主义制度和国家治理体系是具有强大生命力和巨大优越性的制度和治理体系。这就为党领导人民创造世所罕见的经济发展奇迹和政治稳定奇迹提供了制度支持和治理保障，为中华民族迎来了从站起来、富起来到强起来的伟大飞跃构筑了崛起支点和起飞平台。中国特色社会主义制度和国家治理体系的强大生命力和巨大优越性，集中体现在《决定》强调的我国国家制度和国家治理体系13个方面的显著优势上。这些显著优势，是我们坚定"四个自信"的基本依据。党的十八大以来，以习近平同志为核心的党中央在治国理政新实践中，将我国国家制度和治理体系的显著优势进一步增强和彰显。这体现在党对制度和治理体系建设和创新的全面领导，保证了制度和治理体系建设和创新的正确方向。体现在以人民为中心巩固和发展制度和治理体系，保证了国体和政体的高度统一，根本制度、基本制度、重要制度的高度协调。体现在从制度层面推进国家治理现代化，制度体系与治理体系相互融合、制度能力与治理能力相互增强，保证了国家治理现代化的制度优势。体现在把全面依法治国作为制度和治理体系建设的根本着眼，保证了中国特色社会主义制度和国家治理体系持续有序运行。

3. 持续推动中国进步和发展、确保实现中华民族伟大复兴的制度和治理体系

《决定》指出，中国特色社会主义制度和国家治理体系，是能够持续推动拥有近14亿人口大国进步和发展、确保拥有5000多年文明史的中华民族实现"两个一百年"奋斗目标进而实现伟大复兴的制度和治理体系。《决定》是全面建设社会主义现代化国家新征程的一个里程碑，开创了实现中华民族伟大复兴新的历史进军。贯彻《决定》精神，巩固和完善中国特色社会主义制度和国家治理体系，就是要坚持和完善党的领导制度体系，把党的领导落实到国家治理各领域各方面各环节；发挥人民当家作主的制度优势，保证人民的治理主体地位；强化自我更新完善的制度韧性，促进治理体系更加科学、治理能力更加有效；激发解放和发展社会生产力的制度活力，破除治理体系的弊端陋规；发掘维护社会公正的制度潜能，保证最大多数人共享治理利益。

（三）在坚持和完善中国特色社会主义制度的实践中推进国家治理体系和治理能力现代化

党的十九届四中全会的开创性意义，就在于以《决定》为基本纲领，开启了坚持和完善中国特色社会主义制度、推进国家治理体系和治理能力现代化的系统实践，开启了新时代伟大社会革命的崭新篇章，开启了世界社会主义自我完善、自我更新，持续进步、不断创新的时代步伐；党的十九届四中全会的里程碑意义，就在于以《决定》为基本标志，中国特色社会主义制度建设进入新的自觉、新的阶段，中国特色社会主义国家治理达到新的境界、新的高度，全面建设社会主义现代化国家确立了基本轨道、贯通主线。

1. 总体要求：把我国制度优势更好转化为国家治理效能

《决定》明确了坚持和完善中国特色社会主义制度、推进国家治理体系和治理能力现代化的总体要求。这一总体要求突出坚持和完善支撑中国特色

社会主义制度的根本制度、基本制度、重要制度，把我国制度优势更好转化为国家治理效能。与国家现代化总进程相协调，与坚持和完善中国特色社会主义制度相匹配，实现党、国家、社会各项事务治理制度化、规范化、程序化，是国家治理体系和治理能力现代化的重要要求。制度是治理之本，依靠制度进行治理是国家治理现代化的基本要求。治理制度化，最重要的是依法治理，全面依法治国是治理制度化的现代化目标。要提高运用制度进行治理的能力，增强制度治理的权威性。规范是治理之要，推进规范治理是国家治理现代化的关键要点。治理规范化强调治理科学化、标准化，就是要遵循治理规律、细化治理标准、注重治理控制。治理不规范反映了治理的现代化水平较低，还停留在与粗放式生产方式相适应的治理方式上。现代化进程是一个治理规范化逐步提高的过程，不仅规范科学，而且规范有效。程序是治理之道，依照程序实现治理是国家治理现代化的必要条件。程序是治理规律的反映，揭示了解决问题、达到目的、促进发展所必须经过的阶段，遵循实践程序就是遵循治理规律。程序建立了层层制约机制，每设立一道程序就是经过了一道安全阀，能够把治理风险降至最小，把治理效益提至最大。决策程序是治理程序化的前提，决策程序增强了决策的科学性，减少了决策失误。

2. 总体目标：全面实现国家治理体系和治理能力现代化

《决定》明确了坚持和完善中国特色社会主义制度、推进国家治理体系和治理能力现代化的总体目标。这一总体目标与新时代中国特色社会主义发展的战略安排相协调，突出了坚持和完善中国特色社会主义制度、推进国家治理体系和治理能力现代化的阶段性渐进性和高标准高质量。从在各方面制度更加成熟更加定型上取得明显成效，进而达到各方面制度更加完善、基本实现国家治理体系和治理能力现代化，到全面实现国家治理体系和治理能力现代化，使中国特色社会主义制度更加巩固、优越性充分展现，制定了路线图、时间表、标准值。这一总体目标牢牢把握了中国特色社会主义制度和治理的本质特征，体现了社会主义现代化的本质内涵，保证了制度和治理体系的社会主义性质和方向。这一总体目标将制度和治理融为一体，以制度建设保证治理效能，以治理效能发挥制度优势，有效防止了缺乏效能的"制度悬置"和缺乏根基的"治理变革"。这一总体目标吸收借鉴了人类制度文明和治理文明的有益成果，不仅紧跟而且引领世界现代化潮流，提供了"中国之治"

的密码,拓展了发展中国家走向现代化的途径,是中国共产党人对科学社会主义和社会主义现代化的重大贡献。

3. 总体任务:构建系统完备、科学规范、运行有效的制度体系

《决定》明确了坚持和完善中国特色社会主义制度、推进国家治理体系和治理能力现代化的总体任务。这就是坚持和完善党的领导制度体系,提高党科学执政、民主执政、依法执政水平等13个领域的制度体系和制度能力、治理体系和治理能力的建设要求,这些领域涵盖我国国家制度和国家治理体系的主要内容,是坚持和完善中国特色社会主义制度、推进国家治理体系和治理能力现代化的战略部署,是以习近平同志为核心的党中央科学谋划民族复兴大业、国家发展大计的战略宏图。为新时代坚持和发展中国特色社会主义提供一整套更完备、更稳定、更管用的制度体系,指明了制度改革创新的内在要求。更完备要求随着社会系统的复杂程度增强,增大制度的覆盖面,减少制度的盲区和漏洞,提高制度体系的衔接性和自洽性,克服某些制度之间的不兼容性。更稳定要求随着社会运行的有序程度增强,提高制度的规范性和延续性,让制度内化于社会机体之中,常态化运转、稳态化运作,在改与不改、变与不变、动与不动之间保持恰当的均衡。更管用要求随着国家治理的法治程度增强,充分发挥制度的导向、激励、协调、控制功能,强化制度权威,增强制度效能,减少制度疲软、制度失效现象。有了这样的制度体系做支撑,就能够增强治理能力、提高治理水平、扩大治理效能。

4. 总体保证:坚持党对中国特色社会主义制度和国家治理体系建设的全面领导

《决定》明确了坚持和完善中国特色社会主义制度、推进国家治理体系和治理能力现代化的总体保证。中国特色社会主义最本质的特征是中国共产党领导,这体现在中国特色社会主义的各领域和全过程。坚持和完善中国特色社会主义制度、推进国家治理体系和治理能力现代化,必须在党中央统一领导下进行,这是中国特色社会主义最本质特征的应有之义,党的领导为完成战略任务提供战略指导和领导力量。只有中国共产党才能领导中国,只有在党的领导下才能完成坚持和完善中国特色社会主义制度、推进国家治理体系和治理能力现代化这一重大战略任务。在完成这一重大战略任务的前进道路上,会遇到各种各样的复杂和深层次矛盾,会遇到来自不同方面的风险和不

同方向的"台风",必须有效应对重大挑战、抵御重大风险、克服重大阻力、解决重大矛盾,党的坚强和正确领导是完成这一重大战略任务最重要最可靠的政治保证。坚持和完善中国特色社会主义制度、推进国家治理体系和治理能力现代化,是一项系统工程,必须在党的领导下科学谋划、精心组织,远近结合、整体推进,健全总揽全局、协调各方的党的领导制度体系。

第二讲

新时代坚持和完善中国特色社会主义制度的必然要求

在中华人民共和国成立70周年之际，在实现"两个一百年"奋斗目标的历史交汇时刻，党的十九届四中全会隆重召开，审议、通过了《中共中央关于坚持和完善中国特色社会主义制度 推进国家治理体系和治理能力现代化若干重大问题的决定》。《决定》明确指出："中国特色社会主义制度和国家治理体系是以马克思主义为指导、植根中国大地、具有深厚中华文化根基、深得人民拥护的制度和治理体系，是具有强大生命力和巨大优越性的制度和治理体系，是能够持续推动拥有近十四亿人口大国进步和发展、确保拥有五千多年文明史的中华民族实现'两个一百年'奋斗目标进而实现伟大复兴的制度和治理体系。"这一重要表述，既是对国家制度和国家治理问题的深刻阐释，也是对党的十八届三中全会提出的"全面深化改革"总目标的理论深化，鲜明地回答了"如何把我国制度优势更好转化为国家治理效能"的时代之问，为实现社会主义现代化和中华民族伟大复兴指明了方向。

（一）推进国家治理现代化的重大意义

推进国家治理现代化，是我们党在深刻认识古今中外治乱兴衰规律、认真总结我国改革开放的成功经验、准确把握我国改革发展阶段性特征的基础上提出来的，对于坚持和完善中国特色社会主义制度、实现中华民族伟大复兴的中国梦，对于推进人类制度文明的发展演进，具有重大的现实意义和深远的历史意义。

1. 社会主义实践和近代以来中国社会变革的历史启迪

推进国家治理现代化，是我们党依据漫长的人类制度文明发展史、5000多年中华文明史、500年世界社会主义运动史、中国近代以来170多年抗争史、我们党90多年革命建设改革史，在深刻把握古今中外治乱兴衰规律，特别是社会主义运动史和近代以来中国社会历史变迁的基础上提出来的。

纵观社会主义诞生以来的历史过程，怎样治理社会主义这样的全新社会，在以往的世界社会主义实践中没有得到很好解决。马克思、恩格斯在批判旧世界的基础上，对未来社会的发展过程、发展方向和一般特征作出了科学的预测和设想。他们认为，社会主义社会与资本主义社会具有决定意义的差别主要包括：社会主义在生产资料公有制基础上组织生产，生产的根本目的是满足全体社会成员的需要；对社会生产进行有计划的指导和调节，社会产品实行按劳分配原则；合乎自然规律地改造和利用资源，保持人与自然之间动态的平衡；由无产阶级政党领导、以建立无产阶级专政的国家为目的的无产阶级革命，是无产阶级进行斗争的最高形式；通过无产阶级专政和社会主义高度发展，最终实现向消灭阶级、消灭剥削、实现人的自由而全面发展的共产主义社会的过渡。特别是对巴黎公社的实践提出了指导意见、进行了深刻总结。但巴黎公社的实践范围较小、时间较短，没有遇到后来社会主义国家所面临的大范围、全局性、长时间的矛盾和问题。因此，无论是巴黎公社的街堡，还是共产国际的战歌，都未能让马克思、恩格斯经历全面治理一个社会主义国家的实践。列宁领导了世界上第一个社会主义国家的创立，并对社会主义的建设进行了积极思考和初步实践。对于在经济文化相对落后的俄国如何治理社会主义国家的难度，列宁有着清醒的认识，并创造性地提出了一些政策举措。如实行新经济政策，提出社会主义社会必须创造比资本主义更高的劳动生产率、无产阶级在夺取政权后要实现党和国家工作重心从革命到建设的转变、必须利用资本主义文明成果建设社会主义、有步骤地发展社会主义民主等。但这些设想和举措尚未得到深入探索和实践，列宁就溘然长逝。之后，苏联在70多年治理历程中取得了一些成功经验，曾写下辉煌篇章，但仍然没有很好地解决社会主义国家治理问题。特别是日益僵化和固化的苏联模式，导致各种社会矛盾和问题日积月累、积重难返，留下社会主义国家治理史上令人扼腕的沉重一笔。同时，苏联领导人长期推行大党、大国主义，把苏联模式普遍化和神圣化，依靠强力"输出"模式，使东欧一些国家探索符合本国国情的社会主义道路的努力难以取得实质性进展。可以说，没有形成有效的国家治理体系和治理能力，是东欧剧变、苏联解体的一个重要原因。如何治理社会主义社会，仍需要进行长期艰辛的探索。

古往今来，对国家的治理一直是历朝历代统治者面临的难题。一个社会如果没有形成有效的国家治理体系和治理能力，就不能有效解决社会矛盾和问题，各种社会矛盾和问题日积月累、积重难返，必然导致社会动荡、政权更迭。

从中国社会变革的历史进程看，实现这样的总目标更具复杂性和紧迫性。自秦始皇统一中国后的2000多年来，统治者围绕如何治国理政这一问题，进行了不断的探索和实践，为后世留下了宝贵借鉴。如《尚书》提出了"敬天""明德""慎罚""保民"等理念，认为统治者的崇高德行是教化民众、治理国家的最有效武器。唐太宗李世民让魏征等编著的《群书治要》，梳理了"修身、齐家、治国、平天下"的思想精华，提出了"为君、择人、施政、教化"等治理要诀。① 在这些治理思想指导下，中国曾经出现过代表时代治理水平高峰的汉唐治世等。然而自商鞅废井田、立郡县之后，尽管发生了不少的朝代更替，但"百代皆行秦政制"，"普天之下，莫非王土；率土之滨，莫非王臣"的社会观念始终没有改变，君主专制制度始终没有动摇。近代以后，当欧美国家争相改制图强之时，中国却如同一头沉睡的雄狮，固守于宗法祖制而不自醒，与治理现代化的浪潮失之交臂。这种严重落后于时代的国家治理制度，在列强入侵、国内矛盾尖锐的情况下，使近代中国陷入严重危机。武昌城头辛亥革命的枪声，击碎了绵延2000年的封建王朝，为中国的进步打开了闸门。从辛亥革命始，中国人就一直寻找适合我国国情的国家治理体系，各种社会力量进行着激烈的斗争。但君主立宪制、复辟帝制、议会制、多党制、总统制，种种国家治理的方案和尝试都在现实中败下阵来。

十月革命一声炮响，给中国送来了马克思列宁主义，同时也送来了一种

---

① 许海清：《国家治理体系和治理能力现代化》，中共中央党校出版社2013年版，第45页。

全新的国家治理理念。在领导中国革命的进程中，我们党不断思考未来建立什么样的国家治理体系问题。毛泽东同志在《论联合政府》中提出"将中国建设成一个独立、自由、民主、统一和富强的新国家"的战略目标，并对未来我国的制度架构进行了阐述。他强调，这是一个真正适合中国人口最大多数的要求的国家制度。中华人民共和国的成立，标志着近代以来中国人民救亡图存的革命取得了历史性的伟大胜利，为实现国家现代化创造了根本制度前提。我们党在全国执政后，继续探索适合我国国情的国家治理模式。这种探索是从学习苏联起步的，并取得了重要的理论和实践成果，为我们开辟新路打下了重要基础、提供了重要启示。但总体而言，由于受到各种主客观条件的制约，没有探索出适合中国国情的国家治理模式。

2. 改革开放四十多年来我国现代化建设成功经验的理论总结

改革开放以来，我们党开始以全新的角度思考国家治理问题。改革是社会主义制度的自我完善和发展，是一场深刻的制度革命。可以说，改革的历史，就是一部波澜壮阔的制度演进史、治理完善史。

在全球化的背景下，现代化成为时代的最强音。赶上时代的迫切要求，决定了中国改革的现代化指向。中国是在落后的境遇中走向现代化道路的。早在1980年，邓小平同志就指出："我们进行社会主义现代化建设，是要在经济上赶上发达的资本主义国家，在政治上创造比资本主义国家的民主更高更切实的民主，并且造就比这些国家更多更优越的人才。"回望改革开放历程，"现代化"与"改革"始终紧密相连。改革开放的本质，正是在党的领导下，推动社会主义中国跟上现代化的时代潮流。

我们对现代化的理解，经历了一个由浅入深的过程。新中国成立以来，先后提出了农业现代化、工业现代化、科技现代化和国防现代化。随着改革实践的不断深入，我们党深刻认识到，"领导制度、组织制度问题更带有根本性、全局性、稳定性和长期性"，社会制度是现代化变革的关键性因素，也是一个国家实现现代化的必由之路。国家治理体系和治理能力现代化，是从制度和治理层面提出的现代化目标。治理现代化作为继"四个现代化"后我们党提出的又一个现代化战略目标，反映了改革进程不断深化拓展的客观要求，体现了我们党对改革认识的深化和系统化。

改革开放以来，我们党总结国际国内两方面经验教训，以马克思主义科学态度和求实精神，对社会主义制度现代化积极探索，取得了重要成就，一个基本的原因就是，我们不仅对经济体制进行改革，也对政治体制进行改革。我们将社会主义与市场经济有机结合，确立社会主义市场经济制度；构建中国特色社会主义法律体系，推进党的领导体制规范化、制度化；实行基层群众自治制度，完善信息公开机制，为公民有序政治参与开辟新渠道；创新社会治理体制，建立健全社会保障体系；等等。我们党在坚持社会主义基本制度前提下，坚持不懈地推进制度创新，构建起支撑中国特色社会主义"五位一体"建设的制度框架体系，夯实了科学执政、民主执政、依法执政基础，诠释了一个执政党治国理政的智慧和能力。改革开放以来，中国能够在社会基本稳定前提下保持经济长期较快发展，首先得益于中国治理改革的成功。

当前，我国政治稳定、经济发展、社会和谐、民族团结，同世界上一些国家和地区不断出现乱局形成鲜明对比。这说明，我们的国家治理体系和治理能力总体上是好的，是有独特优势的，是适应我国国情和发展要求的。我们对此要有高度自信。

3. 对我国现代化进程新发展阶段所面临的各种严峻挑战的主动回应

纵观人类历史，制度的演进和形成从来都是一个漫长过程。一个社会要形成一套比较成熟完备的制度体系，往往需要较长甚至很久的历史时期。英国从1640年发生资产阶级革命到1688年"光荣革命"形成君主立宪制，用了几十年时间；美国从1775年独立战争到1865年南北战争结束，新体制的稳定用了将近90年时间；法国从1789年资产阶级革命到1870年第二帝国消亡、第三共和国成立，用了80多年时间；日本从1868年开始明治维新，直到第二次世界大战结束后才形成了现在的体制。

我们党要在战争废墟上建立一个完全不同于旧中国的制度体系，而要治理的又是一个人口众多、基础薄弱的大国，面临的任务必然是长期的、艰巨的、复杂的，需要进行长时间的艰辛探索和艰苦努力。早在1992年，邓小平同志就曾指出："恐怕再有30年的时间，我们才会在各方面形成一整套更加成熟、更加定型的制度。在这个制度下的方针、政策，也将更加定型化。"这一论断高瞻远瞩、意味深长。成熟制度的形成和治理现代化不是一蹴而就的，必须经历一个逐步完善和发展的过程。在坚定制度自信的同时必须看到，我们在国家治理体系和治理能力方面还有许多不足，还有许多亟待改进的地方。

主要是制度还不完善，法制还不健全，制度和法律执行不力，各级干部的能力素质还不适应形势任务需要，社会参与、群众自治程度还不高。特别是当前我国发展进入了新阶段，改革进入攻坚期和深水区，社会矛盾凸显。相比形势任务的新变化，相比经济社会发展的新要求，相比人民群众的新期待，相比当今世界日趋激烈的国际竞争，我们在国家治理体系和治理能力方面还有这样那样的不足，我们的制度还没有达到更加成熟更加定型的要求，有些方面甚至成为制约我们发展和稳定的重要因素。

"法者天下之公器也，变者天下之公理也。"制度的演进需要适应时代的变化，治理的脚步必须跟上发展的节拍。只有紧跟国家现代化的进程，实现党、国家、社会各项事务治理制度化、规范化、程序化，不断提高运用中国特色社会主义制度有效治理国家的能力，才能有效破解经济社会转型升级的发展难题，成功应对现代化过程中的风险考验，实现伟大的中国梦。

推进国家治理体系和治理能力现代化，是我们党从坚持和完善中国特色社会主义，实现党长期执政、国家长治久安的战略高度提出的重大历史任务，深化了我们对社会主义现代化内涵的理解，深化了我们对社会主义建设规律的认识，为全面深化改革指明了前进方向，必将对我国社会主义现代化建设提供强大动力。

（二）国家治理现代化的基本内涵

现代意义上的"治理"，是一个不同于"统治""管理"的新概念。国家治理包括国家治理体系和治理能力两个方面，二者是一个有机整体。适应时代发展变化和我国现代化总进程的需要，我们必须推进国家治理现代化，努力使各方面制度更加科学、更加完善、更加成熟、更加定型，实现治理的制度化、规范化、程序化。

1. 从"统治""管理"到"治理"

在"国家治理体系和治理能力"中，"治理"是关键词。要理解"国家治理体系和治理能力"的内涵，首先要了解什么是"治理"。"治理"是一个古老的词语，在中华文化语境中可谓源远流长。实际上，治国理政是中国传统政治文化的重要命题和构成内容，其基本含义是统治者治理国家和处理政务之意。"治大国若烹小鲜","治国之道,必先富民","修身、齐家、治国、平天下",等等,都充分体现了中国历代统治者治理国家的智慧和经验。而国家治理或治理国家,也是我们党不懈探索的课题。"治国必先治党,治党务必从严""依法治国",都鲜明地凸显了党的"治理"理念。西方文化语境中的"治理"(Governance)一词,源于古拉丁文和古希腊语中的"掌舵"一词,具有控制、引导和操纵之意,主要用于与国家公共事务相关的宪法或法律的执行问题,或指管理利害关系不同的多种特定机构或行业。可见,"治理"不是今天才提出来的,也不是受西方影响才提出来的。

　　作为现代意义上的"治理"概念,则是随着20世纪90年代西方治理理论的兴起而产生的。西方学者赋予"治理"以新的含义,并使之与"统治"的概念区别开来,在此基础上形成了治理理论。治理理论认为,治理是一个自上而下与自下而上互动的过程,政府与社会通过合作、协商、建立伙伴关系、确立认同和共同的目标等方式实施对公共事务的管理,寻求政府与公民对公共生活的合作管理和实现公共利益最大化,以合法性、参与性、公开性、透明性、回应性、法治性和责任性等为基本特征。①

　　可见,现代意义上的治理概念是从"善治理论"引用过来的。与传统意义上的统治、管理不同,治理强调的是官民互动、合作与协商,是双边关系,而不是政府单边划船。具体而言,管理与治理的主要区别:一是权威的主体不同。管理的主体是单一的,就是政府或其他国家公共权力机构;治理的主体则是多元的,除了政府等国家公共权力机构外,还包括企业组织、社会组织和居民自治组织等。二是权威的来源不同。管理的来源是强制性的国家法律;治理的来源除了法律外,还包括各种非国家强制的契约。三是权威的性质不同。管理是强制性的;治理可以是强制的,但更多是协商的。四是权力的运行向度不同。管理的权力运行是自上而下的,治理的权力则是自上而下、自下而上以及横向流动相结合。国家治理的过程,就在于充分动员国家各个方面的力量,并且促使多方积极互动,以便实现国家治理的预期目标。相较于统治、管理而言,治理模式更有利于扩大人民民主、实现社会正义、激发社会活力。从统治走向治理,是人类政治发展的普遍趋势。"多一些治理,少

---

① 刘武俊:《把国家治理纳入法治轨道》,《中国青年报》2013年12月9日第2版。

一些统治",是21世纪世界主要国家政治变革的重要特征。

2. 国家治理和国家治理现代化的内涵

我们党对于"治理"概念的运用,一方面汲取了中国传统政治文化治国理政的有益精神,但在本质上又不同于皇权统治者的"治国理政";另一方面扬弃性地吸收了西方"治理"概念的有益要素,但与西方倾向于政府分权、实现社会多中心治理和社会自治的"治理"概念又有所不同。我国的国家治理,就是党领导人民依照法律规定,通过各种途径和形式,管理国家事务,管理经济和文化事业,管理社会事务。① 国家治理的过程,就在于充分动员各个方面的力量,以多元共治激发国家、社会与市场的活力,促使三方积极互动,实现国家治理的预期目标。我国的国家治理,必须坚持党的领导、人民当家作主、依法治国有机统一这一根本原则。人民是国家治理的主体,党在国家治理中发挥着总揽全局、协调各方的领导核心作用,法治是治国理政的基本方式。

国家治理包括国家治理体系和治理能力,是一个国家制度和制度执行能力的集中体现。我国的国家治理体系,就是在党领导下管理国家的制度体系,包括人民代表大会制度的根本政治制度,中国共产党领导的多党合作和政治协商制度、民族区域自治制度、基层群众自治制度等基本政治制度,中国特色社会主义法律体系,公有制为主体、多种所有制经济共同发展的基本经济制度,以及经济、政治、文化、社会、生态文明和党的建设等各领域的体制机制、法律法规,是一整套紧密相连、相互协调的国家制度。② 国家治理能力则是运用国家制度管理社会各方面事务的能力,包括改革发展稳定、内政外交国防、治党治国治军等各个方面。

国家治理体系与治理能力是社会的、历史的,任何制度都需要改革创新,僵化和停滞只会窒息制度的生机。我们的制度建设,必须在不断变革与完善中发展。当代中国,完善和发展中国特色社会主义制度,必须推动制度更加

---

① 秋石:《为了国家长治久安——怎样理解全面深化改革的总目标》,《求是》2014年第1期。

② 秋石:《为了国家长治久安——怎样理解全面深化改革的总目标》,《求是》2014年第1期。

成熟更加定型，推进国家治理体系和治理能力现代化。国家治理现代化，是一个前后相续的过程。我国社会主义实践的前半程已经建立了基本制度，并通过改革不断加以完善，打下了很好的基础；后半程则需要适应国家现代化总进程，为党和国家事业发展、为人民幸福安康、为社会和谐稳定、为国家长治久安提供一套更完备、更稳定、更管用的制度体系，在国家治理体系和治理能力现代化上形成总体效应、取得总体效果，有效破解经济社会转型升级的发展难题，成功应对现代化过程中的风险考验，实现中华民族伟大复兴的中国梦。

所谓国家治理体系和治理能力现代化，就是使国家治理体系制度化、科学化、规范化、程序化，使国家治理者善于运用法治思维和法律制度治理国家，从而把制度优势转化为治理国家效能。推进我国社会主义国家治理体系和治理能力现代化，就是要适应时代变化，既改革不适应实践发展要求的体制机制、法律法规，又不断构建新的体制机制、法律法规，使各方面制度更加科学、更加完善，实现党、国家、社会各项事务治理制度化、规范化、程序化；就是要更加注重治理能力建设，增强按制度办事、依法办事意识，善于运用制度和法律治理国家，把各方面制度优势转化为管理国家的效能，提高党科学执政、民主执政、依法执政水平。

3.国家治理体系和治理能力是有机整体

国家治理体系和治理能力是一个国家的制度和制度执行能力的集中体现，两者相辅相成、有机统一。有了好的国家治理体系才能提高治理能力，提高国家治理能力才能充分发挥国家治理体系的效能。只有把国家治理体系和治理能力两者统一起来，才能治理好国家。

一方面，在国家治理中，制度是起根本性、全局性、长远性作用的。制度是决定社会发展与文明进步的关键性因素，只有不断推进制度变革，推进治理体系的完善，才能推动社会发展进步。中国人百余年来落后与奋争的历史启示我们，社会制度变革是现代化变革的关键性因素，要迈开现代化步伐，最根本的是在制度层面改革创新。另一方面，没有有效的治理能力，再好的制度也难以发挥作用。不是国家治理体系越完善，国家治理能力自然而然就越强。综观世界，各国各有其治理体系，而治理能力由于客观情况和主观努力的差异却有着或大或小的差距，甚至同一个国家在同一种治理体系下不同历史时期的治理能力也有很大差距。有严密的制度，还要有严格的执行。再健全的治理体系，再完美的治理机制，最终都要依靠高超的治理能力去体现和落实。如果不能落到实处，制度只会束之高阁、形同虚设，其作用终将荡然无存。

我们对制度建设和制度执行能力的要求是不平衡的，或是忽视了对制度科学性规范性的要求，或是在执行环节重视不够。我们长期以来十分重视制度建设，通过不懈努力不断完善各方面的制度和体制机制。但与治理现代化的要求比，我们的治理体系建设离制度化、规范化、程序化的标准还存在较大差距，一些制度远未成熟和定型。而在治理能力方面，很多制度都已建立起来，很多体制机制看起来也很完善，很多法律法规和政策措施就摆在那里，但就是落不到实处，不能很好地发挥作用。同时，随着经济社会发展，新情况新问题不断出现，许多问题尚未找到有效解决办法。制度执行力、治理能力已经成为影响我国社会主义制度优势充分发挥、党和国家事业顺利发展的重要因素。

因此，推进国家治理现代化，既包括国家治理体系的现代化，也包括国家治理能力的现代化。只有治理体系和治理能力有机结合、共同完善，才能解决好事关党和国家长治久安的制度和治理现代化问题。

（三）把我国制度优势更好转化为国家治理效能

1. 必须坚定中国特色社会主义制度自信

中国特色社会主义制度是党和人民九十多年奋斗、创造、积累的根本成就，是推进中国特色社会主义事业最根本的制度保障。中国特色社会主义制度，植根于中华文化沃土，反映中国人民意愿，适应中国和时代发展进步要求，有着深厚历史渊源和广泛现实基础，有着自己的鲜明特点和显著优势。改革开放以来，我们之所以能创造经济高速成长、社会充满活力、政治安定团结的"中国奇迹"，之所以能战胜一个又一个突如其来的重特大自然灾害和传染病疫情，从容应对一系列关系我国主权和安全的重大突发事件，经受住一次又一次国际政治、经济风浪的重大考验，就是因为我们有自身的制度优势。对此，我们必须倍加珍惜、始终坚持、充分自信。

我们坚持独立自主选择自己的道路，走出了不同于西方国家的成功发展道路，形成了不同于西方国家的成功制度体系。我国国家治理体系，是在我国历史传承、文化传统、经济社会发展基础上长期发展、渐进改进、内生性演化的结果。现在，国际上越来越多的人开始肯定我们的国家治理体系和治理能力，我们倡导的政治价值观念、社会发展模式、对外政策理念赢得越来越多的理解支持。站立在九百六十万平方公里的广袤土地上，吮吸着中华民族漫长奋斗积累的文化养分，拥有近十四亿中国人民聚合的磅礴之力，沿着中国特色社会主义道路走下去，我们一定能够探索建立起适合自己国情和发展要求的制度体系，同时为人类制度文明提出中国方案和做出中国贡献。

2. 必须完整理解和把握国家制度与国家治理的关系

党的十九届四中全会的《决定》指出"坚持和完善中国特色社会主义制度，推进国家治理体系和治理能力现代化"。这一重要论断，深刻揭示了"坚持和完善中国特色社会主义制度"与"推进国家治理体系和治理能力现代化"之间的辩证关系。坚持和完善中国特色社会主义制度，目的是为了更好地提高党带领人民管理经济社会事务的能力；推进国家治理体系和治理能力现代化，是为了更好发挥制度优势，把制度优势转化为管理经济社会事务的效能。

一方面，坚持和完善中国特色社会主义制度是推进国家治理体系和治理能力现代化的前提。坚持和完善中国特色社会主义制度，是对于推进国家治理体系和治理能力现代化的性质和方向的定位。离开对中国特色社会主义制度的坚持，国家治理就迷失了方向，国家治理"现代化"就有可能转向全盘"西化"；另一方面，坚持和完善中国特色社会主义制度是推进国家治理体系和治理能力现代化的目的和归宿。中国特色社会主义制度是特色鲜明、富有效率的，但还不是尽善尽美、成熟定型的。随着中国特色社会主义事业不断发展，中国特色社会主义制度也需要不断完善。因此，必须通过不断改革来坚持和完善社会主义制度。只有更加成熟、更加定型的制度，才能更好发挥制度效力、有效保障社会发展。

3. 必须处理好制度自信与国家治理体系、治理能力现代化的关系

党的十九届四中全会的《决定》指出，"中国特色社会主义制度是党和人民在长期实践探索中形成的科学制度体系，我国国家治理一切工作和活动都依照中国特色社会主义制度展开，我国国家治理体系和治理能力是中国特色社会主义制度及其执行能力的集中体现。"这一重要论断，深刻揭示了制度自信与国家治理体系、治理能力现代化之间的辩证关系。

一方面，没有坚定的制度自信就不可能有实现国家治理体系和治理能力现代化的勇气。制度自信，首先体现为一种政治定力。在我国，无论是制度模式选择，还是治理体系建设，都必须坚持正确的原则、方向和立场。改革不是"改向"，而是为了完善和发展中国特色社会主义制度；另一方面，离开国家治理体系、治理能力的现代化建设，制度自信也不可能彻底、不可能久远。改革开放以来，我们始终坚持改革创新精神，不断推进中国特色社会主义制度自我完善和发展。与时俱进的制度创新，既是我国发展进步的一个根本原因，也是一个根本成就。站在新的历史起点上，只有看到我们在国家治理体系和治理能力方面的不足，我们才能有决心改革创新，有勇气攻坚克难，最终才能在适应国家现代化的进程中，不断提高运用中国特色社会主义制度有效治理国家的能力。

坚持制度自信与国家治理体系、治理能力建设，构成了实现社会主义现代化的方向和方式。面向未来，只有倍加珍惜、始终坚持、不断完善我们的制度，大力推进国家治理体系和治理能力现代化，中国特色社会主义才能永葆蓬勃生机，社会主义现代化才能最终实现。

4. 必须加强党对制度优势转化为国家治理效能的领导

习近平总书记多次强调，并在党的十九大报告中鲜明指出"中国共产党的领导是中国特色社会主义最本质的特征"，这一重要论断不仅符合马克思主义理论的基本原则，也反映中国特色社会主义的历史经验，同时也适应新时代历史使命的实践要求。十三届全国人大一次会议审议通过的宪法修正案，把"中国共产党的领导是中国特色社会主义最本质的特征"载入宪法总纲，以国家根本大法的形式，确立了党的领导在中国特色社会主义事业中的核心地位，确保了党的领导在国家运行机制和各项制度中具有更强的制度约束力和更高的法律效力，为中国特色社会主义事业朝着正确方向发展奠定了坚实的制度基础。

中国特色社会主义制度的最大优势是中国共产党的领导，推进国家治理体系和治理能力现代化的最强大力量也是中国共产党的领导。中国共产党为实现中华民族伟大复兴制定了新的现代化目标——国家治理体系和治理能力现代化。在实现这一战略目标的过程中，中国共产党发挥着强大的组织能力和卓越的治理能力，能够统揽全局、协调各方，通过各种方式、各种渠道，保证这一宏伟目标的实现。

首先，各级党委和政府以及各级领导干部通过切实强化制度意识，带头维护制度权威，做制度执行的表率，带动全党全社会自觉尊崇制度、严格执行制度、坚决维护制度。其次，各级党委和政府通过加强制度理论研究和宣传教育，引导全党全社会充分认识中国特色社会主义制度的本质特征和优越性，坚定对中国特色社会主义的制度自信。最后，各级党委和政府通过对广大干部加强思想政治建设、专业技能训练，不断增强他们的辩证思维能力、历史思维能力、战略思维能力、底线思维能力和创新思维能力，推动他们严格按照制度履行职责、行使权力和开展工作，促进国家治理体系和治理能力现代化目标的实现。此外，各级党委和政府坚持党管干部的原则，落实好干部标准，树立正确的用人导向，把制度执行力和治理能力作为干部选拔任用、考核评价的重要依据，并鼓励、支持各类人才为推进国家治理体系和治理能力现代化贡献自己的智慧和力量。

党政军民学、东西南北中，党是领导一切的。把制度优势更好转化为国家治理效能，最根本的是坚持和完善党的领导。党的领导制度是国家的根本领导制度，它统领和贯穿其他各个方面的制度。为了坚持和完善党的领导制度，党的十九届四中全会提出了贯彻执行"六个方面"的要求："建立不忘初心、牢记使命的制度"，"完善坚定维护党中央权威和集中统一领导的各项制度"，"健全党的全面领导制度"，"健全为人民执政、靠人民执政各项制度"，"健全提高党的执政力和领导水平制度"，"完善全面从严治党的制度"。贯彻执行六个方面的要求，不仅有利于提高党科学执政、民主执政和依法执政的水平，也有利于把党的领导落实到国家治理各领域各方面各环节，保证党领导人民有效治理国家。

第三讲

中国传统治理思想

习近平总书记指出,一个国家选择什么样的治理体系,是由这个国家的历史传承、文化传统、经济社会发展水平决定的,是由这个国家的人民决定的。我国今天的国家治理体系,是在我国历史传承、文化传统、经济社会发展的基础上长期发展、渐进改进、内生性演化的结果。中华民族有着悠久文明历史,也有着丰富的治理经验和传统。推进国家治理现代化,必须坚持中国治理道路。我国历史上的治理思想,虽然有着时代的、阶级的、政治的局限性,但仍然可以提供许多有益的启迪和借鉴。

(一) 传统治理思想的内核

中国传统国家治理思想,是在儒、法、道三家治理思想的冲突与融合中逐步形成的,以儒家学说为主体,兼容法家、道家学说,形成了独特的思想体系。

1. 传统治理思想的基础与目标

人既是治理活动的主体,又是治理活动的客体。因此,任何治理思想的提出,都离不开对于人类本质的认识。中国古代思想家在天人之辩、人性善恶之辩、性情之辩、欲望利害之辩和人品高下之辩中,形成了特殊的人性思想及相应的国家治理思想。强调个人的自我治理,把严于律己作为社会最推崇的美德之一,由此导致了诉诸人的道德良知的德治治理思想。认为所有人的先天之性并无多大差别,但不同的环境却使人的习性相去甚远,从而引申出生活环境控制的治理思想。它贬斥人的感性化欲望或需求，倡扬仁义等超感性的精神追求，为此着力于对欲望或社会需要进行控制。"人治"与"法治"相互交错，正是古代中国国家治理方式的写照。

中国古代国家治理面临的历史课题，是如何避免割据与纷争、保持社会的和谐与稳定，为此它解决问题的基本思路是整体利益至上，认为要有一个权威来进行治理，就得使个体服从群体，局部利益服从整体利益，具体来说就是由君主代表国家，对全社会实施统一的治理与协调；解决问题的现实途径是遏制差异、维持平衡，在经济上表现为抑商政策，在政治法律上表现为推行宗法制度和强化礼治秩序及道德规范，在思想上则表现为追求舆论一律。

中国传统文化孕育了非常成功的国家治理模式，它建立在一盘散沙的小农经济基础上，却又比任何别的古代上层建筑都更加牢不可破，不仅较成功地化解了内部割据与纷争，而且使大一统的格局维持了2000多年。但中国传统国家治理的积极性目标设置和消极性目标设置并存，德治治理的后果之一是将人际关系简化为伦理道德关系，把为政治国等同于道德教化。这是认识上的简单化与偏颇，一定程度上阻碍和排斥了社会的法治与行政治理建设。传统国家治理文化对构建现代和谐社会公共治理文化的进程既有积极作用，又有消极作用。

2. 传统各学派的治理思想

中国传统治理思想因其学派不同而各有特色。例如，儒家学派提出了以仁政礼治为核心的国家治理观，道家以"道法自然""无为而治"的柔性治理为特征，法家则以法治刑治治理为特色。

(1) 儒、释、道治理观之比较

儒家提出先做人后做"官"；善政治理，礼治教化为主，法治为辅。佛教提出"众生平等"，以实现社会秩序安定，治理有序；人性本净，由于受到贪、嗔、痴三毒之染，从而产生生理和心理上的诸多欲求；要从根本上实现社会平等，必须把人心净化放在第一位。人心平，社会公；人心净，社会宁。为了遏制由于社会不平等造成的社会混乱局面，主张规范人们的思想和行为，倡导"持五戒，修十善"，宣扬因果报应。道教提出要遵"道"无为，顺应规律；反对社会不公平、不平等；主张治理者要清心寡欲，具有爱民之心，做到"圣人无常心，以百姓心为心"。

儒、释、道三家在治理措施和行为方式上存在不同。儒家认为"天下为公"，主张积极参政，把"齐家、治国、平天下"作为最高政治追求。佛教经过本土化过程，逐渐与当时社会相协调，经济领域逐步走上自养之路；在行为方式上，以选择出家的实际行动表示对现实的不满，以佛教自身的组织治理制度，通过间接的影响来达到实现改造社会之目的。道教在政治上亦主张"天下为公"，在行为方式上主张出家，并以道教自身的组织治理制度，对社会施加影响。

儒、释、道三家都重视治理者的自身素质和能力，但考虑问题的出发点和追求的目标存在差别。儒家重视修身，强调治理者要德才兼备，目的在于追求实现社会稳定和谐，人民安居乐业。佛教和道教强调由高僧大德担任教界治理工作，其目的在促进宗教事业的兴旺发达和教徒合法利益得到落实和保护。他们用各自宗教治理组织的价值取向和实际效果，间接对社会施加影响，以实现佛教、道教各自的世界观和方法论主张。儒家治理思想过于强调"人治"，佛教和道教由于其接受群体和活动范围有限，其社会影响和作用远不如儒家。但佛教提倡修心，道教倡导修身，强调精神世界的完善以及行为的善性发展，无疑是对儒学的补充。

（2）儒、法治理思想之比较

儒家以孟子为代表的流派认为人性本善，以此建立起自己的治理思想体系；法家认为人性向恶的方向发展，就必须用严刑峻法来对待，形成以"法"为中心的行政治理思想。儒家认为要想天下太平、国家富裕，只有讲"仁义"，而不能片面追逐功利；法家认为，人们受"利益驱动"，治理国家就要因势利导，贤明君主应该"设利害之道以示天下"，通过调动和利用臣民追逐利益的欲望和行为达到天下大治。儒家将道德规范的个人行为上升为治理国家的政治思想，礼治既是儒家讲求"仁政"的具体表现，也是治理国家的运行模式；法家主张用严刑峻法、强大势力和权谋（法、术、势）来治理国家。儒家治理思想的一个突出特征就是"重民"，提倡"得民心者得天下"，以民心向背作为衡量国家兴衰的标志；法家将治理民众称为"牧民"，迷信实力，理想的治理模式是"事在四方，要在中央，圣人执要，四方来效"。法家由于缺乏有关控制君主的环节，因此也极易误入歧途，成为专制的理论基础。儒、法两家治理思想尖锐对立，但又相互融合补充。

(3) 老子、孔子、韩非子治理思想之比较

老子认为，"圣人"作为治理者，要赢得被治理者的拥戴，必须不以治理者自居，而是以甘居被治理者之下的形象出现，这从表面弥合了治理与被治理者的对立，使被治理者自觉地服从和接受治理。国家治理的最高境界是自然化，其表现是治理与被治理者自觉自愿地各任其事，而没有各种治理手段的印迹，表现为"无为而无不为"的对立统一特色。孔子"有教无类"的教育活动及其周游列国的社会实践，渗透着丰富多彩的国家治理思想，"教而化之"构成他国家治理思想的主要特色。法家韩非子意识到，君、臣、民构成一个完整的社会系统，君主通过"势治"和"术治"控制大臣，官吏通过"法治"强化对于人民的治理，达到社会体系的高效运转。在法、术、势三者之中，法是中心，术与势是行使法的必要条件。

3. 传统治理思想的制度化及其实践

治理思想一旦上升为稳定的制度形态，便标志着由思想向实践的过渡和完成。传统制度在不同时期随着社会形态的演进呈现出复杂、多变的特征，并涉及政治、经济、社会、文化等各方面。这里选用几种主要的制度来说明传统治理思想的制度化。

(1) 选官制度

中国古代官吏制度延续数千年，其时间之久远、发展之完备、体系之严密，在人类历史上绝无仅有。其中选官制度作为吏治的重要组成部分，内容尤为丰富，历来是中国政治史研究的一个重点内容。

以"世袭"为根本特征的世卿世禄制。这应该是中国社会进入阶级社会后最早的选官制度。"家天下"是国王把"天下"（国家）看作是一家一姓私产的制度。国王所封的各类官吏也食相应之禄，主要有两类：一类是在中央辅助国王的官吏，即《周礼》记载的六种官员（六卿），另一类是国王分封的各诸侯国的官吏，即公、侯、伯、子、男，通过"封土封侯制"的思想建立起藩卫制度。这种选官制度实际上在立国之初已经确定下来，一经任用世代不变，是维护统治集团和秩序的一个重要制度基础。"嫡长子继位，庶子分封"的制度存在着不可克服的根本性弱点，即"传子不传贤"问题。人的血统可以继承，但人的本领无法继承。故此，春秋时期这种制度不可避免走向衰亡。

以荐举为主、考察为辅的察举制。盛行于两汉，中衰于魏晋，时间达

七八百年。由于争夺战争等需要，破格用人、选贤任能成为选官制度新风尚。选官不问原来出身，以国家需要为标准，量才录用；实行俸禄制度，以谷或半钱半谷为薪俸，按年计算；官吏有任期，主要官吏由皇帝任免调迁，非终身制；官吏均不世袭。察举制开始实行时，吸引和发现了一批人才。但到东汉末年，这一制度日渐腐败，出现了"举秀才，不知书；举孝廉，父别居"等现象。

以"门第"为重要甚至是主要选拔依据的九品中正制。它创自曹魏，"极盛"于两晋南北朝，止于隋朝，沿用三四百年，是中国古代选官制度的一个怪胎。由于其体制上有重大缺陷，最重要的是对门第看得过重，"中正官"权力过大，对后世消极影响很大。中正制把士人分为九等，叫上上、上中、上下、中上、中中、中下、下上、下中、下下，品评的内容有三项：家世、状（道德、才能）、品（综合打分）。其中只有门第是硬杠杠，其他是动态柔性的，打分主观成分居多。时间一长，就形成了"上品无寒门，下品无势族"的局面，引起士庶矛盾，导致了政治和社会腐败。

以考试作为选官唯一标准和途径的科举制。这是中国古代社会中后期主要的选官制度。所谓科举制度，就是由国家设立分科，定期进行统一招考，授予成绩优异者官职。这一实行了1300年的选官制度，创立于隋，定制于唐，发展于宋，鼎盛于明清，废除于清末。科举制对巩固封建统治起了巨大作用，对社会发展和人们的思想文化产生了重大影响。当然，科举考试内容狭窄，严重束缚了知识分子的思想，在一定程度上扼杀了人才。

总之，"为政之要，务在得人"是国家兴亡一条根本性规律。从古代选官用人的实质来看，问题在于是任人唯亲还是任人唯贤。重要的是，要找到一种既能考察真才实学又能公平取士的实现途径。

（2）行政制度

秦汉时期的创制奠基：三公九卿制。这是大一统王朝建立后，最早的中央行政管理体制。秦统一中国后，为巩固国家统一，加强中央专制集权，废除分封制，实行郡县制，这是中国古代史上的重大变革。庞大的官僚体制开始形成规模。丞相属于三公之首，责任重且管得宽，为百官之行政长官；太尉是主管武装力量的高级官员；御史大夫是仅次于丞相的官员，为君主的亲近职官、耳目之臣，对相权形成制约。九卿与列卿名义在丞相之下（大多数情况下独立行使职权），分掌皇室及全国政治、经济、军事、教育等事务，维持全国行政机构的正常运转。这套体制框架，管理国家政务与管理皇室事务的机构没有明确分开；管理皇室事务的机构所占比例太大；职无常守现象大量存在。但行政职能已经比较清晰，庞杂政务管理已经理出了头绪，政治、军事、监察有了明确区分；层级分明，上下贯通的领导管理系统已经形成；初步构成相互制约、相互补充的政治权力运作格局。

隋唐时期的高度成熟：三省六部制。它完成了中国历史上第二次大的制度转变，在古代中央行政管理体制的发展过程中占有极其重要的地位。从根源上说，尚书、中书、门下三省作为行政中枢是在东汉尚书台的基础上逐渐发展起来的。唐代正式确立了中书省出令（制定和颁布政策）、门下省封驳（审议和监察）、尚书省执行的三省分职制度。尚书省内部分工和组织趋于系统化，形成了六部（吏、户、礼、兵、刑、工）、九寺、五监等完备体制。六部重在发号施令，督责实施，九寺、五监则重在秉承政令，分工负责具体事务。

明朝强化君权的产物：内阁六部制。严格说来，这是君权相权斗争的产物，也是君权进一步强化的一个重要标志。在明朝一段时期内，没有丞相，只有六部，直接对皇帝负责。权力集中后，由于政务繁忙、皇帝一人精力有限，体制难以持久，又使用翰林院的学士、编修等侍从官员来协助。因殿阁在宫内，故称内阁。学士改为大学士，官品不断上升，而六部在事实上变成了内阁的下属机构。

此外，北宋的二府（中书门下、枢密院）三司（专司财政）制，金、元时期的一省（中书省）六部制，清代绝对王权的极端发展——军机处制，也都在各自朝代发挥了不同作用。这些体制始终处于变化之中，核心是维护皇帝"至高无上"的权力，在长期运行中围绕"制衡"与"效率"这对矛盾不断进行着历史演变。

(3) 监察制度

中国是最早建立监察制度并将其置于国家主要典制地位的国家之一。监察是调节国家机器正常运转的制衡器，是整饬吏治的"清洁剂"，对我们今天加强廉政建设的长效机制具有积极借鉴意义。

监察机构完备而严密。作为国家政权的重要组成部分，监察机构是治国理政一个极其重要的基本建设，与政权的稳定和国家的长治久安紧密相关。传说尧、舜、禹曾相继设过"明台""谏鼓""诽谤之木"（诽谤在当时不是贬义词，就是发表意见的意思），人们很早就认识到没有监督的权力是不可行的。夏商周时期，史官主要从记事的角度进行劝诫；西周时期的监察职能主要考察官员的廉善、廉能、廉敬、廉正、廉法、廉辨等才德表现。秦汉确立了监察机构，由御史大夫统领，对中央和地方各级官僚机构进行监督和控制。隋唐宋元时期，监察机构高度发展，一个很重要的特点是"谏官"制度和功能的强化。比如，魏征就做过这个官，而且干得很不错。"文死谏，武死战"是中国古代士大夫的政治理想之一。明清时期，监察机构高度完备，且走向极端，君主对监察机器控制越来越严，对下监察制度越来越细，成为皇帝独裁控制的御用工具。

监察法规系统而全面。有人说中国历史上都是人治，没有法制，这话不全面。它只是没有现代意义上的法制。没有法律法规，国家就不能进行有效的统治。几乎各个朝代对监察立法都有建树，从未间断。如商鞅变法时秦国形成的《秦律》；汉代《监察史九条》又称《御史九法》，是我国历史上第一部正式颁布的监察法规；唐代行政法典《唐六典》，在中国监察立法史上有非常重要的地位，为唐中后期执法行政的基本依据；元代这方面的立法之多、范围之广、内容之具体细致，大大超过以前任何朝代，一个重大变化是确定御史台为中央最高一级权力机关。各朝的监察立法涉及方方面面，比如清代《钦定台规》几乎从中央到地方各级各类官员，从政治、经济、军事、人事、风俗等各个方面无所不包。监察的重点很突出，具有很强的针对性和可操作性，如汉代《御史九法》主要针对二千石俸禄的官员（中央各部门的首长和郡太守）；隋唐制定专门针对科举考试的监察；明清商业发展，防贪反贪（所谓"三年清知府，十万雪花银"就是这一时期的现象）成了重点。

监察方法多样而具体。如，审核文书检查法：明代的监察御史每隔几年就要被派往各个衙门检查其档案和公文处理情况；派遣官吏巡行法：由监察官代表朝廷定期或不定期巡察地方政事（所谓"钦差大臣"最早就是这样来的）；亲临现场监督法：凡国家重大政事、礼仪、经济和政治、军事活动，检察官（对军队的监察官叫监军）都必须亲临现场实施监督；受理检举监督法：吏民的检举揭发是检察机关监督百官的重要依据（历来有"民不举，官不究"

之说）；密察密折监督法：密察在明代最为流行，出现了东厂、西厂、锦衣卫等专门组织，清代盛行的密折采用了君臣之间私人通信的高度保密形式。

监察惩治严厉而苛刻。历代对违法乱纪的官员处置都是非常严格的，从某种意义上说甚至是严酷的。在汉代，对贪赃枉法官吏的处置就有夺爵、免官、罚金等一系列手段。明朝处置最为严厉。朱元璋亲自编写《省贪简要录》颁布，规定贪赃至六十两以上的枭首示众，并处以剥皮之刑。杀而不禁，朱元璋曾愤恨地说：我欲除贪赃官吏，奈何朝杀而暮犯！清代皇帝除了以上方法外，还突出地使用经济制裁的手段，就是抄家籍没。

监察对维护皇权起到了根本作用，具有惩恶扬善、提高行政效率的功能，一定程度上保持了政治的清明，缓和了统治阶级与民众的矛盾，维护了政权的稳定。但这种监察不是闭合的，最大的特殊性就是不能完全有效地监督皇帝。"绝对的王权"最后只能被暴力革命所推翻。古代监察制度的这种历史局限性无法克服，这也是传统王朝跳不出历史周期率的一个根本原因。

（二）传统治理思想的主流

先秦至西汉，是中国封建社会形成和巩固的时期，也是中国传统治理思想的形成和成熟时期。许多思想家、政治家都提出了丰富和深刻的治理思想。

管子有着丰富的农业、工商业、军事、社会文化、道德教化、科技、行政等治理思想。社会富足是社会稳定和发展的前提，是决定政治、法律、道德的重要因素。管子注重调查社会的实际情况，他第一次提出了富有特色的"四民分业定居"国家治理模式。认为"士、农、工、商"四类居民分别居住于不同的区域，经营各自的生产活动，对促进生产发展、社会进步具有重大作用。他提出行"九惠之教"的救扶弱势群体等社会保障思想；还要"制轩冕""设爵禄"，巩固等级社会的治理秩序；"量能授官""明分任职"，建立一支合格的国家治理队伍；设立"号令""斧钺""禄赏"的强制国家机器；建立"正法直度""审刑当罪"的司法系统；"以其所积者食之"，实现社会公正分配；教化礼义廉耻"四维"，从而保障社会稳定和发展。

老子的"无为而治"作为一种国家治理思想，是建立在"道"的哲学思想基础上的。从"自然"之"道"推及社会之"道"，形成特有的治理模式。

只有懂得运用"道"的永恒规律的人，才能做公侯、帝王，才能使国家长治久安。"无为"不是消极的主张，而是顺其自然，以最小的治理行为取得最佳效果的积极进取的治理方法，以及要经过努力才能达到的理想治理状态。治国者自以为是，搞了那么多戒律、条例、禁令、刑罚，百姓无所适从，结果越治越乱，"民之难治，以其上之有为，是以难治"。治理的根本是培育社会的自我治理能力，治理者要做好民众的表率，无形的治理比有形的治理更重要。国家治理思想的目标是"小国寡民"———个和谐统一、安逸的"道治"社会，其要义在于摒弃文明社会的伪饰，在于民心的返璞归真。

孔子认为"礼崩乐坏"是社会动乱的体现，他构建了以"小康"为现实目标，以"大同"为理想境界的国家治理模式。社会秩序的稳定有序与长治久安是国家实现政治统治的主要目标、评价社会制度优劣的重要指标。社会政治统治的格局是由周公所开创的，通过血缘宗法与政治关系的双重规范，能够抑制犯上作乱与离心倾向。解决社会危机首先必须通过以"仁"为核心的道德教化来收拾人心，启发人的廉耻。强调"为国以礼"，重构社会秩序。在社会经济领域实行以等级占有为基础的"公平"分配方式。在政治领域，实行"德治"不但能改变社会风气，使民心向善，具有治本的作用，而且能简化统治方式，提高施政效率。政治伦理化、伦理政治化是孔子国家治理思想的基本特点。孔子强调德化社会、德化人生，对中国社会发展产生了极大的影响。

孟子的国家治理思想是"以善养人"。他极力张扬王道仁政的政治信念，以激发统治者对自身良知、本心、善性的内省与觉悟，从而引导现实政治走上平治天下的光明大道。统治者必须先存养自家的心性，将内在固有的诸善端宝藏"扩而充之"，充分实现人类共同的、内在固有或与生俱来的人性化价值，这是进行合法政治统治和国家治理的前提。孟子并不认为所有人都有实现其人性化价值的自觉意识，他由此对统治者和一般民众作了不同的区分，并提出了相应的职责要求。统治者的国家治理职能是通过"正经界""制民之产""省刑罚，薄税敛""勿夺民时"等诸"善政"的实施，来保障人民基本的物质生活需要，然后再进一步以"善教"化民成德。要"与民同乐"，"人和"是取得战争胜利和治理好国家的决定因素。

荀子把富国富民看作是国家治理追求的目标。在其"人性恶"的论证之上,以"明分使群"为理论基础,系统提出"隆礼重法"的国家治理思想。提出"群"的概念,而"群"就是社会整体,就是一种治理系统。以"义"为调节原则,使人与人之间形成确定的界限,使无序的人群变成有序的治理组织,发挥群体的功能。提出"士大夫众则国贫"的论断,认为士大夫太多,则国民所创造的财富就会在相当程度上被其获取。强调统治者要"度人力而授事",善于使用民力;否则,好大喜功,不顾百姓的负担能力,"上好功则国贫"。

《易传》分析了治理国家、治理社会的根本原则即治国之道。一是守位聚人。"守位"是维持政权,统治者最宝贵的是政权,"聚人"是人民向统治者靠拢的向心力和凝聚力,最佳方法是实行仁政。二是居安思危。统治者、治理者知道危险,才能使国家平安;提防灭亡,才能使政权存在;深悉祸乱,才能使天下太平。三是神道设教。以鬼神之道教化百姓,用宗教弥补法令刑罚之不足。处理、协调统治者与被统治者关系的方法,即"理民之术"。以道治民,道是天地万物的规律,循着"穷则变,变则通,通则久"的轨迹发展;以顺悦民,解决人民的温饱问题使民心喜悦,可以使人民"忘劳""忘死";仁义教化,使人民改恶从善;明慎用刑,小惩大戒。治理国家、治理社会的前提是统治者素质的提高,道德、智慧、能力应与职位相称,统治者、治理者本身必须具备一定的素质和修养,处处以身作则,自强不息,兢兢业业。

《吕氏春秋》在内容上融合了儒、墨、名、法先秦各家的思想,其宗旨是为当时统治阶级治理社会提供系统的理论。它指出:获取民心是国家治理的根本,德、法兼施是国家治理的主要方略,秉持公道是国家治理的根本原则。

黄老思想形成于春秋战国而盛行于西汉初期,其思想主要特征是"清静无为",在汉初恢复经济、稳定社会、加强统治方面发挥了重要的作用。在既定的统治秩序之下,通过上层统治者的无为而使下级官员各司其职,使百姓各安所乐,社会秩序井然有序,进而达到天下大治的目的。

秦汉时期功利主义的社会心态,是以追求"势利"的价值观为特征的。司马迁着眼实际,从历史哲学的高度提出了"善者因之""利导之""整齐之"及"与之争"的多层次宏观系统的控制对策。

可以说,儒家治理思想是中国传统治理思想的主流。汉以后的历代王朝都把儒家学说当成治国治世之学,并十分稳固地支配了中国传统社会的治理行为。

"为政在人"——人本理念。儒学的中心是人，以提高人的修为，并使其生活普遍有序和协调为目的。《中庸》说，"文武之政，布在方策。其人存，则其政举；其人亡，则其政息。……故为政在人"，治理是以人为本，如果人才没有了，就谈不上对国家和社会的治理。此种人本理念体现在以"民本主义"为基础的仁政学说上。孔子"仁者爱人"思想是儒家民本主义理论核心，在行政方面的表现就是实施"仁政"或"德政"。

"修齐治平"——整体观念。儒家往往从整体运作和协调发展的立场来观察人，强调治理者要进行个人修身以及自我治理，进而才能推广到对家庭、国家和社会的有效治理。显然，最高的价值取向只能是整体利益。树立全局观念，才能使个人、国家和社会都真正治理好。虽然重视个体存在，但仍是为了成就整体和大局。有人将这种治理理念称为"家国同构"或"身国同构"。

"以义统利"——价值取向。儒家的治理思想是一种道德的进路，伦理价值是其最高取向。义利之间的平衡、和谐，是社会安宁及发展的前提，故儒家好作义利之辨，主张"义主利从""以义求利""义而后利""舍生取义"。为了使社会财富得到合理分配，同时人的私利亦得到适当满足，"以义制利"显得非常重要。

"道之以德，齐之以礼"——控制手段。"道之以德"是以伦理道德为导向的内在控制。通过启动人的道德自觉，把治理的目标、价值内化为被治理者自己的目标和价值，并以此来规范和控制个体自我的行为。如此一来，治理就不只是外在的强制，而已成为内在的自觉了。治理者和被治理者的关系亦不再尖锐对立，甚或是一致的、协调的。被治理者也不是简单的被动受体，转而成为自主治理主体。"以德服人"与"以力服人"的治理效果截然不同。"齐之以礼"是以礼义、礼法制度作为外在的控制手段，去规范和统一人们的行为，使之符合治理者的要求。所以，仅靠人的自律、自觉精神，仍然不能实现国家的治理目标，必须重视礼法的规范作用。但是，法制的实施，尤其是惩罚性措施的施行，要以道德教化为前提，即先教后罚。

"群分论"——组织理论。为了保持社会整体良性和有序发展，需要通过"分""和"两种组织方式有机运作来实现。"分"的宗旨在于使国家治理系统有一定层级结构，"和"的价值在于维护治理系统的稳定及有序。孔子的"正名"思想,涉及组织结构、治理层次、职位职权、治理者素质与权威等问题。荀子的"群分论",则是儒家社会和团体组织理论的较为完备形态。"群""分""伦""序"等范畴,实质上已关涉和接近现代管理中的组织结构、组织功能、组织形态等理论问题。"分"指称的是社会分工和职业结构、等级结构。以"义"定"分",圣王和君子的使命就是"制礼义以分之"。"分"既为"群"的基础,又为"群"有序化之标志。君、臣、民协同,是社会治理机制。君为国之枢机,同时也要受到国之制约。君、臣、民之间关系是相互的,君主应首先主动爱护臣民。总之,"群分"论是"君臣、父子、兄弟、夫妇"的伦理结构、"君子"与"小人"的等级结构、"劳心者治人,劳力者治于人"的"智、贤、愚、能"结构相统一的组织结构理论。

"中庸之道"——方法原则。儒家提出了"执其两端,用其中于民"等一系列的治理方法论,以解决"仁治"和"法治"、"义"和"利"等冲突。在社会人际关系协调和处理上强调"中行",治理者应该抑制个人情感、好恶,把握分寸,切不可意气用事,从一个极端走向另一个极端。"中和"强调要坚持和谐、统一的价值取向,人与自然、人与人之间应有机融合、适当调理、措置得当,无"过"无"不及",以达到"和为贵"。"中正"强调社会的"正义"与"公正"。所谓"时中",就是做到"通权达变",其中蕴含审时度势、与时更新等系列价值选择、价值判断和治理艺术,包含了极其丰富的治理辩证法。

"为政以德"——总体特色。儒家认为,政治与道德理应合为一体,甚至主张政治的根本问题就是道德问题,政治、道德、教育三者应结合起来。强调个体与群体、社会之间具有高度的统一性,"正己正人,成己成物","民吾同胞,物吾与也"。这种群体认同更深刻的意蕴在于,它是一种责任意识。"独善其身"不错,但更应"兼善天下"。"圣人"担负着为民生着想的使命,高度关注群体利益,富有崇高的社会责任感。这种群体价值观念,即化为"先天下之忧而忧,后天下之乐而乐"的忧患精神,"家事国事天下事,事事关心""天下兴亡,匹夫有责"的社会心理和责任感。矗立独立刚健、自觉修养的道德主体,同时发扬积极入世、荷责担任的群体价值观,这在今天也具有特别的意义。

总之,儒家重视人、社会、自然的协调发展,在整合人际关系、调节社会价值、凝聚社会力量、稳定社会结构等方面发挥了巨大的功能。但由于对个人经济动机和利益不够重视、诉诸法律形式的规范和原则支持不够强大等因素，儒家治理思想具有历史局限性。不过直至今天，日本、韩国、新加坡等地对儒学均采取学习、接纳、吸收的态度，尤其是吸收其中的治理思想，以之作为建立和推动企业或团体发展的重要思想资源。

（三）传统治理思想的分歧

中国历史上的治理思想的分歧，可以概括为天人之争、王霸之争、今古之争、农商之争以及集权与分权、改革与守旧、德治与法治、开放与封闭、统一与分裂等问题的交锋。一些理论观点，特别是那些历朝历代反复出现却没有很好解决、人们热衷于关注和争论的焦点，抓住了治理国家和社会民生的重大问题，有的甚至延伸和触及目前的现实，影响和制约着社会前进的步伐，也为我们今天更科学地发展和进步提供历史的借鉴。

1. 神道天命与人事活动

关于人类社会的发展动力，或认为是由外在的神、帝、天等因素决定、影响，或认为是人自身的活动所决定。在生产力不发达的条件下，天人关系始终是影响传统社会发展的重要因素。将自然之天拟人化，认为神圣之天决定、干预人间事务，或者与人间相互感应，反映了早期社会人在自然界面前能动性不足的实际状况。随着社会生产力的进一步发展，对天人关系的认识就有了突破性的进展。

"有命在天"，即由最高的神或帝决定命运，这是先秦大部分君王的信念。但"天命靡常"，朝代更替的历史事实打破了君王们的美梦。西周的统治者已经认识到，历史是人的德行活动特别是执政者自身是否爱民行仁政的结果。从"神为民主""人依神而行"，到"民为神之主""神依人而行"，从历史是神的安排到历史主要是人的活动这一认识过程终于越来越清晰。《易经》把"神道"变成了圣人"设教"的工具，概括了儒家从社会教化角度看待宗教的基本态度。专制集权时期的历代君王出于维护自己统治合法性的目的，虽然接受了"君权神授"的观念，但从社会治理上看，大部分还是采取了这一态度。

由于把"天"定义为自然，所以荀子强调要"明于天人之分"，天不会干预人世的治乱，而且人可以"制天命而用之"。以后，柳宗元继承和发挥了荀子和王充等人的思想，提出天人"不相预""力足者取乎人，力不足者取乎神"，触及了神秘思想产生的某些原因；刘禹锡力倡"天人交相胜"，强调天和人各有其所"能"，各有其所不能，从而打击了"天人感应"论，承认了人的自觉性、能动性。

近现代以来，人类自身活动在历史发展中的巨大作用得到了充分展现。宗教信仰在人的精神世界还存有一席之地，在世俗世界里则让位于经济等功利因素。但是另一方面，人与自然关系却紧张起来，协调新时期的天人关系成了重大课题。剥去历史上这一问题解答的神秘外衣，汲取其合理因素，可以使我们更好地处理天人关系。

2. 尊王抑霸与王霸并用

在治理的道路与目标上，除了道家的"小国寡民"和"至德之世"、佛家的"天国"理念或不切实际或立意太高外，儒家、法家等提出了较为切合现实的理想模型——这反映在我国历史上关于王霸问题的一系列论辩上。

王道主要是指通过实行仁政，以德治为主要手段，达到"王天下"；而霸政主要是指通过实行法治，用强制的手段，通过武力征服，达到"霸天下"。《管子》提出王、霸乃国家治理的战略目标。孟子提出了王道与霸政在实现手段上的根本区别，即王道是"以德行仁者"，而霸政则是"以力假仁者"。宋代许多思想家通过评价"三代之治"和"两汉以下"的治理状况，对王霸问题发表了各自的看法，争论主要表现在：与义、利有关的"王"和"霸"只是名号的不同、量上的差异，还是有质的区别。

"霸道"实现了，能够富国强兵，于国家经济、军事实力的近期崛起有利；而王道则玄远得多。"王道之始"——虽然由于私有制的影响，存在着国与国之别以及战争的威胁，但如果有物质经济的适度满足和政治上的维护保障，有道德文明的初步成就，民众遂"养生送死"无憾，这种"小康"社会的实现还是可能的；"王道之成"——在道德文明和精神文化建设上得到大幅度提高，并培养塑造出大量的贤人乃至圣人的"理想人"，为世界进化到"天下为公"、各尽所能的"大同"社会打下坚实的基础。"大同"之世，体现出儒家在身心和谐的基础上，追求人与人、人与社会、人与自然之间的和谐共生发展状态。专制体制下农业经济基础上的小康目标也好、大同理想也好，皆为无法实现的"桃花源"。

3. "是古非今"与"是今非古"

关于治理的标准,除了"夷夏"观念对比下的中心优势外,古人没有更多的横向参照物可比,大部分情况都是以更古老的时期作为理论和实践上的比较对象。只是到了近代,中西对比观才被一部分先进的有识之士意识到。

春秋末至战国时期,百家往往以早期记载的五帝、三代作为理想标准衡量各诸侯国的发展程度。孔子欲恢复"周礼",表明他心目中是以文、武之治为最佳状态。但是,注重历史变化的一些思想家则较为注重当前的现实。荀子就反对孟子言必称"三代"、盲目崇拜"先王"的历史观,而大讲"法后王",认为今胜于古。韩非子同样反对循古守旧,认为圣人是"不期修(循)古,不法常可"的。汉儒的古今观,主要是秉承了孔、孟先师"祖述尧舜""宪章文武"的是古非今论;作为东汉前期思想家的王充,则旗帜鲜明地提出了"汉盛于周"的历史发展标准。宋以后,又多了个"汉唐"评价标准。到底"三代"与"汉唐"孰优孰劣,汉唐是否"专以人欲行",还是"其道固本于王",只是没有"三代"做得彻底,朱熹和陈亮辩论不已。其实,他们争论的背后实质是,到底用什么样的"模本"看待当时的社会发展。

仔细分析近代以前"三代""汉唐"甚至"小康""大同"等标准的具体内涵,会发现眼光都是回溯的;近代洞开国门以后,人们才将西方世界的发展纳入对比的视野中,认识到自己在世界历史中的坐标。

4. **重农抑商与农商并重**

在治理的内容上,经济发展无疑是社会历史发展的关键。传统社会以农业经济为主,以手工业为基础的商业经济在国家经济中亦有重要地位,于是就产生了相应的治理政策。

中国历史上主要有三种观点:一是重农抑商。战国初期李悝就较早提出了"重农抑奢禁技巧"的观点。农业是传统社会主要的、决定性的生产部门。历代统治者都把发展农业当作大事来抓,努力督促和组织农业生产。与此同时,国家在经济政策上一直奉行重本抑末的政策,即保证经济政策向有利于农业发展的方面倾斜。二是工商皆本。《史记·货殖列传》提出,"农不出则乏其食,工不出则乏其事,商不出则三宝绝",颇有重工商色彩。明清时期,明确提出了工商皆本、农末相资、士商同道的观念,陆楫、魏源等人从均衡社会财富分配、刺激经济生活、解决就业等角度肯定了奢靡消费对社会发展的作用。但这些观点并没有改变明清王朝从总体上对工商业的控制、压抑和打击政策。三是工商立国。近代进步的中国学者在考察西方近代的发展史中，提出通过振兴民族工商业的途径，以商富国，"以商立国"。

对工商业作用的认识，在近现代历史上一步步强化了起来。作为一个农业大国的中国，在走向现代化的过程中，制定基本国策始终面临着如何处理好农、工、商的关系问题。无农不稳、无工不强、无商不富，也积淀着对历史经验教训的总结。

5. 专制集权与分权共治

政治上层建筑是治理的重要领域。中国传统社会政治体制，是以君主的专制集权制度为主，一个朝代怎样治理无疑与管理层特别是最高领导层的权力运用有直接联系。

秦汉以后，以郡县制构建中央集权制的政治体系，以"盐铁官营"等经济手段奠定中央集权制的经济基础，西汉中期以后的"罢黜百家，独尊儒术"（实质是儒表法里），从意识形态上强化中央集权制，专制体系逐渐建立起来。其特点是：地方集权于中央，中央集权于皇帝；在皇权之下，有一套官僚制度和地方郡县制度。在两千多年的传统进程中，这一体系不断得到完善。唐代柳宗元的《封建论》问世，充分论证了郡县制的优势，郡县制和分封制的争论告一段落。明清时期专制王朝采取种种手段强化集权，顶极而衰。从积极的意义上看，郡县制较好地平衡了中央与地方的权力，内含着一定的权力制约机制。所谓"两汉吏治，永世称美"，中国传统社会的超常稳定主要得益于此。

专制集权的固有矛盾影响到国家的健康发展，因此，限制君权、反对君权甚至主张消灭君权的思想代出不穷。一是无君非君论。两晋之际鲍敬言的"无君"论，是中国古代异常大胆的言论。魏晋之际"竹林七贤"中阮籍大胆"非君"。唐末由于藩镇争夺帝位而导致王朝更替频繁，《无能子》作者把后世人间的祸乱和灾殃都归结为君主制度的罪孽。二是限制君权论。宋元时期，陈亮、叶适、邓牧等思想家总结历史经验教训，指出过分集权的弊病，提出了分散集权的思想。即使连极力维护君主专制制度的朱熹也认为，过分集权，危害极大。三是君国有别论。明清之际，在顾炎武、王夫之、黄宗羲的思想认识中，把"一姓之兴亡"与"万姓之兴亡"、"一家之法"与"天下之法"区分开来，传统的尊君、忠君观念被打破了，人民群众的地位大大提高了，皇帝至高无上的权威受到怀疑和批判。四是民权民主论。随着社会矛盾加剧和西学东渐，近代社会提出了反专制的君民共主、反集权的民权与民主理想。

6. 维护现状与改革变法

经济基础和上层建筑随着生产力发展而不断变更。在社会大转折时期，是维护现状还是改革变法，守旧者往往以祖宗旧制或假借之"天"，阻挠改革创新，而革新者则以时代变迁为由，力主改革。

中国历史上出现过几次大的改革浪潮。春秋战国到秦汉之初出现了一次大的改革浪潮。东周时期，改革浪潮在各国此起彼伏。在这种新的历史背景下，产生了变法改革的要求，以打破西周宗法血缘礼制不平等的统治秩序而代之以平等的法治秩序。商鞅改革成功地奠定了秦统一的基础。为维护稳定下来的秩序，著名政治家李斯提出了"事不师古""时变异也"的改革论，力排众议，主张中央集权的郡县制。汉初既有陆贾"以马上得天下，不能以马上治天下"，也有贾谊基于"攻守之势异"所作的"取与守不同术"的发展思路，要求从夺取政权到维护政权必须寻求"长久之术"，之后又有董仲舒鼓吹"天不变道亦不变"的"三统三正"说。

宋初积贫积弱、内忧外患交加的局面，激起又一次大的改革浪潮。前有范仲淹倡导"穷则变，变则通，通则久"的更张建议，并导致"庆历新政"的出台，后有提出"天变不足畏""祖宗不足法""人言不足恤"口号的王安石变法。

近代中西对比的情势，使得有识之士大声疾呼要改良、变法甚至要革命，掀起了一波又一波的风云起伏。但改良、变法失败了，旧式的革命也走向了死胡同。历史的惯性是如此之大，以至于迟滞了历史的每一步发展。

7. 以德治国还是以法治国

治理手段和措施是重要的调控机制。先秦思想中存在的德治和法治之争，涉及上层统治者用什么样的手段去治理百姓，才能保证维持社会生活的正常运行问题，它贯穿到以后历朝历代的治理观中。在现实政治层面，则主要是两种手段的综合运用。

"以德为国"。自周公提出"敬德保民"的治国之道,中华民族便逐渐形成了重德治教化的传统。儒家创始人孔子提出了一个伦理与政治相结合的治世方略,认为从长远来看,道德比行政和法律的手段更为有力。孟子进一步提出"仁政"思想。荀子吸收了法家思想,既隆礼又重法,认为"治之经,礼与刑",但还是以礼为重。汉初陆贾、贾谊从新兴王朝长治久安角度论证了仁义治国的必要性。西汉中叶,董仲舒提出德主刑辅的主张。此后,一些著名的思想家、政治家的主张,如王充的"文武张设"、李世民的"明刑弼教"、韩愈的"德礼为先而辅以政刑"、朱熹的"政者,为治之具;刑者,辅治之法"、康熙的"以德化民,以刑弼教",等等,都在一定程度上反映了"德主刑辅"的思想。好的政治只能是符合社会基本的道德伦理规范的政治,德治理念扩大了国家统治者的合法性资源,反映了中国古代思想家对于优良社会生活的追求。

"以法治国"。《管子》和《韩非子》都提出了"以法治国"思想。《管子》认为,"法"是衡量人们言行是非、曲直、功过及行事的客观标准,是普天下之民众应该遵守的行为准则,是保证国家得以平稳顺利发展的根本保障。《商君书》强调要"缘法而治",认为"以法治者强"。《韩非子》的"按法以治众""按法治官",把法律推行极端,甚至主张"以法为教""以吏为师",企图用法来代替道德。当然,在人治高于法治、不重视其他规范的传统社会中,强调法治和制度建设无疑也还是具有重要的价值。

历史告诉我们,凡是只用德治或只用法治的王朝,都走向了衰落、灭亡。战国时期的鲁国和齐国单纯用"德治",很快被吞并;秦国"专任刑罚",二世即灭。"以礼让为国""以德治天下""以孝治天下",往往把伦理道德的社会作用抬到了不适当的高度;但徒任法术刑名亦不足以治国。

8."奇技淫巧"与经世实学

近现代文明的发展,是以科学技术的参与程度作为重要的标志。在明清西学东渐的过程中,中国古典科学在吸收西学的同时,也诞生了一些能够产生近代科学的萌芽,但最终没有发展成参天大树,其原因是多方面的,其中包括科技发展观层面的原因。

把科学技术看成是"奇技淫巧"、"贱工末技"的观念很早就出现了,中国古代有重"道"轻"器"的传统。儒家思想中存有"德成而上,艺成而下"

的错误观念，加重了重道轻艺的不良风气。"格物致知"说，把对"天理""人道"的研究放到核心位置，而实用科学和技艺的研究则很少有立足之处。官方教育和科举制度规定以儒家经典即四书五经作为学习和考试的主要内容，而工农业生产所需各项技术的研究则遭到冷落，于是形成了无科技的教育。实际上，明末清初，西方的一些机械制造原理和日用技术传到中国来，引起知识分子和手工艺人的兴趣，并不乏聪明才智之士努力学习钻研，并加以发展、创造，取得了一些可贵的成果。可惜，这些发明都被视作"雕虫小技"，得不到提倡、推广、应用、继承，自生自灭，大多失传无闻。

把科学技术看成是经世致用之学。清代学术思潮纠补了宋明理学的偏向，开始关注"物理"。当时传入的西学，具有实理、实证、实测、实效、实用特征，和明清人们重视"实学"合拍。从明代李时珍"考释性理"的"格物之学"，到明清之际以徐光启、方以智等人为代表的"实测之学"（或"格物穷理之学"），再到近代洋务派实学家的"格致之学"，越来越多的思想家在儒家"格物"学说中注入科学认识论内容。这就拓宽了程朱格物说的科学内容，进一步把中国古典科学与西方传入的自然科学结合起来。人们逐渐认识到中国科学之所以落后、西方科学之所以先进的原因，在于中国缺乏"由数达理"的思维方式。

到了近代，魏源的"师夷长技"说最先驳斥了"奇技淫巧"的认识误区；尤其是"实业救国""科学救国"之说的传播，"道器说"也好，"奇技淫巧"也好，业已作为不合时宜论说遭到摒弃。

9. 闭关自守与对外开放

一个国家和民族的系统治理，总是在另一个更大的人文和自然环境中运行，如何对待这一环境，有两种态度：一是通过政治、经济、文化等方面的交流来实现在更高层次上的平稳发展；一是人为封闭系统使之基本在自身内部演化。就中国历史来说，即使在自然经济的条件下，也有辉煌的包容开放气象为世人所瞩目。

儒家用国内关系中的伦理等级原则来理解对外关系。修身、齐家、治国、平天下，这是一个由内圣而外王、不断放大的道德实践过程。处理内部的上下关系的"德"，也就被运用到了对外关系的领域之中。以"德化"为理念进行朝贡外交与贸易，是中原王朝处理中心与边缘民族、周边国家政治、经济关系的一种基本制度和基本原则，体现了诸侯对天子的臣服与隶属关系。朝贡体系不是建立在中心对边缘的征服与掠夺基础上的，而是以文化的认同为纽带，以协和万邦为追求，体现了对外政策的和平主义特征。朝贡体系虽然限制了贸易的扩大，但它将地区合作制度维持在一个有利于国内社会经济稳定的维度内，深刻反映了中国传统农业社会对外交往的文化特征。

自地理大发现的航海时代以来，中国国势的盛衰不仅和周边国家，而且和远隔重洋的西方国家的盛衰息息相关。明清以后，以"贡""赏"为特征的外交体制，已经根本不适应新的国际关系的处理。清朝统治者企图通过减少和西方的往来，求得暂时的安全。面对世界范围工业革命历史性大变动、大转折，清政府奉行以消极防御保安全为指导思想的闭关自守国策，丧失了对危机的判断与处理能力。仅百余年的历史，就彻底地改变了中国在世界格局中的地位。其结果不仅贻误了中国社会在近代转型前夜发展的机遇，而且欲求社会稳定也不可得。近代在自强救亡的口号下，向西方学习物质文化、制度文化乃至精神文化成为潮流。

10. 天下统一与分而治之

民族国家作为治理的对象，或者处在统一的状态，或者处于分裂的状态。中国很早就已经统一，而且越来越走向大一统、大融合的趋势。"大一统"是中国历史的鲜明特点，统一的时期远远超过了分裂的时期，中华民族逐渐形成了牢不可破的统一意识。

中华各民族同族同源，费孝通称之为"多元一体"格局。"一体"即是"统一"。大一统是中国古代政治家追求的最高理想，也是中华民族的情结。秦王朝的建立，从制度的层面上强化了国家统一的文化意识。"大一统"思想不仅是实现国家统一的利器，也是维护国家统一的理论支柱。"统一"表现在各个方面，其中，文化的认同感是最主要的。各民族自觉自愿接受的中华文化，在统一中扮演着长期与根本的角色。国家统一的理念已渗透于中华民族的血液之中，成为人们的一致价值取向与理想追求，所谓"礼乐征伐自天子出""定于一"等等，正是这种文化心理的表述。即使在分裂时期，统一倾向也没有泯灭，也没有放弃把"统一"作为目标的努力。因此，数千年的中华文明史，在某种意义上可以说是国家统一观念深入人心的历史，是实现和维护统一的历史。

社会经济的全面繁荣和国力的强盛出现在国家统一、社会相对安定的汉、唐时期，这不是偶然的。只有实现"大一统"，国家才有最大的安全，民族才有应有的尊严，民众生计才有较好的保证，天下方可长治久安。纵观数千年的中国古代史，国家统一时期比分裂割据时期更有利于社会经济的发展，分裂割据意味着战争，意味着社会生产遭受严重破坏。孙中山曾说，统一是中国全体国民的希望：能够统一，全国人民便享福；不能统一，便要受害。他还指出，中国是一个统一的国家，这一点已牢牢地印在我国的历史意识之中，正是这种意识才使我们能作为一个国家而被保存下来。

中国是世界上唯一延续五千多年并不断发展的大国。在著名历史学家汤因比看来，中国人几千年来把数亿民众从政治文化上团结起来的治理经验，对世界历史极具重要的借鉴意义。

第四讲

治理社会主义社会的探索历程

世界社会主义从诞生到现在已经有 500 年的历史。500 年来，社会主义从空想到科学，从理论到现实，从兴盛到低潮，从低潮到现在，历经跌宕起伏、潮起潮涌的曲折历程。在这个历史进程中，如何治理社会主义这样一种全新的社会，一直是历代社会主义者和共产主义者不懈探索的一个重要课题。马克思、恩格斯虽然没有经历全面治理一个社会主义国家的实践，但他们关于未来社会的种种设想蕴含着不少关于社会主义社会治理的重要论述；列宁生前看到了社会主义实践产生的问题，并创造性地提出了一些关于社会主义如何治理的政策举措；其后，斯大林等在这个问题上进行了探索，并在社会主义苏联的治理实践中取得了一定的成功经验，但也留下了严重教训。党的十九届四中全会通过的《中共中央关于坚持和完善中国特色社会主义制度　推进国家治理体系和治理能力现代化若干重大问题的决定》指出："中国特色社会主义制度和国家治理体系是以马克思主义为指导、植根中国大地、具有深厚中华文化根基、深得人民拥护的制度和治理体系"[1]。中国特色社会主义制度和国家治理体系的形成、发展、坚持和完善，离不开马克思主义的根本指导。而马克思主义创始人、经典作家在社会主义发展进程中关于国家治理的这些艰辛探索，是中国共产党人在新时代完善和发展中国特色社会主义制度、推进国家治理体系和治理能力现代化的宝贵财富。

---

[1] 《中共中央关于坚持和完善中国特色社会主义制度　推进国家治理体系和治理能力现代化若干重大问题的决定》，《人民日报》2019 年 11 月 6 日第 1 版。

（一）马克思和恩格斯关于国家治理的重要论述

马克思、恩格斯的国家理论及国家治理的思想，是在批判分析资本主义国家的过程中形成的，与其资本批判逻辑、社会历史发展理论是内在统一的。如果我们从国家治理的视角来研究、诠释马克思、恩格斯的著作和思想，就不难发现，他们关于社会主义社会治理的论述建立在对资本主义的经济学、社会政治学、国家理论批判的基础上，蕴藏在关于未来社会的科学预测和设想中。同时，工人阶级的运动特别是巴黎公社的斗争实践，是马克思、恩格斯关于国家治理的思想观点形成的重要源泉。在当时急剧变动的政治和社会运动中，他们不断检验、修正和深化自己的理论。正如习近平总书记所指出的那样，"马克思、恩格斯没有经历全面治理一个社会主义国家的实践，他们关于未来社会的设想很多是预测性的"[①]，但这些预测性的观点、思想为后来社会主义从理论到实践提供了根本指导。

1. 国家治理的基础

马克思、恩格斯对于国家问题的一个卓越见解就是，在经济基础和上层建筑的结构中去认识国家的地位和作用，认识国家治理的相关问题。马克思早期主要是从国家与市民社会、法律等关系中研究国家的，他指出："政治国家没有家庭的自然基础和市民社会的人为基础就不可能存在。"[②] 在《德意志意识形态》中，马克思、恩格斯告诉人们："社会结构和国家总是从一定的个人的生活过程中产生的"[③]，"那些决不依个人'意志'为转移的个人的物质生活，即他们的相互制约的生产方式和交往形式，是国家的现实基础"[④]。在马克思看来："人们不能自由选择自己的生产力——这是他们的全部历史的基础，因为任何生产力都是一种既得的力量，是以往的活动的产物""生产力是人们应用能力的结果，……决定于在他们以前已经存在、不是由他们创立而是由前一代人创立的社会形式。"[⑤] 这些论述告诉我们一个重要结论，即无论是国家的兴

[①] 习近平：《论全面深化改革》，中央文献出版社 2018 年版，第 89 页。
[②] 《马克思恩格斯全集》第 3 卷，人民出版社 2002 年版，第 12 页。
[③] 《马克思恩格斯文集》第 1 卷，人民出版社 2009 年版，第 524 页。
[④] 《马克思恩格斯全集》第 3 卷，人民出版社 1960 年版，第 377 页。
[⑤] 《马克思恩格斯文集》第 10 卷，人民出版社 2009 年版，第 43 页。

亡更替，还是国家治理体系是否合理，其共同的基础或前提都是现实的人的生活，是物质生活的生产方式。生产方式中生产力与生产关系的矛盾从根本上制约着国家治理问题。任何国家治理体系都扎根于相应的生产方式，生产方式内部的矛盾运动决定着国家发展的根本命运和国家治理的重要问题。马克思、恩格斯无疑是运用唯物史观的基本原理解释国家及其相关活动和现象，在国家治理与政治、经济和社会之间建立起有机的逻辑联系。把握社会主义国家治理问题，必须重视生产力与生产关系的发展状况这一重要基础。

2. 国家的起源、本质和国家的管理治理职能

马克思、恩格斯在他们的论著中揭示了现代国家的起源和实质。他们认为，国家是生产力发展到一定阶段的必然产物。国家从表面上看是凌驾于整个社会之上的公共机构，它一定会一视同仁地、公正地处理它所涉及的一切事务，但实质上国家是阶级统治的暴力机器。在《德意志意识形态》中，马克思、恩格斯认为，作为上层建筑主要成分的国家是维护统治阶级利益的工具，但它却采取一种和实际利益相脱离的独立形式——虚幻共同体的形式。这种虚幻共同体好像代表着"公共利益"，但事实上却是属于统治阶级借以实现其共同利益的形式。关于国家的起源，恩格斯指出："国家并不是从来就有的。曾经有过不需要国家，而且根本不知国家和国家权力为何物的社会。在经济发展到一定阶段而必然使社会分裂为阶级时，国家就由于这种分裂而成为必要了。"① "国家是文明社会的概括，它在一切典型的时期毫无例外地都是统治阶级的国家，并且在一切场合在本质上都是镇压被压迫被剥削阶级的机器。"② 他们还批判了资产阶级国家的本质，指出："现代的国家政权不过是管理整个资产阶级的共同事务的委员会罢了。"③ 马克思、恩格斯对国家起源和实质的深刻揭露，显示了他们在国家理论方面的洞察力。在揭露资产阶级国家本质的基础上，他们还提出了无产阶级专政的理论。"在资本主义社会和共产主义社会之间，有一个从前者变为后者的革命转变时期。同这个时期相适应的也有一个政治上的过渡时期，这个时期的国家只能是无产阶级的革命专

---

① 《马克思恩格斯文集》第 4 卷，人民出版社 2009 年版，第 193 页。
② 《马克思恩格斯文集》第 4 卷，人民出版社 2009 年版，第 195 页。
③ 《马克思恩格斯文集》第 2 卷，人民出版社 2009 年版，第 33 页。

政。"① 同时，马克思、恩格斯并没有把国家功能简单化，他们肯定了国家在管理和治理全社会共同事务方面的基本功能。这点不仅体现他们对亚细亚生产方式条件下国家职能的考察上，也体现对资本主义生产方式条件下国家职能以及巴黎公社建立的无产阶级专政政权职能的考察上。在《不列颠在印度的统治》中，马克思分析古代印度社会时就反复强调"公共工程部门"的重要性。他指出："亚洲的一切政府都不能不执行一种经济职能，即举办公共工程的职能。这种用人工方法提高土壤肥沃程度的设施归中央政府管理，中央政府如果忽略灌溉或排水，这种设施立刻就会废置……"② 马克思在考察资本主义生产条件下的"监督劳动"时提出，国家政府的职能"既包括由一切社会的性质产生的各种公共事务的执行，又包括由政府同人民大众相对立而产生的各种特有的职能"。③ 在国家活动中，国家职能具有政治统治与社会管理治理的双重属性，政治统治与社会管理职能相辅相成，现代国家必须对全社会的共同事务承担其管理治理职能。

3. 国家与市民社会的关系

马克思关于国家的一些重要思想，是在批判和吸收黑格尔法哲学的基础上形成的。黑格尔完整系统地提出了现代市民社会理论，在概念上将国家与市民社会分开。他认为，国家是伦理理念的实现，伦理精神从家庭这一未经分化的普遍性、经过市民社会的特殊性，在国家中达到二者的有机统一，因此国家决定市民社会。马克思继承并发展了黑格尔法哲学，特别是重新考察国家与市民社会的关系，最终把市民社会界定为自主生活领域，即表现为生产关系或经济基础。在马克思看来，国家与市民社会的关系被黑格尔颠倒，应当是市民社会决定国家，而不是国家决定市民社会。他认为，"有一定的市民社会，就会有不过是市民社会的正式表现的相应的政治国家。"④ 马克思对黑格尔国家观念的批判表明，马克思反对黑格尔的国家至上观念，拒绝国家崇拜，实际上也是拒绝对国家理念的崇拜特别是拒绝对官僚的崇拜。在总结

---

① 《马克思恩格斯文集》第3卷，人民出版社2009年版，第445页。
② 《马克思恩格斯文集》第2卷，人民出版社2009年版，第679—680页。
③ 《马克思恩格斯文集》第7卷，人民出版社2009年版，第431—432页。
④ 《马克思恩格斯文集》第10卷，人民出版社2009年版，第43页。

巴黎公社的经验和失败教训时，马克思就指出，在资本主义社会，人们通常认为："行政和政治管理是神秘的事情，是高不可攀的职务，只能委托给一个受过训练的特殊阶层，即国家寄生虫、俸高禄厚的势利小人和领干薪的人"①，这种"错觉"充分反映了旧体制下人们对国家的盲目崇拜而引发对官僚的盲目崇拜。同时，马克思还提出了国家与社会的二元化，他认为国家和社会的分离是历史发展的必然，并指明了国家与社会发展的方向。马克思对于国家与市民社会的理论认识是人类思想认识史的重大进步，为以后理论家探讨国家和社会关系特别是认识国家治理中社会的作用提供了重要的方法论原则。

4. 意识形态与国家治理

马克思在《黑格尔法哲学批判》《1844年经济学哲学手稿》《德意志意识形态》和《资本论》等著作中分析了意识形态理论，揭示了意识形态与国家治理之间的密切关系。马克思概括了国家意识形态发展的特征和作用，认为意识形态作为观念的上层建筑，是国家结构中的重要组成部分。"发展着自己的物质生产和物质交往的人们，在改变自己的这个现实的同时也改变着自己的思维和思维的产物。不是意识决定生活，而是生活决定意识。"②在马克思、恩格斯看来，国家的形态包括"物的形态"和"观念的形态"。其中，军队、警察、法庭等国家机器，都是国家的"物的形态"，国家的观念形态就是意识形态。意识形态具有虚假性和阶级性，是维护国家统治的工具，同时意识形态作为国家上层建筑，也是人类文化发展的重要载体。他们认为，在国家治理中，意识形态起着重要作用，特别是当意识形态作为人类文化发展载体时，对一个国家的发展具有重大影响，为国家治理提供基本的文化背景和土壤。

5. 无产阶级国家治理的关键在于无产阶级政党

马克思主义国家理论的重要内容之一，就是无产阶级政党及其领导和执政问题。由于"工人阶级的解放应当是工人阶级自己的事情"③，更是无产阶级先进分子的事，因为宣传、组织、领导和推动工人运动的重任，只能依靠无产阶级政党来承担。这样一来，无产阶级专政就历史地、逻辑地与无产阶

---

① 《马克思恩格斯文集》第3卷，人民出版社2009年版，第196页。
② 《马克思恩格斯文集》第1卷，人民出版社2009年版，第525页。
③ 《马克思恩格斯文集》第2卷，人民出版社2009年版，第14页。

级政党联系起来了。尽管在马克思、恩格斯时代，无产阶级政党并没有成为一定国家的领导党和执政党，但马克思、恩格斯从一开始就把无产阶级革命政党当作未来执掌国家政权的执政党来建设的。"无产阶级首先必须取得政治统治，上升为民族的阶级"①"工人革命的第一步就是使无产阶级上升为统治阶级，争得民主"②。无产阶级政党是无产阶级国家的领导和执政力量，是无产阶级国家治理的核心和动力。在《共产党宣言》中，他们对无产阶级政党的性质、指导思想、纲领和策略原则、党的领导和组织原则等方面，进行了较为系统的论述。他们指出在无产阶级与资产阶级的斗争中，共产党人始终代表整个运动的利益，在实践方面，共产党人是各国工人政党中最坚决的、始终起推动作用的部分。这为无产阶级国家的政党治理国家问题奠定了比较全面的理论基础。

6. 无产阶级国家治理必须制度化

马克思、恩格斯认为，无产阶级专政应该落实到一系列国家制度或法规上。巴黎公社失败以后，马克思全面总结巴黎公社的战斗历程和历史经验，阐发马克思主义关于阶级斗争、国家、无产阶级革命和无产阶级专政理论。他强调指出，资产阶级国家政权实质上是资产阶级统治的工具，"工人阶级不能简单地掌握现成的国家机器，并运用它来达到自己的目的"③。无产阶级要实现自身政治解放，夺取国家政权，必须建立自己的政权机构，以制度的方式组织起来，使无产阶级的各项政治活动规范化、制度化和法制化。巴黎公社"实质上是工人阶级的政府，是生产者阶级同占有者阶级斗争的产物，是终于发现的可以使劳动在经济上获得解放的政治形式"④。恩格斯也特别强调从资本主义向共产主义过渡的制度过程，这个制度过程必须是通过民主的国家制度达到无产阶级的政治解放。他认为巴黎公社是"打碎旧的国家政权而以新的真正民主的国家政权来代替"⑤。马克思、恩格斯非常重视无产阶级实现民主权利和政治解放的国家制度前提。当无产阶级运动有了巴黎公社的

---

① 《马克思恩格斯文集》第2卷，人民出版社2009年版，第50页。
② 《马克思恩格斯文集》第2卷，人民出版社2009年版，第52页。
③ 《马克思恩格斯文集》第3卷，人民出版社2009年版，第151页。
④ 《马克思恩格斯文集》第3卷，人民出版社2009年版，第158页。
⑤ 《马克思恩格斯文集》第3卷，人民出版社2009年版，第111页。

光辉实践后,马克思立即从制度上总结了公社的经验,并热情洋溢地称颂巴黎公社"给共和国奠定了真正民主制度的基础"①。无产阶级政党领导人民推翻资产阶级政权、建立无产阶级政权后,必须实现真正的人民民主,这时候国家治理的主体是人民和政党的统一。巴黎公社在政治制度、军事制度、组织制度、文化教育制度和法律制度等方面,都用新的国家机器代替了旧的资产阶级国家机器。比如,采取各项民主措施,防止国家和国家机关"由社会公仆变为社会主人"。比如,保证人民群众的普选权,所有公职人员都必须由选举产生。保证人民群众的罢免权,公职人员必须接受公众监督并随时可以撤换。比如,武装力量按民主原则组织,所有公职人员领取相当于熟练工人的工资等。这些表明无产阶级国家的任何专政活动都必须是民主的、制度化的活动,这同时也表明无产阶级要通过健全各种行之有效的制度和政策措施来保证人民真正当家作主。同时,马克思、恩格斯还认为,实现国家的治理,既要有民主,也要有权威。恩格斯就指出,权威无论在革命时期还是和平建设时期都是需要的。他还认为巴黎公社失败的一个重要原因是缺乏集中和权威。

(二)列宁对社会主义国家治理的探索

国家治理总是伴着国家而出现的。在社会主义治理问题的探索过程中,马克思和恩格斯生前并没有看到社会主义国家的诞生,也未能进行相关的治理实践。一直到十月革命,社会主义苏联的建立,才真正标志着社会主义国家治理的实践探索和理论探索齐头并进。列宁领导俄国无产阶级和劳动人民取得十月革命成功,建立了第一个社会主义国家。列宁生前已经看到了社会主义实践产生的问题超出了预计,创造性地提出了一些政策举措。尽管这些政策举措没能来得及得到进一步深入探索和实践,但他在领导俄国社会主义近7年的建设实践中,积累了关于社会主义治理的重要经验。

1. 对无产阶级政党治国理政的实践与理论探索

政党治理国家,是政党如何执掌和运行国家权力以实现其政治目标的活

---

① 《马克思恩格斯文集》第3卷,人民出版社2009年版,第157页。

动。苏联成立以后，列宁面对严峻的国内国际形势，针对无产阶级政党地位的历史性变化，围绕着无产阶级政党如何更好地执政进行了有益探索。他认为，无产阶级政党要始终保持同群众的密切联系，代表群众的根本利益，这是党执掌和运行国家权力的根本伦理价值。他明确指出，无产阶级政党是无产阶级的先进部队，是无产阶级和劳动群众的领导者和组织者；无论是在民主革命中，还是在社会主义革命和建设中，都必须毫不动摇地坚持党的领导权。列宁认为，党是有组织的整体，是工人阶级的有组织的部队，具有独特的政治优势。只有发挥共产党的核心领导作用，才能抵制无产阶级中部分群众不可避免的"小资产阶级动摇性""行业的狭隘性、偏见的传统和恶习的复发"，才能领导无产阶级和全体劳动群众。无产阶级作为治理社会主义国家的领导力量，也要加强自身的建设。列宁重视党的思想理论建设，强调只有以先进理论为指南的党，才能发挥先进战士的作用；无产阶级政党必须坚持以马克思主义理论为指导，用科学理论武装党员的头脑；必须从本国具体情况出发，依据不断发展变化的实际确定自己的路线、政策和策略；必须研究新情况、新问题，总结实践经验，把马克思主义这门科学推向前进。列宁十分重视发扬党内民主，强调必须尊重党员参与决定党内事务的权利；指出无产阶级政党必须坚持民主集中制，在党委内部实行集体领导，同时要明确规定每个领导成员应负的责任；必须实行严格的纪律，保证党在思想上、政治上、组织上的统一。[①] 在党与国家权力的关系方面，他提出党对国家和社会事务的领导主要体现为政治领导、思想领导和组织领导；在党如何运行国家权力方面，他提出无产阶级政党必须正确、合法、有效地行使国家权力。执政党必须在国家法律允许的范围内贯彻自己的决定。同时，要扩大党内民主，保证全体党员甚至最落后的党员都积极地参加党的生活，参加讨论党所面临的一切问题和解决这些问题，并且积极参加党的建设。

2. 社会主义民主应当更加法制化、制度化，落实到无产阶级国家政治生活的各个方面

列宁认为，无产阶级专政并不是"取消民主"，而是创建比资本主义民主制度"好千百倍的民主制度"。在《苏维埃政权的当前任务》中，列宁提出：

[①] 参见《列宁专题文集·论无产阶级政党》，人民出版社2009年版，第3页。

"苏维埃民主制即目前具体实施的无产阶级民主制的社会主义性质就在于：第一，选举人是被剥削劳动群众，排除了资产阶级；第二，废除了选举上一切官僚主义的手续和限制，群众自己决定选举的程序和日期，并且有罢免当选人的完全自由；第三，建立了劳动者先锋队即大工业无产阶级的最优良的群众组织，这种组织使劳动者先锋队能够领导最广大的被剥削群众，吸收他们参加独立的政治生活，根据他们亲身的体验对他们进行政治教育，从而第一次着手使真正全体人民都学习管理，并且开始管理。"① 这些思想体现了列宁主张人民通过民主等各种形式参与国家管理。列宁继承和发展了马克思主义关于无产阶级专政的学说，认为在资本主义向社会主义过渡时期，"国家就不可避免地应当是新型民主的（对无产者和一般穷人是民主的）和新型专政的（对资产阶级是专政的）国家"②。列宁主张，国家治理机关内部各部门必须做到职责明确，实行严格的管理制度。他还对和平时期民主制度建设进行一定的政治设想，认为应建立"工人民主制"，其中包括普遍选举制、报告制、监督制等。"正是苏维埃同劳动'人民'的亲密关系，造成一些特殊的罢免形式和另一种自下而上的监督，这些现在应该大力加以发展。"③ 他还针对当时苏联出现的一些官僚主义现象，提出改革党和国家领导制度的设想，包括增加中央委员会人数，加强党和国家集体领导；把中央全会变成党的最高代表会议，健全党中央的工作机制和决策机制；扩大中央监察委员会，改善和提高国家各级机关的人员结构；等等。在列宁看来，"苏维埃同'人民'之间，即同被剥削劳动者之间的联系的牢固性，以及这种联系的灵活性和伸缩性，是消除苏维埃组织的官僚主义弊病的保证。"④

此外，列宁还提出了依法治理苏维埃国家的思想。在立法方面，列宁亲自起草或指导制定了一系列重要的法律条文，颁布了《苏维埃社会主义共和国根本法（宪法）》《苏俄婚姻、家庭和监护法典》《苏俄刑法典》《苏俄民法典》《苏俄土地法典》《苏俄劳动法典》《苏俄刑事诉讼法典》等，初步形成了

---

① 《列宁专题文集·论社会主义》，人民出版社2009年版，第110—111页。
② 《列宁专题文集·论马克思主义》，人民出版社2009年版，第207页。
③ 《列宁专题文集·论社会主义》，人民出版社2009年版，第113页。
④ 《列宁专题文集·论社会主义》，人民出版社2009年版，第112—113页。

以宪法为核心的法律体系。这些全新的代表无产阶级利益和意志的法律体系，树立起了社会主义法治发展史上一个里程碑，为依法治理苏维埃国家提供了根本依据。同时，他还强调严格执法等。

3. 社会主义国家治理必须理顺党政关系

列宁强调了社会主义建成后要加强党的领导，而不是削弱和抛弃党的领导。他指出："在通常情况下，在多数场合，至少在现代的文明国家内，阶级是由政党来领导的；政党通常是由最有威信、最有影响、最有经验、被选出担任最重要职务而称为领袖的人们所组成的比较稳定的集团来主持的。"[①] 但这种领导是"对所有国家机关的工作进行总的领导，而不是像目前那样进行过分频繁的、不经常的、往往是对细节的干涉"[②]。无产阶级阶级政党的重要领导人物，不能简单地利用手中的权力违背苏维埃社会主义政党的组织原则，要避免集体领导人把领导机关变成自己的权力的工具，就必须实现党政分离，合理布局党内领导职务。列宁还提出，党对国家及社会的领导，是以国家机关为媒介的。

4. 处理好间接管理与直接管理的关系

无产阶级和广大劳动人民翻身成为国家的主人，并不意味着就能立即实现直接管理国家的重任。列宁认为，要真正实现人民直接管理国家，需要一个由低级到高级的发展过程。通过无产阶级的先进阶层代表人民实行管理，使人民最终实现直接管理的低级形式，由这种形式到全体劳动者实行直接管理的高级形式，需要一个很长的发展过程，并且这是一个不可逾越的发展阶段。要实现全体人民直接参加国家和社会的管理，还要善于从发展路线或链条中抓住最重要的环节。

5. 治理社会主义社会必须最大限度发展社会生产力，"广泛地和全面地"利用资产阶级专家

十月革命前的俄国是一个落后的封建军事帝国主义国家，生产力发展水平低下，生产社会化程度不高，缺乏管理大生产的经验。在经济文化落后的苏俄探索国家治理的有效形式，既面临着物质基础差、文化水平低、

---

① 《列宁专题文集·论无产阶级政党》，人民出版社2009年版，第249页。
② 《列宁全集》第33卷，人民出版社1957年版，第221页。

社会关系落后、反动势力四面夹击等因素的挑战和制约,也面临着没有可资借鉴的现成的理论、经验的现实困难。在这种情况之下,苏维埃国家治理的一项根本任务就是改造旧的生产关系,建立社会主义的新型生产关系,为建成社会主义创造条件。这就必须大力发展生产力。学习一切先进的管理方法和技术,是十月革命胜利后苏维埃政权向人民提出的一个迫切任务。列宁指出,社会主义革命是一场新的革命,不要害怕让共产党员去向资产阶级专家学习。向资产阶级专家学习,在很大程度上就是向托拉斯的领导者学习,向资本主义的最大组织者学习。列宁在社会主义国家治理这一领域的理论探索和实践,为日后众多的社会主义国家在取得政权后更有效地治理国家奠定了扎实的基础。

(三)斯大林时期苏联对社会主义国家治理的探索

列宁逝世以后,斯大林领导苏联党和人民,顶住资本主义包围的压力,在苏联一国率先建立起社会主义,并为社会主义在其他国家的胜利提供了范例和支持。从国家治理的角度来看,以斯大林为主要代表的苏联领导人在社会主义社会治理方面的探索值得重视。

1. 从当时苏联的实际情况出发开创了一条社会主义国家工业化的特色道路

斯大林提出优先发展重工业的战略,在短短若干年内,实现了国家的工业化和农业集体化。这对于苏联赢得反法西斯战争的胜利有很大帮助,有利于逐步改善人民生活和战后迅速恢复经济,提高综合国力和国际地位,显示出社会主义制度的生命力和优越性。在苏联的卫国战争中,强大的国民经济,很快转变为战时体制,并开始全速运转。在当时的历史条件下,苏联充分发挥了社会主义能够集中力量办大事的优势,成为第二次世界大战中的中流砥柱,充分显示了社会主义经济制度的强大生命力。

2. 形成了高度集中的国家职能体制

20世纪20年代,苏联采取新经济政策,恢复和强化了国家的经济职能。但随着国内国际形势的变化,在20年代末新经济政策被终止,苏联开始向高度集中的经济体制变化,最终形成了高度集中的国家职能体制。在经济职能方面,直接用高度集中的计划方式,包括指令性的计划体制、单一的所有制体制、带有平均主义色彩的分配体制、统收统支的财政体制、供给式的物资供应体制、国家集中管理的价格体制等。这些体制在当时的经济条件下带有历史的必然性，也起到了重要的历史作用。与社会经济职能的高度集中相适应，国家的政治职能也高度集中，形成了高度集权的政治体制。例如，国家专政职能被滥用，国家安全机构的权力不受法律约束，给人民群众造成巨大伤害。在20世纪30年代特定历史条件下形成的苏联社会主义模式，以及与之密切相关的一些理论，同时也是社会主义国家治理的一种实践模式。它沿袭高度集中的计划经济和以重工业为核心的发展思路，并推广至文化、教育、科技等多个领域。这种治理和发展模式虽然起到了一定的历史作用，但它的弊端也日益严重地表现出来。在政治上权力过分集中，很难避免个人专断，甚至会产生破坏法制和个人崇拜现象；在经济上权力过分集中，不符合经济发展规律，导致经济效益差，逐渐阻碍生产力发展。这种模式一旦被教条化、绝对化、僵化，就会给世界社会主义历史进程带来打击和挫折。

斯大林之后，赫鲁晓夫等苏联领导人已经认识到这种权力过分集中的国家治理体制的危害，在政治体制和经济体制上推行了一些改进，但对斯大林的教训总结不够深刻，最后这种高度集中的体制没有从根本上得到有效改善。苏联的政治上层建筑逐渐走向独裁、僵化、非理性，封建性的人治色彩日益浓烈，原本充满生机活力的社会主义制度和治理体系步履维艰、走向衰亡。戈尔巴乔夫推行全面改革，不仅实行完全的市场经济，取消社会主义公有制，还否定党的意识形态领导甚至逐步放弃共产党的领导地位，最终使社会主义苏联解体。苏联社会主义国家治理方面的实践和探索历史，教训极为深刻，需要不断总结反思。

（四）现实启示

马克思经典作家在反思资本主义国家治理弊端、总结巴黎公社斗争实践的基础上，对社会主义国家治理提出了一些重要观点、论述，为现实的社会主义国家治理实践提供了方法论意义上的启迪。列宁、斯大林等领导苏联社会主义国家的治理实践，也对社会主义国家治理提供了宝贵的经验。总结他们对社会主义社会治理的重要思想观点，我们至少可以得出几点重要启示。

1. 坚持无产阶级政党的领导

马克思主义创始人都强调无产阶级政党的领导对于社会主义国家治理的重要地位和重大意义。马克思、恩格斯从一开始就把无产阶级革命政党当作未来执掌国家政权的执政党来建设。列宁也把布尔什维克党看作是苏维埃俄国社会主义建设和治理的主要领导力量。斯大林之后，苏联更是构建起以苏维埃政党为中心的庞大、细密、严谨的政治权力结构，并以此为基础形成苏维埃的国家治理体系。社会主义社会的国家治理必须是在无产阶级领导下开展的。另一方面，无产阶级要承担领导社会主义国家治理的重大任务，也必须不断加强和改善自身的建设。目前，我们仍然生活在资本主义主导并开创的"世界历史"时代，社会主义国家仍然在资本逻辑主导的世界体系中不断发展。在日益复杂的国际国内环境下，社会主义制度的建立、坚持和完善，社会主义国家治理的加强和完善，以及国家治理现代化的实现，必须坚持马克思主义政党的领导。这是保证国家制度的社会主义性质"一以贯之"、国家治理的社会主义方向"毫不动摇"的根本所在。

2. 坚持以人民为中心，完善社会主义民主制度

马克思、恩格斯认为，人民是历史的创造者，是真正的英雄。资产阶级国家，不管是君主专制国家，还是民主共和制国家，表面上宣扬主权在民，实质上"现代的国家政权不过是管理整个资产阶级的共同事务的委员会罢了"。因此，他们强调无产阶级政权建立以后，必须实行真正的人民民主，尊重人民的主体地位。列宁也十分重视人民的民主制度，不仅强调执政党同人民群众的密切联系，也重视党内民主，号召党员同官僚主义作斗争。而苏联最后走向解体的一个总病根就是权力过分集中，逐渐形成各种特权利益阶层构成的既得利益集团，逐渐脱离人民群众，党同人民离心离德，社会主义民主制度形同虚设。在社会主义国家，共产党处在执政地位、掌控执政资源，随着社会主义建设成就日益显赫，很容易在执政业绩光环的照耀下，出现忽略自身不足、忽视自身问题乃至消极腐败、脱离群众的现象。党愈脱离人民，愈凌驾于群众之上，人民的积极性、创造性就愈益衰减、懈怠。如何保证党同人民群众的血肉联系，如何避免人民的公仆成为人民的"官老爷"，一个重要的途径就是坚持以人民为中心，完善社会主义民主制度。

3. 充分发扬社会主义和共产主义理想动员起来的精神力量

马克思主义诞生以来，社会主义运动兴起以来，曾在世界范围内掀起超越国界、民族和时空的影响力。究其原因，一个很重要的方面正如马克思、恩格斯在《共产党宣言》中所指出的那样："过去的一切运动都是少数人的，或者为少数人谋利益的运动。无产阶级的运动是绝大多数人的，为绝大多数人谋利益的独立的运动。"① 马克思主义是关于人类解放的重要学说，社会主义、共产主义运动是谋求人类解放的正义实践。社会主义500年来，马克思、恩格斯关于未来社会的科学设想曾激起无数工人群众和被压迫民族、国家的人们为追求自身解放而焕发出惊人的精神力量。巴黎公社短暂的治理实践，为后人留下了公社工人不畏强敌、英勇牺牲的宝贵精神财富。在社会主义苏联，工人农民冲破各种艰难险阻建设新国家所迸发出的精神力量，以及"二战"中击败德国法西斯而显示出不畏强敌、顽强拼搏的精神力量。在新中国，各族人民在共同理想信念、价值理念基础上彰显出紧密团结、万众一心的精神伟力。这些宝贵的精神财富，是社会主义国家治理所独特的精神伟力。

4. 坚持与时俱进不断创新社会主义制度和国家治理

社会主义国家治理既要坚持马克思主义的指导，同时也要结合不同国家的实际来不断创造性地发展适合时代特点和本国国情的国家治理体系。列宁曾说："不要照搬我们的策略，而要独立地仔细考虑我们的策略为什么具有那些特点以及它的条件和结果，不要在你们那里照抄1917—1921年的经验，而要运用它的精神实质和教训。"② 苏联后期意识形态僵化、权力垄断、制度权威的缺失，造成国家治理日益僵化和腐化，最终在苏共党内个人崇拜和高度集权的影响下崩溃。这些惨痛的教训也告诉我们，必须根据时代的发展不断创新国家治理，在"坚持什么、完善什么"的问题上保持清醒的头脑和灵活的态度，才能探索出适合自己的国家治理体系，实现国家治理现代化。在制度建设和国家治理方面，如果对时代的发展变化和本国的实际情况置若罔闻，不是陷入好高骛远的虚幻盲目，就会坠入保守残缺的僵化封闭。

---

① 《马克思恩格斯文集》第2卷，人民出版社2009年版，第42页。
② 《列宁全集》第41卷，人民出版社2017年版，第196页。

第五讲

新中国 70 周年建立和完善社会主义制度、加强和完善国家治理的历史性成就

1949 年新中国的成立，在中华民族历史上、在社会主义运动史上是具有标志性意义和里程碑意义的重大事件。从那时起，中华民族近代以来悲怆惨绝的命运得以扭转，社会主义从理论到实践、一国到多国的发展如乘东风。正如《中共中央关于坚持和完善中国特色社会主义制度　推进国家治理体系和治理能力现代化若干重大问题的决定》所指出的那样："新中国成立七十年来，我们党领导人民创造了世所罕见的经济快速发展奇迹和社会长期稳定奇迹，中华民族迎来了从站起来、富起来到强起来的伟大飞跃。"[1] 而在七十年发展奇迹的背后，是中国共产党团结带领人民，坚持把马克思主义基本原理同中国具体实际相结合，赢得中国革命胜利，并深刻总结国内外正反两方面经验，建立和完善社会主义制度，形成和发展党的领导和经济、政治、文化、社会、生态文明、军事、外事等各方面制度，不断加强和完善国家治理的伟大实践。70 年来，中国特色社会主义制度从初步确立到逐步完善、从探索前进到更加成熟更加定型；社会主义国家治理从照搬苏联模式到走自己的路、探索形成适合中国国情的国家治理体系。中国共产党治理社会主义中国所取得历史性成就正转化为中国特色社会主义建设"后半程"继续开创辉煌的坚实根基和宝贵财富。

---

[1] 《中共中央关于坚持和完善中国特色社会主义制度　推进国家治理体系和治理能力现代化若干重大问题的决定》，《人民日报》2019 年 11 月 6 日第 1 版。

（一）新中国 70 年建立和完善社会主义制度、加强和完善国家治理的探索历程

中华人民共和国成立，中国共产党成为执政党，社会主义制度在一个东方大国正式确立，标志着治理社会主义新国家的任务正式提上议事日程。在中国这样一个经济文化相对落后的东方大国如何实现有效有序治理，对于这个问题，马克思主义经典作家"没有遇到后来社会主义国家所面临的大范围、全局性、长时间的矛盾和问题"①，他们著作中没有也不可能有现成的理论答案。"苏联在这个问题上进行了探索，取得了一些成功经验，但也犯下了严重错误，没有解决好这个问题。"② 资本主义国家治理已有的实践没有也不可能提供任何既成的先例可循。几代中国共产党人从我国基本国情出发，一以贯之地不懈探索中国特色社会主义发展道路的历史过程，同时也是探索新中国治国理政之道的发展过程。

1. 以毛泽东同志为主要代表的中国共产党人关于社会主义制度和国家治理的初步探索

我们党对建立什么样的国家治理体系问题的思考，在领导中国革命的历史进程中就已经开始了。早在 1939 年，毛泽东的《中国革命和中国共产党》就详细分析当时中国社会的特殊国情，弄清中国革命的对象、任务、动力和性质等基本问题，并在此基础上规划未来的国家性质及国家治理的主体。他指出："中国现阶段的革命所要造成的民主共和国，一定要是一个工人、农民和其他小资产阶级在其中占一定地位起一定作用的民主共和国。换言之，即是一个工人、农民、城市小资产阶级和其他一切反帝反封建分子的革命联盟的民主共和国。"③ 后来，在《新民主主义论》中，毛泽东又根据当时抗日战争的具体形势科学设想了新民主主义共和国（也就是抗日统一战线的共和国）的政治、经济、文化等，提出新民主主义共和国的"国体""政体"，强调：

---

① 习近平：《论全面深化改革》，中央文献出版社 2018 年版，第 89 页。
② 习近平：《论全面深化改革》，中央文献出版社 2018 年版，第 89 页。
③ 《毛泽东选集》第二卷，人民出版社 1991 年版，第 649 页。

"国体——各革命阶级联合专政。政体——民主集中制。"①科学区分了国家的阶级属性与组织形式的关系。党的七大召开后,毛泽东在《论联合政府》的政治报告中提出"将中国建成一个独立、自由、民主、统一和富强的新国家"的战略目标,并对未来我国的制度架构作了阐述。比如,"政权组织,应该采取民主集中制,由各级人民代表大会决定大政方针,选举政府。"土地问题上,实行"耕者有其田";自由发展那些不是"操纵国民生计"而是有益于国民生计的私人资本主义经济,保障一切正当的私有财产。文化上,发展民族的、科学的、大众的文化,等等。新中国成立前夕,毛泽东的《论人民民主专政》科学设想了未来人民民主专政的制度安排。比如,提出:"对人民内部的民主方面和对反动派的专政方面,互相结合起来,就是人民民主专政。""人民民主专政的基础是工人阶级、农民阶级和城市小资产阶级的联盟""人民民主专政需要工人阶级的领导"②等。这些重要的论述为我们党在全国执政后探索国家治理问题作了重要理论准备。

新中国成立初期,是中国建设社会主义艰难征程的起步阶段。毛泽东同志作为我们党第一代中央领导集体的核心,在当时的历史条件下,带领全国各族人民,为中国建立、巩固、完善和发展社会主义制度进行了最初的艰辛探索。正如习近平总书记所指出的那样:"一开始,因为我们没有搞过社会主义,怎样治理中国,只能照搬苏联模式,但我们党也没有全走苏联之路,一直在积极探索这个问题,并取得了一些重要成果"③。毛泽东在国家治理方面进行了积极有效的探索,提出了一系列重要论述,进行了一系列创造性实践。

一是独立自主,立足中国国情治理社会主义社会。针对苏联经验的某些弊端和缺陷,毛泽东提出要以苏为戒,把马克思主义的普遍真理与中国的实际相结合,走中国式的社会主义发展道路。中国的社会主义建设不能照抄外国的经验和模式,要从中国"一穷二白"农业大国的国情出发,走出一条适合中国国情的工业化道路。他独立自主地探索适合中国国情的社会主义发展

---

① 《毛泽东选集》第二卷,人民出版社1991年版,第677页。
② 《毛泽东选集》第四卷,人民出版社1991年版,第1475、1478、1479页。
③ 习近平:《论全面深化改革》,中央文献出版社2018年版,第91页。

道路的努力，体现了中国共产党人鲜明的国家治理观。

二是依据社会主义社会基本矛盾和两类矛盾学说创设社会主义制度、治理社会主义国家。正确处理人民内部矛盾，调动一切积极因素，集中力量进行社会主义现代化建设。1956年4月，毛泽东发表《论十大关系》，围绕把国内外一切积极因素都调动起来为社会主义事业服务的基本方针，深刻论述了正确处理经济建设和社会发展中的一系列重大关系，为走中国自己的国家治理道路提供了强大的思想指导。他还确立了按农业、轻工业、重工业为序的发展方针，在管理经营体制方面确立加强中央领导的同时，扩大地方的自主权，兼顾国家、企业、个人三者的利益。

三是强调坚持民主集中制。把民主集中制运用于国家政治生活，要努力造成又有集中又有民主，又有纪律又有自由，又有统一意志又有个人心情舒畅、生动活泼的政治局面。在政治、思想、文化等方面扩大国家的民主生活，包括共产党与民主党派"长期共存、互相监督"，科学文化工作中实行"百花齐放、百家争鸣"，等等。

以毛泽东同志为代表的中国共产党人的探索，取得了巨大成就。尽管后来由于对国际国内形势的认识逐步发生偏差，指导思想也发生偏差，发生了"文化大革命"这一全局性的长时间的严重错误，使我国社会主义国家治理的探索遭到挫折。但是，改革开放前的这些探索及其取得的理论和实践成果，为我们党在新的历史条件下进行国家治理和推进改革开放奠定了重要基础。

2. 以邓小平同志为代表的中国共产党人关于社会主义制度和国家治理的有益探索

以党的十一届三中全会为标志，以邓小平同志为核心的党的第二代中央领导集体带领全党全国各族人民，开启了改革开放新时期的历史序幕。在这一时期，我们党深刻总结我国社会主义建设正反两方面经验，借鉴世界社会主义历史经验，明确提出走自己的路、建设中国特色社会主义。这一时期，我们党对于社会主义治理方面的探索成果也集中在这一方面。

一是揭示社会主义本质，确立社会主义初级阶段基本路线，成功回答了"什么是社会主义、怎样建设社会主义"的基本问题，为澄清社会主义社会治理方面的基础性问题奠定了基础。邓小平曾指出："我们建立的社会主义制度是个好制度，必须坚持。……但问题是什么是社会主义，如何建设社会主义。我们的经验教训有许多条，最重要的一条，就是要搞清楚这个问题。"①在这个基本问题的回答上，他强调："贫穷不是社会主义，社会主义要消灭贫穷。不发展生产力，不提高人民的生活水平，不能说是符合社会主义要求的。"②"发展太慢也不是社会主义"③，等等。"社会主义的本质，是解放生产力，发展生产力，消灭剥削，消除两极分化，最终达到共同富裕。"④

二是强调走自己的道路。邓小平认为，在中国建设社会主义这样的事，"我们的前人没有做过，其他社会主义国家也没有干过"⑤，没有现成的模式，马克思的本本上找不出来，列宁的本本上也找不出来。我们只能在干中学，在实践中摸索。只有坚持解放思想、实事求是，才能将马克思主义的普遍真理与中国现代化建设的实际相结合。党的十二大开幕时，他强调："把马克思主义的普遍真理同我国的具体实际结合起来，走自己的道路，建设有中国特色的社会主义，这就是我们总结长期历史经验得出的基本结论。"⑥他还提出，不从马克思主义著作中个别论断的教条式理解和附加到马克思主义的某些错误论点出发，要正确地对待外国的经验，不照搬外国的模式，而学习他们先进的技术、管理经验和一切长处，尊重实践，尊重群众的首创精神。

三是强调改革党和国家领导体制。邓小平指出："党和国家现行的一些具体制度中，还存在不少的弊端，妨碍甚至严重妨碍社会主义优越性的发挥。"⑦针对我国政治体制的弊端，他进一步指出："如果现在再不实行改革，我们的现代化事业和社会主义事业就会被葬送。"⑧他认为，我们过去发生的各种错误，固然与某些领导人的思想、作风有关，但是组织制度、工作制度方面的问题更重要。这些方面的制度好可以使坏人无法任意横行，制度不好可以使好人无法充分做好事，甚至会走向反面。制度问题关系到党和国家是否改变

---

① 《邓小平文选》第3卷，人民出版社1993年版，第116页。
② 《邓小平文选》第3卷，人民出版社1993年版，第116页。
③ 《邓小平文选》第3卷，人民出版社1993年版，第255页。
④ 《邓小平文选》第3卷，人民出版社1993年版，第373页。
⑤ 《邓小平文选》第3卷，人民出版社1993年版，第258页。
⑥ 《邓小平文选》第3卷，人民出版社1993年版，第3页。
⑦ 《邓小平文选》第2卷，人民出版社1994年版，第327页。
⑧ 《邓小平文选》第2卷，人民出版社1994年版，第150页。

颜色，必须引起全党的高度重视。他还强调："我们进行社会主义现代化建设，是要在经济上赶上发达的资本主义国家，在政治上创造比资本主义国家的民主更高更切实的民主，并且造就比这些国家更多更优秀的人才。"①并进一步指出："作为一个社会主义大国……党和国家的各种制度究竟好不好，完善不完善，必须用是否有利于实现这三条来检验。"②邓小平对社会主义制度改革作出规划，他指出："恐怕再有三十年的时间，我们才会在各方面形成一整套更加成熟、更加定型的制度。"③

四是提出"一国两制"设想。我国政府在恢复行使对香港的主权后，香港现行的社会、经济制度不变，法律基本不变，生活方式不变，香港自由港的地位和国际贸易、金融中心的地位也不变。在中华人民共和国内，大陆实行社会主义制度，香港、澳门、台湾实行资本主义制度。"一国两制"目前在香港、澳门已经成功实践。

3. 以江泽民同志为代表的中国共产党人关于社会主义制度和国家治理的探索

党的十三届四中全会到十六大期间，国内外形势十分复杂、世界社会主义出现严重曲折，以江泽民同志为主要代表的中国共产党人，受命于重大历史关头，依据新的治理实践丰富和发展了中国特色社会主义治理思想。

一是确立依法治国的国家治理方略。党的十四届三中全会提出，要建设社会主义市场经济体制就必须高度重视社会主义法制，以完备的法制来规范和保障社会主义市场经济体制。1996年，"九五"计划还明确提出到21世纪初要初步建成社会主义法治国家。党的十五大报告明确阐明了依法治国的科学内涵，这些论述和思想为当代中国国家法治方略的确立奠定了重要基础。

二是正确把握治国与治党的关系。江泽民认识到党所处的历史方位和肩负的历史任务，决定了政党治理对党执政兴国具有重大战略意义。他提出："当今中国的事情办得怎么样，关键取决于我们党……我们治国必先治党，治

---

① 《邓小平文选》第2卷，人民出版社1994年版，第322页。
② 《邓小平文选》第2卷，人民出版社1994年版，第322—323页。
③ 《邓小平文选》第3卷，人民出版社1993年版，第372页。

党务必从严。治党始终坚强有力,治国必会正确有效。"① 同时,他指出一定要加强党的执政能力建设,提高党的领导水平和执政水平。我们党要继承和发扬党在长期实践中形成的行之有效的领导方式和执政方式,并适应新形势新任务的要求,在实践中不断提高科学判断形势的能力、驾驭市场经济的能力、应付复杂局面的能力、依法执政的能力和总揽全局的能力。

三是强调坚持依法治国和以德治国相结合。江泽民指出:"我们在建设有中国特色社会主义,发展社会主义市场经济的过程中,要坚持不懈地加强社会主义法制建设,依法治国,同时也要坚持不懈地加强社会主义道德建设,以德治国。对一个国家的治理来说,法治和德治,从来都是相辅相成、相互促进的。"法治属于政治建设、属于政治文明,德治属于思想建设、属于精神文明。二者范畴不同,但其地位和功能都是非常重要的。依法治国与以德治国相结合,就是要把法制建设与道德建设紧密结合起来。

四是强调发挥中国共产党总揽全局、协调各方的作用。江泽民提出,加强和完善党的领导体制,改进党的领导方式和执政方式,要按照总揽全局、协调各方的原则。也就是说,既保证党委的领导核心作用,又充分发挥人大、政府、政协以及人民团体和其他方面的职能作用。党委要通过科学化、规范化、制度化的机制,加强对人大、政府、政协、人民团体的领导,人大、政府、政协、人民团体的党组以及担任领导职务的党员干部,在依法履行职责范围内的工作时,必须坚决贯彻党的路线方针政策和党委的决定。

4. 以胡锦涛同志为代表的中国共产党人关于社会主义制度和国家治理的探索

党的十六大以来,中国特色社会主义伟大事业进入新世纪新阶段,国际局势风云变幻,综合国力竞争空前激烈。以胡锦涛为总书记的中央领导集体,紧紧抓住和用好我国发展的重要战略机遇期,战胜一系列重大挑战,奋力把中国特色社会主义推进到新的发展阶段。我们党在取得一系列新的历史性成就,为全面建成小康社会打下了坚实基础的同时,对中国特色社会主义社会的治理又有了新的认识。

一是提出构建社会主义和谐社会、加快生态文明建设,确立中国特色社

---

① 《江泽民文选》第2卷,人民出版社2006年版,第496页。

会主义事业新的总体布局，即社会主义经济建设、政治建设、文化建设、社会建设和生态文明建设"五位一体"。胡锦涛创造性地提出构建社会主义和谐社会和加强生态文明建设的重要思想，并把促进社会和谐作为实现全面建设小康社会宏伟目标的必然要求，从维护最广大人民根本利益和实现国家长治久安的战略高度抓好社会建设，推动社会建设与经济建设、政治建设、文化建设协调发展。

二是提出中国特色社会主义道路、理论体系和制度的有机统一。胡锦涛在庆祝中国共产党成立90周年大会上提出，中国特色社会主义道路、中国特色社会主义理论体系、中国特色社会主义制度，是我们党经过90年的奋斗、创造、积累的巨大成就，也是党和人民必须倍加珍惜、长期坚持、不断发展的成就。同时，他还阐述了中国特色社会主义制度的主要内涵和重要内容，强调中国特色社会主义制度是当代中国发展进步的根本制度保障，集中体现了中国特色社会主义的特点和优势，必须进一步加强完善。

三是提高党的建设科学化水平，不断推进党的建设制度化、规范化、程序化。胡锦涛指出，建设好、管理好一个有几千万党员的大党，制度更带有根本性、全局性、稳定性、长期性。党员干部要牢固树立法律面前人人平等、制度面前没有特权、制度约束没有例外的观念；必须坚持用制度管权管事管人，健全民主集中制；始终把制度建设贯穿党的思想建设、组织建设、作风建设和反腐倡廉建设之中，坚持突出重点、整体推进，继承传统、大胆创新，构建内容协调、程序严密、配套完备、有效管用的制度体系。

四是强调弘扬社会主义法治精神。胡锦涛提出，在全社会大力弘扬社会主义法治精神，对全面贯彻落实依法治国基本方略、建设社会主义法治国家具有基础性作用，必须把加强宪法和法律实施作为弘扬社会主义法治精神的基本实践。各级党委要按照科学执政、民主执政、依法执政的要求，带头维护社会主义法制的统一、尊严、权威，坚持在宪法和法律范围内活动，坚持依法办事。各级政府要认真履行宪法和法律赋予的职责，广大党员、干部特别是领导干部要带头遵守和执行宪法和法律。要坚持公民在法律面前一律平等，任何个人和组织都不允许有超越法律之上的特权，不断推进科学立法、严格执法、公正司法、全民守法进程。

五是创新社会管理。改革开放以来，随着社会主义市场的发展和政府职能的转变,社会组织数量快速增加。在这种情况下,创新社会管理体制成为党领导下的国家治理所面临的一个新课题。社会管理作为社会建设的重要手段,是社会管理主体在法律、法规、政策的框架内,通过各种方式对社会领域的各个环节进行组织、协调、服务、监督和控制的过程。党的十六届四中全会提出建立健全党委领导、政府负责、社会协同、公众参与的社会管理格局,明确了社会管理的领导体制。我们党还提出了新形势下加强和创新社会管理、做好群众工作的总体思路和重要任务,要求各级党委提高引领社会、组织社会、管理社会、服务社会的能力,各级政府强化社会管理职能,工青妇等群众组织、基层群众性自治组织、社会组织、企事业单位积极参与社会管理,形成与党委、政府互联互补互动的社会管理网络。

5. 以习近平同志为核心的党中央关于社会主义制度和国家治理的探索

党的十八大以来,以习近平同志为核心的党中央,继承发展我们党在国家治理方面的探索成果,结合当代中国发展的实际,对中国特色社会主义治理提出了丰富而深刻的思想。这些年来,我们党以坚定的制度自信推进全面深化改革,中国特色社会主义制度日趋成熟定型,中国特色社会主义法治体系不断完善,为推动党和国家事业取得历史性成就、发生历史性变革发挥了重大作用。

一是以完善和发展中国特色社会主义制度、推进国家治理体系和治理能力现代化为总目标谋划全面深化改革。2012年12月8日,习近平在就任中共中央总书记20多天后从深圳开启了履新后第一次国内调研。他强调,更加注重改革的系统性、整体性、协同性,做到改革不停顿、开放不止步。这次调研宣示了党中央全面深化改革的坚定决心。此后20天后,十八届中央政治局第二次集体学习的主题就聚焦"改革",习近平总书记强调,"改革开放只有进行时,没有完成时"。我们的改革,是不断推进社会主义制度的自我完善和发展,而不是对社会主义制度改弦易辙。4个多月后的2013年4月,党的十八届三中全会文件起草组经中共中央政治局批准正式成立,习近平总书记亲任组长。十八届三中全会首次提出了推进国家治理体系和治理能力现代化的思想,正式将全面深化改革的总目标确立为"完善和发展中国特色社会主义制度,推进国家治理体系和治理能力现代化"。这标志着我们党对社会主义制度发展和国家治理问题的认识达到新的高度。在习近平总书记看来，推进国家治理体系和治理能力现代化，必须完整理解和把握全面深化改革的总目标。党的十八届三中全会提出的全面深化改革总目标，是两句话组成的一个整体，即"完善和发展中国特色社会主义制度，推进国家治理体系和治理能力现代化"。前一句规定了根本方向，我们的方向就是中国特色社会主义道路，而不是其他什么道路。后一句规定了在根本方向指引下，完善和发展中国特色社会主义制度的鲜明指向。两句话都讲，才是完整的。当时的中国改革经过30多年，已进入深水区，好吃的肉都吃掉了，剩下的都是难啃的硬骨头。而破解"硬骨头"最根本的就是靠全面深化改革。全面深化改革之"全面"和"深化"的关键就是强调必须构建起丰富全面的改革目标体系，强调顶层设计和整体谋划的重要性，尤其是要构建一整套更完备、更稳定、更管用的制度体系。只有这样才能使改革开放不浮于表面，向纵深挺进。党的十八届三中全会以来，全面深化改革真刀真枪、大刀阔斧，经济体制、政治体制、文化体制、社会体制、生态文明体制和党的建设制度改革全面发力，各领域标志性、支柱性改革基本推出，重要领域和关键环节改革取得突破。正如习近平总书记所指出的那样："不是推进一个领域改革，也不是推进几个领域改革，而是推进所有领域改革，就是从国家治理体系和治理能力的总体角度考虑的。"① 这些"全面发力"和"关键突破"都是紧紧围绕完善和发展中国特色社会主义制度，推进国家治理体系和治理能力现代化的总目标展开的，体现了习近平总书记在社会主义国家制度和国家治理领域的高瞻远瞩和战略决心。

二是深入研究探索在我国国家制度和国家治理上应该坚持和巩固什么、完善和发展什么。社会主义国家制度建立发展并坚持完善的进程中，什么是社会主义、怎样建设社会主义的问题贯彻始终。马克思、恩格斯之后，世界历史的发展虽然仍在马克思主义创始人所预测的大时代推进，但其发展的深度、广度和复杂程度却远远超出了他们的预测。在这样的形势下，社会主义国家的制度发展和治理实践究竟坚持和巩固什么、完善和发展什么，是关系国家命运绕不开的重大课题。党的十八大以后，习近平总书记深刻认识到这个问题的重要性，在治国理政的实践中不断展开新的探索。党的十八届三中

---

① 习近平：《论坚持全面深化改革》，中央文献出版社2018年版，第45—46页。

全会时，他就从邓小平 1992 年关于 30 年后各方面形成一整套更加成熟更加定型制度这一战略思想出发，总体考虑国家制度和国家治理的重大问题。在省部级主要领导干部学习贯彻十八届三中全会精神全面深化改革专题研讨班上，习近平总书记指出："今天，我们党处在这样的历史方位上，摆在我们面前的一项重大历史任务，就是推动中国特色社会主义制度更加成熟更加定型"①，而这项工程极为宏大，必须是全面的系统的改革和改进，在国家治理体系和治理能力现代化上形成总体效应、取得总体效果。其中，必须回答好我们推进国家治理体系和治理能力现代化向什么方向走的问题。改革开放 40 多年来，中国与世界深入融合、互相依赖，社会主义中国国家制度和国家治理也深受世界形势发展变化的影响。更是有西方强国不遗余力向包括中国在内的发展中国家推广其"普世"的治理制度和治理模式。习近平总书记则明确指出，一个国家选择什么样的治理体系，是由这个国家的历史传承、文化传统、经济社会发展水平决定的，是由这个国家的人民决定的。我国今天的国家治理体系，是在我国历史传承、文化传统、经济社会发展的基础上长期发展、渐进改进、内生性演化的结果。他特别强调，我国国家治理体系需要改进和完善，但怎么改、怎么完善，我们要有主张、有定力。党的十九届四中全会通过的《中共中央关于坚持和完善中国特色社会主义制度 推进国家治理体系和治理能力现代化若干重大问题的决定》则进一步全面系统回答了"坚持和巩固什么、完善和发展什么"这个重大政治问题，既阐明了必须牢牢坚持的重大制度和原则，又部署了推进制度建设的重大任务和举措，坚持根本制度、基本制度、重要制度相衔接，统筹顶层设计和分层对接，统筹制度改革和制度运行，体现了总结历史和面向未来的统一、保持定力和改革创新的统一、问题导向和目标导向的统一。

三是系统总结我国国家制度和国家治理体系的显著优势。党和人民在长期实践探索中形成的中国特色社会主义制度是科学有效的制度体系。我国国家治理一切工作和活动都依照中国特色社会主义制度展开，我国国家治理体系和治理能力是中国特色社会主义制度及其执行能力的集中体现。中国特色社会主义国家制度和国家治理体系一直是我们坚持中国特色社会主义制度

---

① 习近平：《论坚持全面深化改革》，中央文献出版社 2018 年版，第 93 页。

自信的根本依据。这一制度和治理体系究竟有什么的显著优势，是值得梳理总结的重大问题。2019年9月，第十九届中央政治局第十七次集体学习时，习近平总书记总结了中国特色社会主义国家制度和法律制度的优势，即坚持党的领导的优势、保证人民当家作主的优势、坚持全面依法治国的优势、实行民主集中制的优势。党的十九届四中全会第一次全面系统总结了我国国家制度和国家治理体系的显著优势。坚持党的集中统一领导，确保国家正确方向；坚持人民当家作主，紧紧依靠人民推进国家发展；坚持全面依法治国，切实保障社会公平正义和人民权利；坚持全国一盘棋，集中力量办大事；坚持各民族一律平等，实现共同团结奋斗、共同繁荣发展；把社会主义制度和市场经济有机结合起来，不断解放和发展社会生产力；坚持共同的理想信念、价值理念、道德观念，促进全体人民在思想上精神上紧紧团结在一起；坚持以人民为中心的发展思想，走共同富裕道路；坚持改革创新、与时俱进，使社会始终充满生机活力；坚持德才兼备、选贤任能，聚天下英才而用之；坚持党指挥枪，确保人民军队绝对忠诚于党和人民，有力保障国家主权、安全、发展利益；坚持"一国两制"，促进祖国和平统一；坚持独立自主和对外开放相统一等。这十三个显著优势的概括，使我们进一步坚定中国特色社会主义道路自信、理论自信、制度自信、文化自信有了更全面、准确、明晰的基本依据。

四是合理规划坚持和完善中国特色社会主义制度、推进国家治理体系和治理能力现代化的总体目标。目标决定方向。对于我国国家制度和国家治理达到什么样的目标，以习近平同志为核心的党中央有比较深刻、系统的理解和把握。党的十八大以前，我们党提出过许多改革目标，但大多都是从政治体制、经济体制具体领域内提出的。党的十八届三中全会从社会主义制度和国家治理现代化角度提出全面深化改革的总目标，在各个不同具体领域改革目标之上有一个统领性的总目标。党的十九届四中全会结合十八届三中全会全面深化改革的总目标和十九大提出的"两个一百年"奋斗目标，从实现中华民族伟大复兴的战略高度明确了坚持和完善中国特色社会主义制度、推进国家治理体系和治理能力现代化的总体目标。"到我们党成立一百年时，在各方面制度更加成熟更加定型上取得明显成效；到二〇三五年，各方面制度更加完善，基本实现国家治理体系和治理能力现代化；到新中国成立一百年时，全面实现国家治理体系和治理能力现代化，使中国特色社会主义制度更加巩固、优越性充分展现。"①总目标的细化、明确使我们继续推进社会主义制度的完善发展和国家治理的现代化有了更为清晰的奋斗目标和有力牵引,为我们推动各方面制度更加成熟更加定型制定了时间表、路线图。

五是立足新时代特征,创造性地从多方面丰富和完善中国特色社会主义制度和国家治理。习近平总书记指出,中国国家治理体系和治理能力是中华民族历史传承的现代转化,"是有独特优势的,是适应我国国情和发展要求的",同时又需要不断完善,"我们全面深化改革,是要使中国特色社会主义制度更好;我们说坚定制度自信,不是要固步自封,而是要不断革除体制机制弊端,让我们的制度成熟而持久"。他还系统阐述了国家治理能力和治理体系的时代内涵及其辩证关系,并结合新时代的特点从政治、经济、文化、社会、生态文明、党的领导、"一国两制"、军队、外事等不同领域创造性地促进各方面制度和治理体系的发展和完善。比如,在政治制度和体制方面推进事关全局的重大政治体制改革。深化国家监察体制改革,国家监察委员会同中央纪委合署办公,加强党对反腐败工作的统一领导,实现对所有行使公权力的公职人员监察全覆盖等。在经济制度和体制方面,明确提出使市场在资源配置中起决定性作用和更好发挥政府作用的重大理论观点,强调经济体制改革的核心问题仍然是处理好政府和市场的关系。进一步推进现代财政制度改革,形成中央和地方财力与事权相匹配的财税体制,大力推进户籍制度改革,推进农村土地承包权与经营权分离的改革,等等。在文化制度和体制方面,强调把握好意识形态属性和产业属性、社会效益和经济效益的关系,始终坚持社会主义先进文化前进方向,始终把社会效益放在首位。强调把社会主义核心价值观的要求转化为具有刚性约束力的法律规定,在制度设计、政策法规制定中贯穿社会主义核心价值观,等等。在社会制度和体制方面,系统阐述实现社会公平正义与抓好经济建设的辩证关系,强调加快推进民生领域体制机制创新,加快社会事业改革,解决好人民最关心最直接最现实的利益问题,实现发展成果更多更公平惠及全体人民,等等。在生态制度和体制方面,强调必须依靠制度、依靠法治保护生态环境,把资源消耗、环境损害、

---

① 《中共中央关于坚持和完善中国特色社会主义制度 推进国家治理体系和治理能力现代化若干重大问题的决定》,《人民日报》2019 年 11 月 6 日第 2 版。

生态效益等体现生态文明建设状况的指标纳入经济社会发展评价体系，建立体现生态文明要求的目标体系、考核办法、奖惩机制，等等。在党的领导制度和体制方面，首次提出建立不忘初心、牢记使命的制度，完善坚定维护党中央权威和集中统一领导的各项制度，健全党的全面领导制度和为人民执政、靠人民执政各项制度，健全提高党的执政能力和领导水平制度，完善全面从严治党制度，等等。在军队建设领域，紧紧围绕新时代强军目标全面深化国防和军队改革，坚持和完善党对人民军队的绝对领导制度，等等。在外事制度和机制方面，健全党对外事工作领导体制机制，完善全方位外交布局，推进合作共赢的开放体系建设，围绕构建人类命运共同体积极参与全球治理体系改革和建设，等等。

（二）新中国70年来中国共产党在社会主义制度和国家治理上的伟大历史性成就

1940年，毛泽东在《新民主主义论》时写道，我们不但要把一个政治上受压迫、经济上受剥削的中国，变为一个政治上自由和经济上繁荣的中国，而且要把一个被旧文化统治因而愚昧落后的中国，变为一个被新文化统治因而文明先进的中国。2019年，当人民共和国走过70年壮阔征程，几代中国共产党人在接力探索中建立和完善社会主义制度、加强和完善国家治理，形成了许多宝贵的理论和实践成果，取得了伟大的历史性成就。这些成果和成就，不仅为占世界五分之一人口的东方大国开辟了国家治理的新境界，也为人类社会制度文明贡献了中国智慧。

1. 中华民族迎来了由乱到治、由穷到富、由富到强的伟大历史性转变

中华民族在历史上曾创造辉煌，勤劳智慧的华夏子孙向世界奉献的文明成果曾让世人钦慕、万国敬仰。但从鸦片战争到20世纪中期，却是中华民族最为悲惨的岁月。"天朝上国"的迷梦被西方列强的坚船利炮彻底击碎，曾经"施治有序"的东方大国陷入战乱、分裂的境地，在中国绵延了几千年的封建政治制度遇到了严重危机。从1840年到1919年的80年间，西方列强发动了5次大规模侵华战争，西方列强强迫旧中国签订的不平等条约多达750多个。连年的战火和外敌入侵，基本摧毁了国家制度的运行机制和社会

秩序。从那时起，中国的仁人志士开启了向西方学习进而改变民族、国家命运的漫漫征程。遗憾的是，洋务运动失败了、维新运动夭折了。孙中山先生领导的辛亥革命，推翻了统治中国几千年的君主专制制度，但未能改变旧中国的社会性质和人民的悲惨境遇。正如习近平总书记所指出："辛亥革命之后，中国人就一直在寻找适合我国国情的国家治理体系，社会各种力量进行着激烈斗争。"但是，君主立宪制、复辟帝制、议会制、多党制、总统制都想过了、试过了，结果都行不通。直到十月革命一声炮响，给中国送来马克思列宁主义，同时也送来了一种全新的制度理念和国家治理理念。中国共产党成立之后，中华民族才在马克思列宁主义指导下，找到了通过社会主义来解决中国问题的正确道路。28 年的浴血奋战，中国共产党带领全国人民破解了当时中国社会面临的两大主要矛盾，实现了民族独立，建立了中华人民共和国。社会主义制度在中国的确立，缔造了一个代表大多数和绝大多数人民普遍利益的国家。经过新中国 70 年特别改革开放 40 多年的艰辛实践，我们从连年战火和外敌入侵发展成为世界第二大经济体，从硝烟炮火中的百废待兴到基础设施建设能力享誉全球，从内忧外患双重冲击到内外联动、开放融入……中华民族在社会主义制度和中国共产党探索形成的国家治理体系下，实现了由乱到治、由穷到富的伟大历史性转变，并前所未有地解决民族复兴的伟大目标。

2. 社会主义中国迎来了由照搬探索到自主建设，由简单规划、相对清晰到立治有体、施治有序的伟大历史性转变

新中国成立初期，我们党面临的治理情况和治理任务极其艰难复杂。一个战争中历经千疮百孔的废墟，"既要建设完全不同于旧中国的制度体系，又要治理一个人口众多、基础薄弱的大国"[①]。一些人甚至嘲笑中国共产党只会打仗，不会搞建设，等着看"共产党搞经济得零分"的笑话。在这样糟糕的状况下，以美国为代表的一些西方资本主义国家更是不承认新中国，政治上孤立、经济上封锁这个新生政权。新中国成立第一年里，只有苏联等 17 个国家同我们的社会主义政权建立了正式外交关系。这对艰难中探索的新政权来说，无疑是雪上加霜。正是苏联建立社会主义制度和国家治理的经验为我们

---

① 习近平：《论全面深化改革》，中央文献出版社 2018 年版，第 93 页。

提供了可资借鉴的"榜样"和依据。在苏联的帮助下,中国共产党开始了建立社会主义制度、探索国家治理的实践。制定和实施发展国民经济的长期计划,参考苏联重工业体系填补我国重工业领域的空白,在苏联专家的援助下初步奠定工业化的基础……然而,这种在"模仿""援助"之下的制度建设和治理探索,最终因为中苏关系恶化以及苏联模式弊端的逐渐显现,出现了新的问题和困难。以毛泽东同志为代表的中国共产党人意识到苏联模式的弊端,在党的八大提出"以苏为鉴",推进适合中国国情的社会主义制度安排和治理之道。遗憾的是,在探索中国社会主义制度建设和国家治理的历程中,我国并未完全摆脱苏联模式的束缚,跳出对社会主义的教条化误解,致使社会主义优越性没有充分发挥,经济建设遭受挫折,发展迟缓。直到改革开放之后,我们才真正开始"走自己的路,建设有中国特色社会主义"。改革开放40多年,我们把马克思主义基本原理同中国实际和时代特征相结合,推进以经济体制改革带动其他领域改革,形成和发展党的领导和经济、政治、文化、社会、生态文明、军事、外事等各方面制度。一个政权从建立到稳定,一个社会从混乱到有序,需要经历绵长的制度建设过程,等到形成比较完备的一套制度往往更需要较长甚至更长的历史时期。新中国70年,社会主义中国在形成更加成熟更加定型的制度进程中,已经走过了前半程——建立社会主义基本制度,并在这个基础上进行改革,并奠定了很好的基础。社会主义中国从以照搬苏联经验、模式为主到意识到苏联模式弊端、提出"以苏为鉴",从被孤立、封锁到主动融入并推动全球化浪潮,从社会主义制度的初步规划、社会主义国家治理的艰难起步到形成一整套基本制度并不断推进改革完善,从一度封闭僵化到全面深化改革各主要领域具有"四梁八柱"性质的改革主体框架基本确立……今天的神州大地,正发生着数不清的改变。社会主义制度的坚持和完善、国家治理体系和治理能力的现代化,正在"立治有体、施治有序"的道路上继续向前。

3. 中国人民迎来了由受奴役受压迫到翻身解放,成为国家主人、治理主体的伟大历史性转变

1949年10月1日的开国大典上,毛泽东主席面对天安门广场上排山倒海、激昂振奋的人民群众,高呼:人民万岁!那时候,让中国人民振奋欢呼的是他们多少岁月以来梦寐以求的新国家新社会诞生了。经过土地革命,中国的土地关系和农民身份发生了革命性变化。"雄鸡一唱天下白。"翻身得解放做主人的中国人民开始着手建设自己的新国家新社会,而中国共产党在马克思主义的指导下为保证人民当家作主将搭建起社会主义民主制度的"四梁八柱"。曾几何时,辛亥革命推翻中国几千年的封建专制制度后,中华民国的成立寄托了多少中国人关于民主和解放的美好想象。但最终却落得了"无量头颅无量血,可怜购得假共和"的结果。只有在中国共产党领导下,从"工农民主""人民民主"到"新民主主义",从农民协会、工农兵代表苏维埃、参议会到各界人民代表会议的不懈探索,才最终为中国人民当家作主打下坚实基础。1949年召开的中国人民政治协商会议第一届全体会议代行全国人民代表大会职权,会议通过的《中国人民政治协商会议共同纲领》明确:新中国的政体为人民代表大会制度。这一全新的制度,让全国绝大多数人民享受充分的民主和广泛地参与国家事务的管理。与此同时,中国共产党领导的多党合作和政治协商制度、民族区域自治制度、基层群众自治制度的探索也渐次展开。新中国70年来,我们党坚持以马克思主义为指导,把制度设计建立在对中国国情的准确把握上,建立在对共产党执政规律、社会主义建设规律、人类社会发展规律的自觉运用上,形成了中国特色社会主义制度和国家治理体系。这一制度体系是由根本政治制度、基本政治制度体系以及建立在此基础上的经济、政治、文化、社会、生态文明体制等各项具体制度组成的一整套相互衔接、相互联系的制度体系。不同层面、不同类型的制度相互衔接,共同发挥作用,成为保证人民当家作主的伟大制度创造。中国人民在这一整套相互衔接、相互联系的制度体系和治理体系的保证下,实现了从受奴役受压迫到社会主义国家主人和建设主体的伟大历史性转变。人民是历史的创造者,是决定党和国家前途命运的根本力量。新中国成立以来,在党中央坚强领导下,在一整套中国特色社会主义制度和国家治理体系的保障下,各地区各部门积极扩大就业,千方百计增加居民收入,大力发展民生事业,不断完善社会保障,有力促进人民生活的改善,得到了广大群众的拥护支持。

第六讲

当代西方国家治理的发展状况

从现代语义上讲,"治理"一词是一个舶来品。进入新世纪,"治理"进入中国政治学研究视域,逐渐成为一个热词。从20世纪90年代开始,政府治理理论就已经作为重大创新成果之一,在西方国家政府管理改革实践中发挥重要指引作用。从更宏大视角看,国家治理不仅是政府管理改革实践,而是有更加丰富的内涵底蕴。从时间上看,当代西方国家治理,是自二战以来西方国家治国理政的实践历程。实现国家治理体系和治理能力的现代化,不仅具有时间性,也具有世界性。在当今全球化、市场化、信息化潮流下,政治制度体系的构架,要适应基本大势,反映当代政治文明发展进步的共同结晶。坚持和完善中国特色社会主义制度、推进国家治理体系和治理能力现代化,不能缺少对西方国家自二战以来治理之路的研究,梳理出有益的实践经验和理论成果,同时决不盲目崇拜、照搬照套,而是在认清潮流中进一步坚定"四个信心",开辟人类社会治理新境界、新方向。

(一) 当代西方国家治理的实践历程

当代西方国家治理之路,是二战硝烟散后,从整个国家的重建中开始,大致经历了政府职能作用全面强化(二战后至20世纪60年代)、国家和社会矛盾危机重重(20世纪70年代)、掀起国家治理创新改革浪潮(20世纪80年代至今)的几个阶段。推进西方国家治理持续演进的动力,既有各国顺应形势发展自觉变革的主动因素,但最根本的驱动力来自现实的矛盾与困境。

在寻找国家治理的新出路、实现突围中取得了柳暗花明的效果，为西方国家发展提供了新动力、扩展了新空间，在一定程度缓解了这些国家的社会矛盾和发展困境。

1. 二战废墟上的国家重生

二战之后，除美国外，西方大国无论胜利者还是战败国，都遭受到前所未有的重创。大部分工业生产停顿或半停顿，工业生产水平大约只相当于战前的 1/3 到 1/2。德国铁路运输几乎完全瘫痪，内河航运完全垮台，大城市中有 2/3 的住宅被炸毁。英国在战争中经济损失总额达到 70 亿英镑，约占全国财富的 1/4，出口贸易损失约 2/3。法国工业生产不及 1938 年生产指数的一半，战争损失共计 14400 亿法郎。欧洲各国普遍缺乏粮食、原料、燃料以及其他重要物资，国家财政困窘，储备耗尽，对外贸易能力十分微弱，人民生活极端困难。面对着满目疮痍，民众期盼的是积极作为的政府，来迅速重建家园、振兴经济、提高国民生活水平，全面恢复对生活的憧憬和对国家的信心。恢复秩序、重振经济，是战后各国的主要治理任务。其治理之路，呈现的是国家站在前台、担任主角的格局。

一是全能政府应运而生。二战后，西方各国政府担当起了恢复重建的任务，主导引领经济社会建设的职能作用全面加强。在美国"马歇尔计划"援助下，西方各国纷纷推出各项改革措施来医治战争创伤，稳定国家秩序，社会重新焕发生机。如英国工党政府实施了"民主社会主义"改革措施、法国政府推行法国式的"计划经济"、德国实施了"社会市场经济政策"，这些政策措施，有效地使各国经济实力迅速恢复甚至超过战前水平。1947 年年底，英国经济恢复到战前水平。1951 年，英国工业生产比 1937 年增长了 31%，1950 年出口比 1938 年提高了 75%，严重的通货膨胀被控制住，充分就业得到保障。法国在战后初期经济恢复也很快。1947 年工业生产增长率为 13.4%，1948 年为 18%，工业生产恢复到战前水平。50 年代法国国民生产总值年平均增长率为 48%，工业生产年平均增长率为 6.1%。联邦德国的经济恢复更为突出。1948 年 6 月货币改革后，西占区的经济很快得到恢复。1948—1952 年，工业生产增长了 110%。同期，国民生产总值增长 67%。人民生活达到战前水平，部分甚至超过战前水平。

二是建设"从摇篮到墓地"的福利国家。实施福利计划、建立福利国家，成为西方各国战后治理实践中的重大政策选择，引起了西方政府职能的深刻调整，国家的暴力职能有所弱化，政府社会调控和管理职能得到加强。实施福利政策既是为了缓和社会矛盾、维护统治秩序、促进民众团结、激发经济活力，具有被动选择的功利主义动因。同时，也反映了在经历人类史无前例的战争阵痛之后，西方各国对传统国家职能进行冷静反思，开始重新定位政府的角色和功能。福利国家政策是一种全面的社会福利保障制度，覆盖了社会保险、医疗卫生、文化教育、交通运输、社区服务、住房、就业、环保等方面，囊括了全体国民的生、老、病、死、衣、食、住、行各方面，有"无所不包"的福利制度之称。战后英国率先实施福利政策，1946年，通过《国家保险法》《国家健康福利法》和《国家医疗法》。1948年，《国家援助法》颁布，规定对国家保险法仍不能满足其需求的人提供援助。1948年，英国首相艾德礼宣布，英国已建成福利国家。联邦德国在战后恢复阶段，从救济工作开始，逐渐形成一套社会福利保障制度，包括社会保险、社会照顾、社会救济及各种补贴，并实行全民免费教育，特点是不以政府为主体，而是强调社会自治原则，以减轻政府的财政负担。瑞典被称为"福利国家的橱窗"，其福利政策比其他资本主义国家更完备，水平更高，受益面更广。

在国家和政府引领主导下，经过战后一段时期积极有为的全面治理，西方各国迅速获得了重生，社会保障体系全面建立、民众生活水平明显提高、社会结构发生深刻变化、阶级和阶层矛盾趋于缓和、精神文化生活丰富多样，西方各国迎来了近20年发展的"黄金时期"。

2. 重重危机呼唤变革

在20世纪五六十年代，与西方国家进入发展快车道同步，也是国际冷战格局形成发展、第三次科技革命风生水起、全球化趋势开始显现、社会结构深刻调整的时期。这些新趋势和新因素激烈互动，整个经济社会开始呈现新特质，催生着一个新时代的来临。

国家资本主义或全面干预主义的治理模式，在战后恢复和推动发展中发挥了巨大历史作用。但在时代的激荡面前，由于历史和现实的惯性，没有表现出足够积极的适应性、发展性和创造性，开始积累起矛盾、隐藏下危机，在20世纪70年代集中喷发。经济危机、社会危机、文化危机连锁反应，最终体现为国家治理危机。政府遭受到来自各方的质疑责难，陷入种种窘境。

主要有：一是政府普遍陷入财政危机。在石油危机和经济危机打击下，财政收支严重失衡问题异常突出。在干预主义治理模式下，政府行政性消费和公共支出持续增多，尤其在福利国家，财政增长的有限潜力逐步难以支撑不断膨胀的财政支出。于是，财政赤字和经济滞胀交织在一起，困扰着西方各国。二是政府治理能力遭到严重质疑。战后干预主义的国家资本主义，没有突破传统的官僚科层结构和运行机制。在政府管理职能不断强化的情况下，部门分化膨胀、机构臃肿、职能交叉、机制滞后、官僚主义泛起等弊端叠加，严重影响了政府工作绩效。在处理棘手的通货膨胀、经济滞胀、失业率居高不下、民众福利水平下降等问题时开始力不从心、手足无措，政府失效、失灵问题成为重大的社会公共议题，政府陷入严重信任危机。正如戈尔办公室《国家绩效评价报告》表述的那样，"在一代人的时间之内，美国人民相信政府的人数，从坚实的多数下降到相当有限的少数"。

3. 在危机中开启变革

20世纪最后20年，冷战格局被打破，国际关系开始走向多极化，军事角力逐步退出国家间竞争的中心，世界主要大国将治理重点放在经济社会发展和提高综合实力上。全球化、市场化、信息化革命蓬勃发展，社会结构及运行系统性、复杂性增强，公共领域事务不断扩展，对国家治理提出了新挑战、新要求，也为克服传统政府体制弊端、推进政府管理创新营造了时代环境、提供了全新方法手段。为了走出危机、应对挑战，西方国家从20世纪80年代开始，掀起了席卷欧美的政府改革浪潮，直至今日尚处在进行时。典型的国家是英国和美国。1979年英国保守党领袖撒切尔夫人上台伊始，就组建雷纳评审小组，负责行政改革的调研和推行，率先开始了政府改革创新，试图改变僵化官僚体制、行政开支过大、行政效率低下、服务意识淡漠等传统体制下的老大难问题。70年代末的改革侧重于克服财政危机，加强对行政成本控制。80年代中期开启了"下一步行动方案"，将改革重点转向提高政府效率和职能转变，重新组织公共服务。90年代初梅杰政府上台，推行"公民宪章"改革运动，用宪章形式将公共部门服务的内容、标准、责任等公布于众，确立了政府服务的顾客导向。20世纪80年代后，美国长期奉行的政府干预主义弊端和冷战积累的问题，使国家治理问题凸显：社会福利支出负担巨大、经济滞胀与财政赤字并行，深陷越南战争加剧了美国社会分裂，民众福利下降，贫困失业人口激增，民众与政府的信任度急剧下降。1981年里根政府上台，开始了"政府再造"，在国家层面推行政府管理改革，指导思想是缩减政府开支、减少国家干预、下放政府权力、激发社会活力。90年代克林顿政府进一步推进市场导向的政府改革，将自由化扩展到各个政府管理领域。随着全球化、信息化时代到来，90年代中期，美国出台了《政府纸张消除法案》和"重塑政府计划"两项计划，进行电子政务改革；2000年，美国政府全面评估了其"电子政府"发展，提出了"电子政府"发展未来目标，并制定了长期规划。另外，20世纪80年代，荷兰政府首先对国家公司、大中小型公共服务部门进行广泛民营化改革，进行自主行政改革。1989年，加拿大政府宣布了《加拿大政府公共服务2000年创议》，着重解决财政赤字沉重、政府效率低下、官僚作风严重等问题。进入21世纪，经济增长动力不足导致财政收入有限，政府公共事务增多又使财政赤字不断扩大，这对矛盾依然困扰着西方国家治理。尤其是2008年国际金融危机严重打击了西方国家经济，政府债务问题使许多国家举步维艰，甚至出现公共部门关门现象。美国"9·11"事件之后，经过两场战争和金融危机的拖累，陷入了严重的财政困难，面临着推行社会福利制度（如医疗）改革与消减政府开支的两难问题。种种情况表明，西方国家的治理模式又一次面临考验，能否在创新中走出治理困境，需要拭目以待。

综合来看，虽然各国治理改革情况不同、各具特色，但从行政管理改革这个层面来考察，依然展现出一些共同特征和趋势。一是政治权力的分散化趋势。在顶层设计上，西方各国在推进改革中，都试图理清政治权力与行政权力的关系，更多地让政府面向民众，政治集团、利益集团隐身背后，更多通过掌控立法权来影响决策。中央政府向地方政府分权，赋予其更大的自主权。社会自治组织也开始打破地方政府单一权力中心的格局，参与到合作治理中。二是政府工作方式引进市场化企业化方式。为克服官僚制弊端，提高政府效率，激发向市场和企业学习的内在动力，重视政府投入和产出的比例关系，追求"以最小投入，获得最大收益"；在政府管理改革中引进竞争机制，通过合同、承包等方式，把原先政府承担的公共事务交由市场调节，允许私营企业经营由政府垄断的公共服务事业。三是政府工作绩效化评估。通过精简机构和权力下放，压缩了政府规模，缩减了层级，明确各部门职能分工，有利于民众对政府的监督。通过推行后验型绩效评估，有效追究政府责任，强化责任意识。通过公布政府服务的质量标准，根据政府回应民众的速度质量判断政府工作绩效。四是树立服务化的价值理念。二战后，政府职能经过了深刻调整，管理服务职能不断增强，政治伦理中人本主义色彩渐浓，政府逐渐从高高在上的社会权威力量走下来，等级森严的政治体系慢慢解体。西方各国新一轮政府改革普遍重视人的作用，通过积极回应民众诉求、强化政府合作理念，来保障民众权利，激发民众创造性。

（二）当代西方国家治理的思想发展脉络

从根本上讲，走出现实困境，摆脱国家治理危机，为资本主义制度开拓新的发展空间，是推进西方国家治理改革的内驱力。推进国家治理改革，同样需要思想观念不断指引实践，需要理论创新不断突破传统范式，在新的语境和理念中来理解、阐释和分析国家、政府、社会和公民之间的互动关系，从而使治理改革实践达到新的境界和形态，体现时代新发展、新进步。二战以后，理论牵引对西方国家治理改革引领作用非常突出，在一轮轮治理改革实践的背后或前方，总是蕴藏着哲学思想的新涌现、人文社会科学的新综合、行政管理理论的新发展。

1. 自由主义与保守主义的论辩：市场还是政府

自由主义和保守主义都是西方历史渊源深厚的政治思潮，两者始终在相互争辩和抗衡中，随着历史的演进不断推陈出新。二战以后，自由主义和保守主义针对西方国家重建和治理变革的形势任务，丰富发展了各自理论内涵，提出各自政治主张，虽然视角和立场差异巨大，但都在不同阶段经历了兴衰起伏，对西方国家治理政策选择产生了重要影响力。

进入20世纪，社会历史条件发生巨变，新自由主义产生，较之古典自由主义具有了许多深刻甚至是颠覆性调整。虽然仍然坚持个人先于社会、社会先于国家的个人主义内涵，但新自由主义主张个人自由与公共利益相协调，扩大政府的职能与作用，希望国家对经济社会生活有更多干预，建立福利国家，扩大公民权利，倡导社会合作，最终为个人自由扫清障碍。20世纪前半期，新自由主义在美国威尔逊总统推行新自由主义运动和罗斯福"新政"时期得到迅速发展，深刻影响了政治决策。自由主义政治哲学家罗尔斯在20世纪50年代发表了系列论文，如《宪法自由和正义观念》《正义感》《分配的正义》等，阐述社会正义理论和新自由主义基本原则，为二战后西方国家承担大量公共事务，干预社会生活，推行福利政策进行了理论宣扬。20世纪60年代以后，在经济危机诱因下，各种反战运动、民权运动、学生运动、女权运动浪潮迭起，福利国家政策宣告破产，政府成为众矢之的，新自由主义治国纲领遭受沉重打击。经过20世纪80年代的理论修正，以及保守主义在实践层面的失误，新自由主义又一次得到重视，在政府干预和自由放任之间寻找平衡，成为各国实现有效治理的努力方向。保守自由主义是保守主义和自由主义的融合品。二战后，强调国家对经济社会运行的干预越少越好，坚持自由市场利润最大化原则；私有制具有内在稳定性，能够实现经济均衡；只有个人有了自由选择的权利，才能保证社会进步和创造活力。保守自由主义影响最大的是以哈耶克为代表的伦敦学派、以弗里德曼为代表的现代货币学派和以卢卡斯为代表的理性预期学派。20世纪30年代开始，因克服经济危机而兴起的凯恩斯主义在西方国家受到追捧，国家垄断资本主义治理模式长期占据主流，保守自由主义遭受冷落。20世纪70年代西方国家危机重重，陷入治理困境，主张私有化、市场化、自由化的保守自由主义重新得到重视，并随着英国撒切尔夫人和美国里根总统上台执政而在思想界占据重要位置，从系统性和理论性上对凯恩斯主义实施"反革命"。进入20世纪80年代，全球化、信息化迅速发展，垄断资本向全球进军，保守自由主义发展成为西方垄断资本推行全球一体化治理的理论组成部分。

保守主义一般特征是强调稳定和秩序，坚持人性恶论，重视经验轻视理性，主张改良和渐进，提倡机会均等。在对政府的态度上，认为政府的存在是绝对必需的；在个人与社会的关系上，强调人的社会性和集体的重要性，认为社会的利益重于个人利益。二战后至20世纪70年代，保守主义思潮因不能适应战后恢复和国家振兴的时代需要而陷入低谷。从70年代开始，伴随着西方国家陷入治理危机，各种社会问题层出不穷，福利国家的美梦被打破，纷纷寻找新的治理方案，为保守主义复兴创造了条件，并分化为传统保守主义和新保守主义。传统保守主义将个人自由主义作为主要批判对象，批评现代性的各种弊端，力图恢复传统道德，声称要为西方社会的精神危机提供救世良方,试图用"公益政治"代替自由主义的"权利政治"。新保守主义则是传统自由主义和保守主义在现代条件下的新综合,提出了"政府作用有限论",在承认国家干预必要性的同时,主张大力限制政府干预的规模和力度,实行自由经济政策;主张"机会均等"原则,批评新自由主义的福利计划。从70年代末开始,保守主义思想成为西方国家推进治理变革的重要理论指针。西方各国保守主义政党纷纷上台执政,一般来讲,其经济政策的基点是解放自由市场,目标是抑制通货膨胀,手段是平衡财政预算。在社会政策上,削减福利支出,改革保障制度,维护宗教信仰,提倡传统道德。在政治上,保守派执政党的重点是维护权威、法律和秩序,纷纷制定反工会法,限制工会活动,对工人罢工采取强硬措施。保守主义政策并未能从根本上使西方主要国家走出治理危机,反而在一定程度上加剧了固有矛盾,引起了广泛不满情绪。从20世纪90年代开始,保守派政党逐步退出政治舞台,保守主义思潮再次被边缘化。

2. 社会民主主义的综合色彩:改良主义的本质

"社会民主主义"思想最初发端于19世纪40年代工人运动。二战前,大致经历了与科学社会主义运动合流(1848—1889年第二国际成立前)、机会主义和改良主义的嬗变(19世纪80年代至一战前)、与科学社会主义分道扬镳(两次世界大战之间)的三个阶段。二战后至今,经过不断的思想演变,社会民主主义已成为西方国家社会民主党、社会民主工党和工党奉行的思想体系的综合体。综合来讲,社会民主主义思想有以下内容:在理论指导上奉行多元性,放弃统一的世界观;在政治上主张联合专政,否认阶级存在和阶级斗争,主张多党制;在经济上主张建立"混合制"经济,即合作制和私有制、计划经济和自由竞争相结合;在社会政策上主张实施社会保障制度,建设福利国家,通过扩大国民经济权利和社会福利以实现经济平等。

自1951年社会党国际成立,并将"民主社会主义"宣布为纲领性目标,社会民主主义就作为当代西方政治思潮的重要派别,对西方国家治理实践产生了举足轻重的作用。二战后,西方国家的社会民主党纷纷登上执政或参政舞台,在战后恢复和国家振兴中实践着社会民主主义的政治理念。社会民主党推动实施的社会保障和福利政策,实现了社会财富有利于工人阶级和贫困民众的一些再分配,缓和了社会矛盾,提高了人们的生活水平,有机会分享现代科技和文化教育发展成果，促进了社会关系的丰富和社会结构深刻调整，为西方国家战后至 70 年代持续发展的"黄金时期"发挥了积极作用。随着 70 年代危机的到来，西方各国社会民主党执政也陷入低潮期，开始集体"向右转"，奉行保守主义的政党开始登场。经过各国的治理实践检验，保守主义在 80 年代初即遭受冷遇，经过理论反思和调整，社会民主主义重新受到热捧，社会民主党又开始纷纷上台执政。进入 90 年代，面对冷战结束、全球化趋势不可阻挡、社会关系和组织结构发生着质变等时代新情况，各国社会民主党纷纷进行理论和政策调整，如逐渐淡化党派的社会主义色彩，强调个人、企业对社会的治理责任，实施积极福利政策激发社会活力，在西方国家治理实践中持续产生着影响力。1997 年，英国工党领袖布莱尔在大选中获胜，开始了"第三条道路"的国家治理实践。法国社会党从 80 年代到 90 年代，推行法国式的民主社会主义时代。

社会民主主义，这个曾经与科学社会主义和工人运动有着血肉关系的思潮，在二战后西方国家的治理实践中的作用很有特殊性。一方面，其对资本主义自身的矛盾问题有着超越其他政治思潮的深刻认识和批判，但并不根本否定资本主义制度；另一方面，由于和马克思主义的历史渊源，因此其理论主张中有着马克思主义的印记，对社会主义国家似乎有一些亲近感。这种理论的两重性，适应了战后西方国家既要保持稳定秩序、又要积极变革的治理需要。这种在国家计划与自由市场、私有制与公有制、执政与联合之间的调和折中倾向，使社会党在国家治理实践中更具灵活性，能根据时代发展和条件变化进行及时的调整完善，表现出一定的应变能力。

3. 政府行政管理理论创新：政府成为问题中心

二战后，西方国家职能重点向国家重建和振兴倾斜，政府公共管理职能极大加强，成为经济社会生活协调者、组织者，成为社会系统有序运行的枢纽。政府的机构设置、工作效率、服务理念，成为关乎国家治理成功与否的重大因素。因此，不断推动政府行政管理理论创新，也就成为推动西方国家治理理论变革的主要内容之一。西方国家行政管理理论创新的主要流派，分别在不同时期和不同国家，得到了积极实践，对当代世界政治文明发展进步产生了积极作用。实现政府管理理论创新，要从当代哲学思维变革中汲取破旧立新的新源泉、新启发。

二战后,推动政府管理理论创新,首先要对传统的官僚科层制理论进行扬弃。后现代主义思潮作为对西方现代主义和人文传统的质疑,对激发西方政府管理理论创新起到了思想库作用。西方后现代行政理论的代表人物法默尔提出公共行政理论就是一种语言,可以"重新整理和安排",试图通过想象、解构、去领地化和变样,对公共行政旧语境、僵化的概念范畴进行新拓展,寻找打开突破传统行政理论的新视野。后现代公共行政话语理论,通过对传统官僚行政模式全面解构,提出在真实、真诚对话基础上建立全新的公共行政话语体系;提出在政策制定过程中,"少数人的对话"意味着精英统治、"多数人的对话"意味着无政府状态、只有"一些人的对话"才为民主话语提供了可能性,认为参与对话的双方是一种结构性的关系,他们之间既是平等的,又是相互对抗、相互辩驳的。"街头官僚"理论最早出现在李普斯基1977年的《建立一个街头官僚理论》一文,提出"街头官僚是根据法律法规直接面对公民实施行政管理的国家基层公务员","街头官僚"处在政府官僚体系的最末端,与民众接触最直接,承担着公共政策最终执行的重任,因此具有一定的量裁权。尤其在现代条件下,政府组织和调整社会生活的功能和权限不断扩大,公共事务的复杂性与不确定性显著增强,"街头官僚"的自由量裁权随之增加,认为现代公共行政主要表现为"自由量裁"。20世纪90年代,网络治理理论在西方国家悄然兴起,成为国家行政管理的前沿课题,这种治理理论致力于主体间良性互动和互利互补合作。网络治理结构不同于市场(自愿)和科层(强制)的层次分明的结构,而是有着共同价值诉求的自组织系统,通过建立信任关系达到信息共享、行动协同,实现互惠互利的合作。提出在国家与私人部门相互依赖性增强的情况下,市场和科层都是恰当的治理方式;在新的历史条件下,政府治理是一系列公共和私人行动者互动的结果,公共政策的制定和执行要在相互依赖的行动者的网络结构中才能完成。主张网络治理能够解释一些传统的市场或官僚科层无法解释的新现象,是与信息化相契合的治理方式。

虽然传统政府官僚科层制受到种种诟病责难,但更多的是怒其不争,并不是坚持无政府主义。在现代国家治理中,政府担负着极为重要的职责。当代政府行政管理创新一项重要任务,就是围绕如何改革政府机制、转变政府职能、提高行政效率、建设服务型政府等问题来探索。20世纪90年代,政府治理理论兴起，对治理的概念进行种种新界定，代表性的理论著作是罗西瑙的《没有政府的治理》和《21世纪的治理》。政府治理理论有三个主要方面：一是多元化主体。认为政府作为唯一权力中心的时代已经过去，政府应该把部分管理职能移交给这些社会自治组织。二是重新认识政府。认为政府不能成为全能型政府，应增加透明度，提高效率，政府应该"在公共管理中扮演催化剂和促进者的角色"。三是进行网络化治理。强调政府和公民社会组织的某种结合，它是政府与非营利组织之间的一种网络结构安排。重塑政府理论发端于美国，代表著作是戴维·奥斯本与特德·盖布勒合著的《改革政府：企业精神如何改革着政府部门》。该理论认为传统的官僚主义政府模式已经破产，新的企业化的政府治理模式正在形成，提出了改革政府由"划桨"到"掌舵"、由服务到授权、由垄断到竞争、由投入到效果、由官僚导向到顾客导向、由浪费到收益、由治疗到预防、由集权到分权、由计划到市场的十大原则。20世纪90年代中后期，整体政府理论应运而生。在对传统官僚制和分割管理模式进行反思基础上，提出其核心理念是通过对政府内部相互独立的各个部门和各种行政要素的整合、政府与社会的整合以及社会与社会的整合来实现其行政管理目标。汤姆·林归纳出最佳实践的整体政府组织模式，包括了"内、外、上、下"四个"联合"子集。"内"意味着新的组织结构形式，是组织内部合作，即通过新的组织文化、价值观念、信息管理、人员培训等实现新"联合"；"外"意味着一种跨组织的工作方式，是组织之间的合作，通过分享领导权、共同预算、融合性结构、联合团队来实现新"联合"；"上"意味着一种新的责任和激励机制，是组织目标的设定自上而下以及对上的责任承担，通过以结果为导向的目标分享、绩效评估、公共服务协议等途径来实现新"联合"；"下"意味着一种新的公共服务供给方式，通过联合磋商、顾客参与、共享顾客关注点等途径来实现"联合"。研究政府本身的有效性，成为在当代西方行政管理理论创新的重要议题。英国80年代拉开政府改革帷幕时，就积极推行公共服务市场化，注重政府的有效性。美国在政府改革中，积极引进企业化模式，来提高公共机构效能。1997年，世界银行在《世界发展报告》中认为，有效政府是指"通过鼓励和补充私营企业和个人的经济活动来起到催化和促进政府的作用"。打造有效政府，要求政府公开透明，使社会公众进行有效监督；政府必须具备适应环境变化积极变革的自调节能力；政府要以向公众负责的公共精神为价值目标。

（三）当代西方国家治理之路的审视

西方国家自二战之后开展的治理探索，虽然情况各异，但仍然能体现出一些共同的取向，反映了某种共通性，在推进当代中国特色社会主义国家治理体系和治理能力现代化的进程中，可以作为借鉴。

一是西方国家公共管理职能提升，说明治理逐步成为国家职能的重心。按照马克思主义国家理论，国家基本职能有两项：一是阶级统治职能；二是社会管理职能。二战之前的漫长人类国家史，阶级统治职能长期占据主导地位，社会管理职能紧紧围绕依附于维护统治这个国家第一职能。二战之后，统治依然是国家的基本职能，但更多的是和治理结合在一起，依靠治理维护统治。在战争威胁普遍降低、民主力量不断增长、国家重建任务迫在眉睫情况下，西方国家纷纷对政府职能进行深刻调整。政府制定经济社会中长远发展规划，提出宏观经济政策和产业政策，综合运用经济、法律和行政手段调节经济运行；政府组织基础设施建设、发展科技教育文化事业，建立社会保障体系、维护市场竞争秩序等。总之，政府社会公共事务管理职能极大提升。相对而言，国家暴力机器成为后盾。除了维护国家主权、打击违法犯罪恐怖活动外，在民主运动进步潮流面前，国家虽然仍保留武力弹压民众游行集会示威等活动的基本手段外，也开始注重通过疏通民主渠道、开展对话协商等方式来处理社会问题，缓和矛盾，力图实现阶级合作和民族和解。二战后 70 多年来，虽然经历起伏周折，但从大方向看，国家职能作用深刻调整的趋势已经形成。在新的时代条件下，国家职能深刻调整提升了国家治理的视野，拓展了西方资本主义国家治理空间，也反映了在战后和平发展合作的时代潮流下，国家本身发生了一些功能性的深刻变化。

二是西方国家政府中心主义被打破，体现社会多元主体合作治理的格局正在形成。自国家产生以来，就具有一定的凌驾于社会之上的权威性，成为高高在上、俯视万民的绝对权力中心和社会支配力量，政府在社会有机体的运行中就具有了中枢纽带的作用。国家有一套自上而下的严密层级结构，成为整个国家治理绝对的组织者、领导者。这种国家治理模式，适应了自然经济形态和中央集权政治相结合历史时期的国家治理需要，呈现出一种超稳定的国家中心主义的秩序状态。这种国家治理模式在自由竞争资本主义和工业革命时期受到冲击，在充分的市场竞争面前，国家和政府被认定为"守夜人"角色。进入资本主义垄断阶段之后，社会公共事务持续增多，经济危机和周期性波动，呼唤出现积极作为的政府来履行担当公共事务管理职能、有效干预经济运行走出危机阴影。在此背景下，受科学管理理论影响，西方国家纷纷建立官僚科层制，一种自上而下的政府层级结构形成，政府在国家治理中发挥中心和枢纽作用。二战后几十年来，全能政府在战后西方国家经济恢复和振兴，在建设福利国家中发挥了重大作用，但官僚科层制带来的结构臃肿、效率低下等问题，也使全能政府成为问题中心。20世纪90年代以来，随着市场经济、信息化和全球化发展，社会利益关系异常复杂化，社会系统结构深度调整、社会公共事务激增、社会（人员、信息、资源）流动性极强。各国治理实践证明，面对前所未有的社会复杂性问题，国家和政府在治理中有些力不从心，事实也证明了政府失灵的客观存在。与此同时，"新市民社会"兴起，各种社会组织应运而生，在各个具体领域和区域内的社会自治中开始扮演重要角色，成为参与国家治理的重要主体。西方国家在治理实践中，也纷纷开展合作治理，引导和支持各种社会组织发挥社会自治作用，政府中心主义的治理格局在历史的演进中开始被打破，一种政府和各种社会组织多元主体合作治理的新型国家治理格局正在成熟发展。

三是西方国家政府与市场的二元互动，证明了寻找两者的平衡关系是实现国家长治久安的重要保证。政府与市场的关系问题，向来是市场经济国家实现有效治理必须认真面对的问题。处理好两者关系，对于经济社会持续健康发展，实现国家长治久安具有重要意义。西方老牌市场经济国家几百年的治理实践，一项重大议题就是围绕市场机制与政府作用的关系问题展开。自由竞争市场经济时期，政府作为"守夜人"，置身于整个经济运行体系之外，在出现严重市场失灵、社会失序等事实面前，证明了政府不作为是一个重大失误。为了走出严重危机，在凯恩斯主义影响下，政府全面干预社会经济运行，成为主舵手和划桨人。这种模式及实践，从20世纪30年代开始起步，一直到二战后在西方国家经济恢复、国家振兴、建设福利国家中发挥了重要作用。但70年代的全面危机，同样证明了政府干预主义和全面管理主义也存在严重缺陷。一股推行自由化、市场化的政府改革浪潮流行于西方国家,这种政府治理模式在90年代全球化、市场化、信息化的浪潮中同样出现败笔,于是探索"第三条道路"的治理实践又在西方国家展开。这样跌宕起伏的历史往复,说到底,就是围绕如何解决好市场和政府的关系展开。西方国家尤其是二战后的治理实践证明,人为臆造政府与市场的二元对立,非要争辩出谁先谁后、孰优孰劣,纯粹搞自由市场机制或无限度扩大政府干预,都不可能实现有效治理,达到国家长治久安和充满发展活力。成功的国家治理之道,应该是充分认识到市场机制与政府干预各自的功能和作用机理,明确而清晰地划清市场和政府的界限,找到市场机制和国家干预的平衡点。要实现这些并不是进行简单折中和调和,必须紧密结合各自国情和实际,进行艰难反复探索。

四是西方国家权力分散下放的举措,反映了人的权利拓展是政治治理的发展趋势。马克思主义国家观,揭示了阶级社会中国家作为实施政治统治的工具性作用,国家因维护既定统治秩序、确保社会正常运行的客观需要而产生,具有与大部分社会人群对立的性质,是一种凌驾于社会之上的"异己"统治和支配力量。纵观人类社会政治文明发展史,就是一部人们不断从国家的绝对支配力量中挣脱枷锁、越来越走向自由解放的历史。从奴隶制皮鞭下的"非人",到封建等级制下的"低贱人",再到资本主义政治制度中"平等人",虽然了经历了漫长的演进,但一条清晰的线索和趋势就是劳动群众获得生存发展的资源和手段不断增多、自由活动空间不断扩大、政治权利的巨大鸿沟不断靠拢,这是一条艰苦而曲折的自由解放之路。二战之后,西方国家的几次治理改革实践,最现实的考虑和迫切需要是走出治理危机、维护资本主义制度、拓展新的发展空间。这种工具理性,看似有很强的主观目的性和自觉主动性,但在思想的背后、意念的底处,推动西方国家治理改革实践的真正价值力量,却是作为生产力主体的人的权利的拓展。从国家职能深刻调整,社会公共管理职能上升,建立福利制度解决民生问题;政府官僚科层制不断遭受质疑责难,运用市场化企业化方式提高政府效率、增强公职人员服务理念;各类社会组织蓬勃发展,政府中心主义格局被打破,多元主体合作治理格局逐步形成等等具体的改革举措中,无一不隐含着人本主义政治观念上升的深厚价值底蕴,无一不反映着破除束缚释放个人、激发社会活力的治理改革大走向。当代全球化、信息化、市场化潮流，为在国家治理实践中持续提高人的自由解放程度提出了时代要求，并且从物质文明、科技进步、精神文化等全方位，为这种演进提供条件、营造环境。

（四）当代中国与西方国家治理比较

新中国成立 70 年，建立社会主义制度、探索社会主义建设规律、坚定走中国特色社会主义道路实行改革开放，作为世界上最大发展中国家，中国在治理实践上与当代西方发达国家既处在一个时代同一维度、又不在一个时代同一维度。中西在治理的立论基础、矛盾焦点、目标任务、发展方向等方面明显不同，需要进行比较鉴别。

一是中西方治理思想在立论基础、发展脉络上不同。中国特色社会主义治理实践与当代西方治理在技术运用、方法途径等方面有契合点，可以借鉴取长补短，但在立论基础、思想脉络上，中国特色社会主义治理理论与当代西方治理理论有着巨大迥异。西方治理理论以契约论、社会中心论和公民个体本位等为立论基础，中国特色社会主义治理理论与之有实质不同，中国特色社会主义治理理论以实践作为治理研究逻辑起点，围绕治理主体、客体、方法途径的互动关系进行理论展开；以唯物史观作为治理研究基本立场，通过探寻治理实践演化脉络，展开人民群众主体地位不断提升拓展的历史画卷；以人民根本利益作为衡量评价治理程度、水平、性质、方向的核心价值尺度等。西方治理理论试图掩盖资本统治功能、为国家和政府涂抹公共色彩、隐藏意识形态功能，中国特色社会主义治理理论是鲜明地体现、维护和服务于中国特色社会主义政治、经济和文化等制度法律体系，中国特色社会主义治理理论本质属性，是为坚持完善中国特色社会主义经济基础和上层建筑进行研究论证。中国特色社会主义治理思想脉络，主线是对社会主义制度体系建立、巩固、坚持和完善历史经验的认真梳理，对新中国成立 70 年以来治国理政丰富经验、理论创新和制度体系成果的一脉传承，同时继承中国传统优秀治理文化因素，顺应全球化时代潮流，借鉴当代西方治理理论中体现市场化、城市化、信息化共同规律的积极成果。

二是中西治理在复杂程度、问题焦点上不同。当代西方发达国家治理实践生成演化，具有自然成长特点，工业化、城市化、信息化、后工业化，市场失灵、全能政府、政府失效、政府再造、治理出场等，基本是按时间顺序梯次演进，时间跨度达二三百年。中国特色社会主义治理实践复杂性前所未有，当代西方发达国家可以出现类似中国的公共治理问题，但没有中国如此的超大规模和复杂程度，中国人口、资源和环境的治理规模世所罕见，中国市场化、工业化、城市化、信息化几乎同时推进等，这种复杂程度，是西方发达国家没有面对经历过的，中国特色社会主义治理实践具有了不同于西方国家的关注焦点，更需要认真把握处理好改革转型升级期社会分化与秩序整合、制度法律体系建设与提升社会自主性、增强政府统筹功能与推进简政放权提高服务效能、中国复兴发展崛起与世界各国合作共赢等复杂性关系。

三是中西方治理在目标任务上不同。经过百年完善健全，西方发达国家制度法律体系已经基本成熟定型、治理技术运用也比较多样灵活。中国特色社会主义根本制度、基本制度、重要制度建立，国家制度和国家治理体系有多方面的显著优势，但仍需要坚持改革创新，着力固根基、扬优势、补短板、强弱项，进一步构建系统完备、科学规范、运行有效的制度体系，推进国家治理体系和治理能力现代化，将制度优势转化为国家治理效能。具体讲，中国特色社会主义国家治理体系还没有完全成熟定型、体制机制方面还不完善不健全，存在漏洞短板；现代公共治理经验积累不够、技术运用还不丰富、各类主体治理能力有待提高，治理效能还需提升；与西方发达国家所处发展阶段、面临的矛盾问题和需要完成的目标任务不尽相同，中国长期处于社会主义初级阶段的基本国情和最大发展中国家的国际地位，在全球化、市场化、城市化、信息化时代政府职能作用调整、市场机制运行、社会组织发展等方面正形成新的互动关系。

四是中西方治理出现不同发展方向。2008年国际金融危机以来，西方国家经济恢复缓慢增长乏力、社会矛盾危机明显增多，非法移民、人口贩卖、恐怖主义威胁、枪支泛滥、暴力骚乱、社会撕裂等危机事件不断增多，有陷入新的治理困境迹象，西方国家保护主义、逆全球化潮流抬头，以联合国为核心的多边主义国际规则体系受到挑战，粮食危机、气候变化、恐怖主义、国际自由贸易等全球治理遭受威胁，全球治理赤字、发展赤字、信任赤字有增无减，世界格局加快深刻调整，经历百年来未有之大变局。40多年改革开放持续深化，中国特色社会主义站在新的历史起点进入新时代，社会主要矛盾发生转变，经济发展进入新常态、新发展理念确立，生产方式和生活方式加速转型升级，全面深化改革处于攻坚关键阶段、全面建成小康社会进入决胜收尾阶段，"两个一百年"奋斗目标即将迎来历史交汇，正开启全面建设社会主义现代化国家新征程、奋力实现中华民族伟大复兴中国梦。顺应全球化大趋势，中国深具世界眼光全球意识，统筹国内国际两个大局，高举构建人类命运共同体旗帜，秉持共商共建共享的全球治理观，倡导多边主义和国际关系民主化，反对单边主义保护主义，推动全球经济治理机制变革。维护联合国在全球治理中的核心地位，支持上海合作组织、金砖国家、二十国集团等平台机制化建设，推动构建更加公正合理的全球治理体系。

第七讲

坚持和完善中国特色社会主义制度、推进国家治理体系和治理能力现代化的总体要求

党的十九届四中全会通过的《决定》，从党和国家事业发展的全局和长远出发，准确把握我国国家制度和国家治理体系的演进方向和规律，明确提出坚持和完善中国特色社会主义制度、推进国家治理体系和治理能力现代化的总体要求。这就是：必须坚持以马克思列宁主义、毛泽东思想、邓小平理论、"三个代表"重要思想、科学发展观、习近平新时代中国特色社会主义思想为指导，增强"四个意识"，坚定"四个自信"，做到"两个维护"，坚持党的领导、人民当家作主、依法治国有机统一，坚持解放思想、实事求是，坚持改革创新，突出坚持和完善支撑中国特色社会主义制度的根本制度、基本制度、重要制度，着力固根基、扬优势、补短板、强弱项，构建系统完备、科学规范、运行有效的制度体系，加强系统治理、依法治理、综合治理、源头治理，把我国制度优势更好转化为国家治理效能，为实现"两个一百年"奋斗目标、实现中华民族伟大复兴的中国梦提供有力保证。这一总体要求是贯穿坚持和完善中国特色社会主义制度、推进国家治理体系和治理能力现代化的主线，具有很强的针对性、方向性、指导性。准确领会、全面把握这一总体要求，将对于贯彻落实十九届四中全会精神起到提纲挈领的作用。

（一）深刻认识总体要求的重大意义

坚持和完善中国特色社会主义制度、推进国家治理体系和治理能力现代化的总体要求，是我们党总结历史、着眼现实、把握未来作出的重要论断，具有重大理论意义、现实意义和世界意义。

1. 深刻总结我国国家制度和国家治理体系的演进方向和规律作出的重要成果

国家制度和国家治理有其内在的演进方向和规律，是不以人的意志为转移的。善于总结经验、把握规律是我们党的优良传统和政治优势。坚持和完善中国特色社会主义制度、推进国家治理体系和治理能力现代化的总体要求，是我们党深刻总结国内外正反两方面经验，特别是党的十八大以来我们党治国理政的宝贵经验，把握制度的演进方向和规律的重要成果。

怎样治理社会主义社会这样全新的社会，是一个重大的课题。马克思、恩格斯没有经历全面治理一个社会主义国家的实践，他们关于未来社会的设想很多是预测性的，难以具体指导复杂的国家治理。列宁领导十月革命胜利后，建立了社会主义，创造性地提出一些社会主义社会治理的政策举措，但许多问题还没来得及深入探索和思考他就过早逝世了。后来的苏联社会主义社会治理，有许多成功的经验，但也犯下严重错误，以致导致苏共垮台、苏联解体。

我们党自成立以来，就坚持把马克思主义基本原理同中国具体实际相结合，不断思考和探索社会主义社会的治理问题，在根据地创建人民政权，探索建立新民主主义经济、政治、文化制度，为新中国建立人民当家作主的新型国家制度积累了宝贵经验。新中国成立后，我们党从中国国情出发，借鉴苏联社会主义制度，建立了人民民主专政的国体，形成了党的领导制度、中国共产党领导的多党合作和政治协商制度、人民代表大会制度、民族区域自治制度等，搭建起社会主义制度的四梁八柱。但由于我们党治理社会主义社会时间不长等原因，改革开放前未能找到一种完全符合我国实际的国家治理模式。改革开放之后，我们党总结历史经验特别是"文化大革命"历史教训，高度重视制度在国家治理中的作用。邓小平同志强调："我们今天再不健全社会主义制度，人们就会说，为什么资本主义制度所能解决的一些问题，社会主义制度反而不能解决呢？这种比较方法虽然不全面，但是我们不能因此而不加以重视。""领导制度、组织制度问题更带有根本性、全局性、稳定性和长期性。这种制度问题，关系到党和国家是否改变颜色，必须引起全党的高度重视。"①

在这些思想指导下，我国不断完善社会主义制度，逐步形成了中国特色社会主义制度。江泽民同志在党的十六大报告中强调，发展社会主义民主政治，建设社会主义政治文明，最根本的是要把坚持党的领导、人民当家作主和依法治国有机统一起来。②这为中国特色社会主义制度提出了基本原则。2011年胡锦涛同志在庆祝中国共产党成立90周年大会上的重要讲话中首次提出"中国特色社会主义制度"的命题，并深刻阐释了中国特色社会主义的显著优势。③

党的十八大以来，以习近平同志为核心的党中央把制度建设摆到更加突出的位置，并深刻认识到中国特色社会主义的制度优势需要转化为国家治理效能，通过治理效能来实现和彰显。习近平总书记强调，"国家治理体系和治理能力是一个国家的制度和制度执行能力的集中体现"。④为此，党的十八届三中全会首次提出"推进国家治理体系和治理能力现代化"这个重大命题，并强调"全面深化改革的总目标是完善和发展中国特色社会主义制度，推进国家治理体系和治理能力现代化"。党的十九届四中全会提出的坚持和完善中国特色社会主义制度、推进国家治理体系和治理能力现代化的总体要求，是我们党对我国国家制度和国家治理体系演进方向和规律的深刻把握，是我们党对共产党执政规律、社会主义建设规律、人类社会发展规律认识的理论升华。

2. 坚持和完善中国特色社会主义制度、推进国家治理体系和治理能力现代化的基本遵循

坚持和完善中国特色社会主义制度、推进国家治理体系和治理能力现代化，是一项重大战略任务、复杂系统工程，必须回答好"坚持和巩固什么、

---

① 《邓小平文选》第二卷，人民出版社1994年版，第333页。
② 《江泽民文选》第三卷，人民出版社2006年版，第553页。
③ 胡锦涛：《在庆祝中国共产党成立九十周年大会上的讲话》，《十七大以来重要文献选编》（下），中央文献出版社2013年版，第436—437页。
④ 《习近平关于全面深化改革论述摘编》，中央文献出版社2014年版，第24页。

完善和发展什么""怎样坚持和完善""坚持和完善的方向目标是什么"等政治问题。坚持和完善中国特色社会主义制度、推进国家治理体系和治理能力现代化的总体要求，深刻回答了"坚持和巩固什么、完善和发展什么"这个重大政治问题，既强调了科学理论指导，又明确了重大方针原则；既阐明了必须牢牢坚持的重大制度，又部署了推进制度建设的重大任务和举措；既有面向未来的战略视野，又着眼于解决在复杂的现实治理中遇到的制度层面问题；既阐明了基本思路，又确立了战略重点；既注重系统性、整体性，又突出重点、关键环节；既注重顶层设计，又强调重点突破、抓"牛鼻子"；既勾画了"宏伟蓝图"，又提供了"结构图""路线图"，为坚持和完善中国特色社会主义制度、推进国家治理体系和治理能力现代化指明了方向目标、提供了基本遵循。

3. 为人类探索建设更好社会制度贡献中国智慧和中国方案的战略指导

习近平总书记指出，我们党把马克思主义基本原理同中国具体实际结合起来，在古老的东方大国建立起保证亿万人民当家作主的新型国家制度，使中国特色社会主义制度成为具有显著优越性和强大生命力的制度，保障我国创造出经济快速发展、社会长期稳定的奇迹，也为发展中国家走向现代化提供了全新选择，为人类探索建设更好社会制度贡献了中国智慧和中国方案。① 中国共产党是一个以马克思主义为指导的具有强烈历史使命的政党，为人类作出更大贡献是中国共产党的使命担当。早在1956年毛泽东同志就强调："进到二十一世纪的时候，中国的面目更要大变。中国将变为一个强大的社会主义工业国。中国应当这样。因为中国是一个具有九百六十万平方公里土地和六万万人口的国家，中国应当对于人类有较大的贡献。"② 为人类作出更大贡献，不仅意味着中国在经济发展上取得巨大成就，成为世界经济增长的重要引擎，为人类创造更多物质文明成果，而且意味着在国家制度和治理体系方面取得更大成就，为人类创造更多政治文明成果。邓小平同志强调，我们进行社会主义现代化建设，是要在经济上赶上发达的资本主义国家，在政治上

---

① 习近平：《在中央政治局第十七次集体学习时的讲话》，《人民日报》2019年9月25日第1版。

② 《毛泽东文集》第7卷，人民出版社1999年版，第156—157页。

创造比资本主义国家的民主更高更切实的民主。① 党的十九大报告指出，中国特色社会主义进入新时代，意味着中国特色社会主义道路、理论、制度、文化不断发展，拓展了发展中国家走向现代化的途径，给世界上那些既希望加快发展又希望保持自身独立性的国家和民族提供了全新选择，为解决人类问题贡献了中国智慧和中国方案。② 为人类探索建设更好社会制度贡献中国智慧和中国方案，不是向其他国家输出中国制度模式，而是为其他国家提供可供借鉴、可供选择的制度文明成果。"百里不同风，千里不同俗"，由于各个国家历史传承、文化传统、经济社会发展水平不同，一个国家成功的制度模式不可能复制到其他国家。这就意味着越具有原则性、一般性的制度理论，对其他国家越具有可借鉴性。坚持和完善中国特色社会主义制度、推进国家治理体系和治理能力现代化的总体要求，不是具体的、定型化的中国制度模式，而是原则性、方向性的要求，因而对其他国家来说借鉴性、参考性强，是为人类探索建设更好社会制度贡献中国智慧和中国方案的重要成果。

（二）全面把握总体要求的主要内容

坚持和完善中国特色社会主义制度、推进国家治理体系和治理能力现代化的总体要求是一个内容丰富、思想深刻的整体，需要深入学习、全面把握。

1. 强调了指导思想

就是坚持以马克思列宁主义、毛泽东思想、邓小平理论、"三个代表"重要思想、科学发展观、习近平新时代中国特色社会主义思想为指导，增强"四个意识"，坚定"四个自信"，做到"两个维护"。马克思列宁主义揭示了人类社会历史发展的规律，它的基本原理是正确的，具有强大的生命力。中国共产党成立以来，始终高举马克思列宁主义的伟大旗帜。马克思主义从来不是教条，而是行动的指南。它要求人们根据它的基本原则和基本方法，不断结合变化着的实际，探索解决新问题的答案，从而也发展着马克思主义理论本

---

① 《邓小平文选》第二卷，人民出版社1994年版，第322页。
② 习近平：《决胜全面建成小康社会 夺取新时代中国特色社会主义伟大胜利——在中国共产党第十九次全国代表大会上的报告》，人民出版社2017年版，第10页。

身。只有将马克思主义基本原理与本国的革命、建设和发展实践有机结合起来，才能不断将马克思主义推向新境界。中国共产党坚持马克思主义基本原理与中国实践相结合，不断推进马克思主义中国化，先后形成了毛泽东思想、邓小平理论、"三个代表"重要思想、科学发展观、习近平新时代中国特色社会主义思想。习近平新时代中国特色社会主义思想是马克思主义中国化最新成果，是党和人民实践经验和集体智慧的结晶，是全党全国人民为实现中华民族伟大复兴而奋斗的行动指南，必须长期坚持并不断发展。增强"四个意识"，坚定"四个自信"，做到"两个维护"，是进行伟大斗争、建设伟大工程、推进伟大事业、实现伟大梦想的必然要求，是党和国家前途命运所系、全国各族人民根本利益所在，必须始终坚决贯彻落实。

2. 明确了基本原则

就是坚持党的领导、人民当家作主、依法治国有机统一。坚持三者有机统一，是我国国家制度和治理体系的鲜明特点和优势，是区别于其他国家的国家制度和治理体系的根本标志。党的领导、人民当家作主、依法治国三者具有内在统一性。党的领导是人民当家作主和依法治国的根本保证。没有共产党，就没有新中国，也就没有人民民主和依法治国。共产党执政就是领导和支持人民当家作主，最广泛地动员和组织人民群众依法管理国家和社会事务，管理经济和文化事业，维护和实现人民群众的根本利益。习近平总书记指出："坚持党的领导、人民当家作主、依法治国有机统一，最根本的是坚持党的领导。坚持党的领导，就是要支持人民当家作主，实施好依法治国这个党领导人民治理国家的基本方略。"① 人民当家作主是社会主义民主政治的本质要求。人民民主是社会主义的生命，发展社会主义民主政治，就是要使人民民主得以充分实现。依法治国是党领导人民治理国家的基本方略，是实现党的领导和人民当家作主有机统一的有效途径。依法治国，就是广大人民群众在党的领导下，依照宪法和法律规定，通过各种途径和形式管理国家事务，管理经济文化事业，管理社会事务，保证国家各项工作都依法进行，逐步实现社会主义民主的制度化、规范化、程序化，使这种制度和法律不因领导人的改变而改变，不因领导人看法和注意力的改变而改变。社会主义法制就是

---

① 《习近平关于社会主义政治建设论述摘编》，中央文献出版社2017年版，第26页。

把党和人民的意志上升为国家意志,以国家强制力保证党的领导地位,确立人民当家作主的地位,保障人民各项权利的顺利实施。可见,必须把坚持党的领导、人民当家作主、依法治国有机统一贯穿于我国国家制度和治理体系之中,确保国家制度和治理体系的科学性、民主性、法治性。

3. 提出了根本保证

就是坚持解放思想、实事求是。解放思想、实事求是,是马克思主义的精髓,是我们党不断取得事业成功的根本保证。解放思想从人的主体方面出发,强调充分发挥人的主观能动性。实事求是从客观方面思考,强调遵循事物的客观规律。毛泽东同志指出:"'实事'就是客观存在着的一切事物,'是'就是客观事物的内部联系,即规律性,'求'就是我们去研究。我们要从国内外、省内外、县内外、区内外的实际情况出发,从其中引出其固有的而不是臆造的规律性,即找出周围事变的内部联系,作为我们行动的向导。"[①] 可以说,解放思想、实事求是,是内在统一的,都是为了使主观和客观相符合,创造性地研究新情况、解决新问题、开拓新局面。邓小平同志指出,解放思想,就是使思想和实际相结合,使主观和客观相符合,就是实事求是。[②] 坚持解放思想、实事求是,就是要求坚持和完善中国特色社会主义制度、推进国家治理体系和治理能力现代化,不是从本本和教条出发,而是从中国实际出发,大力发扬求真务实、勇于创新的精神。

4. 确定了动力途径

就是坚持改革创新。制度是实践的产物,又随着实践不断改革发展。"任何一个社会制度,如果能全面发展,经常不断地回应时代的新要求,那它就是一个足够稳定的制度。停滞是制度老化、制度毁灭的前兆。"[③] 中国共产党十分注重制度创新和发展。一部新中国国家制度和治理体系的历史,就是一部制度改革创新的历史。中国特色社会主义制度,本身就是中国共产党领导人民进行改革创新的产物,也是开放发展的制度体系。坚持改革创新,就是

---

① 《毛泽东选集》第三卷,人民出版社1991年版,第801页。
② 《邓小平文选》第二卷,人民出版社1994年版,第364页。
③ [俄]尼古拉·伊万诺维奇·雷日科夫著,徐昌翰等译:《大国悲剧——苏联解体的前因后果》,新华出版社2010年版,第3页。

要把改革创新精神贯穿始终,推动各方面制度更加成熟更加定型,使中国特色社会主义制度的优越性得以充分发挥。

5. 作出了重点举措

就是突出坚持和完善支撑中国特色社会主义制度的根本制度、基本制度、重要制度,着力固根基、扬优势、补短板、强弱项,构建系统完备、科学规范、运行有效的制度体系,加强系统治理、依法治理、综合治理、源头治理,把我国制度优势更好转化为国家治理效能。坚持和完善中国特色社会主义制度、推进国家治理体系和治理能力现代化,要处理好变与不变的关系。中国特色社会主义制度是由根本制度、基本制度、重要制度等组成的制度体系。根本制度是在中国特色社会主义制度中起顶层决定性、区域覆盖性、全局指导性作用的制度;基本制度是通过贯彻和体现国家政治生活、经济生活的基本原则,对国家经济生活发展等发挥重大影响的制度。根本制度和基本制度,事关国家根基和人民福祉,必须毫不动摇地坚持,在实践中不断完善,须臾不可背弃偏离。重要制度是由根本制度和基本制度派生而来的、国家治理各领域各方面各环节的具体的主体性制度,必须根据经济社会领域的新情况新变化,与时俱进地发展。总体要求的重点举措,为坚持和完善中国特色社会主义制度、推进国家治理体系和治理能力现代化的提供了切入点、聚焦点和着力点。

6. 确立了目标方向

就是为实现"两个一百年"奋斗目标、实现中华民族伟大复兴的中国梦提供有力保证。实现中华民族伟大复兴的中国梦是近代以来中华民族最伟大的梦想,凝聚着几代中国人的夙愿。今天,我们比历史上任何时期都更接近、更有信心和能力实现中华民族伟大复兴的目标。但中华民族伟大复兴中国梦,绝不会轻轻松松、顺顺当当就能实现,我们越是发展壮大,遇到的阻力和压力就会越大,面临的外部风险就会越多。我们正处在"两个一百年"奋斗目标的历史交汇期,这是我国由大向强、将强未强的时期,也是风险挑战多发期、严峻期。在这个时期,如果我们不能有效应对各种风险挑战,将会严重阻碍中华民族伟大复兴的步伐。制度更具有根本性、全局性、稳定性、长期性。应对和规避风险挑战,需要发挥制度的顶层设计、长远规划的作用。坚持和完善中国特色社会主义制度,就是要运用制度威力应对风险挑战的冲击,减少中华民族伟大复兴进程中的障碍和阻力。

(三) 认真领会总体要求的基本特点

坚持和完善中国特色社会主义制度、推进国家治理体系和治理能力现代化的总体要求，具有一些鲜明的特点，主要包括以下几个方面。

1. 坚持问题导向与目标导向的统一

问题是时代的声音，也是改革的动力。马克思指出，"问题就是公开的、无畏的、左右一切个人的时代声音。问题就是时代的口号"。[①] 坚持问题导向，就是要直面问题、正视问题、奔着问题去、扭住问题改。习近平总书记指出："我们中国共产党人干革命、搞建设、抓改革，从来都是为了解决中国的现实问题。"[②] 坚持问题导向，解决突出问题，不能不看目标方向，也就是说要坚持目标导向。坚持目标导向，就是要紧紧围绕既定奋斗目标开展工作，在不断克服困难、解决问题中向前推进。坚持问题导向与目标导向的统一，就是既"埋头拉车、又抬头看路"，既解决突出矛盾问题，积小胜为大胜，又按照既定目标方向谋划工作内容、安排工作顺序、确定时间节点、把握工作期限，有条不紊持续推进。坚持和完善中国特色社会主义制度、推进国家治理体系和治理能力现代化的总体要求，既坚持问题导向，正视我国国家制度和治理体系的矛盾问题，强调补短板、强弱项，又坚持目标导向，着眼构建系统完备、科学规范、运行有效的制度体系，加强系统治理、依法治理、综合治理、源头治理，体现了问题导向与目标导向的有机统一。

2. 坚持党的领导与人民立场的统一

办好中国的事情，关键在党。中国共产党的领导，是中国特色社会主义最本质的特征，是中国特色社会主义制度的最大优势。我们治国理政的本根，就是中国共产党领导和社会主义制度。坚持和完善中国特色社会主义制度、推进国家治理体系和治理能力现代化，绝不能削弱党的领导，而是增强党的领导。习近平总书记指出："推进改革的目的是要不断推进我国社会主义制度

[①]《马克思恩格斯全集》第40卷，人民出版社1982年版，第289页。
[②]《习近平关于全面深化改革论述摘编》，中央文献出版社2014年版，第8页。

自我完善和发展,赋予社会主义新的生机活力。这里最核心的是坚持和改善党的领导、坚持和完善中国特色社会主义制度,偏离了这一条,那就南辕北辙了。"[1] 人民立场是中国共产党的根本政治立场,是马克思主义政党区别于其他政党的显著标志。坚持人民立场,就是要尊重人民的主体地位、保障人民的民主权利、维护人民的根本利益、促进人的全面发展。我国国家制度和治理体系,之所以能够得到广大人民的支持和拥护,从根本上说就得始终坚持人民立场。坚持党的领导与人民立场是一致的。"中国共产党作为马克思主义政党,党性和人民性从来都是一致的、统一的,除了国家、民族、人民的利益,没有任何自己的特殊利益。"[2] 坚持和完善中国特色社会主义制度、推进国家治理体系和治理能力现代化的总体要求,既坚持党的领导,又保障人民当家作主,实现了坚持党的领导与人民立场的有机统一。

3. 坚持制度自信与改革创新的统一

制度自信,就是对中国特色社会主义制度的深刻把握、充满信心、坚定信仰。中国特色社会主义制度和国家治理体系是以马克思主义为指导、植根中国大地、具有深厚中华文化根基、深得人民拥护的制度和治理体系,是具有强大生命力和巨大优越性的制度和治理体系。新中国成立70年来,我们党领导人民创造了世所罕见的经济快速发展奇迹和社会长期稳定奇迹,我国经济总量稳居世界第二位,中华民族迎来了从站起来、富起来到强起来的伟大飞跃。中国特色社会主义制度是当代中国发展进步的根本制度保障,是具有明显制度优势、强大自我完善能力的先进制度。"经国序民,正其制度"。中国特色社会主义制度是当代中国发展进步的根本制度保障,是兴国之本,强国之要。"中国奇迹"的背后是"中国制度"的支撑,"中国之治"的基础是"中国之制"。这是我们坚定制度自信的基本依据。坚定制度自信,不是不承认中国特色社会主义制度存在缺陷和不足,不是不进行改革创新。中国特色社会主义制度还不是尽善尽美、成熟定型的,仍然存在不少缺点和不足。比

---

[1] 《习近平关于社会主义政治建设论述摘编》,中央文献出版社2017年版,第25—26页。

[2] 中共中央宣传部:《习近平新时代中国特色社会主义思想学习纲要》,学习出版社、人民出版社2019年版,第40页。

如，一些体制机制对新形势新任务的"不适应""不管用"，新旧制度过渡交替期间出现"制度漏洞""制度缺失"，不同制度之间未能形成合力甚至相互冲突，一些制度没有得到有效贯彻执行甚至流于形式等。只有改革创新，才能坚持和完善中国特色社会主义制度、推进国家治理体系和治理能力现代化。习近平总书记强调："没有坚定的制度自信就不可能有全面深化改革的勇气，同样，离开不断改革，制度自信也不可能彻底、不可能久远。我们全面深化改革，不是因为中国特色社会主义制度不好，而是使它更好；我们说坚定制度自信，不是要固步自封，而是要不断革除体制机制弊端，让我们的制度成熟而持久。"[1] 坚持和完善中国特色社会主义制度、推进国家治理体系和治理能力现代化的总体要求，把坚持和完善统一起来，把固根基、扬优势、补短板、强弱项结合起来，体现了坚持制度自信与改革创新的有机统一。

---

[1] 《习近平关于全面深化改革论述摘编》，中央文献出版社2014年版，第22页。

第八讲

坚持和完善中国特色社会主义制度、推进国家治理体系和治理能力现代化的总体目标

坚持和完善中国特色社会主义制度，推进国家治理体系和治理能力现代化这一总体目标，是当代中国共产党人必须回答的时代课题，是落实党的十九大战略安排的逻辑展开，是推进新时代改革开放的根本要求，是实现中华民族伟大复兴的重要保证。

（一）总体目标的历史演进

面对变化了的世情、国情、社情、党情，如何打赢防范化解重大风险攻坚战，就要求必须坚持和完善中国特色社会主义制度、推进国家治理体系和治理能力现代化，运用制度威力应对风险挑战的冲击。如何增强中国特色社会主义道路自信、理论自信、制度自信、文化自信，也要求必须坚持和完善中国特色社会主义制度、推进国家治理体系和治理能力现代化，运用制度自信强化责任担当。"坚持和完善中国特色社会主义制度，推进国家制度体系和治理能力现代化"，是坚持和发展中国特色社会主义的必然要求，也是实现社会主义现代化的应有之义。新时代具有新特征，新时代改革开放具有许多新的特点和特征。如何将改革开放进一步推向前进，让新时代改革开放走得更稳、走得更远，也要求必须坚持和完善中国特色社会主义制度、推进国家治

理体系和治理能力现代化，满足全面建设社会主义现代化国家的战略需要。

　　自新中国成立以来，我们党团结和领导人民为中国特色社会主义的制度建设以及现代化进程进行了艰辛探索，随着实践的不断变革，对制度建设的认识进一步深化，现代化的进程不断推进。以毛泽东同志为代表的中国共产党第一代中央领导集体，将马克思主义普遍原理与中国实际相结合，系统提出了适合中国国情的制度建设思想和制度建设理论，如党的建设思想、军队民主建设制度思想、人民代表大会制度建设思想以及经济制度建设思想等等，有力地指导了中国新民主主义革命和社会主义建设。作为邓小平理论的重要内容和组成部分，邓小平制度建设思想不仅具有丰富的理论内涵，而且全面揭示和概括了中国特色社会主义制度建设及完善的内容、目标和方向。1992年邓小平同志在南方谈话中指出，恐怕再有30年的时间，我们才会在各方面形成一整套更加成熟、更加定型的制度。在这个制度下的方针、政策，也将更加定型化。他还提出了"三步走"的战略构想，到21世纪中叶人均国民生产总值达到中等发达国家水平，人民生活比较富裕，基本实现现代化。在邓小平制度建设思想里，更加成熟、更加定型的制度，实际上指的就是制度的现代化。虽然在邓小平制度建设思想当中未曾提及治理现代化这一术语，但是其对制度建设以及中国特色社会主义事业的探索，为推进我国治理体系和治理能力现代化提供了重要的理论支撑。

　　以江泽民同志为核心的第三代中央领导集体，在进一步推进中国特色社会主义的伟大实践中，在吸收中华民族优秀的治国方略中，在借鉴西方治国理政的经验基础中，提出了"依法治国与以德治国相结合"的治国方略，并且在邓小平同志提出的"二位一体""三步走"的战略基础上，提出了"三位一体""新三步走"的战略方针。这就为社会主义现代化目标的实现提供了重要的理论支撑，为社会主义现代化国家的实现提供了重要的战略支撑。胡锦涛同志对中国特色社会主义制度建设的思想主要表现在对党的制度建设创新上。他强调，健全和完善党的制度体系的总体目标就是要"构建内容协调、程序严密、配套完备、有效管用的制度体系"。同时还在继承江泽民同志的"三位一体"的战略方针的基础上做出了"四位一体"的战略部署，这为实现社会主义现代化提供了重要方针和战略安排。

　　党的十八大以来，在以习近平同志为核心的党中央领导下，我们党把制度建设摆到更加突出的位置,强调"全面建成小康社会,必须以更大的政治勇气和智慧,不失时机深化重要领域改革,坚决破除一切妨碍科学发展的思想观念和体制机制弊端,构建系统完备、科学规范、运行有效的制度体系,使各方面制度更加成熟更加定型"。习近平总书记团结和领导人民统筹推进"五位一体"总体布局、协调推进"四个全面"战略布局,推动中国特色社会主义制度更加完善、国家治理体系和治理能力现代化水平明显提高,为政治稳定、经济发展、文化繁荣、民族团结、人民幸福、社会安宁、国家统一提供了有力保证。党的十八届三中全会首次提出"推进国家治理体系和治理能力现代化"这个重大命题,并把"完善和发展中国特色社会主义制度、推进国家治理体系和治理能力现代化"确定为全面深化改革的总目标。党的十八届三中全会是划时代的,开启了全面深化改革、系统整体设计推进改革的新时代,开创了我国改革开放的新时代。党的十九大围绕党和国家事业发展新要求,站在更高起点上谋划和推进全面深化改革,部署一大批力量更大、要求更高、举措更实的改革任务。改革的担子越挑越重,必须准备付出更为艰巨、更为艰苦的努力。逢山开路、遇水架桥,再接再厉、久久为功,坚定不移朝着总体目标不断奋进。党的十九届二中、三中全会分别就修改宪法和深化党和国家机构改革作出部署,在制度建设和治理能力建设上迈出了新的重大步伐。党的十九届三中全会指出:"全党必须统一思想、坚定信心、抓住机遇,在全面深化改革进程中,下决心解决党和国家机构职能体系中存在的障碍和弊端,加快推进国家治理体系和治理能力现代化,更好发挥我国社会主义制度优越性。"党的十九届四中全会审议通过了《中共中央关于坚持和完善中国特色社会主义制度 推进国家治理体系和治理能力现代化若干重大问题的决定》(以下简称《决定》)。《决定》明确提出了坚持和完善中国特色社会主义制度、推进国家治理体系和治理能力现代化的总目标,这是新时代党和国家实现"两个一百年"奋斗目标、建设社会主义现代化强国的重大战略部署。

(二)总体目标的两个基本点和"三步走"安排及其关系

《决定》指出:"坚持和完善中国特色社会主义制度、推进国家治理体系和治理能力现代化的总体目标是，到我们党成立一百年时，在各方面制度更加成熟更加定型上取得明显成效；到二〇三五年，各方面制度更加完善，基本实现国家治理体系和治理能力现代化；到新中国成立一百年时，全面实现国家治理体系和治理能力现代化，使中国特色社会主义制度更加巩固、优越性充分展现。"①一方面这一总体目标中包含两个基本点：坚持和完善中国特色社会主义制度与推进国家治理体系和治理能力现代化；另一方面，这一总体目标包含"三步走"的安排。

1. 总体目标的两个基本点及其关系

《决定》指出："中国特色社会主义制度是党和人民在长期实践探索中形成的科学制度体系，我国国家治理一切工作和活动都依照中国特色社会主义制度展开，我国国家治理体系和治理能力是中国特色社会主义制度及其执行能力的集中体现。"②这是对中国特色社会主义制度和国家治理体系和治理能力现代化两者的内涵及其关系的明确概括。

中国特色社会主义制度是党和人民在长期实践探索中形成的科学制度体系，是当代中国发展进步的根本制度保障，是具有显著优势、强大自我完善能力的先进制度。这一制度，坚持把根本制度、基本制度、重要制度同法律体系以及各方面体制机制等具体制度有机结合起来，坚持把国家层面民主制度同基层民主制度有机结合起来，坚持把党的领导、人民当家作主、依法治国有机结合起来，既坚持了社会主义的根本性质，又借鉴了古今中外制度建设的有益成果，符合我国国情，集中体现了中国特色社会主义的特点和优势。《决定》指出坚持和完善中国特色社会主义制度包括坚持和完善党的领导制度体系、人民当家作主制度体系、中国特色社会主义法治体系、中国特色社会主义行政体制、社会主义基本经济制度、社会主义先进文化制度、统筹城乡的民生保障制度、共建共治共享的社会治理制度、生态文明制度体系、党对人民军队的绝对领导制度、"一国两制"制度体系、独立自主的和平外交政策、

---

① 《中共中央关于坚持和完善中国特色社会主义制度　推进国家治理体系和治理能力现代化若干重大问题的决定》，《人民日报》2019 年 11 月 6 日第 1 版。

② 《中共中央关于坚持和完善中国特色社会主义制度　推进国家治理体系和治理能力现代化若干重大问题的决定》，《人民日报》2019 年 11 月 6 日第 1 版。

党和国家监督体系等。

国家治理体系和治理能力是中国特色社会主义制度及其执行能力的集中体现。国家治理体系是在党领导下管理国家的制度体系，包括经济、政治、文化、社会、生态文明和党的建设等各领域体制机制、法律法规安排，是一整套紧密相连、相互协调的国家制度；国家治理能力则是运用国家制度管理社会各方面事务的能力，包括改革发展稳定、内政外交国防、治党治国治军等各个方面。国家治理体系和治理能力是一个有机整体，两者相互补充，相辅相成。有了健全的国家治理体系才能提高国家治理能力，提高国家治理能力才能充分发挥国家治理体系的效能。

坚持和完善中国特色社会主义制度、推进国家治理体系和治理能力现代化是一个统一整体，前一句规定了根本方向，即坚持中国特色社会主义道路，而不是其他什么道路。后一句规定了在根本方向指引下完善和发展中国特色社会主义制度的鲜明指向。简单说，制度为体，治理为用，两句话都讲，才是完整的、全面的，才能有效防止缺乏效能的"制度悬置"和缺乏根基的"治理变革"。

（1）坚持和完善中国特色社会主义制度为推进国家治理体系和治理能力现代化规定了根本方向和基本遵循

第一，坚持和完善中国特色社会主义制度，通过提升制度体系的认同度和整合力，推进国家治理体系和国家治理能力现代化。人民当家作主是中国社会主义政治建设的重要目标和根本任务，也是实现国家治理体系和治理能力现代化的强大动力和坚实基础。因而将人民群众的利益诉求进行合理有效的协调和综合，使制度体系符合最广大人民的根本利益和内在要求，才能最大限度地提升中国特色社会主义制度的认同度和整合力，强化制度执行力、推进国家治理体系和治理能力现代化。只有社会公众真正参与构建的制度才能得到广泛认同、具备强大整合力，从而将其转化为社会公众内在的行为规则而去自觉遵守和维护，制度的价值才能通过有效执行而充分实现，也只有认真对待公民权利和利益的制度，才能赢得人民的信赖和尊重，国家治理体系与治理能力才能不断现代化。

第二，坚持和完善中国特色社会主义制度，通过实现制度的法治化、规范化、程序化充分保障其权威性与执行力，推进国家治理体系和国家治理能力现代化。国家治理体系现代化要求"中国特色社会主义制度更加成熟更加定型",而法治化既是检验制度成熟程度的衡量尺度,也是推进制度定型的基本方式。在此意义上,完善的法律制度体系是国家治理体系现代化的重要内容,国家和社会各项治理工作的法治化则是国家治理能力现代化的核心要求。为此要把制度建设的成果及时地以法律的形式固定下来并保持法律的稳定性。要以法律和制度有效约束权力,明晰权力运行的边界与范围。现代法治的精髓是制约权力,基本要求则是依法办事。只有所有组织和个人尤其是公共权力的行使者能够严格依法办事、接受法律的监督和约束,国家治理才可能步入法治化、现代化的轨道。总之,法治化是国家治理现代化的核心,推进国家治理体系和治理能力现代化的过程也是建设法治中国的过程,必须坚持依法治国、依法执政、依法行政共同推进,坚持法治国家、法治政府、法治社会一体建设。

第三,坚持和完善中国特色社会主义制度,通过优化制度体系的内部结构、提升制度结构的科学性与运行效能,推进国家治理体系和国家治理能力现代化。只有充分发挥制度的整体作用,保障制度的整体性、系统性、协调性,建构科学合理的制度体系,使其紧密衔接,才能彰显其规范行为、整合利益和协调关系的作用,确保制度的各组成部分和构成要素围绕既定目标协调运行。从国家治理体系和治理能力现代化的角度出发,在坚持和完善中国特色社会主义制度的过程中必须以优化制度体系的内部结构为着眼点不断提升制度结构的科学性与运行效能。一是建立科学合理的权责关系。在公共权力行使者产生之后还必须要明确公共权力行使的范围、规则及其所应担负的责任,即国家机关和政治组织之间有明确的功能和权责界限,政治体制内部上下左右权责要分明,并以法律来固定这些功能和权责。二是超越治理碎片化。通过协同机制的建设,明确治理主体的利益,增加彼此信任,规范行动空间,实现共同目标,从而提升国家治理现代化的总体效果。三是注重执政党和政府在治理体系中的特殊作用。当下中国在治理结构中中国共产党的领导地位以及政府在治理过程中的主导作用,是适合中国国情和发展现实的,这一客观需要应该受到应有的重视。

第四,坚持和完善中国特色社会主义制度,通过增强制度自信,凝聚共识并坚守社会主义核心价值观,推进国家治理体系和国家治理能力现代化。国家治理的有效程度,往往取决于社会共识的凝聚程度,因为一个缺乏基本社会共识的国家根本谈不上有效治理。一是要凝聚对于国家和民族、对于社会主义基本制度的认同。在实现中华民族的伟大复兴的长期过程中，伴随利益结构分化和重组，社会关系的调整会引发社会观念的变迁，如何凝聚社会各阶层的共识、形成推动社会发展的合力显得尤为重要。二是要凝聚对于中国特色社会主义核心价值理念的共识。社会主义核心价值理念在汇集全国各族群众智慧和力量的同时起到了振奋人民行动热忱、激发人民创造活力的积极作用。三是凝聚对于改革开放的共识。站在新的历史起点上全面深化改革，最大限度地集中全党全社会的智慧，调动一切积极因素，推动新时代的改革开放，才能凝聚对于改革开放是实现中华民族伟大复兴中国梦的共识和力量，以改革开放推进国家治理体系和国家治理能力的现代化。[①]

(2) 推进国家治理体系和治理能力现代化是坚持和完善中国特色社会主义制度的鲜明指向和必由之路

第一，坚持和完善中国特色社会主义制度需要现代化的国家治理体系。作为一种现代化的社会制度，中国特色社会主义的发展和完善必然要求有与之相适应的现代国家治理体系。我国的国家治理体系是在党领导下管理国家的制度体系，包括经济、政治、文化、社会、生态文明和党的建设等各领域体制机制、法律法规安排，也就是一整套紧密相连、相互协调的国家制度。国家治理体系现代化，不仅要求实行现代国家治理，而且要求构建一个现代化的国家治理体系。国家治理体系现代化是一个从传统治理体系转型为现代治理体系、稳步推进现代国家建设的历史过程，它具有若干鲜明的时代特征，如治理主体多层化，治理结构网络化，治理方式民主化，治理手段法治化，治理制度理性化，治理技术现代化等。这一治理体系是一个制度化的治理架构，不仅要有完整和科学的制度安排，而且要建立起协调有效的组织体系，形成保证制度和组织体系灵活运行的机制。

第二，坚持和完善中国特色社会主义制度需要现代化的国家治理能力，即将制度优势需要转化为治理效能。发挥中国特色社会主义优越性，提升国家治理能力是其必要条件。治理能力的高低，直接影响我国社会主义制度优

---

① 参见张贤明：《以完善和发展制度推进国家治理体系和治理能力现代化》，《政治学研究》2014 年第 2 期。

势的充分发挥。治理能力不行，再好的制度也会因得不到有效落实而难以发挥作用。必须适应国家治理现代化总进程，提高党科学执政、民主执政、依法执政水平，提高国家机构及其工作人员的履职能力，提高人民群众依法参与管理国家事务的能力。一般来说，现代化的国家治理能力主要包括，凝聚全民思想意志的能力，推进改革领导发展的能力，创新社会管理的能力，保障社会公平正义的能力，提供公共服务的能力，危机处理和应对能力等。这些能力对于发展和完善中国特色社会主义制度至关重要。可以说，推进国家治理体系和治理能力现代化是当代中国发展的现实诉求，更是坚持和完善中国改革开放的最大成果——中国特色社会主义制度的必由之路。①

2. 总体目标的"三步走"安排及其关系

《决定》对坚持和完善中国特色社会主义制度、推进国家治理体系和治理能力现代化总体目标作了"三步走"的战略安排，为我们推动各方面制度更加成熟更加定型明确了根本方向、时间节点、行进路线。坚持和完善中国特色社会主义制度、推进国家治理体系和治理能力的现代化，从历史发展看是一个前后相续的过程。这一总体目标与党的十九大给出的时间表高度吻合。

2020年是第一个百年目标——全面建成小康社会的时间节点，它意味着中国社会的发展将会站到历史的新起点，中国社会的现代化建设有了一个良好的基础，这在制度建设上，就体现在四中全会提出的建党一百年时，制度要更加成熟更加定型，从而在制度上巩固和保障全面建成小康社会的成果。新中国成立70年来，我们党领导人民创造了两个奇迹——世所罕见的经济快速发展奇迹和社会长期稳定奇迹，中华民族迎来了从站起来、富起来到强起来的伟大飞跃。同时，这两大奇迹也创造了中国特色社会主义制度具备更加成熟更加定型的条件。不仅根本制度、基本制度、重要制度成熟定型，一系列具体的制度体制也需要成熟定型，让中国特色社会主义制度之网更加严密、更加完备、更加系统。习近平总书记指出，"今天，摆在我们面前的一项重大历史任务，就是推动中国特色社会主义制度更加成熟更加定型，为党和国家事业发展、为人民幸福安康、为社会和谐稳定、为国家长治久安提供一整套

---

① 参见孟鑫：《推进国家治理体系和治理能力现代化是完善和发展中国特色社会主义制度的必由之路》，《科学社会主义》2014年第2期。

更完备、更稳定、更管用的制度体系"①。让中国特色社会主义制度更加成熟定型，是一个科学的制度设计过程，更是一个攻坚的制度变革过程。"更完备"，要求随着社会系统的复杂程度持续增强，增大制度的覆盖面，减少制度的盲区和漏洞，提高制度体系的衔接性和自洽性，克服某些制度之间的不兼容性。"更稳定"，要求各种制度紧密相连、彼此协调，让制度内化于社会机体之中，常态化运转、稳态化运作，在改与不改、变与不变、动与不动之间保持恰当的均衡。"更管用"，要求随着国家治理的法治化程度持续增强，充分发挥制度的导向、激励、协调、控制功能，强化制度权威，增强制度效能，避免制度疲软、制度失效现象。

从 2020 年到 2035 年是基本实现社会主义现代化的十五年，《决定》设定的目标是"各方面制度更加完善，基本实现国家治理体系和治理能力现代化"。制度层面，之前是更加成熟更加定型，到 2035 年是"更加完善"，即在成熟定型的基础上，随着中国现代化建设的需要，对制度进一步科学化、完备化，到 2035 年的时候制度更完善。国家治理层面，基本实现国家治理体系和治理能力现代化与基本实现社会主义现代化相一致。

本世纪中叶，中国将实现富强民主文明和谐美丽的社会主义现代化强国的战略安排，社会主义追求的共同富裕基本实现，更重要的是中国综合国力、国际引领力、国际影响力都居于国际领先地位。基于这样的考虑，《决定》设定的目标是"全面实现国家治理体系和治理能力现代化，使中国特色社会主义制度更加巩固、优越性充分展现"。推进国家治理体系和治理能力现代化，就是提升我们党运用中国特色社会主义制度治理国家的能力，推动经济社会的发展和国家治理步入成熟化、定型化、常态化的轨道。只有这样，我们才能最终告别社会主义实践的初级阶段，进入较为成熟的境地。更进一步讲，社会主义与资本主义的竞争，从根本上讲是国家治理制度体系有效性的竞争。社会主义作为一种超越资本主义的更高级的文明形态，毫无疑问，体现了人类探索更加美好的社会制度的崇高追求。社会主义国家只有建立起一整套较为完备的制度体系，最大限度地激发和释放出经济社会发展的创造性活力，并对长期困扰人类社会治理的一系列两难选择，如社会活力与社会秩序、个

---

① 《习近平谈治国理政》，外文出版社 2014 年版，第 104—105 页。

体自由与公共权威、效率与公平等等作出积极、有效的回应，创造出更利于人的全面自由发展的社会环境，才能真正彰显出社会主义制度的竞争优势。

坚持和完善中国特色社会主义制度、推进国家治理体系和治理能力现代化只有进行时没有完成时。总体目标的"三步走"安排呼应了中国特色社会主义制度发展的三个阶段，更加成熟更加定型，到更加完善，再到更加巩固，优越性更充分；从基本实现现代化到全面实现现代化，这就是中国特色社会主义制度在未来 30 多年发展进程中要做的事及所要达到的境界。①

（三）总体目标实现的价值判断和评价标准

《决定》在坚持和完善国特色社会主义制度的根本制度、基本制度、重要制度的总体任务的十三个方面阐述中，多次提及国家治理的制度化、规范化、程序化、法治化、专业化、智能化、标准化、信息化等。可见，总体目标实现有其价值判断和评价标准。

1. 总体目标实现的价值判断

《决定》提出，坚持和完善中国特色社会主义制度、推进国家治理体系和治理能力现代化，应该"坚持党的领导、人民当家作主、依法治国有机统一"的总体要求。判断坚持和完善中国特色社会主义制度、推进国家治理体系和治理能力总体目标是否实现及其程度的价值目标，应该包括主体的人民性、领导的权威性、程序的法治性、结果的公平性等。

主体的人民性。习近平总书记指出："我们党的执政水平和执政成效都不是由自己说了算，必须而且只能由人民来评判。人民是我们党的工作的最高裁决者和最终评判者。"②坚持和完善中国特色社会主义制度、推进国家治理体系和治理能力现代化应该以人民为中心，把关心人、为了人、依靠人作为出发点、目的和价值目标。坚持以人民为中心，满足人民日益增长的美好生活需要是坚持和完善中国特色社会主义制度、推进国家治理体系和治理能力

---

① 辛鸣：《"总体目标"呼应了中国中国特色社会主义制度发展的三个阶段》，http://www.xinhuanet.com/2019-11/02/c_1210337329.htm。

② 《习近平谈治国理政》，外文出版社 2014 年版，第 28 页。

现代化进程中必须坚持的治理理念和价值导向。坚持以人民为中心，要求我们在建构国家治理体系进行制度设计时，既要考虑方便治理，更要考虑方便群众；既要考虑有利于维稳，又要考虑有利于维权；既要讲目的，又要讲程序。坚持以人民为中心，还要求我们不断改进和完善治理方式，提高国家治理能力和治理水平。在国家治理的各方面各环节，自觉尊重和依法保护公民的基本权利，扩大人民有序政治参与，保障人民知情权、参与权、表达权、监督权。各级领导干部要增强民主意识、发扬民主作风，接受人民监督，当好人民公仆。坚持以为人民服务为宗旨，把实现好、维护好、发展好最广大人民的根本利益作为社会主义制度建设和国家治理的根本目标，在国家政治生活和社会生活中切实保证人民当家作主。

领导的权威性。中国共产党的领导是中国特色社会主义最本质的特征。《决定》概括了我国国家制度和国家治理体系十三个显著优势，其中第一个就是坚持党的集中统一领导，坚持党的科学理论，保持政治稳定，确保国家始终沿着社会主义方向前进。因此，坚持和完善中国特色社会主义制度、推进国家治理体系和治理能力现代化必须坚持中国共产党的领导，并且保证领导的权威性。《决定》提出具体要求：推动全党增强"四个意识"，坚定"四个自信"，做到"两个维护"，自觉在思想上政治上行动上同以习近平同志为核心的党中央保持高度一致，坚决把维护习近平总书记党中央的核心、全党的核心地位落到实处。要坚持和完善中国特色社会主义制度，最关键、最核心的就是坚持和加强党的全面领导，把这个最本质特征更加鲜明地体现好，把这个最大优势更加充分地发挥好。同时，推进国家治理现代化也必须坚持中国共产党的领导。一方面，中国共产党是国家治理现代化的提出者，也是国家治理现代化方向的保证者。国家治理现代化这件大事能不能办好，最关键的是方向是否正确、政治保证是否坚强有力。我们在道路、方向、立场等重大原则问题上，旗帜要鲜明，态度要明确，既不走封闭僵化的老路，也不走改旗易帜的邪路。要坚持党的领导，坚定不移走中国特色社会主义的国家治理现代化之路。另一方面，中国共产党是推进国家治理现代化的领导者。推进国家治理体系和治理能力现代化是一项极为宏大的系统工程，这就要求全面的系统的改革和改进，要求各领域改革和改进的联动和集成，在国家治理体系和治理能力现代化上形成总体效应、取得总体效果。国家治理现代化的总体性，要求必须充分发挥党总揽全局、协调各方的领导核心作用。

程序的法治性。法治作为基本的国家治理方式，依法治国、依法执政、依法行政、严格执法和公正司法，决定了推进国家治理现代化本体上和路径上就是推进国家治理法治化。依法治国是党领导人民治理国家的基本方略，是中国特色社会主义的本质要求和重要保障，是国家治理现代化的重要标志。国家的发展进步需要活力和持续的动力，又要保证它在正确的轨道上运行。法治为国家的正常运行和活力的释放提供正确的轨道和秩序，确保活而不乱、运转有序。依法治国要求在国家治理和社会管理中更加注重发挥法治的重要作用，注重程序的合法性，善于运用法治思维和法治方式深化改革、推动发展、化解矛盾、维护稳定。依法保障公民享有广泛的权利，依法公正对待人民群众的诉求，使人民群众由衷感到权益受到公平对待、利益得到有效维护，彰显社会主义制度的公平正义。

结果的公平性。公正，即公平正义。公平正义是中国特色社会主义制度的目标追求，也是国家治理现代化必须坚持的重要取向。随着我国经济社会发展水平和人民生活水平不断提高，社会主要矛盾发生转化，人民群众的公平意识、民主意识、权利意识不断增强，促进社会公平正义成为全社会追求的最大公约数之一，维护社会公平正义成为国家治理变革的重要方向，也是衡量治理效能的重要指标。只有将充分保障人民群众经济、政治、文化、社会等方面的权利和利益的社会公正制度体系具体化为国家治理实践中的措施和行动，使广大人民群众能够共建共享社会发展的经济政治文化成果，才能真正实现和维护社会公平正义，体现制度的优越性。针对国家发展过程中出现的种种有违公平正义的行为需要从源头上进行根治，通过制度安排、法律规范、政策条例加以解决，同时继续抓住经济建设这个中心，为保障社会公平正义奠定坚实的物质基础，不断在此基础上提升国家治理效能。同时，必须在社会生活的全部领域贯彻公平正义的价值理念，重视民生建设工程，将公平正义的价值成果实实在在地惠及广大人民。

2. 总体目标的评判标准

在总体目标实现的价值目标——主体的人民性、领导的权威性、程序的法治性、结果的公平性等指引下，总体目标还有具体的评判标准，即制度化、科学化、规范化、程序化、高效化、智能化等。

制度化。制度化是国家治理现代化的核心指标，这决定了现代国家治理必须将制度构建和执行放在最重要的位置，围绕如何实现制度化和提高制度执行力而展开。国家治理的制度化，指的是在治理国家过程中对国家基本政治制度的权力配置、行使权力机构的设置、各权力机关的功能的以及各机关运作的监测都要建章立制，使国家政治的基本治理有法可依、有章可循、有规可守、有制可行。国家治理制度化是衡量一国政治文明水准一种外化的标志。在国家治理方面，首先要实现国家治理的制度化，然后再将制度化提升为法治化。因此，国家治理制度化是依法治国方略的必要的准备或基础。

科学化。国家治理的科学化是指在国家治理行为与方式上，尊重并符合客观规律的过程及其结果。其重点强调的是在国家治理上各项法律制度与政治决策及其实施的科学性、合规律性，目的在于减少或者防止失误与错误的发生，使国家治理始终处于良好的状态。国家治理是一个宏大的政治工程、科技工程。这个工程的设计、施工、管理、推进，必须尊重客观规律并依照客观规律的要求行事。为了能够符合客观规律的要求，保证其科学性，它更应该是一个宏大的法治工程。国家治理科学化的重要目的之一就是要追求和实现国家治理的正确性、有效性和高效性。

规范化。国家治理的规范化作为构建国家治理体系与提高国家治理能力的评价标准，是推进国家治理现代化的内在要求。国家治理的规范化是指在合理配权的基础上，以权力运行为核心，借助法律法规、制度机制等方法，对国家治理的主体、对象、过程进行规范约束，确保来源于人民的权力真正实现为民所用。根据国家治理在运行过程中与各要素之间的关系，国家治理规范化可分为国家治理系统内在规范化与外在规范化两个方面。内在规范化是指国家治理系统自身的规范化，即国家治理配置的规范化、国家治理运行程序的规范化，是在科学分权、合理配权的基础上以权力制约权力实现的；外在规范化是指国家治理运行系统与外在要素之间关系的规范化，即权力与权利、法律、制度关系的规范化，是在科学界定国家治理范围的基础上以权利监督权力、法律规定权力、制度约束权力实现的，表现为国家治理既有权利制约、权力制衡，也有法律的规定和制度的约束。

程序化。国家治理现代化的一个重要标志，就是在注重实体性制度的同时，突出程序性制度的重要性。这里的程序性制度就是制度的运行要有一个科学合理的流程，这种流程本身就是一种规范和约束。它通过对制度执行输入和输出以及制度执行过程每一个环节进行统一的规定而形成一个规范的系统。流程良好的规范性和可复制性有益于克服经验主义和主观随意性，提高制度执行的科学性。一个完善的制度运行流程应该包括制度的程序化设计、程序化规范和程序化运行，始终突出制度运用的程序性。计算机出现程序问题，会造成整个系统的崩溃。同理，如果国家治理的制度运行程序紊乱，则会造成整个经济社会发展的失序和社会的不稳定。因此，保持国家治理过程中制度的程序性运用就显得尤为重要。

效率化。国家治理的效率化是指通过决策科学化和执行的高效率，最大限度地实现社会经济效益，促进社会稳定和推动社会发展，实现制度收益最大化。现代国家治理对决策科学化要求愈来愈高，要尽量避免出现具有颠覆性的失误。如从理论上看，社会主义属于更具有先进性的制度，但为什么社会主义命运出现了比较大的曲折，重要原因就是决策的重大失误。而有了科学的决策还需要强化执行力，将决策转化为实际行动。国家治理是有意识的行为，推进国家治理现代化既要抓住基本制度的发展和完善，也要切实提高制度执行力，如此，中国特色社会主义制度的优势方能转化为治理国家的效能优势。

智能化。随着大数据对于国家治理、人民生活深入影响的不断扩大，随着机器学习、深度学习算法的不断发展，人工智能也开始逐步影响国家治理的诸多环节，智能化治理成为国家在当前乃至未来必须关注的深刻问题。利用网络空间，国家可以构造治国理政的反馈系统，改变传统的治理模式。在网络时代，国家需要利用信息化这个强有力的工具，在政策和举措出台之前广泛征求、准确把握民意；出台之后获得执行情况的反馈，并适时进行调整。这样，治国理政的过程就由下达指令—执行的"开环过程"变为下达指令—执行—反馈的"闭环过程"。

（四）设定总体目标的重大意义

1. 总体目标是"两个一百年"奋斗目标、实现社会主义现代化强国"两步走"战略、全面深化改革总目标的具体化

党的十七大、十八大对全面建成小康社会提出了新的要求，作出了新的部署，形成了"两个一百年"的奋斗目标，即到建党 100 年时建成惠及十几亿人口的更高水平的小康社会；到新中国成立 100 年时基本实现现代化，建成社会主义现代化国家。党的十九大报告进一步清晰规划了全面建成社会主义现代化强国的时间表、路线图：到 2020 年全面建成小康社会、实现第一个百年奋斗目标的基础上，再奋斗 15 年，到 2035 年基本实现社会主义现代化；到本世纪中叶，把我国建成富强民主文明和谐美丽的社会主义现代化强国。党的十八届三中全会全面深化改革的总目标是完善和发展中国特色社会主义制度、推进国家治理体系和治理能力现代化。党的十九届四中全会提出的总目标，是"两个一百年"奋斗目标、十九大的"两步走"战略以及全面深化改革总目标的细化、具体化、明确化。

2. 总体目标将制度和治理融为一体，以制度建设保证治理效能，以治理效能发挥制度优势，有效防止了缺乏效能的"制度悬置"和缺乏根基的"治理变革"

党的十八届三中全会虽然明确提出"完善和发展中国特色社会主义制度、推进国家治理体系和治理能力现代化"是全面深化改革的总目标。但是在实践中，却出现了一种倾向：只强调制度的优越性，认为制度好自然治理就有效，从而出现忽视治理体系、缺乏治理效能的"制度悬置"问题；另一种倾向重视治理体系构建和治理能力提升，但是却偏离甚至背离了社会主义方向，从而出现了缺乏根基的"治理变革"。这次《决定》特别强调坚持和完善中国特色社会主义制度、推进国家治理体系和治理能力现代化的总体目标是一个统一整体，并且把"完善和发展中国特色社会主义制度"改为"坚持和完善中国特色社会主义制度"，强调制度是本，治理是用，本末不能倒置。

3. 总体目标的设定高屋建瓴、顶层设计合理，既让我们认清了坚持和完善中国特色社会主义制度、推进国家治理体系和治理能力现代化方面存在的差距，也明确了我们前进的目标

党的十九大报告指出，我国社会主要矛盾已经转化为人民日益增长的美好生活需要和不平衡不充分的发展之间的矛盾。虽然社会生产力总体水平明显提高、人民生活水平也显著提高，但是我国的突出问题，发展不平衡不充分问题不容忽视，这将影响和制约我国发展；我国社会主义制度尚不够完善，人民的主体地位还不够突出；国家治理体系和治理能力尚存在许多不足，城市与乡村、东部发达地区与西部欠发达地区之间的治理体系与能力仍存在较大差距。我们仍需要铆足干劲去推进制度的完善以及国家治理体系和治理能力的现代化。我国制度建设和国家治理有明确了总体目标，既可以防止目标模糊，找不准前行的航向，也明确了社会主义制度的完善、国家治理能力的提高不是一蹴而就的，从而避免急于求成、急躁冒进。党的十九届四中全会提出坚持和完善中国特色社会主义制度、推进国家治理体系和治理能力现代化的总体目标，有利于我们凝聚人民共识，心往一处想，劲往一处使，需要我们艰苦奋斗、奋发有为，克服种种艰难险阻共同努力实现目标。

第九讲

我国国家制度和国家治理体系的显著优势

党的十九届四中全会第一次系统总结了我国国家制度和国家治理体系十三个方面的显著优势，标志着我们党对中国特色社会主义制度优越性的认识达到了新高度，为坚定中国特色社会主义"四个自信"特别是制度自信提供了基本依据。弄清这十三个显著优势是什么、从哪里来、到哪里去，对全面把握和准确理解其科学内涵和重大意义，坚定制度自信和发挥制度优势具有重要意义。

（一）我国国家制度和国家治理体系显著优势的形成

中国特色社会主义制度和国家治理体系是以马克思主义为指导、植根中国大地、具有深厚中华文化根基、深得人民拥护的制度和治理体系，其显著优势是始终坚持马克思主义基本原理与中国实际相结合的产物，是长期探索实践和不断改革创新的产物，是重视中华传统文化的作用和汲取人类优秀制度文明成果的产物，是深刻总结和吸取国内外正反两方面经验的产物，是始终坚持以人民为中心价值立场的产物。

1. 始终坚持马克思主义基本原理与中国实际相结合的产物

坚持马克思主义基本原理与中国实际相结合，是解决中国问题的根本经验。中国共产党人是为了解决中国问题而选择马克思主义的，但是马克思主义并非产生于中国，也不是为了解决中国问题而创立。从中国共产党成立那天起，就面临把马克思主义基本原理与中国实际相结合这一艰巨任务。"马克思的整个世界观不是教义,而是方法。它提供的不是现成的教条,而是进一步研究的出发点和供这种研究使用的方法"①,中国共产党人在清醒地认识到这一点后,开始自觉地推进马克思主义中国化,并用中国化的马克思主义指导中国革命、建设和改革的具体实践,实现了中国人从站起来、富起来到强起来的伟大飞跃。

坚持马克思主义基本原理与中国实际相结合,是形成中国特色社会主义制度显著优势的根本原因。新中国成立 70 年来,我们党领导人民创造了世所罕见的经济快速发展奇迹和社会长期稳定奇迹,已经在实践中证明了中国特色社会主义制度具有显著优势。在理论上如何解释呢?以中国特色社会主义的基本经济制度的形成为例予以说明。《决定》指出:"公有制为主体、多种所有制经济共同发展,按劳分配为主体、多种分配方式并存,社会主义市场经济体制等社会主义基本经济制度,既体现了社会主义制度优越性,又同我国社会主义初级阶段社会生产力发展水平相适应,是党和人民的伟大创造。"②公有制、按劳分配和计划经济适用于具有发达社会生产力的社会主义,并不适用于处于社会主义初级阶段生产力落后的中国。改革开放前,由于没有充分认识到这一点,我国所建立的经济制度超越了生产力水平,严重影响了生产力发展。改革开放后,我们党认识到我国正处于并将长期处于社会主义初级阶段这一最大实际,推行所有制改革、分配制度和市场化改革,形成了中国特色社会主义基本经济制度。坚持公有制为主体、按劳分配为主体,体现了社会主义制度的优越性;坚持多种所有制经济共同发展、多种分配方式并存,建立社会主义市场经济体制,使得我国的基本经济制度同社会生产力发展水平相适应。通过这一典型例证就很容易理解,坚持马克思主义基本原理与中国实际相结合在制度优势形成中所起的决定性作用。

2. 长期实践探索和不断深化改革的产物

我国社会主义制度的建立是长期实践探索的结果。我国社会主义制度的建立是在社会主义改造中完成的,但中国选择社会主义制度却是近代以来中

---

① 《马克思恩格斯文集》第 10 卷,人民出版社 2009 年版,第 691 页。
② 《中共中央关于坚持和完善中国特色社会主义制度 推进国家治理体系和治理能力现代化若干重大问题的决定》,《人民日报》2019 年 11 月 6 日第 1 版。

国人民长期探索的结果。"师夷长技以制夷"的洋务运动失败后，中国资产阶级改良派认识到，中国衰落的根本原因在于"制不如人"，而非"器不如人"，因而发动了变法维新运动，开启了中国近代以来"制度救国"的探索。以孙中山为代表的中国资产阶级革命派，提出了"民族、民权、民生"三民主义政治主张，发动了辛亥革命，建立了资产阶级民主共和国，但最终归于失败。在中国共产党领导下，中国人民经过28年的艰苦卓绝斗争，取得了反帝反封建的新民主主义革命的胜利，建立了人民民主专政的新中国。1956年，在社会主义改造基本完成后，建立了我国的社会主义制度，为中国特色社会主义制度的最终形成奠定了基础。

推进改革开放是中国特色社会主义制度显著优势得以形成的关键原因。社会主义建设时期，我国借鉴苏联模式建立了单一公有制的经济制度和高度计划的经济体制，大大解放了社会生产力，国民经济在一段时间内快速发展，国家各方面建设取得了显著成就。但是，随着时间的推移，特别是受到"大跃进"和人民公社运动等"左"倾思想影响，生产关系不能适应社会生产力发展水平的弊端越来越明显地暴露出来。十年内乱，使党和人民的事业遭受严重挫折，国家的民主法制建设遭到严重破坏。马克思列宁主义为我国的社会主义指明了方向，但是不能代替我们去思考和解决我国社会主义发展进程中的具体问题。我们党深刻总结历史教训，深刻把握中国国情，坚持解放思想、实事求是思想路线，开启了改革开放伟大实践。从1978年党的十一届三中全会揭开改革开放序幕，党的历次三中全会都以深化改革问题为主题，显示了我们党坚定不移推进改革开放的决心和勇气。进入新时代，以习近平同志为核心的党中央，推进全面深化改革，经济、政治、科技、文化、社会、生态文明、军事、外交等多个领域的制度改革取得显著成绩，推进中国特色社会主义制度更加完善、更加成熟、更加定型。改革开放是决定当代中国命运的关键抉择，是当代中国发展进步的动力之源，也是中国特色社会主义制度优越性得以形成的关键原因。

3.重视中华传统文化的作用和汲取人类优秀制度文明成果的产物

古为今用，重视中华传统文化的作用是中国特色社会主义制度建设的重要经验。首先，在马克思主义中国化进程中，不断吸收中华优秀传统文化营养，是我们党理论创新的一条重要经验，也是一个独特优势。比如，我们党提出的建设小康社会的目标任务，传承和发展了中国古代的小康社会思想，是中国古代小康社会思想的现代化和当代版。党的理论创的优势和成果，通过指导制度创新而反映在制度优势的形成上。其次，注重古为今用，在制度建设中吸收中国传统制度文化的优秀成分。比如，中国古代关于选人用人的丰富思想和制度，有系统成熟的巡视和监察制度，这些制度被创造性地转化和运用到中国特色社会主义制度建设之中，发挥了积极明显的作用。再次，充分考虑传统文化对中国人的价值观念、道德观念以及思维方式、行为方式的深刻影响，建设适应中国国情的国家制度和国家治理体系。制度由人而立、为人而立、靠人执行，我国的制度建设必须考虑中国人和中国社会的思维和行为特点。比如，根据人治传统浓厚、法治意识缺乏的国情，突出抓好执法、司法等方面的制度建设。

洋为中用，重视汲取人类优秀制度文明成果的产物，是提高制度效能和制度体系活力的有效途径。首先，把人类优秀制度文明成果纳入我们学习和借鉴的视野，为我国的制度建设提供了更多选项，实践证明是提高制度建设水平的有效途径。其次，人类优秀制度文明成果，其先进性、有效性经过他国实践检验，再经过我们认真的选择，结合我国国情和需要进行恰当改造，往往能够明显地提高我们的制度效能。再次，将人类优秀制度文明成果为我所用，可以产生"鲇鱼效应"，改变制度体系"画地为牢"的固化趋势，激发制度活力。我国借鉴资本主义的市场经济制度，建立社会主义市场经济，就是这方面的成功案例。长期以来，我们给市场经济贴上了资本主义标签，避之唯恐不及。1992年南方谈话中，邓小平同志强调"市场经济不等于资本主义""计划和市场都是经济手段"，① 冲破了"市场经济等于资本主义"的思想认识藩篱，为党的十四大作出建立社会主义市场经济体制的决定扫除了思想障碍。社会主义市场经济体制的建立，是改革开放的重大成果，是中国共产党人对马克思主义政治经济学和社会主义经济制度的开创性贡献，它对中国经济社会发展所产生的巨大推动作用仍在不断显现，成为中国特色社会主义经济制度的突出优势。

4. 深刻总结和吸取国内外正反两方面经验的产物

善于总结和吸取经验教训是我们党治国理政的一大优势，也是中国特色

---

① 《邓小平文选》第三卷，人民出版社1993年版，第373页。

社会主义制度显著优势形成的重要原因。全面推进依法治国，就是深刻总结我国法制建设成功经验和深刻教训作出的重大抉择。新中国成立初期，我们党在废除旧法统的同时，积极运用新民主主义革命时期根据地法制建设的成功经验，抓紧建设社会主义法制，初步奠定了社会主义法制建设基础。后来，党在指导思想上发生"左"的错误，逐渐对法制不那么重视，特别是"文化大革命"十年内乱使法制遭到严重破坏，付出了沉痛代价，教训十分惨痛。"历史是最好的老师。经验教训使我们党深刻认识到，法治是治国理政不可或缺的重要手段。法治兴则国家兴，法治衰则国家乱。什么时候重视法治、法治昌明，什么时候就国泰民安；什么时候忽视法治、法治松弛，什么时候就国乱民怨。"①党的十一届三中全会以来，我们党始终把法治放在党和国家工作大局中来谋划和推进，依法治国取得重大成就。十八大以来，我们党不断完善以宪法为统帅的中国特色社会主义法律体系，出台了一系列关于巩固宪法权威、建设法治政府、坚持公正司法、增强全民法治观念的制度和举措，形成了中国特色社会主义的法治优势，切实保障了社会公平正义和人民权利。

以人为鉴，可知得失，善于总结和吸取他国的经验教训，可以让一个政党保持头脑清醒，让一个国家少走邪路和弯路。苏联解体后不久，邓小平同志在南方谈话中指出："帝国主义搞和平演变，把希望寄托在我们以后的几代人身上。""所以，要把我们的军队教育好，把我们的专政机构教育好，把共产党员教育好，把人民和青年教育好。中国要出问题，还是出在共产党内部。对这个问题要清醒，要注意培养人，要按照'革命化、年轻化、知识化、专业化'的标准，选拔德才兼备的人进班子。"②习近平总书记在谈及苏联为什么解体，苏共为什么垮台的原因指出："一个重要原因就是意识形态领域的斗争十分激烈，全面否定苏联历史、苏共历史、否定列宁、否定斯大林，搞历史虚无主义，思想搞乱了，各级党组织几乎没有任何作用了，军队都不在党的领导之下了。最后，苏联共产党偌大一个党就作鸟兽散了，苏联一个偌大的社会主义国家就分崩离析了。"③《决定》概括的十三个方面的制度优势中，

---

① 《习近平关于全面依法治国论述摘编》，中央文献出版社2015年版，第8页。
② 《邓小平文选》第三卷，人民出版社1993年版，第380页。
③ 习近平：《关于坚持和发展中国特色社会主义的几个问题》，《求是》2019年第7期。

坚持党的集中统一领导、坚持共同的理想信念、坚持德才兼备、坚持党指挥枪四个方面的制度优势的形成，与深刻吸取上述教训，加强制度建设有直接关系。如果我们列举更多苏联解体的原因和教训，会看到更多制度优势的形成与吸取这些深刻教训有关。

5. 始终坚持以人民为中心价值立场的产物

衡量国家制度是否有优势，人民是否拥护是关键；决定人民是否拥护国家制度，是否坚持以人民为中心的价值立场是关键。中国特色社会主义制度建设，正是抓住了这个关键，始终坚持以人民为中心的价值立场，因而得到了中国人民的衷心拥护。中国特色社会主义制度，是在这一制度充分代表人民群众的利益和充分尊重人民群众的首创精神，不断激发人民群众的创造性和汲取人民群众的实践经验的基础上形成的，具有深厚的群众基础和动员群众、凝聚人心的强大制度优势。① 我国的改革首先在农村取得了突破，1978年11月，安徽凤阳县梨园公社小岗村18户农民创造出"缴够国家的、留够集体的、剩下都是自己的"的"包干到户"，这个办法简便易行，非常受农民的欢迎。四川省委支持农民搞包产到组，允许和鼓励社员正当经营的家庭副业，其他省份也采取了类似的做法。1980年9月，中共中央印发《关于进一步加强和完善农业生产责任制的几个问题》的文件，在中央的支持和鼓励下，家庭联产承包责任制在全国农村普遍推行。在农村改革的推进过程中，并没有搞"一刀切"，而是因地制宜，尊重人民群众的选择，允许多种形式责任制并存。农村联产承包责任制的推行，是坚持以人民为中心推进改革的典型，对充分调动亿万农民的积极性，加快农业发展，改善农民生活产生了深远影响和极大推动作用。

中国特色社会主义制度，是在这一制度始终坚持人民当家作主的本质特征和为人民服务的价值旨归的基础上形成的，具有厚重的人民底蕴和为了人民，造福人民的制度优势。② 早在延安时期，我们党就确立了全心全意为人民服务的根本宗旨，并把这一根本宗旨写入了党章。新中国成立后，坚持人民当家作主的主体地位更是体现到社会主义制度建设的方方面面。各种政权

---

① 包兴鉴：《中国制度的内在逻辑和显著优势》，《光明日报》2019年11月4日第5版。
② 包兴鉴：《中国制度的内在逻辑和显著优势》，《光明日报》2019年11月4日第5版。

机关都有"人民"二字，体现了人民在国家中的主体地位，如人民代表大会、人民政府、人民法院、人民检察院、人民警察、中国人民解放军。党的执政理念和方针更是向人民的权利和福祉聚焦，并不断发展和升华，如"立党为公、执政为民"，"权为民所用、情为民所系、利为民所谋"，"发展为了人民，发展依靠人民，发展成果由全体人民共享"，"幼有所育、学有所教、劳有所得、病有所医、老有所养、住有所居、弱有所扶"，"人民对美好生活的向往就是我们的奋斗目标"，"为中国人民谋幸福，为中华民族谋复兴"，等等。由于在制度建设的全过程和各层面坚持以人民为中心，使中国特色社会主义制度具有厚重的人民底蕴和为了人民、造福人民的制度优势。

（二）十三个方面显著优势的基本内涵与表现

中国特色社会主义制度是党和人民在长期实践探索中形成的科学制度体系，富有强大的生命力和巨大的优越性，尤其在党的领导和经济、民主、法治、民族、共同富裕、改革创新、人才、军事、外事等方面形成了更为突出和显著的制度优势。在十三个方面的显著优势中，党的集中统一领导是最大的制度优势，是贯穿其中的一条主线，是其他所有制度优势得以形成和充分发挥作用的前提和保证；人民当家作主、全面依法治国、全国一盘棋、民族一律平等四个方面的显著优势，直接关涉人民在国家中的地位和国家治理方式的根本性制度安排，是根本的制度优势；经济、文化、共同富裕、改革创新四个方面的显著优势，直接关涉中国特色社会主义事业总体布局的推进和国家富强、人民幸福奋斗目标的实现，是基本的制度优势；培养造就人才、党指挥枪、"一国两制"、独立自主和对外开放相统一四个方面的显著优势，涉及为建设社会主义现代化国家、实现中华民族伟大复兴的宏伟目标提供有力的战略支撑和保障，是重要的制度优势。这十三个显著优势是一个不可分割的整体，它们之间是相互联系、相互作用的。中国特色社会主义制度优势，不仅是每一个显著优势的具体体现，更是十三个显著优势作为一个有机整体而展现出来的整体优势。

1. 坚持党的集中统一领导是最大制度优势

党的十九大报告强调："中国特色社会主义最本质的特征是中国共产党领

导，中国特色社会主义制度的最大优势是中国共产党领导"。[①]所谓"最本质的特征"是强调，判断是不是中国特色社会主义，其根本的、首要的标准是中国共产党领导，否定或放弃中国共产党领导就等于否定和背弃了中国特色社会主义，更谈不上坚持和发展中国特色社会主义。所谓"最大优势"是强调，中国共产党领导是建设社会主义现代化国家、实现中华民族伟大复兴的宏伟目标的最优越的条件和最根本的政治保证，是战胜一切敌对势力和一切艰难险阻，保持改革发展稳定大好局面的定海神针。办好中国的事，关键在党，党要办好中国的事，关键在党的集中统一领导。由于我们用一整套行之有效的制度机制，保证了党的集中统一领导，才保证了我国发展的正确政治方向，创造出了经济快速发展和社会长期稳定两大奇迹。

《决定》是这样概括这一显著优势的："坚持党的集中统一领导，坚持党的科学理论，保持政治稳定，确保国家始终沿着社会主义方向前进的显著优势"，这句概括阐明了这一显著优势的内在逻辑。坚持党的集中统一领导和坚持党的科学理论，是这一显著优势的制度内涵；保持政治稳定和确保国家始终沿着社会主义方向前进，是这一显著优势的现实效果和外在表现。坚持党的科学理论以坚持党的集中统一领导为前提，并服务于坚持党的集中统一领导。党坚持以科学理论为指导展开治国理政实践，实现保持政治稳定和确保国家始终沿着社会主义方向前进的国家治理目标。

党政军民学，东西南北中，党是领导一切的，这一原则保证了我们党可以总揽全局、协调各方，充分发挥党在中国特色社会主义建设中的领导核心作用。我们党是按照民主集中制组织起来的统一整体，个人服从组织、少数服从多数、下级服从上级、全党服从中央的基本原则，为党的集中统一领导提供了基本的组织制度保证。做到"坚决维护习近平总书记党中央的核心、全党的核心地位，坚决维护党中央权威和集中统一领导"的政治要求，则抓住了坚持党的集中统一领导的关键和"牛鼻子"。十八大以来，我们党高度重视党的纪律检查工作、政治巡视巡查工作和行政监察工作，制定和出台了一系列相关制度法规，对落实党的集中统一领导不力的组织和个人进行追责问

[①] 习近平：《决胜全面建成小康社会 夺取新时代中国特色社会主义伟大胜利——在中国共产党第十九次全国代表大会上的报告》，人民出版社2017年版，第20页。

责,全党全国全军范围内的政治监督力度进一步加大,有效地保证了坚持党的集中统一领导的落实。

我们党是马克思主义的政党,坚持马克思主义是我们党的基本原则,也是我们党的安身立命之本。"我们的理论是发展着的理论,而不是必须背得烂熟并机械地加以重复的教条"。① 随着形势任务的发展,我们党不断推进马克思主义中国化、时代化、大众化,从毛泽东思想、邓小平理论、"三个代表"重要思想、科学发展观,到习近平新时代中国特色社会主义思想,使得马克思主义不断与中国实际相结合、回应时代课题、掌握人民群众。党的理论的科学性,不仅体现为马克思主义基本原理的科学性,更体现为它能与时俱进,指导中国革命、建设和改革实践,解决不同历史时期的中国问题。坚持和发展党的科学理论,是我们党保持政治清醒和政治自觉的重要经验,是保持政治稳定和保证社会主义正确发展方向重要经验。

新中国成立 70 年来,我们党领导人民创造了世所罕见的经济快速发展奇迹和社会长期稳定奇迹,中华民族迎来了从站起来、富起来到强起来的伟大飞跃。之所以取得这样巨大的成就,原因是多方面的,但毋庸置疑的是,坚持党的集中统一领导和坚持党的科学理论,在其中发挥了至关重要的作用。政治稳定是社会稳定的核心,正确的发展方向是取得巨大发展成就的政治保证。没有党的集中统一领导,没有对党的科学理论的始终坚持,就无法保持政治稳定和正确的发展方向,也就不可能创造出经济快速发展和社会长期稳定"两大奇迹"。进入新时代以来,我们党全面贯彻党的基本理论、基本路线、基本方略,坚持不走改旗易帜的邪路,不走封闭僵化的老路,毫不动摇坚持和发展中国特色社会主义,开创了改革发展稳定、内政外交国防、治党治国治军的新局面,使得坚持党的集中统一领导这一中国特色社会主义制度的最大优势得到了进一步的巩固和更为充分的发挥。

2. 人民当家作主、全面依法治国、全国一盘棋、民族一律平等四个根本的制度优势

(1)坚持人民当家作主,发展人民民主,密切联系群众,紧紧依靠人民推动国家发展的显著优势

---

① 《马克思恩格斯文集》第 10 卷,人民出版社 2009 年版,第 562 页。

人民群众是历史的创造者。新民主主义革命时期，我们党把争取民族独立和人民解放作为奋斗目标，紧紧依靠人民推翻了三座大山，取得了新民主主义革命的胜利，结束了被奴役被侵略的屈辱历史，在中国历史上第一次建立了人民当家作主的新中国。社会主义改造和社会主义建设时期，我们党紧紧依靠人民，自力更生，艰苦奋斗，在中华大地上第一次建立了人民当家作主的社会主义制度，并把社会主义建设不断推向前进。进入改革开放新的历史阶段，我们党持续加强和改进民主建设，不断健全和完善民主制度，充分调动广大人民群众的积极性、创造性，紧紧依靠人民建设中国特色社会主义，创造了经济持续快速发展、社会持续安全稳定的奇迹。进入新时代，我们党把人民对美好生活的向往作为自己的奋斗目标，开展群众路线教育实践活动，坚持以人民为中心的发展理念，紧紧依靠人民推进"五位一体"总体布局和"四个全面"战略布局，迎来了实现中华民族伟大复兴的光明前景。实践证明，推动历史前进的磅礴力量蕴含在广大人民群众之中，只有紧紧依靠中国人民才能推动中国的发展进步；要想紧紧依靠人民推动国家发展，就必须真正做到人民当家作主，要做到人民当家作主，就必须发展人民民主，密切联系群众。这是符合唯物史观的发展规律、建设规律和执政规律，更是我国革命、建设、改革实践的重要经验。

(2) 坚持全面依法治国，建设社会主义法治国家，切实保障社会公平正义和人民权利的显著优势

法治兴则国家兴，法治乱则国家乱。习近平总书记强调："要推动我国经济社会持续健康发展，不断开拓中国特色社会主义事业更加广阔的发展前景，就必须全面推进社会主义法治国家建设，从法治上为解决这些问题提供制度化方案。"[①] 公平正义是中国特色社会主义的价值追求和重要标志，法治是社会公平正义和人民权利的基本保障。我们坚持把党的领导贯彻落实到依法治国的全过程和各方面，坚定不移地走中国特色社会主义法治道路，保证了我国法治建设的正确政治方向。确定全面依法治国的总目标是建设中国特色社会主义法治体系、建设社会主义法治国家，擘画了全面依法治国的总蓝图。

---

① 中共中央文献研究室编：《十八大以来重要文献选编》中，中央文献出版社2016年版，第141页。

加强宪法实施和监督、推进依法行政、深化司法体制改革、健全对公权力监督等一系列有力举措，有力地促进了依法治国水平的提高，更好地保障了社会公平正义和人民权利。天下之事，不难于立法，而难于法之必行，法律的有效实施，是全面依法治国的重点与难点。司法是保障社会公平正义的最后一道防线，我们加快完善执法、司法、守法等方面的体制机制，努力让人民群众在每一个司法案件中都感受到公平正义。社会公平正义和人民权利能够得到有效保障，既实现了中国特色社会主义的本质要求，又体现了中国特色社会主义的法治优势，巩固了我们党的执政基础。

(3) 坚持全国一盘棋，调动各方面积极性，集中力量办大事的显著优势

集中力量办大事是社会主义中国的一个突出优势，也是独特优势。首先，这一优势具有坚实的制度基础。以公有制为主体的基本经济制度，国有经济在国民经济中占据主导地位，决定了党和政府可以动员大量的物质资源和社会资源，为集中力量办大事提供雄厚的物质基础。中国共产党长期执政、党的集中统一领导、人民的衷心拥护、具有高度计划能力的政治制度和体制，使得我们可以做到全国一盘棋，进行全局性顶层设计和长远的战略规划，并且能够有效保证政策的连续性和政令畅通，上下协力，各方协同，久久为功，把这些设计和规划最终落到实处。其次，这一优势具有深厚的思想基础。中华民族自古就有深厚的爱国主义和集体主义传统，"天下兴亡，匹夫有责""舍小家为大家"的思想深入人心。中国共产党成立以来，中国共产党人不忘初心、砥砺奋斗、全心全意为人民服务的示范作用，新中国成立之后，人民成为国家主人的身份激励，使得爱国主义和集体主义的传统得到发扬光大。全社会普遍的爱国主义和集体主义价值取向，使得积极参与"办大事"，自觉为"办大事"做贡献，成为一种社会风气和行动自觉。在我国革命、建设、改革各个历史时期，集中力量办大事的事例有很多，"两弹一星"工程是其中的典型代表。"两弹一星"工程是在上世纪五六十年代物质匮乏、技术力量不足的情况下，在全国范围内整合和调动人才和物质资源，克服重重困难完成的。大批优秀的科技工作者，怀着对新中国的满腔热爱，义无反顾地投入到这一事关国家前途命运的重大工程中来，和参加研制工作的广大干部、工人、解放军一起，抛家舍业，默默无闻，用较少的时间和较少的投入，突破了一系列尖端技术，研制出了一批大国重器。"两弹一星"工程的成功，生动地诠释

了我国集中力量办大事的显著优势。

(4) 坚持各民族一律平等，铸牢中华民族共同体意识，实现共同团结奋斗、共同繁荣发展的显著优势

中华民族共同体是在长期历史发展中形成的，它是建立在我国各民族的共同历史条件、共同价值追求、共同物质基础、共同身份认同、共有精神家园基础上的命运共同体。一个民族、一个国家，如果缺乏"身份意识"，没有"民族认同"，必然四分五裂，难有作为。筑牢中华民族共同体意识是维护国家统一的思想基础，是促进民族团结的必要条件，是实现中华民族伟大复兴的客观要求。只有筑牢中华民族共同体意识，才能实现共同团结奋斗、共同繁荣发展。坚持各民族一律平等，是筑牢中华民族共同体意识的制度基础和思想条件。我们党始终坚持各民族不分人口多少、历史长短、发展程度高低一律平等；坚持各族人民互相尊重、互相学习、互相合作、互相帮助，维护民族团结；实行民族区域自治，最大限度地发挥了各族人民当家作主的积极性。我们党一贯重视培育各族人民的共同体意识，强调汉族离不开少数民族，少数民族离不开汉族，各少数民族相互离不开，强调各民族是你中有我、我中有你、一荣俱荣、一损俱损的命运共同体。在世界上诸多的多民族国家中，我国是民族问题解决得最好的国家之一，实现了各民族共同团结奋斗、共同繁荣发展。党的十九大报告强调要"全面贯彻党的民族政策，深化民族团结进步教育，铸牢中华民族共同体意识，加强各民族交往交流交融，促进各民族像石榴籽一样紧紧抱在一起，共同团结奋斗、共同繁荣发展"[①]，为进一步做好民族工作，完善中华民族共同体指明了努力方向。

3. 经济、文化、共同富裕、改革创新四个基本的制度优势

(1) 坚持公有制为主体、多种所有制经济共同发展和按劳分配为主体、多种分配方式并存，把社会主义制度和市场经济有机结合起来，不断解放和发展社会生产力的显著优势

我国解放和发展生产力的显著优势，是在改革开放中形成的。邓小平同志强调："搞社会主义，一定要使生产力发达，贫穷不是社会主义。我们坚持

---

① 习近平：《决胜全面建成小康社会 夺取新时代中国特色社会主义伟大胜利——在中国共产党第十九次全国代表大会上的报告》，人民出版社2017年版，第40页。

社会主义,要建设对资本主义具有优越性的社会主义,首先必须摆脱贫穷"。①改革开放 40 多年来取得的经济快速发展奇迹,充分证明了中国特色社会主义制度在解放和发展生产力上具有明显的优势。这个优势是如何形成的?是由于经济改革在所有制上实现了公有制与私有制的有机结合,在分配制度上实现了按劳分配与按生产要素分配的有机结合,在经济体制上实现了社会主义制度与市场经济的有机结合,这三个有机结合既满足了社会主义的本质要求,又适应了社会主义初级阶段的社会生产力发展水平,极大地激励了劳动者的积极性和创造性,提高了资源配置效率,兼顾了效率与公平。正如《决定》指出的那样:"公有制为主体、多种所有制经济共同发展,按劳分配为主体、多种分配方式并存,社会主义市场经济体制等社会主义基本经济制度,既体现了社会主义制度优越性,又同我国社会主义初级阶段社会生产力发展水平相适应,是党和人民的伟大创造。"而且,经济基础的显著变化促进了上层建筑的变革,经济基础与上层建筑的相互促动成就了中国道路与中国奇迹。这一显著优势的形成不仅具有中国意义,还具有世界意义;不仅展现出科学社会主义的强大生机和活力,而且为发展中国家走向现代化提供了中国方案。

(2)坚持共同的理想信念、价值理念、道德观念,弘扬中华优秀传统文化、革命文化、社会主义先进文化,促进全体人民在思想上精神上紧紧团结在一起的显著优势

兄弟同心,其利断金,全体中国人民能够在思想上精神上紧紧团结在一起,就能无往而不胜。习近平总书记强调:"小到一个人、一个集体,大到一个政党、一个民族、一个国家,只要有信仰、信念、信心,就会愈挫愈勇、愈战愈勇,否则就会不战自败、不打自垮。"② 对全体党员的共产主义信仰教育,对全体人民的中国特色社会主义信念和实现中华民族伟大复兴信心教育,为指引和支撑中国人民站起来、富起来、强起来提供了强大精神力量。习近平总书记强调:"培养和弘扬核心价值观,有效整合社会意识,是社会系统得以正常运转、社会秩序得以有效维护的重要途径,也是国家治理体系和治理能

---

① 《邓小平文选》第三卷,人民出版社 1993 年版,第 225 页。
② 习近平:《在庆祝改革开放 40 周年大会的讲话》,《人民日报》2018 年 12 月 19 日第 2 版。

力的重要方面。"① 大力推进培育和践行富强、民主、文明、和谐,自由、平等、公正、法治,爱国、敬业、诚信、友善的社会主义核心价值观,使得全体人民的价值立场和价值追求更趋一致,促生发展合力的作用越来越明显地显现出来。习近平总书记强调:"提高国家文化软实力,一个很重要的工作就是从思想道德抓起、从社会风气抓起、从每一个人抓起。"② 高度重视社会公德、职业道德、家庭美德、个人品德的培育和提高,进一步改善了社会风气,促进了社会和谐,提高了社会效率。习近平总书记指出:"文化自信,是更基础、更广泛、更深厚的自信,是更基本、更深沉、更持久的力量。"③ 对中华优秀传统文化、革命文化、社会主义先进文化的大力宣传和弘扬,大大增强了全体人民的文化自信。坚持共同的理想信念、价值理念、道德观念,坚定文化自信,促进全体人民在思想上精神上紧紧团结在一起,汇聚了实现中华民族伟大复兴的强大精神力量。

(3) 坚持以人民为中心的发展思想,不断保障和改善民生、增进人民福祉,走共同富裕道路的显著优势

国以民为本,政以民为要,民心是最大的政治。我们党坚持以人民为中心的发展思想,不断保障和改善民生、增进人民福祉,走共同富裕道路,顺应了民意,赢得了民心,汇聚了民力,形成了中国特色社会主义制度又一显著优势。为中国人民谋幸福、为中华民族谋复兴,是中国共产党人的初心和使命。我们党始终就把人民的利益放在最高的位置,全心全意为人民服务,实现了人民的解放,建立了人民当家作主的新中国,解决了人民的温饱问题,得到了全体人民的衷心拥护。进入新时代,我们党狠抓保障和改善民生,推进社会保障制度改革,在幼有所育、学有所教、劳有所得、病有所医、老有所养、住有所居、弱有所扶上取得了明显的进步,增进人民福祉;我们党坚持走共同富裕道路,推进分配制度改革,扩大低收入者收入,调节过高收入,取缔非法收入,拓宽居民劳动收入和财产性收入渠道,加快推进基本公共服

---

① 《习近平关于社会主义文化建设论述摘编》,中央文献出版社 2017 年版,第 106 页。
② 《习近平关于社会主义文化建设论述摘编》,中央文献出版社 2017 年版,第 137 页。
③ 习近平:《在中国文联十大、中国作协九大开幕式上的讲话》,人民出版社 2016 年版,第 6 页。

务均等化，缩小收入分配差距；我们党全力践行"全面建成小康社会，一个都不能少"的承诺，打响脱贫攻坚战，一任接着一任抓，一仗接着一仗打，一茬接着一茬干，积小胜为大胜，创造人类反贫困史的奇迹；我们党主动适应人民日益广泛的美好生活需要，在不断提高人民物质文化生活水平的同时，积极推动民主、法治、安全、环境等方面的建设，使人民有更多的获得感。事实胜于雄辩，正是因为实实在在地享受到了改革的成果，享受到了更高水平、更优质量、内涵更丰富的美好生活，真切体会到了中国特色社会主义的优越性，使得全体人民更加坚定了对中国特色社会主义的信心。

（4）坚持改革创新、与时俱进，善于自我完善、自我发展，使社会始终充满生机活力的显著优势

改革开放是推动中国社会发展的动力之源。习近平总书记强调："改革开放是决定当代中国命运的关键一招，也是决定实现'两个一百年'奋斗目标，实现中华民族伟大复兴的关键一招。"坚持改革开放，极大地解放和发展了社会生产力，促进了人们思想观念的重大变革，激发了全体人民的积极性和创造力。创新是引领发展的第一动力。习近平总书记强调："创新是一个民族的灵魂，是一个国家兴旺发达的不竭动力。"创新在哪里兴起，发展动力就在哪里迸发，发展制高点和竞争力就转向哪里，现代化高潮就兴起在哪里。在激烈的国际竞争中，惟创新者进，惟创新者强，惟创新者胜。改革创新是最鲜明的时代特征和时代精神，是中国特色社会主义制度的显著优势。中国特色社会主义制度因改革创新而成，因改革创新而进，因改革创新而兴。回顾改革开放的历程，每一次改革创新都给党和国家发展注入新的活力、给事业前进增加新的动力。改革开放是一场深刻的革命，必须坚持正确的方向。改革的本质是中国特色社会主义制度的自我完善和发展，绝不是要搞资本主义，而是不走改旗易帜的邪路，不走封闭僵化的老路，毫不动摇地坚持和发展中国特色社会主义。坚持改革创新、与时俱进，善于自我完善、自我发展，不但为社会进步提供了强大的动力，而且保证了发展的正确方向，使中国成为世人眼中最具生机和活力的最富吸引力的地方。

4. 培养造就人才、党指挥枪、"一国两制"、独立自主和对外开放相统一四个重要的制度优势

（1）坚持德才兼备、选贤任能，聚天下英才而用之，培养造就更多更优

秀人才的显著优势

人才是富国之本、兴邦大计。古今中外，凡强盛之国家，无不因才而成，凡有大作为的领导者，无不爱才惜才。我们党同样高度重视人才，始终把选人用人作为关系党和人民事业的关键性、根本性问题来抓，培养造就了更多更优秀的人才，形成了人才制度优势。第一，我们坚持党管干部，使我们的人才工作有统一的顶层设计、科学的选人标准、配套的用人政策。第二，纠正一段时间以来"重才轻德"的错误倾向，强调"德才兼备、以德为先"的用人导向，如果政治不过硬，能耐再大也不用，保证了人才队伍，特别是干部队伍的纯洁性和战斗力。第三，重视在实践中发现和培养人才，重视利用市场手段发现和培养人才，进一步巩固和拓展了选才育才的优势。第四，强调用事业吸引和留住人才，避免单纯物质待遇方式的局限性，增强了人才队伍的稳定性。第五，强调以海纳百川的气魄，聚天下英才而用之，并以五湖四海的胸怀，团结天下英才。习近平总书记强调："加快形成有利于人才成长的培养机制、有利于人尽其才的使用机制、有利于竞相成长各展其能的激励机制、有利于各类人才脱颖而出的竞争机制，培植好人才成长的沃土，让人才根系更加发达，一茬接一茬茁壮成长。"① 这段话，为我们进一步做好选人用人工作，培养造就更多更优秀人才指明了努力方向。

（2）坚持党指挥枪，确保人民军队绝对忠诚于党和人民，有力保障国家主权、安全、发展利益的显著优势

坚持党指挥枪是人民军队永远不变的军魂，是人民军队区别于其他旧军队和任何资本主义国家军队的根本界限，是人民军队能够始终保持革命本色，有力保障国家主权、安全、发展利益的根本政治保证。军队是执行政治任务的武装集团，一支军队是否强大、能否强大，不仅仅取决于它的规模大小、装备如何，更取决于它是否有灵魂、是否有先进的领导、是否有正确的政治方向。在新民主主义革命时期，毛泽东同志就提出了"枪杆子里出政权"的著名论断，强调我们的原则是党指挥枪而绝不允许枪指挥党，创立了党掌握人民军队的一整套理论、原则、制度和方法。在人民军队历史上，从未出现

---

① 习近平：《在中国科学院第十九次院士大会、中国工程院第十四次院士大会上的讲话》，《人民日报》2018年5月29日第2版。

过部队整建制叛敌的情况,张国焘叛敌时未能带走一兵一卒,体现了"党指挥枪"制度的巨大威力。在社会主义建设和改革开放时期,我们党始终强调坚持党对绝对领导的根本原则,把党指挥枪的原则上升到"军魂""命根子"的高度来认识,坚决抵制"军队非党化、非政治化"和"军队国家化"的错误政治观点;强调确保部队绝对忠诚、绝对纯洁、绝对可靠,枪杆子必须掌握在绝对可靠的人手中;坚决维护党中央、中央军委的权威,强调一切行动听从党中央、中央军委指挥,全面深入贯彻军委主席负责制。习近平总书记指出:"人民军队必须牢牢坚持党对军队的绝对领导,把这一条当作人民军队永远不能变的军魂、永远不能丢的命根子,任何时候任何情况下都以党的旗帜为旗帜、以党的方向为方向、以党的意志为意志。"[①] 这是人民军队90多年奋斗历程的经验总结,更是实现党在形势下的强军目标,建设世界一流军队的根本政治保证。

(3) 坚持"一国两制",保持香港、澳门长期繁荣稳定,促进祖国和平统一的显著优势

"一国两制"是中国共产党人的伟大创造,是把马克思主义基本原理与中国实际相结合的经典范例,是中国特色社会主义的重要制度优势。一方面,它是解决历史遗留的香港、澳门问题的最佳方案,也是香港、澳门回归后保持长期繁荣稳定的最佳制度。"一国两制"方针反映了中国共产党治国理政的超凡智慧,是一个既能满足各方意愿,又能解决实际问题的制度设计。它既符合港澳居民的利益,又符合国家的根本利益,既符合港澳繁荣稳定的实际需要,符合全国人民的共同愿望。从实际效果上看,它实现了香港、澳门顺利平稳的回归,保持了香港、澳门的长期繁荣稳定。另一方面,它为解决台湾问题,实现祖国和平统一创造了条件。解决台湾问题、实现祖国完全统一,是全体中华儿女的共同愿望,也是实现中华民族伟大复兴的必然要求。坚持一个中国原则,实现祖国完全统一,是中华民族的根本利益所在,我们绝不允许任何人以任何形式、任何名义把台湾从祖国分裂出去;坚持"一国两制",推进和实现两岸和平统一,是民心所向,符

---

① 习近平:《在庆祝中国人民解放军建军90周年大会上的讲话》,《解放军报》2017年8月2日第2版。

合两岸的根本利益;两岸关系的和平发展和经济文化交流的不断深化,"一国两制"在实现香港、澳门和平回归和保持香港、澳门长期繁荣稳定上的成功实践,为和平解决台湾问题创造了条件。需要强调的是,坚持"一国"是实行"两制"的前提和基础,不能只看到"两制",而忘记了"一国",否则"一国两制"在实践中就会走样,就会导致南辕北辙;"一国两制"作为一种全新的探索,必然有一个不断发展和成熟的过程,需要在实践中不断完善。今年以来发生在香港的修例风波,充分暴露出香港在政治、经济、社会等方面存在的一些深层次矛盾和问题。这些矛盾和问题成因,有资本主义制度的因素,有香港自身的历史遗留问题,有外部势力插手香港事务的因素,也有"一国两制"没有得到很好贯彻的因素。这些矛盾和问题的出现丝毫不能否定"一国两制",而是凸显了完善香港自治制度的必要性和紧迫性。《决定》概括并宣示的"一国两制"显著优势,既表明了我们对"一国两制"制度的充分自信,又反映了我们党坚持"一国两制"原则和方针的坚定决心。

(4)坚持独立自主和对外开放相统一,积极参与全球治理,为构建人类命运共同体不断作出贡献的显著优势

我国实行独立自主的和平外交政策,以本国的力量为基础发展自己,自主决定本国事务,反对大国的控制和影响。我们坚持独立自主、自力更生,并不是闭关自守,更没有盲目排外,而是在立足自身发展基础上实行对外开放,实现了独立自主和对外开放的有机统一。实践证明,坚持独立自主和对外开放相统一,既能够掌握内政外交国防各方面事务的主动权,能够在充分利用国内国外两种资源发展自己的同时,避免在政治、经济、军事、科技等领域的竞争中受制于人,也为我国积极参与国际事务,改善全球治理创造了条件。坚持独立自主和对外开放相统一,既是我国走近世界舞台中央的重要经验,也是我国积极参与全球治理的基本原则。我们积极参与全球治理,推动构建人类命运共同体,首先出于为实现中华民族伟大复兴谋求良好的国际环境和外部条件,生动体现了坚持独立自主与对外开放的统一;同时出于对维护世界和平和实现共同发展的责任担当,为谋求人类的美好未来提供了中国方案。我们党呼吁"各国人民同心协力,构建人类命运共同体,建设持久和平、普遍安全、共同繁荣、开放包容、清洁美丽的

世界"①,承诺"中国将继续发挥负责任大国作用,积极参与全球治理体系改革和建设,不断贡献中国智慧和力量"②。

(三) 使我国的制度优势更加充分地发挥出来

党的十九届四中全会系统总结我国国家制度和国家治理体系的发展成就和显著优势,目的就是推动全党全国各族人民坚定制度自信,使我国国家制度和国家治理体系多方面的发展优势更加充分地发挥出来。

1. 坚定中国特色社会主义制度自信

社会存在决定社会意识,对中国特色社会主义制度的自信取决于其本身所具有的显著优势。中国特色社会主义的两大成就是制度优势的现实表现,是坚定制度自信的感性基础;科学把握中国特色社会主义制度的显著优势,就是要弄清制度优势的内在逻辑,在把握制度优势的同时要清醒地认识中国特色社会主义制度存在的不足,在守正创新中坚定制度自信,这是坚定制度自信的理性基础。

(1) 在全面认识巨大成就中坚定制度自信

《决定》指出:"新中国成立七十年来,我们党领导人民创造了世所罕见的经济快速发展奇迹和社会长期稳定奇迹。"③ 充分认识中国特色社会主义的巨大成就,不仅要看到经济快速发展的奇迹,也要看到社会长期稳定的奇迹,更要看到改革、发展、稳定三者之间的内在关系。改革是手段和途径,是促进经济发展和保持社会稳定的动力之源和关键一招;发展和稳定是改革的目的和归宿,经济快速发展和社会长期稳定是坚持改革开放的结果和成就;发展是稳定的基础和前提,保持社会长期稳定是在经济快速发展中取得的,没有发展的稳定不可能是长期的,因为它缺少活力和动力,很容易落入封闭和

---

① 习近平:《决胜全面建成小康社会 夺取新时代中国特色社会主义伟大胜利——在中国共产党第十九次全国代表大会上的报告》,人民出版社 2017 年版,第 58、59 页。

② 习近平:《决胜全面建成小康社会 夺取新时代中国特色社会主义伟大胜利——在中国共产党第十九次全国代表大会上的报告》,人民出版社 2017 年版,第 60 页。

③ 《中共中央关于坚持和完善中国特色社会主义制度 推进国家治理体系和治理能力现代化若干重大问题的决定》,《人民日报》2019 年 11 月 6 日第 1 版。

僵化的窠臼。制度是联结改革、发展、稳定的桥梁和纽带，通过改革所取得的发展和稳定两大成就，是坚定制度自信的基础和依据。改革以制度为对象，是社会主义制度的自我完善，正是因为改革使得中国特色社会主义制度更加成熟更加定型，使得中国特色社会主义制度的优越性能更充分地发挥作用。经济发展和社会稳定两大成就是中国特色社会主义制度具有显著优势的铁证，是全党和全国人民坚定制度自信的基础和依据。

（2）在科学把握制度优势中坚定制度自信

科学把握制度优势的关键，在于既要看到制度优势的现实性，又要看到制度优势的发展性。中国特色社会主义制度的显著优势不是出于美好愿望的想象，而是实实在在的存在，是被人们所感知的事实。制度优势的重大意义和作用，不仅体现在业已取得的巨大成就，更在于它的未来价值。坚定制度自信的基础在当下，坚定制度自信的意义在未来，坚定制度自信的关键在于全党和全国人民要坚信中国特色社会主义制度和国家治理体系"是能够持续推动拥有近十四亿人口大国进步和发展、确保拥有五千多年文明史的中华民族实现'两个一百年'奋斗目标进而实现伟大复兴的制度和治理体系"[①]。同时，我们要看到，中国特色社会主义制度的完善是进行时，不是完成时，制度优势需要不断地巩固和发展，如果认为中国特色社会主义制度已经完美无缺了，必然会使制度自信带上盲目性，会使我们不思进取、裹足不前，是万万要不得的。正如习近平总书记所指出的那样："坚定制度自信，不是要固步自封，而是要不断革除体制机制弊端，让我们的制度成熟而持久。"[②]

2. 自觉尊崇制度、严格执行制度、坚决维护制度

制度之要在于坚持和落实，不能落实的制度便形同虚设。充分发挥中国特色社会主义的制度优势，必须把制度刻在心里，落到实处，必须做到自觉尊崇制度、严格执行制度、坚决维护制度。

（1）自觉尊崇制度，要对中国特色社会主义制度心存敬畏和感激

强调自觉尊崇制度，是为了树立制度的权威。人们尊崇制度，制度就可

[①] 《中共中央关于坚持和完善中国特色社会主义制度　推进国家治理体系和治理能力现代化若干重大问题的决定》，《人民日报》2019年11月6日第1版。

[②] 《习近平关于全面深化改革论述摘编》，中央文献出版社2014年版，第22页。

以得到很好的落实，制度优势自然可以得到发挥；人们蔑视制度，制度就会落空，制度优势就无法转化为治理效能。所以，要充分发挥中国特色社会主义制度优势，必须自觉尊崇制度。对制度饱含敬畏之心、感激之意，是做到自觉尊崇制度的关键。中国特色社会主义制度是全党智慧的结晶，是人民群众首创精神和创造力的结晶，值得敬畏；中国特色社会主义制度为推动当代中国的发展进步和实现中华民族伟大复兴提供了根本制度保障，应该敬畏；制度是规矩，是准绳，是硬约束，坚持和落实制度是政治要求，必须敬畏。中国人民是中国特色社会主义制度的直接受益者，人民生活水平的提高、社会保障的改善、民主权利的落实、社会的安全稳定、国家的和平安宁，无不体现中国特色社会主义制度的优势和效能，作为直接受益者应该对中国特色社会主义制度心存感激。当人们对其心存敬畏和感激，就能牢固确立中国特色社会主义制度的权威，人们就会自觉尊崇制度。

(2) 严格执行制度，关键是把权力关进制度的笼子

强调严格执行制度，是为了保证制度的刚性落实。制度的生命力在于执行，执行的要害在于严格。有制度不执行，比没有制度危害还要大，如古语所讲"纵有良法美意，非其人而行之，反成弊政"。如果制度不执行还没有受到应有的惩戒，用权者就会变本加厉，还会诱使他人效仿，形成"破窗效应"。执行制度不严格，搞变通执行、选择执行、打折扣执行、因人因时因事执行，就会使制度失去刚性、权威性，变成橡皮泥和橡皮筋，不但失去了其导向、规范、激励的正向功能，反而会产生制约和羁绊的负面影响。严格执行制度的关键在于把权力关进制度的笼子。任性用权甚至滥用权力，是严格执行制度最大的敌人。历史实践证明，权力既可以用来为人民谋利益，也可能被滥用来谋取私利，滋生腐败。权力是人民赋予的，行使权力必须接受人民的监督；把权力关进制度的笼子里，是回归权力本质的必然要求。所以，《决定》强调："必须健全党统一领导、全面覆盖、权威高效的监督体系，增强监督严肃性、协同性、有效性，形成决策科学、执行坚决、监督有力的权力运行机制，确保党和人民赋予的权力始终用来为人民谋幸福。"[①]

---

① 《中共中央关于坚持和完善中国特色社会主义制度　推进国家治理体系和治理能力现代化若干重大问题的决定》，《人民日报》2019年11月6日第1版。

(3) 坚决维护制度，核心是做到"两个维护"

强调坚决维护制度，是为了避免制度遭到破坏。当一种制度普遍得不到落实，或者失去其效力，或者被与其相悖的其他制度所替代的时候，就意味着这种制度遭到了破坏。与执行制度相比，维护制度是一个更为严肃、更为重要的问题，因为制度遭到破坏的后果更严重，甚至会是颠覆性的。制度可能被自己破坏，也可能被他人破坏，但维护制度只能靠自己。十年内乱期间我国的民主制度、法律制度遭到严重破坏，表现为这些制度已经普遍不能落实，几乎形同虚设。如果当时能做到坚决维护制度，这些制度就不会遭到破坏，就不会有由此导致的严重后果。国内外的敌对势力叫嚣"军队非党化、非政治化"和"军队国家化"，就是想破坏"党指挥枪"的原则和制度，我们坚决抵制"军队非党化、非政治化"和"军队国家化"的错误言论，就是坚决维护"党指挥枪"的治军根本原则和根本制度。当前，坚决维护制度的核心是做到"两个维护"。"两个维护"根本上是维护党的集中统一领导，而党的领导是中国特色社会主义的本质特征，是中国特色社会主义制度的最大优势，做到"两个维护"关系党和国家前途命运，关系全国各族人民的根本利益。

3. 把制度优势更好转化为国家治理效能

如果说巩固和发展制度优势是出发点，那么把制度优势更好地转化为国家治理效能，进而推动实现"两个一百年"奋斗目标和实现中华民族伟大复兴就是落脚点。所以，必须在持续巩固和发展制度优势的同时，持续把制度优势更好地转化为国家治理效能。

(1) 在守正创新中巩固和发展制度优势

守正是巩固和发展制度优势的前提，创新是巩固和发展制度优势的途径。《决定》提出和部署了十三个方面的"坚持和完善"，在很大程度上也是在部署如何巩固和发展制度优势。这十三个方面包括党的领导制度体系、人民当家作主制度体系、法治体系、行政体制、基本经济制度、繁荣和发展先进文化的制度、民生保障制度、社会治理制度、生态文明制度体系、党对人民军队的绝对领导制度、"一国两制"制度体系、和平外交政策、党和国家监督体系。其中，大部分制度已经形成了显著优势，少部分制度还没有形成优势，或者优势还不够显著。"坚持"就是"守正"，"完善"就是"创新"，创新要解决的就是制度优势的从无到有，或者从不显著到显著，或者从显著到更显著的问题。《决定》强调"着力固根基、扬优势、补短板、强弱项，构建系统完备、科学规范、运行有效的制度体系"，则为巩固和发展制度优势提供了方法论指导。

(2) 把制度优势更好转化为治理能力和治理效能

国家治理体系和治理能力是一个国家的制度和制度执行能力的集中体现，二者相辅相成，是一个统一的整体。治理能力的核心是制度的执行能力，制度优势为提高治理能力创造了条件，治理能力提高了才能充分发挥国家治理体系的效能，才能治理好国家。治理能力是个人或组织的能力，从制度优势到治理能力，一个最大的变化是加入了人的要素。治理效能是治理主体对治理对象施加影响所引致的正效应，从治理能力到治理效能，加入了治理对象、治理活动的要素。把制度优势转化为治理能力和治理效能贯穿了"制度优势—治理主体—治理能力—治理活动—治理对象—治理效能"这样一个逻辑链条，其中任何一个环节的某个方面的变化理论上都会影响到治理效能，所以，把制度优势更好转化为治理效能是一个复杂的系统工程。《决定》中强调的"加强系统治理、依法治理、综合治理、源头治理，把我国制度优势更好转化为国家治理效能"，属于"治理活动"的范畴；强调的"带动全党全社会自觉尊崇制度、严格执行制度、坚决维护制度"是对"治理主体"的要求。办好中国的事，关键在党，发挥制度优势和提高治理效能亦是如此，所以，坚持和完善党的领导制度体系，不断提党科学执政、民主执政、依法执政的水平，是把制度优势更好转化为治理能力和治理效能的关键所在。

第十讲

坚持和完善中国特色社会主义制度、推进国家治理体系和治理能力现代化的重点任务

党的十九届四中全会审议通过的《中共中央关于坚持和完善中国特色社会主义制度、推进国家治理体系和治理能力现代化若干重大问题的决定》，全面回答了在我国国家制度和国家治理上应该"坚持和巩固什么，完善和发展什么"这个重大问题，是坚持和完善中国特色社会主义制度、推进国家治理体系和治理能力现代化的政治宣言和行动纲领。决定全面总结党领导人民在我国国家制度建设和国家治理方面取得的成就、积累的经验、形成的原则，重点阐述坚持和完善支撑中国特色社会主义制度的根本制度、基本制度、重要制度，部署需要深化的重大体制机制改革、需要推进的重点工作任务，为新时代坚持和完善中国特色社会主义制度、推进国家治理体系和治理能力现代化指明了前进方向、提供了根本遵循。《决定》坚持解放思想、实事求是、改革创新，着力构建系统完备、科学规范、运行有效的制度体系，为把我国制度优势更好转化为国家治理效能，为实现中华民族伟大复兴的中国梦提供了有力保证。

（一）坚持和完善党的领导制度

党的十九届四中全会指出："坚持和完善党的领导制度体系，提高党科

学执政、民主执政、依法执政水平。必须坚持党政军民学、东西南北中，党是领导一切的，坚决维护党中央权威，健全总揽全局、协调各方的党的领导制度体系，把党的领导落实到国家治理各领域各方面各环节。要建立不忘初心、牢记使命的制度，完善坚定维护党中央权威和集中统一领导的各项制度，健全党的全面领导制度，健全为人民执政、靠人民执政各项制度，健全提高党的执政能力和领导水平制度，完善全面从严治党制度。""必须健全党统一领导、全面覆盖、权威高效的监督体系，增强监督严肃性、协同性、有效性，形成决策科学、执行坚决、监督有力的权力运行机制，构建一体推进不敢腐、不能腐、不想腐体制机制，确保党和人民赋予的权力始终用来为人民谋幸福。"①

1. 完善坚定维护党中央权威和集中统一领导的制度

事在四方，要在中央。党中央是党和国家各项事业的统领者，是党的大政方针的制定者，是全党工作的主导者。党的任何组织和成员都必须以实际行动维护党中央定于一尊的权威，必须服从党中央集中统一领导。要把维护党中央权威和集中统一领导作为明确的政治准则和根本的政治要求，自觉做到党中央提倡的坚决响应、党中央决定的坚决执行、党中央禁止的坚决不做。推动全党增强政治意识、大局意识、核心意识、看齐意识，坚定道路自信、理论自信、制度自信、文化自信，坚决维护习近平总书记党中央的核心、全党的核心地位，坚决维护党中央权威和集中统一领导，自觉在思想上政治上行动上同以习近平同志为核心的党中央保持高度一致。健全党中央对重大工作的领导体制，强化党中央决策议事协调机构职能作用，完善推动党中央重大决策落实机制，严格执行向党中央请示报告制度。中央委员会、中央政治局、中央政治局常委会，是党的领导决策核心。党中央决策议事协调机构在中央政治局及其常委会领导下开展工作。要严格执行请示报告制度。中央书记处和中央纪律检查委员会、全国人大常委会党组、国务院党组、全国政协党组、国家监察委员会党组、最高人民法院党组、最高人民检察院党组每年向中央政治局常委会、中央政治局报告工作；各地区各部门党委加强向党中

---

① 《中国共产党第十九届中央委员会第四次全体会议公报》，《人民日报》2019 年 11 月 1 日第 2 版。

央报告工作。研究涉及全局的重大事项或作出重大决定要及时向党中央请示报告，执行党中央重要决定的情况要专题报告。遇有突发性重大问题和工作中重大问题要及时向党中央请示报告。健全维护党的集中统一的组织制度，形成党的中央组织、地方组织、基层组织上下贯通、执行有力的严密体系，实现党的组织和党的工作全覆盖。

2. 健全党的全面领导制度

理顺党的组织同其他组织的关系，加强党对各领域各方面工作领导，确保党的领导全覆盖，确保党的领导更加坚强有力。一是健全党对重大工作的领导体制机制。优化党中央决策议事协调机构，负责重大工作的顶层设计、总体布局、统筹协调、整体推进。其他方面的议事协调机构，要同党中央决策议事协调机构的设立调整相衔接，保证党中央令行禁止和工作高效。各地区各部门党委（党组）要坚持依规治党，完善相应体制机制，提升协调能力，把党中央各项决策部署落到实处。二是强化党的组织在同级组织中的领导地位。理顺党的组织同其他组织的关系，更好发挥党总揽全局、协调各方作用。在国家机关、事业单位、群团组织、社会组织、企业和其他组织中设立的党委（党组），接受批准其成立的党委统一领导，定期汇报工作，确保党的方针政策和决策部署在同级组织中得到贯彻落实。加快在新型经济组织和社会组织中建立健全党的组织机构，做到党的工作进展到哪里，党的组织就覆盖到哪里。三是更好发挥党的职能部门作用。优化党的组织、宣传、统战、政法、机关党建、教育培训等部门职责配置，加强归口协调职能，统筹本系统本领域工作。优化设置各类党委办事机构，可以由职能部门承担的事项归由职能部门承担。优化规范设置党的派出机关，加强对相关领域、行业、系统工作的领导。完善党领导人大、政府、政协、监察机关、审判机关、检察机关、武装力量、人民团体、企事业单位、基层群众自治组织、社会组织等制度，健全各级党委（党组）工作制度，确保党在各种组织中发挥领导作用。完善党领导各项事业的具体制度，把党的领导落实到经济建设、政治建设、文化建设、社会建设、生态文明建设以及国防和外交各领域各方面。完善党和国家机构职能体系，把党的领导贯彻到党和国家所有机构履行职责全过程，推动各方面协调行动、增强合力。

3. 构建一体推进不敢腐、不能腐、不想腐体制机制

构建不敢腐的体制机制。反腐肃纪，必然要求以严明的法纪与之相适应，凡是法纪的规定，都不折不扣地坚决执行，凡是违法违纪的行为，都依法依纪严肃追究相关人员的责任。由此让那些想涉足腐败的人望而却步，涉足了腐败的人付出代价，决不允许腐败分子从违法违纪行为中得到好处。构建不能腐的体制机制。对权力进行科学分解，对权力关系进行科学定位，理顺决策权、执行权、监督权以及不同层级、不同环节权力之间的关系，优化权力配置和权力流程，使权力的内部制约和外部监督之间既互相配合又互相促进，使权力边界清晰、运行透明、制约到位、监督周延，形成科学配置体系、规范运行体系、立体监控体系。构建不想腐的体制机制。坚持用科学理论引导人，用先进文化熏陶人，用廉政风范感化人，使党员干部不断提高思想道德素质和拒腐防变能力，时刻防范灯红酒绿染指、金钱美色诱惑、利益集团围猎，始终保持崇高信念上的顽强定力、高尚品格上的顽强定力、良好操守上的顽强定力，切实经受住权力、金钱、美色、人情的考验，守住做人、处事、用权、交友的底线。其中不敢腐，侧重于惩治和威慑，让意欲腐败者在带电的高压线面前不敢越雷池半步；不能腐，侧重于制约和监督，让胆敢腐败者在严格监督中无机可乘；不想腐，侧重于教育和引导，让握有重权者从思想源头上消除贪腐之念。要坚定不移推进反腐败斗争，坚决查处政治问题和经济问题交织的腐败案件，坚决破除权钱交易的关系网。深化标本兼治，推动审批监管、执法司法、工程建设、资源开发、金融信贷、公共资源交易、公共财政支出等重点领域监督机制改革和制度建设，推进反腐败国家立法，促进反腐败国际合作，加强思想道德和党纪国法教育，巩固和发展反腐败斗争压倒性胜利。

（二）坚持和完善中国特色社会主义政治制度

党的十九届四中全会指出："坚持和完善人民当家作主制度体系，发展社会主义民主政治。必须坚持人民主体地位，坚定不移走中国特色社会主义政治发展道路，确保人民依法通过各种途径和形式管理国家事务，管理经济文化事业，管理社会事务。要坚持和完善人民代表大会制度这一根本政治制度，坚持和完善中国共产党领导的多党合作和政治协商制度，巩固和发展最广泛的爱国统一战线，坚持和完善民族区域自治制度，健全充满活力的基层群众自治制度。""要健全保证宪法全面实施的体制机制，完善立法体制机制，健全社会公平正义法治保障制度，加强对法律实施的监督。""要完善国家行政体制，优化政府职责体系，优化政府组织结构，健全充分发挥中央和地方两个积极性体制机制。""建立健全特别行政区维护国家安全的法律制度和执行机制。""完善促进两岸交流合作、深化两岸融合发展、保障台湾同胞福祉的制度安排和政策措施"。①

1. 坚持和完善人民代表大会制度

人民代表大会制度是由全体人民选举产生的代表组成国家权力机关代表人民直接行使人民主权的一种政权组织形式。人民代表大会制度是我国社会主义的根本政治制度，体现了国家的性质和中国特色社会主义制度的本质。我国宪法规定：中华人民共和国的一切权力属于人民；人民行使国家权力的机关是全国人民代表大会和地方各级人民代表大会；中华人民共和国全国人民代表大会是最高国家权力机关；国家行政机关、监察机关、审判机关、检察机关由人民代表大会产生，对它负责，受它监督；全国人民代表大会和地方各级人民代表大会由民主选举产生，对人民负责，受人民监督；人民代表大会及其常务委员会充分发扬民主，集思广益，代表和反映人民的意志和根本利益；人民代表大会及其常务委员会表决各项议案实行绝对多数原则，即由全体组成人员过半数赞成才能通过。人民代表大会的职权主要有四项：立法、监督、人事任免、重大事项决定。这也是全体人民通过人民代表大会制度行使当家作主权力的主要体现。实践充分证明，人民代表大会制度是符合中国国情、体现中国社会主义国家性质、能够保证全体人民当家作主的根本政治制度。它植根于人民群众，具有强大的生命力；它代表广大人民的共同意志和根本利益，能够动员全体人民以主人翁的姿态投身国家建设，保证国家机关协调高效运转，维护国家统一和民族团结。全体人民通过人民代表大会制度牢牢地把国家的前途命运掌握在自己手里。要支持和保证人大及其常委会依法行使职权，健全人大对执行机关的监督制度。密切人大代表同人民群众的联系，更好发挥人大代表作用。健全人大组织制度、选举制度和议事

---

① 《中国共产党第十九届中央委员会第四次全体会议公报》，《人民日报》2019年11月1日第1、2版。

规则，完善论证、评估、评议、听证制度。

2. 坚持和完善中国共产党领导的多党合作和政治协商制度

中国共产党领导的多党合作和政治协商制度是马克思主义政党理论与我国具体实际相结合的伟大创造，是社会主义民主政治制度的重要内容。这一政党制度是中国共产党与各民主党派在中国革命、建设和改革的长期实践中确立和发展起来的，是中国共产党同各民主党派风雨同舟、团结奋斗的成果，是当代中国的一项基本政治制度。在当今中国，民主党派是各自所联系的一部分社会主义劳动者、社会主义事业建设者和拥护社会主义爱国者的政治联盟。无党派人士是中国政治生活中的一支重要力量，主要指没有参加任何党派、对社会有积极贡献和一定影响的人士，其主体是知识分子。中国人民政治协商会议是中国人民爱国统一战线的组织，是中国共产党领导的多党合作和政治协商的重要机构，也是中国政治生活中发扬民主的重要形式。人民政协围绕团结和民主两大主题开展工作，履行政治协商、民主监督、参政议政职能。贯彻长期共存、互相监督、肝胆相照、荣辱与共的方针，加强中国特色社会主义政党制度建设，健全相互监督特别是中国共产党自觉接受监督、对重大决策部署贯彻落实情况实施专项监督等机制，完善民主党派中央直接向中共中央提出建议制度，完善支持民主党派和无党派人士履行职能方法，展现我国新型政党制度优势。发挥人民政协作为政治组织和民主形式的效能，提高政治协商、民主监督、参政议政水平，更好凝聚共识。完善人民政协专门协商机构制度，丰富协商形式，健全协商规则，优化界别设置，健全发扬民主和增进团结相互贯通、建言资政和凝聚共识双向发力的程序机制。

3. 坚持和完善民族区域自治制度

中国是一个统一的多民族国家，通过识别并由中央政府确认的民族有56个。其中汉族人口最多，其他55个民族人口较少，习惯上被称为少数民族。在处理民族问题方面，世界上多民族国家各有不同的制度模式，我国采用的是民族区域自治。民族区域自治是在国家统一领导下，各少数民族聚居地方设立自治机关，实行区域自治。我国采用民族区域自治的办法解决民族问题，是根据本国的历史发展、文化特点、民族关系和民族分布等具体情况作出的制度安排，符合各民族人民的共同利益和发展要求。民族区域自治制度作为我国的一项基本政治制度，具有两个显著特征：一是维护国家统一。我国的民族区域自治是在国家统一领导下的自治，各民族自治地方都是中国不可分割的组成部分，各民族自治地方的自治机关都是中央政府领导下的一级地方政权，都必须服从中央集中统一领导。二是巩固民族团结。我国的民族区域自治不只是单纯的民族自治或地方自治，而是民族因素与区域因素、政治因素与经济因素、历史因素与现实因素的统一。要坚定不移走中国特色解决民族问题的正确道路，坚持各民族一律平等，坚持各民族共同团结奋斗、共同繁荣发展，保证民族自治地方依法行使自治权，保障少数民族合法权益，巩固和发展平等团结互助和谐的社会主义民族关系。坚持不懈开展马克思主义祖国观、民族观、文化观、历史观宣传教育，打牢中华民族共同体思想基础。全面深入持久开展民族团结进步创建，加强各民族交往交流交融。支持和帮助民族地区加快发展，不断提高各族群众生活水平。

4. 健全充满活力的基层群众自治制度

扩大基层民主，是发展中国特色社会主义民主政治的必然要求和重要基础。基层群众自治制度，就是在党的领导下，基层群众通过一定的组织和形式，依法直接行使民主选举、民主协商、民主决策、民主管理、民主监督等各种权利的运行机制。目前，我国已建立了以农村村民委员会、城市居民委员会和基层企业事业单位中的职工代表大会制度等为主要内容的基层民主自治体系。广大人民在基层群众自治组织中，依法直接行使民主选举、民主协商、民主决策、民主管理和民主监督的权利，对所在基层组织的公共事务和公益事业实行民主自治，已成为当代中国最直接、最广泛的民主实践。村民自治是广大农民直接行使民主权利，依法办理自己的事情，实行自我管理、自我服务、自我教育、自我监督的一项基本制度，已成为当今我国农村扩大基层民主和提高农村治理水平的一种有效方式。城市居民委员会是我国城市居民实现自我管理、自我服务、自我教育、自我监督的基层群众自治组织，是在城市基层实现直接民主的重要形式。职工代表大会制度是职工通过民主选举，组成职工代表大会，实现职工对企业事业单位民主管理的基本制度。职工代表大会制度在实行民主管理、保障职工合法权益和推动企业发展等方面发挥了重要作用。要健全基层党组织领导的基层群众自治机制，在城乡社区治理、基层公共事务和公益事业中广泛实行群众自治，拓宽人民群众反映意见和建议的渠道，着力推进基层直接民主制度化、规范化、程序化。要全心全意依靠工人阶级，健全以职工代表大会为基本形式的企事业单位民主管理制度，探索企业职工参与管理的有效方式，保障职工群众的知情权、参与权、表达权、监督权，维护职工合法权益。

5. 健全保证宪法全面实施的体制机制

依法治国首先要坚持依宪治国，依法执政首先要坚持依宪执政。宪法作为国家的根本法，是万权之本、万法之源，具有最高效力和至上权威。全国各族人民、一切国家机关和武装力量、各政党和各社会团体、各企事业组织，都必须以宪法为根本的活动准则，并且负有维护宪法尊严、保证宪法实施的职责。保障宪法的效力和权威，主要有两个相互关联的途径：一是宪法审查；二是宪法诉讼。只有存在对立法和行为的合宪性审查，宪法才会真正成为治国理政的依据并因此成为真正的根本法；只有存在宪法诉讼，宪法才会获得实际的法律效力并因此成为活生生的法律。宪法监督制度是维护宪法权威与尊严、保障宪法贯彻与实施的一项重要制度，是现代民主政治的重要组成部分。健全和完善全国人大及其常委会宪法监督制度，使一切违反宪法的立法和行为都能及时得到纠正，其目的是通过审查和处理违宪行为，以保证宪法的有效实施，使国家权力受到制约，使公民权利得到保障。宪法监督制度构成一个完整系统，包含着诸多要素：宪法监督的主体是具有宪法监督权的特定的国家机关；宪法监督的客体是执行或适用宪法的国家机关、政党组织、社会团体及其工作人员；宪法监督的内容是对国家机关、政党组织、社会团体及其工作人员的立法或行为是否符合宪法进行审查；宪法监督的程序是由宪法明文规定的程序；宪法监督的目的是为了保障宪法的实施。加强宪法实施和监督，落实宪法解释程序机制，推进合宪性审查工作，加强备案审查制度建设，依法撤销和纠正违宪违法的规范性文件。坚持宪法法律至上，健全法律面前人人平等保障机制，维护国家法制统一、尊严、权威，一切违反宪法法律的行为都必须予以追究。

6. 健全有效发挥中央和地方两个积极性体制机制

中央与地方的关系，是具有隶属关系的中央与地方国家机关在行使中央权力和地方权力时依照法律或传统所形成的权利义务关系。其核心是以一定利益关系为基础并体现一定利益关系的权力结构。在通常情况下，中央政府是国家利益的代表者，地方政府是地方利益的代表者。因此，中央与地方的关系实质上是国家利益与地方利益的关系。从实际情况看，任何一个像中国这样幅员辽阔、人口众多、各地发展很不平衡的国家，要实现稳定发展都离不开两个条件，这就是中央宏观调控之权与地方因地制宜之权。没有中央宏观调控，国家就会成为一盘散沙；没有地方因地制宜，国家就会失去发展活力。发挥中央和地方两个积极性，必须合理划分中央政府与地方政府的权力。中央政府与地方政府的权力包括三个方面：一是中央专有权力；二是地方专有权力；三是中央与地方共有权力。与此相适应，事权也可分为三类：一类是由中央政府管理的事项，如国防、外交、安全、金融、海关、省际行政区划以及控制少量关系国计民生和国家安全的大型国有企业、基础设施、重要资源等；一类是由地方政府管理的事项，如制定本地区经济社会发展规划，为本地区提供公共产品和服务，举办教育文化卫生事业，维护本地区的社会秩序和安全稳定，调节本地区各方面的分配关系，发展与各地区之间的合作关系等；一类是中央政府与地方政府共管事项，如教育、税收、环境保护、社会保障等方面就需要中央和地方共同负担、通力合作。在此基础上，划清立法、财政、人事权限，实现事权、立法权、财政权、人事权统一，并明确各自的责任。凡是宜由中央政府管理的事项由中央政府设置垂直部门统一管理，凡是宜由地方政府管理的事项由地方政府设置相应部门统一管理。理顺中央和地方权责关系，加强中央宏观事务管理，维护国家法制统一、政令统一、市场统一。适当加强中央在知识产权保护、养老保险、跨区域生态环境保护等方面事权，减少并规范中央和地方共同事权。赋予地方更多自主权，支持地方创造性开展工作。按照权责一致原则，规范垂直管理体制和地方分级管理体制。优化政府间事权和财权划分，建立权责清晰、财力协调、区域均衡的中央和地方财政关系，形成稳定的各级政府事权、支出责任和财力相适应的制度。

7. 健全中央依照宪法和基本法对特别行政区行使全面管治权的制度

这是确保"一国两制"行稳致远之本，是确保香港繁荣发展之道。要完善中央对特别行政区行政长官和主要官员的任免制度和机制、全国人大常委会对基本法的解释制度，依法行使宪法和基本法赋予中央的各项权力。建立健全特别行政区维护国家安全的法律制度和执行机制，支持特别行政区强化执法力量。健全特别行政区行政长官对中央政府负责的制度，支持行政长官和特别行政区政府依法施政。完善香港、澳门融入国家发展大局、同内地优势互补、协同发展机制，推进粤港澳大湾区建设，支持香港、澳门发展经济、改善民生，着力解决影响社会稳定和长远发展的深层次矛盾和问题。坚决防范和遏制外部势力干预港澳事务和进行分裂、颠覆、渗透、破坏活动，确保香港、澳门长治久安。香港回归祖国以来已纳入国家治理体系，香港不仅需要积极参与国家治理实践，更有责任维护国家的安全稳定。建立健全特别行政区维护国家安全的法律制度和执行机制，目的在于健全中央依照宪法和基本法对特别行政区行使全面管治权的制度，支持特别行政区政府、行政长官依法履职，支持爱国爱港力量依法维护国家主权、安全、发展利益，维护香港长期繁荣稳定，绝不容忍任何挑战"一国两制"底线的行为，绝不容忍任何危害国家安全的行为。香港是中国的香港，中国绝不允许任何外部势力插手和干预香港事务。任何外部势力插手和干预香港事务，挑战我国国家主权、安全、发展利益，挑战香港长期繁荣稳定，其结果只能搬起石头砸自己的脚。

8. 坚定推进祖国和平统一进程

解决台湾问题、实现祖国完全统一，是全体中华儿女共同愿望，是中华民族根本利益所在，也是中华民族伟大复兴的必然要求。推动两岸关系和平发展，最根本的是坚持一个中国原则。两岸同属一个国家、两岸同胞同属一个民族，这一历史事实和法理基础从未改变，也不可能改变。和平统一，是平等协商、共议统一。两岸同胞是血浓于水的一家人，两岸的事是两岸同胞的家里事，当然也应该由家里人商量着办。大陆愿意同台湾各党派、团体和人士就两岸政治问题和推进祖国和平统一进程问题开展对话沟通，广泛交换意见，寻求社会共识。和平统一、"一国两制"是解决台湾问题的基本方针，也是实现国家统一的最佳方式。以和平的方式实现统一，最符合包括台湾同胞在内的中华民族的整体利益。"一国两制"在台湾的具体实现形式会充分考虑台湾现实情况，会充分吸收两岸各界意见和建议，会充分照顾台湾同胞利益和感情。在确保国家主权、安全、发展利益的前提下，台湾同胞的社会制度和生活方式等将得到充分尊重，台湾同胞的私人财产、宗教信仰、合法权益将得到充分保障。实现两岸统一后，台湾作为特别行政区享有高度的自治权，拥有立法权和司法权，可以有自己的军队，党、政、军等系统都由自己管理。中央政府不派军队和行政人员驻台，在中央政府里还要给台湾留出名额。和平解决台湾问题，台湾同胞不仅可以自主选择社会制度和生活方式，获得巨大的经济政治发展空间，而且可以同大陆同胞一道，行使管理国家的权利，共享伟大祖国在国际上的尊严和荣誉。同时，要积极推进两岸经济合作制度化，打造两岸共同市场。推动两岸文化教育、医疗卫生合作，社会保障和公共资源共享。深化两岸融合发展，夯实和平统一基础。

（三）坚持和完善中国特色社会主义经济制度

党的十九届四中全会指出："坚持和完善社会主义基本经济制度，推动经济高质量发展。公有制为主体、多种所有制经济共同发展，按劳分配为主体、多种分配方式并存，社会主义市场经济体制等社会主义基本经济制度，既体现了社会主义制度优越性，又同我国社会主义初级阶段社会生产力发展水平相适应，是党和人民的伟大创造。必须坚持社会主义基本经济制度，充分发挥市场在资源配置中的决定性作用，更好发挥政府作用，全面贯彻新发展理念，坚持以供给侧结构性改革为主线，加快建设现代化经济体系。要毫不动摇巩固和发展公有制经济，毫不动摇鼓励、支持、引导非公有制经济发展，坚持按劳分配为主体、多种分配方式并存，加快完善社会主义市场经济体制，完善科技创新体制机制，建设更高水平开放型经济新体制。"①

1. 毫不动摇巩固和发展公有制经济，毫不动摇鼓励、支持、引导非公有制经济发展

改革开放以来，我国在实践中逐步形成了国家所有、集体所有、个体所有、私人所有、外资所有、混合所有等多种所有制形式。我国经济体制改革的一个重要内容，就是调整和完善所有制结构，变单一的所有制形式为以公有制为主体、多种所有制经济共同发展的局面。把公有制为主体、多种所有制经济共同发展的经济制度确立为我国社会主义初级阶段的基本经济制度，这是党中央从我国社会性质、基本国情以及改革的总体目标的要求出发作出的重大决策。首先，这是由我国社会制度的性质决定的。我国作为社会主义

---

① 《中国共产党第十九届中央委员会第四次全体会议公报》，《人民日报》2019年11月1日第1版。

国家，必须坚持和完善工人阶级领导的、以工农联盟为基础的人民民主专政的政治制度，必须走共同富裕的道路。而以公有制为主体、多种所有制经济共同发展，是坚持国家社会主义性质的经济基础。经济基础决定上层建筑，只有始终坚持公有制经济的主体地位，才能保证我国的社会主义方向，才能增强我国的经济实力、国防实力和综合国力。其次，这是由我国的基本国情决定的。我国虽然已经进入全面建成小康社会的关键时期，但还处于并将长期处于社会主义初级阶段，我国城乡二元经济结构还没有根本改变，地区之间的发展还存在较大差距，实现现代化还有很长的路要走。历史的经验表明，实行单一的公有制不利于社会生产力的发展，在坚持公有制为主体的同时，发展多种所有制经济，是发展我国社会生产力的客观需要和必然要求。再次，这是由非公有制经济的作用决定的。个体、私营、外资等各种形式的非公有制经济是社会主义市场经济的重要组成部分。在社会主义初级阶段，非公有制经济形式是一个重要的积极因素，能够充分地调动各方面的积极性，加快生产力的发展。要探索公有制多种实现形式，推进国有经济布局优化和结构调整，发展混合所有制经济，增强国有经济竞争力、创新力、控制力、影响力、抗风险能力。深化国有企业改革，完善中国特色现代企业制度。形成以管资本为主的国有资产监管体制，有效发挥国有资本投资、运营公司功能作用。健全支持民营经济、外商投资企业发展的法治环境，完善构建亲清政商关系的政策体系，健全支持中小企业发展制度，促进非公有制经济健康发展。营造各种所有制主体依法平等使用资源要素、公开公平公正参与竞争、同等受到法律保护的市场环境。

2. 坚持按劳分配为主体、多种分配方式并存

分配制度即劳动产品在社会主体中的分割配给制度，包括按资分配、按劳分配、按需分配以及多种分配方式并存的分配制度。我国现行的分配制度是以按劳分配为主体、多种分配方式并存的分配制度。按劳分配是指凡是具有劳动能力的人都应尽自己的能力为社会劳动，社会以劳动作为分配个人消费品的尺度，按照劳动者提供的劳动数量和质量分配个人消费品，等量劳动获取等量报酬。按劳分配体现了奖勤罚懒、奖优罚劣；体现了多劳多得、少劳少得、不劳不得；体现了脑力劳动与体力劳动、复杂劳动与简单劳动之间的差别。按劳分配的主体地位表现在：一是全社会范围的收入分配中，按劳分配占最大比重，起主要作用；二是公有制经济范围内劳动者总收入中，按劳分配收入是最主要的收入来源。按劳分配是社会主义初级阶段的主体分配方式，但不是唯一的分配方式。多种分配方式并存的含义主要是指按个体劳动者劳动成果分配与按生产要素分配这两种分配方式并存。其中，按生产要素分配的原则是生产要素所有者凭借对生产要素的所有权参与收益分配。允许多种分配方式并存的直接原因是发展社会主义市场经济的必然要求，是对市场经济条件下各种生产要素所有权存在的合理性、合法性的确认，体现了国家对公民权利的尊重，对劳动、知识、人才、创造的尊重。按劳分配为主体、多种分配方式并存的制度，实质上反映了劳动、管理、资本、技术等各种生产要素都按贡献参与了收益分配。实行按劳分配为主体、多种分配方式并存的制度，把按劳分配和按生产要素分配结合起来，可以调动各方面的积极性，促进经济质量和效益的提高，推动生产力的发展，是社会主义现阶段实现公平正义的重要制度保障。要坚持多劳多得，着重保护劳动所得，增加劳动者劳动报酬，提高劳动报酬在初次分配中的比重。健全劳动、资本、土地、知识、技术、管理、数据等生产要素由市场评价贡献、按贡献决定报酬的机制。健全以税收、社会保障、转移支付等为主要手段的再分配调节机制，强化税收调节，完善直接税制度并逐步提高其比重。完善相关制度和政策，合理调节城乡、区域、不同群体间分配关系。重视发挥第三次分配作用，发展慈善等社会公益事业。鼓励勤劳致富，保护合法收入，增加低收入者收入，扩大中等收入群体，调节过高收入，清理规范隐性收入，取缔非法收入。

3. 加快完善社会主义市场经济体制

市场经济是现代经济存在和发展的基本方式，是资源配置和生产要素整合的主要手段。市场决定资源配置是市场经济的一般规律，市场经济本质上就是市场决定资源配置的经济。社会主义市场经济作为前无古人的伟大创举，是公有制与市场经济的紧密结合，通过这种结合，使社会主义市场经济成为一种既符合市场经济一般要求，又符合社会主义本质规定的制度模式。我们建立的社会主义市场经济体制，是使市场在国家宏观调控下对资源配置起决定性作用，使经济活动遵循价值规律的要求，适应供求关系的变化；通过发挥价格杠杆和竞争机制的功能，把资源配置到效益较好的环节中去，并给企业以压力和动力，实现优胜劣汰；运用市场对各种经济信号反应比较灵敏的优点，促进生产和需求的及时协调，以便放手让一切劳动、知识、技术、管理、资本的活力竞相迸发，让一切创造社会财富的源泉充分涌流。因此，社会主义市场经济是活跃经济、推动发展和改善民生的最佳体制模式。如果说资源的合理配置是社会生产顺利进行的必要条件，那么在市场经济条件下，供求关系的变化引起价格涨落为资源的合理配置提供了依据，使资源配置能够满足市场需要，从而有利于促进资源的合理利用。市场经济以价值规律为基础，以竞争机制为动力，有利于调动各方面的积极性和创造性，促进市场主体不断改善经营、更新技术、降低成本、提高质量，从而推动生产力的发展。我国从计划经济向市场经济的转型中，既发挥市场经济的积极作用，又注重政府的宏观调控，从微观和宏观两个方面促进经济快速稳定发展。从理论上说，社会主义市场经济成功地破解了公有制和市场经济相结合的世界性难题；从实践上看，社会主义市场经济体制使我国的经济保持了持续快速增长。要建设高标准市场体系，完善公平竞争制度，全面实施市场准入负面清单制度，改革生产许可制度，健全破产制度。强化竞争政策基础地位，落实公平竞争审查制度，加强和改进反垄断和反不正当竞争执法。健全以公平为原则的产权保护制度，建立知识产权侵权惩罚性赔偿制度。推进要素市场制度建设，实现要素价格市场决定、流动自主有序、配置高效公平。强化消费者权益保护，探索建立集体诉讼制度。加强资本市场基础制度建设，健全具有高度适应性、竞争力、普惠性的现代金融体系，有效防范化解金融风险。健全推动发展先进制造业、振兴实体经济的体制机制。实施乡村振兴战略，完善农业农村优先发展和保障国家粮食安全的制度政策，健全城乡融合发展体制机制。构建区域协调发展新机制，形成主体功能明显、优势互补、高质量发展的区域经济布局。

（四）坚持和完善中国特色社会主义文化制度

党的十九届四中全会指出："坚持和完善繁荣发展社会主义先进文化的制度，巩固全体人民团结奋斗的共同思想基础。发展社会主义先进文化、广泛凝聚人民精神力量，是国家治理体系和治理能力现代化的深厚支撑。必须坚定文化自信，牢牢把握社会主义先进文化前进方向，激发全民族文化创造活力,更好构筑中国精神、中国价值、中国力量。要坚持马克思主义在意识形态领域指导地位的根本制度,坚持以社会主义核心价值观引领文化建设制度,健全人民文化权益保障制度,完善坚持正确导向的舆论引导工作机制,建立健全把社会效益放在首位、社会效益和经济效益相统一的文化创作生产体制机制。"①

1. 坚持马克思主义在意识形态领域的指导地位

坚持以马克思主义为指导,坚持社会主义先进文化前进方向,是发展中国特色社会主义文化的本质要求。文化不同于文明,文化是一个总概念,指人类所创造的一切成果。而文明是这一总概念中的分概念,指文化发展中的进步方面。人类创造的所有成果,不分优劣好坏都是文化的组成部分,因而文化有积极的和消极的、正面的和负面的、进步的和落后的之分;而文明仅指人类创造的进步成果,是文化成果中的精华部分。在社会主义市场经济日益发展和对外开放不断扩大的新形势下,我国社会上还存在着种种带有庸俗、愚昧、迷信、颓废色彩的落后文化,甚至存在着种种腐蚀人们精神世界、危害社会健康发展的腐朽文化,我国社会价值更加多元、社会思想更加多样、社会思潮更加多变。只有坚持以马克思主义为指导,坚持用社会主义核心价值体系引领社会思潮,坚持用中国特色社会主义理论体系研究解决文化改革发展中面临的各种问题,努力在纷繁复杂的社会文化生态中辨析主流与支流、区分先进与落后、划清积极与消极,才能在多元中立主导、在多样中谋共识、在多变中把方向,才能发展传播先进文化、扶持保护有益文化、改造转化落后文化、清理抵制腐朽文化,从根本上确保中国特色社会主义文化始终沿着正确方向健康发展。要全面学习贯彻习近平新时代中国特色社会主义思想,健全用党的创新理论武装全党、教育人民工作体系。深入实施马克思主义理论研究和建设工程,把坚持以马克思主义为指导全面落实到思想理论建设、哲学社会科学研究、教育教学各方面。加强和改进学校思想政治教育,建立全员、全程、全方位育人体制机制。落实意识形态工作责任制,注意区分政治原则问题、思想认识问题、学术观点问题,旗帜鲜明反对和抵制各种错误

---

① 《中国共产党第十九届中央委员会第四次全体会议公报》,《人民日报》2019 年 11 月 1 日第 1 版。

观点。

2. 完善坚持正确导向的舆论引导工作机制

切实提高舆论引导能力，巩固壮大主流思想舆论，是宣传思想工作的重要任务。做好舆论引导工作，要把握好时、度、效。时，就是把准舆论引导的最佳时机，什么问题第一时间报道，什么问题观察后续发展再报道，都要有精准的时间概念；度，就是把准舆论引导的区间数量，什么问题在全国报道、什么问题在地方报道，什么问题一次性报道、什么问题跟踪报道，什么问题淡化报道、什么问题强化报道，都要掌握好分寸火候；效，就是把准舆论引导的实效质量，既要尊重受众的参与权、知情权，回应受众的关切，又要善于因势利导，引导受众正确认识事物真相，确保取得最佳舆论引导效果。做好社会热点的舆论引导。热点是一段时间内受到社会关注的问题，是舆论引导工作的一个难点，需要进行科学分析、正确回答、有效引导。不能把点上的问题说成是面上的问题，把个别问题说成是整体问题，把局部问题说成是全局问题，防止片面性、简单化和绝对化。要引导人们正确认识我国的基本国情，正确处理国家、集体、个人三者的利益关系，使人们认清客观形势，理性看待问题。对群众中存在的对党和政府工作的意见，对由现实利益问题引发的不满，要及时设置议题，积极进行疏解，避免积少成多、激化矛盾、酿成重大事端。做好重大突发事件的舆论引导。对于关系到社会稳定和人心安定、党和政府威信、中国国际形象的重大自然灾害、事故灾难、刑事案件、公共安全事件等突发事件做好舆论引导工作，对突发事件的舆论引导要坚持及时准确、公开透明、有序开放、有效管理、正确引导的原则，第一时间发出权威声音，让真相跑在谣言前头，为牢牢掌握舆论引导的主导权赢得先机。坚持团结稳定鼓劲、正面宣传为主，唱响主旋律、弘扬正能量。构建网上网下一体、内宣外宣联动的主流舆论格局，建立以内容建设为根本、先进技术为支撑、创新管理为保障的全媒体传播体系。完善舆论监督制度，健全重大舆情和突发事件舆论引导机制。建立健全网络综合治理体系，加强和创新互联网内容建设，落实互联网企业信息管理主体责任，全面提高网络治理能力，营造清朗的网络空间。

（五）坚持和完善中国特色社会主义社会制度

党的十九届四中全会指出："坚持和完善统筹城乡的民生保障制度，满足人民日益增长的美好生活需要。增进人民福祉、促进人的全面发展是我们党立党为公、执政为民的本质要求。必须健全幼有所育、学有所教、劳有所得、病有所医、老有所养、住有所居、弱有所扶等方面国家基本公共服务制度体系，注重加强普惠性、基础性、兜底性民生建设，保障群众基本生活。满足人民多层次多样化需求，使改革发展成果更多更公平惠及全体人民。要健全有利于更充分更高质量就业的促进机制，构建服务全民终身学习的教育体系，完善覆盖全民的社会保障体系，强化提高人民健康水平的制度保障。坚决打赢脱贫攻坚战，建立解决相对贫困的长效机制。""要完善正确处理新形势下人民内部矛盾有效机制，完善社会治安防控体系，健全公共安全体制机制，构建基层社会治理新格局，完善国家安全体系。"①

1. 完善覆盖全民的社会保障体系

完善社会保障体系，就是不断完善以社会保险、社会救助、社会福利为基础，以基本养老、基本医疗、最低生活保障制度为重点，以慈善事业、商业保险为补充的社会保障体系。从实际情况看，目前我国在劳动就业、收入分配、子女教育、医疗卫生、住房保障、环境保护等方面的问题依然较多。切实解决这些人民群众关心的问题，让改革发展成果更多、更公平、更实在地惠及人民群众，既是维护改革发展稳定大局的客观需要，也是保障和改善民生的应有之义。作为现代国家重要的社会经济制度，社会保障制度通过集体投保、个人投保、国家资助、强制储蓄等办法筹集资金，对生活水平达不到最低标准者实行救助，对失去劳动能力者提供基本生活保障，以满足公民在年老、疾病、伤残、失业、遭遇灾害、面临生活困难时的特殊需要。社会保障制度主要包括：一是社会保险制度。由国家依法建立的使劳动者在年老、患病、伤残、生育和失业时，能够从社会获得物质帮助的制度。二是社会福利制度。由国家或社会在法律和政策范围内向全体公民普遍提供资金帮助和

---

① 《中国共产党第十九届中央委员会第四次全体会议公报》，《人民日报》2019 年 11 月 1 日第 1 版。

优化服务的制度。三是社会救济制度。国家通过国民收入的再分配对因自然灾害或其他经济社会原因而无法维持生计的社会成员给予救助，以保障其最低生活水平的制度。四是社会优抚制度。国家依照法定的形式对有特殊贡献的军人及其眷属实行的具有褒扬和优待赈恤性质的制度。五是社会互助制度。民间组织对部分劳动者的帮助，主要是解决政府政策规定之外仍需获得外界帮助的实际困难。坚持应保尽保原则，健全统筹城乡、可持续的基本养老保险制度、基本医疗保险制度，稳步提高保障水平。加快建立基本养老保险全国统筹制度。加快落实社保转移接续、异地就医结算制度，规范社保基金管理，发展商业保险。统筹完善社会救助、社会福利、慈善事业、优抚安置等制度。健全退役军人工作体系和保障制度。坚持和完善促进男女平等的制度机制。完善农村留守儿童和妇女、老年人关爱服务体系，健全残疾人帮扶制度。坚决打赢脱贫攻坚战，巩固脱贫攻坚成果，建立解决相对贫困的长效机制。

2. 完善正确处理新形势下人民内部矛盾有效机制

坚持和发展党政齐抓共管，依靠群众参与，化解矛盾纠纷，维护社会稳定，促进经济发展的"枫桥经验"，畅通和规范群众诉求表达、利益协调、权益保障通道，健全信访制度，完善人民调解、行政调解、司法调解联动工作体系，健全社会心理服务体系和危机干预机制，完善社会矛盾纠纷多元预防调处化解综合机制，努力将矛盾化解在基层。正确处理人民内部矛盾的具体方法：一是利益协调的方法。在社会主义市场经济条件下，要善于运用经济手段来调节与经济利益有关的矛盾关系，善于运用价格、税收、收入分配等经济政策和社会保障政策来调整和协调国家、集体、个人之间以及各个社会群体之间的经济利益关系。这是解决新时期人民内部矛盾的基本方法。二是民主协商的方法。运用对话会、座谈会、恳谈会、听证会等多种形式，就某些重要问题和重要决策进行通报和协商，是新时代拓宽民主渠道，使各方面意见、要求得到及时反映和沟通，使社会矛盾得以疏导化解的一个重要方法。三是思想教育的方法。对于人民内部不同的思想认识问题，要通过有效的思想教育加以解决，对于一些是非问题，要采用团结—批评—团结的方法加以纠正。这是提高主体素质，理顺社会情绪，化解人民内部矛盾的主要方法。四是人民调解的方法。通过村民委员会、居民委员会和企事业单位中的调解组织，依照国家法律和政策，对民间纠纷的当事人进行说服教育、规劝疏导，促使纷争得以消除。人民调解作为群众性的自治活动，在我国社会生活中越来越显示出重要作用，是缓解矛盾、稳定社会的有效方法。五是法律规范和道德规范的方法。通过制定和执行有关的法律、规章、制度，加强对社会生活各方面的管理，使公民和法人的行为严格限制在法律秩序的范围之内；发挥道德对社会成员行为的规范和约束作用，使人与人之间的矛盾关系得以正确协调。

（六）坚持和完善中国特色社会主义生态文明制度

党的十九届四中全会指出："坚持和完善生态文明制度体系，促进人与自然和谐共生。生态文明建设是关系中华民族永续发展的千年大计。必须贯彻绿水青山就是金山银山的理念，坚持节约资源和保护环境的基本国策，坚持节约优先、保护优先、自然恢复为主的方针，坚定走生产发展、生活富裕、生态良好的文明发展道路，建设美丽中国。要实行最严格的生态环境保护制度，全面建立资源高效利用制度，健全生态保护和修复制度，严明生态环境保护责任制度。"[1]

1. 实行最严格的生态环境保护制度

保护生态环境是生产方式和生活方式的深刻变革，涉及利益的调整和理念的更新，需要物质支撑和精神驱动，更需要体制改革和制度创新。从横向看，生态文明制度涉及从国土开发，到资源利用，再到环境保护多个领域；从纵向看，生态文明制度涉及从源头防范，到过程监管，再到后果惩戒多个层次。一是用制度保护生态环境。建立系统完整的生态文明制度体系，实行最严格的源头预防制度、过程调控制度、损害赔偿制度、责任追究制度，完善环境治理和生态修复制度、资源有偿使用制度和生态补偿制度，对造成生态环境严重损害的责任者，依法追究刑事责任。二是建立绿色生产和消费的法律制度和政策导向。全面清理现行法律法规中与加快推进生态文明建设不

---

[1]《中国共产党第十九届中央委员会第四次全体会议公报》，《人民日报》2019年11月1日第2版。

相适应的内容，加强法律法规间的衔接。研究制定节能评估审查、节水、应对气候变化、生态补偿、湿地保护、生物多样性保护、土壤环境保护等方面的法律法规，修订土地管理法、大气污染防治法、水污染防治法、节约能源法、循环经济促进法、矿产资源法、森林法、草原法、野生动物保护法等。三是划定生态保护红线。所谓生态保护红线，就是国家生态安全不可逾越的底线。生态保护红线主要包括三大内容，即生物多样性保护红线、重要生态功能区保护红线和生态安全屏障保护红线。坚持人与自然和谐共生，坚守尊重自然、顺应自然、保护自然，健全源头预防、过程控制、损害赔偿、责任追究的生态环境保护体系。加快建立健全国土空间规划和用途统筹协调管控制度，统筹划定落实生态保护红线、永久基本农田、城镇开发边界等空间管控边界以及各类海域保护线，健全主体功能区制度。发展绿色金融，推进市场导向的绿色技术创新，更加自觉地推动绿色循环低碳发展。构建以排污许可制为核心的固定污染源监管制度体系，完善污染防治区域联动机制和陆海统筹的生态环境治理体系。加强农业农村环境污染防治。完善生态环境保护法律体系和执法司法制度。

2. 全面建立资源高效利用制度

生态环境的保护不仅要从源头上抓起，而且要在过程中监控。保护生态环境同自然资源的开发利用并不矛盾，只要有严格的制度规范，就可以把在对自然资源的开发利用过程中对生态环境的破坏降到最低限度。为此，要实行资源有偿使用制度、生态补偿制度。我国的自然资源及其产品价格总体偏低，市场定价机制不完善，特别是工业用地总量偏多，价格远远低于居住用地，因而要加快自然资源及其产品价格改革，用市场供给来调节产品价格，通过税收杠杆抑制不合理的自然资源需求。同时，要坚持谁污染环境、谁破坏生态谁付费的原则，进行生态环境的合理开发利用。坚持谁受益、谁补偿原则，完善对重点生态功能区的生态补偿机制。开征高能耗高污染产品的消费税。消费高能耗高污染产品会对社会产生一定的危害，通过征收消费税，抬高相关产品价格，使部分消费群体付出相应的成本，从而限制相关产品的消费。而对于消费行为的调节，也会反映到产业上来，从而限制相关产业的发展。这样，就可以通过经济手段促使企业采取措施降低能耗和污染，实现可持续发展的目的。推进自然资源统一确权登记法治化、规范化、标准化、信息化，健全自然资源产权制度，落实资源有偿使用制度，实行资源总量管理和全面节约制度。健全资源节约集约循环利用政策体系。普遍实行垃圾分类和资源化利用制度。推进能源革命，构建清洁低碳、安全高效的能源体系。健全海洋资源开发保护制度。加快建立自然资源统一调查、评价、监测制度，健全自然资源监管体制。

（七）坚持和完善中国特色社会主义军事制度

党的十九届四中全会指出："坚持和完善党对人民军队的绝对领导制度，确保人民军队忠实履行新时代使命任务。党对人民军队的绝对领导是人民军队的建军之本、强军之魂。必须牢固确立习近平强军思想在国防和军队建设中的指导地位，巩固和拓展深化国防和军队改革成果，构建中国特色社会主义军事政策制度体系，全面推进国防和军队现代化，确保实现党在新时代的强军目标，把人民军队全面建成世界一流军队，永葆人民军队的性质、宗旨、本色。要坚持人民军队最高领导权和指挥权属于党中央，健全人民军队党的建设制度体系，把党对人民军队的绝对领导贯彻到军队建设各领域全过程。"①

1. 坚持人民军队最高领导权和指挥权属于党中央

党对人民军队的绝对领导是党和国家的重要政治优势，是建军之本、强军之魂。我军是党缔造的，一诞生便与党紧紧地联系在一起，始终在党的绝对领导下行动和战斗。建军以来，我军之所以能始终保持强大的凝聚力、向心力、战斗力，经受住各种考验，不断从胜利走向胜利，最根本的就是靠党的坚强领导。正是因为枪杆子始终掌握在党的手里，才保证了我军在长期复杂斗争中没有迷失方向，才保证了国家的长治久安。经过长期发展，我军坚持党对军队绝对领导的制度日臻完善，形成了包括坚持军队最高领导权和指挥权属于党中央、中央军委，中央军委实行主席负责制，实行党委制、政治委员制、政治机关制，实行党委统一集体领导下的首长分工负责制，实行支

---

① 《中国共产党第十九届中央委员会第四次全体会议公报》，《人民日报》2019年11月1日第2版。

部建在连上等在内的一整套制度体系。军委主席负责制是宪法和党章规定的，是坚持党对军队绝对领导的根本制度。军委主席负责制，解决的是我军最高领导权和指挥权问题。中央军委实行主席负责制作为坚持党对军队绝对领导的根本实现形式，就是中央军委主席负责中央军委全面工作，领导指挥全国武装力量，决定国防和军队建设一切重大问题。要坚持全国武装力量由军委主席统一领导和指挥，完善贯彻军委主席负责制的体制机制，严格落实军委主席负责制各项制度规定。严明政治纪律和政治规矩，坚决维护党中央、中央军委权威，确保政令军令畅通。

2. 健全人民军队党的建设制度体系

党对军队绝对领导的根本原则和制度，是永葆我军性质宗旨的根本保证，是我军始终保持强大的凝聚力、向心力、战斗力，经受住各种考验，不断从胜利走向胜利的根本保证。构建系统完备的我军党的建设制度体系，要贯彻新时代党的建设总要求，以党章为根本遵循，不折不扣落实好党中央对坚持党的领导、加强党的建设、全面从严治党作出的一系列决策部署，完善军队党的政治建设、思想建设、组织建设、作风建设、纪律建设制度，不断赋予我军党的建设制度新的内涵和实现形式，以更好地坚持党对军队绝对领导的根本原则和制度，为确保我军政治上永远过硬、确保党和国家长治久安提供可靠的制度保障。坚持党对军队绝对领导不是一个抽象的原则要求，而是有着一整套制度体系作保证。主要包括：坚持军队最高领导权和指挥权属于党中央、中央军委，中央军委实行主席负责制；实行党委制、政治委员制、政治机关制；实行党委统一的集体领导下的首长分工负责制；实行支部建在连上。这一整套制度体系，是我们党在领导人民军队进行革命、建设和改革的实践中探索总结出来的，上顶天、下立地，横到边、纵到底，相互衔接、相互支撑，构成了一个科学严密的制度链条，为党对军队实施独立、直接、全面的领导提供了坚如磐石的制度保证。要全面贯彻政治建军各项要求，突出抓好军魂培育，发扬优良传统，传承红色基因，坚决抵制"军队非党化、非政治化"和"军队国家化"等错误政治观点。完善党领导军队的组织体系。建设坚强有力的党组织和高素质专业化干部队伍，确保枪杆子永远掌握在忠于党的可靠的人手中。

(八) 坚持和完善中国特色社会主义外事制度

党的十九届四中全会指出:"坚持和完善独立自主的和平外交政策,推动构建人类命运共同体。必须统筹国内国际两个大局,高举和平、发展、合作、共赢旗帜,坚定不移维护国家主权、安全、发展利益,坚定不移维护世界和平、促进共同发展。要健全党对外事工作领导体制机制,完善全方位外交布局,推进合作共赢的开放体系建设,积极参与全球治理体系改革和建设。"[①]

1. 健全党对外事工作领导体制机制

中国共产党领导是中国特色社会主义最本质的特征,是中国特色社会主义制度的最大优势。党的十八大以来我国外事工作能够取得一系列历史性成就,根本在于以习近平同志为核心的党中央坚强领导,在于习近平新时代中国特色社会主义思想的科学指导。外交是国家意志的集中体现,要在错综复杂的国际形势中始终掌握主动,必须坚持外交大权在党中央,坚决维护以习近平同志为核心的党中央权威和集中统一领导,确保党中央外事方针政策和战略部署落到实处。要加强外事工作的统筹协调、令行禁止、步调一致,调动各方面力量共同参与和推动国家总体外交。要加强中国特色大国外交理论建设,全面贯彻党中央外交大政方针和战略部署。深入推进涉外体制机制建设,统筹协调党、人大、政府、政协、军队、地方、人民团体等的对外交往,加强党总揽全局、协调各方的对外工作协同格局。加强涉外法治工作,建立涉外工作法律制度,加强国际法研究和运用,提高涉外工作法治化水平。

2. 推进合作共赢的开放体系建设

从人类社会发展史看,每个民族都有其优势和长处,所以才能在世界上占有一席之地;每个民族都有其劣势和短处,所以才需要在交流中取长补短,不断发展和完善。中华民族具有从未中断的悠久而独特的历史,原因就在于我们的民族历来具有虚怀若谷的博大胸襟和海纳百川的恢宏气魄。在新时代,积极借鉴人类文明有益成果,不仅是实现中华民族伟大复兴的重要条件,也是拓展中国特色社会主义道路的内在要求。当今世界上有 70 多亿人口、200

[①] 《中国共产党第十九届中央委员会第四次全体会议公报》,《人民日报》2019 年 11 月 1 日第 2 版。

多个国家、2500多个民族、6000多种语言，由于各国地理位置、国土面积、人口数量、自然条件等各不相同，历史背景、文化传统、民族特征、宗教信仰等千差万别，在经济模式、政治制度、价值观念、生活方式和意识形态等方面存在着重大差异。从世界发展史看，文化的多样化是人类社会的基本特征，也是人类文明进步的重要动力，世界的活力恰恰在于这种多样化的共存。如同宇宙间不可能只有一种色彩一样，世界上也不可能只有一种文明类型、一种社会制度、一种发展模式、一种价值观念。在人类历史上，各种文化都以自己的方式为人类文明进步作出了积极贡献。存在差异，各种文化才能相互借鉴、共同提高；强求一律，只会导致人类文明失去动力、僵化衰落。因此，尊重文化多样化是发展民族文化的前提条件，也是繁荣世界文化的内在规定，要求我们坚持和扩大对外开放，既欢迎世界各国优秀文化在中国的传播，吸收蕴含其中的人类文明优秀成果，又积极主动地推动中华文化走向世界，增强中华文化的国际影响力和国际竞争力。要坚持互利共赢的开放战略，维护完善多边贸易体制，推动贸易和投资自由化便利化，推动构建面向全球的高标准自由贸易区网络，支持广大发展中国家提高自主发展能力，推动解决全球发展失衡、数字鸿沟等问题，推动建设开放型世界经济。健全对外开放安全保障体系。构建海外利益保护和风险预警防范体系，完善领事保护工作机制，维护海外同胞安全和正当权益，保障重大项目和人员机构安全。

第十一讲

实现国家治理制度化、规范化、程序化

改革开放尤其是党的十八大以来,我们不断推进党、国家、社会各项事务治理制度化、规范化、程序化,发挥中国特色社会主义制度优势,不断提高国家治理效能,总体上形成了具有独特优势的国家治理体系和治理能力。党的十九届四中全会通过的《中共中央关于坚持和完善中国特色社会主义制度 推进国家治理体系和治理能力现代化若干重大问题的决定》指出,"我国国家治理体系和治理能力是中国特色社会主义制度及其执行能力的集中体现"[1]。不断提高运用中国特色社会主义制度有效治理国家的能力,实现国家治理制度化、规范化、程序化,既是坚持和发展中国特色社会主义的必然要求,也是发挥社会主义制度优越性的必由之路。

(一)实现国家治理制度化、规范化、程序化的根本要求

现代国家治理,是一项系统复杂的浩大工程。当今世界,法治是国家治理的基础方式。推进国家治理体系和治理能力现代化,就要增强按制度办事、依法办事意识,善于运用制度和法律治理国家,实现国家治理制度化、规范化、程序化。没有好的制度,达不到"制度化",国家就难以实现善治;没有卓越的制度执行力,达不到执行的"规范化、程序化",再好的制度也会落空。

---

[1] 《中共中央关于坚持和完善中国特色社会主义制度 推进国家治理体系和治理能力现代化若干重大问题的决定》,《人民日报》2019年11月6日第1版。

只有更加成熟更加定型的制度，才能更好发挥制度效力、有效保障经济社会发展。因此，必须探索现代国家治理法治化的特点规律，切实把握实现国家治理制度化、规范化、程序化的根本要求。

1. 正确理解国家治理制度化、规范化、程序化的科学内涵

所谓制度，就是要求成员共同遵守，按一定程序办事的规程；规范，是标准、法式；程序即按时间先后或依次安排的工作步骤。实现国家治理制度化、规范化和程序化，就是要求对国家治理的全过程，构建起执行和运作制度、规定、标准的机制和体系，使国家治理的每一个环节、每一个步骤都有据可依、有章可循、按章行事，不因人、因事、因时而异，杜绝随意性和盲目性，推动各领域治理工作深入有序地开展。

实现国家治理的制度化，就是通过具体的制度设计、制度安排，将不同领域的治理工作以制度的形式确立下来。这种制度一旦确立，除非以合法的方式和途径，任何组织或者个人都不得予以改变。制度，是定国安邦之根本。对于制度的重要性，邓小平同志曾经说过，没有制度工作搞不起来；制度问题更带有根本性、全局性、稳定性和长期性。实现国家治理制度化，是国家治理体系和治理能力现代化的关键目标和实践模式。就国家层面而言，有效的国家治理，需要在治理国家的体制机制上作出保障；在社会治理方面，主要是指建立现代社会治理模式。实现国家治理制度化，是中国特色社会主义制度的自我完善和发展，是全面建成小康社会，进而建成富强民主文明和谐美丽的社会主义现代化强国，实现中华民族伟大复兴中国梦的必然路径选择，是当代中国国家建设和全面现代化的基础性和长远性工程，既需要作出科学顶层设计的战略布局，也需要夯实制度落实法治化根基。实现国家治理制度化，作为构成现代文明关键性内生变量的重要内容，得到了现代社会日益广泛的认同。因此，实现国家治理制度化，应当是推进国家治理体系和治理能力现代化的一个重要的核心问题，也是有效治理国家的基本保证。

实现国家治理的规范化，就是通过一系列明确、具体和可操作的规则，来规范党、政府以及相关组织的行为，包括国家治理主体本身的行为，建立规范化的国家治理秩序。比如说，国家治理主体通过什么方式开展活动、行使职权，公众对国家治理的意见和建议的提出，相关部门采纳以及反馈的行为方式，等等。规范化是制度化实现的基本方式，完善的制度只有通过科学的、良好的运行才能实现其价值,国家治理的制度化同样也是如此,其成效只有通过规范化的运作才能充分发挥出来。现代国家治理本身,就是与规范联系在一起的。不同主体开展治理活动,也都是与规范联系在一起的。有规范,就有可以遵循的规矩;没有规范,办事情就可能很盲目,就可能没有章法,工作上的失误就难免发生。很多腐败行为和不公平事件的发生,都与制度执行的不规范和随意性有关。所以,推进国家治理体系和治理能力现代化的一个重要内容,就是把各方面的制度、准则、程序、要求等规范起来,尽量减少因人废法、随意变通的不规范现象。

实现国家治理的程序化,就是明确规定国家治理行为的具体程序,保证治理主体和不同利益群体在国家治理体系中能够开展和谐、有序的活动,使国家治理的相关制度得以正常运行。一项好的制度和具体的施行规范确立后,实际的贯彻执行就显得尤为重要,这就需要科学、合理、可操作的程序来保障。应当承认,当前国家治理体系中的一些制度、规定和要求都是很好的,是符合我国国情的,关键是没有明确、具体的操作程序来保证这些职能的实现。程序有时能够决定结果。国家治理的程序设计要涵盖国家治理体系各个方面,覆盖经济、政治、文化、社会和生态不同领域,包含国家治理行为的每个环节,做到哪里有国家治理行为,哪里就应该有相关制度落实的程序。要在程序规定文本上确保程序要素齐备、目标明确、内容具体、结合合理、逻辑严密、形式规范,努力使程序规定不留有机可乘的漏洞和自由裁量的空间,不断提高国家治理程序化水平。要增强针对性。要注重解决程序性规定繁密化问题,跳出"用制度落实制度"的怪圈,防止把制度建设搞成无限制增加程序和环节的烦琐哲学。要富于操作性。程序性规定要制定得详尽细致、切实可行,便于把握和操作。对违反程序性规定所必须承担的责任和后果也应具体化、程序化,特别是对制度执行中的程序变通现象进行制止和处罚,保证制定的程序性规定行得通、做得到、管得住、用得好。

2. 深刻把握国家治理制度化、规范化、程序化的内在联系

实现国家治理制度化、规范化、程序化,必须通过一定的制度设计和安排,明确国家治理的行为准则,保证国家治理活动按照科学化、法治化的程序正常进行。三者之中,制度化是确立国家治理的制度形式,规范化是明确国家治理的行为规则,程序化则是规范国家治理制度的施行流程。这三者不

是独立割裂的，而是相互联系、相互依存、相互作用的有机整体。

制度化是前提，是基础。支撑国家稳定和社会发展的国家治理制度是一种多层面、多领域的复合制度体系，其中，既有根本性制度和基本制度，又有分层次的具体制度；既有宏观性的制度总揽和体制规范，又有若干体制机制的体现与运作；既有体现国家和社会性质的政治、经济制度，又有与政治、经济领域密切相关的文化、社会及其他各方面制度。在国家治理体系中起主导性、决定性作用的，是国家治理的相关领域的制度和机制。可以说，制度建设是我们各项工作的基础性建设，是决定我们的事业和工作能否抓起来的根本，是决定国家治理工作能否科学、可持续发展的关键问题。

规范化是制度在实践中的具体化，程序化是保证制度实现、规范落实的方式方法和次序步骤。制度的合法性、合理性和有效性，也集中体现在国家治理的规范化、程序化上。建立健全国家治理的制度机制，必须依据事物发展的规范和程序运作情况来制定或修改完善，同时，制度的落实需要遵循一定的规范和程序，没有规范和程序，再好的制度也落实不了；规范在实践中形成，需要提炼升华为机制，用以对事物发展的过程进行控制；程序是为实现制度预设的某种目标服务的，一旦确立了程序，它便具有发挥作用的价值。这种价值在于，只有按预先设定的科学程序去施行制度，目标的实现才会有更大的必然性。因此，规范的机制和科学的程序是实现目标的前提和基础，规范的机制是对目标实现程度的具体量化和要求，科学的程序是实现目标的途径和手段。规范化和程序化是制度化的延伸、补充和具体化，是落实制度的重要保证。如果说，制度体现了有法可依、有章可循，那么，规范和程序就体现了有法能依、有章能循。只有正确处理制度化、规范化、程序化三者之间的辩证关系，才能实现依法有效治理国家。

3. 不断提高国家治理制度化、规范化、程序化的制度自信

制度是生产关系、社会关系和政治上层建筑的主要载体和集中体现。因此，能否适应社会生产力的发展要求，能否适应广大社会成员的权益需要，是衡量制度是否具有先进性和有效性的根本标志。实现国家治理制度化、规范化、程序化，其目的说到底就是提升各项治理制度适应经济社会发展要求和广大社会成员权益需要的水平。恩格斯说："我们的目的是要建立社会主义制度，这种制度将给所有的人提供健康而有益的工作，给所有的人提供充裕

的物质生活和闲暇时间,给所有的人提供真正的充分的自由。"中国特色社会主义制度开辟了给广大社会成员带来更多实际利益和自由发展的空间,正是从这个意义上说,中国特色社会主义制度具有旺盛的生命力和发展前景。因此,实现国家治理制度化、规范化、程序化,发展完善中国特色社会主义制度,也是增强制度自信的重要路径。

"物有甘苦,尝之者识;道有夷险,履之者知。"新中国成立以来尤其是改革开放以来,我们党不断探索创新,形成了一套与基本国情和发展要求相适应的制度体系,治理能力和水平不断提高。没有这些,我们就无法取得社会主义建设的辉煌成就,无法实现持续数十年的经济增长,无法应对一次次重大自然灾害的严峻考验,也无法在国际金融危机等逆境中保持相对稳健的发展。我们推进国家治理现代化,决不是否定和放弃这些行之有效、具有独特优势的既有成果,而是在这一基础上更上层楼。我们应该也必须有这个自信。

"治国犹如栽树,本根不摇则枝叶茂荣。"推进国家治理体系和治理能力现代化,关键还是要靠国家治理的制度化、规范化、程序化。同时,没有坚定的制度自信就不可能有完善和执行制度的勇气和智慧,更不可能实现有效的国家治理。强调制度自信,究其实质,就是强调要把握好坚持和发展制度这两个方面,根本的、不能改的再过多长时间也不改,而对具体的、需要改的尽快改、创造条件改。制度发展离不开借鉴,在治理理论和制度设计等方面需要参考和借鉴西方发达国家的一些有益做法和理念,但决不意味着"外国的月亮就比中国的圆",也就是说绝不能照抄照搬。任何一个国家的现代化都不可能是抄来的、搬来的,对于制度建设,我们必须有自己的主见,对现实中存在的问题和矛盾有自己的判断,对于制度设计、制度运行有自己的路子。中国特色社会主义制度是党和人民多年奋斗、创造、积累的重要成就,我们必须倍加珍惜、始终坚持、不断发展。因此,我们有理由、有能力、有定力,始终坚持制度自信,并在规范化、程序化的科学施行中不断释放中国特色社会主义制度的活力、价值和生命力。

(二)制度化、规范化、程序化是国家治理现代化的核心内容

国家治理体系和治理能力,是一个国家的制度和制度执行力的集中体现。

健全的治理体系、高超的治理能力，是国家有序运行、经济健康发展的基本条件，也是人民安居乐业、社会安定有序、国家长治久安的重要保障。推进国家治理体系和治理能力现代化，离不开完善科学的制度体系，也离不开规范合理的制度执行。因此，实现国家治理制度化、规范化、程序化，是推进国家治理体系和治理能力现代化的核心内容。

1. 实现国家治理制度化、规范化、程序化，是对改革开放以来我们党治国理政成功经验的运用

新中国成立后，我们党领导人民通过社会主义革命和社会主义改造，建立起根本政治制度和基本经济制度，实现了我国历史上最深刻、最伟大的社会变革。开始探索适合中国国情的国家治理之路，建立了具有中国特色的国家治理体系，特别是创建了人民民主专政制度、人民代表大会制度、中国共产党领导的多党合作和政治协商制度、民族区域自治制度等。虽然也发生了严重曲折，但在社会主义国家治理实践上积累了宝贵经验，取得了重大成果。

改革开放以来，我们党在正确的思想路线、政治路线、组织路线指引下，总结国际国内两方面经验教训，以马克思主义的科学态度和求实精神，对如何治理社会主义社会进行新的实践探索，从建立社会主义市场经济体制到形成中国特色社会主义法律体系，从实行基层群众自治制度到创新社会管理体制，从建立健全社会保障体系到构建开放型经济体制，各方面都取得了重大进展。以社会治理为例，"文化大革命"后随着总体性社会体制的弱化与松动，社会成长与重建过程中的利益冲突与社会矛盾大量涌现，转型中国面临各种日益严峻的社会问题，对党和政府构建公共秩序的能力提出了挑战，对社会治理成效提出了新的更高要求。在此背景下，社会综合治理作为转型中国基本的国家治理方式和治理策略开始登上历史舞台，作为一种独特的组织化机制和国家治理资源的集中与动员机制，已经成为党和政府解决各种社会问题的基本方略，并随着时代发展不断实现社会治理的制度化、规范化、程序化。今天，我国政治稳定、经济发展、社会和谐、民族团结，同世界上一些地区和国家不断出现乱局形成鲜明对比。实践表明，我们的国家治理体系和治理能力总体上是好的，是适应我国国情和发展要求的，国家治理的一些领域基本达成或即将达成制度化、规范化、程序化。改革开放以来我们党治国理政的巨大成就，意味着我国不仅走出了一条不同于西方国家的成功发展道路，而且形成了一套不同于西方国家的成功制度体系。我国的实践向世界说明了一个道理：治理一个国家，推动一个国家实现现代化，并不只有西方制度模式这"华山一条道"，各国完全可以走出自己的特色之路来。

当前，我国发展进入新阶段，改革进入攻坚期和深水区，社会矛盾凸显。相比形势任务的变化，相比国家的长治久安，相比经济社会发展和人民群众的要求，相比当今世界日趋激烈的国际竞争，我们在国家治理体系和治理能力方面还有这样那样的不足，有许多亟待改进的地方。同时也要看到，国家治理体系和治理能力建设是一个不断调适的过程。真正实现社会和谐稳定、国家长治久安，还要通过长期不懈的努力，不断推进国家治理的制度化、规范化、程序化，从各个领域逐步推进国家治理体系和治理能力现代化。

2. 实现国家治理制度化、规范化、程序化，体现了我们党关于国家治理问题的全新理念

"经邦有术，持之以理。"党的十八大以来，党中央带领全国人民将中国特色社会主义制度优势转化为国家治理效能的脚步一刻没有停顿。从现代化的角度来看，实现国家治理制度化、规范化、程序化，强调制度的现代化、制度执行力的现代化，体现时代性、把握规律性、富于创造性，彰显我们党关于国家治理理论创新的科学精神和开放态度。实现国家治理制度化、规范化、程序化，充分体现了我们党关于国家治理问题的全新理念，标志着我们党对中国特色社会主义规律的认识提高到一个新境界。

实现国家治理制度化、规范化、程序化，是基于我国自身国情提出的战略判断。中国仍然是世界上最大的发展中国家，还处在转型期的关键阶段，经济、政治、文化、社会、生态等体制改革还没有全部完成。在构建国家治理制度体系方面，其核心内涵是要坚持党的集中统一领导，坚持和完善党的领导制度体系，提高党科学执政、民主执政、依法执政水平；在实现有效的政府治理方面，必须完善国家行政体制，优化政府职责体系，优化政府组织结构，构建职责明确、依法行政的政府治理体系；在创新社会治理方面，必须着眼于保障最广大人民的根本利益，最大限度地增加和谐因素，增强社会发展活力，建设人人有责、人人尽责、人人享有的社会治理共同体，确保人民安居乐业、社会安定有序，建设更高水平的平安中国。尤其是在具有深厚"人治"传统的中国社会，除了建立更加适应经济社会发展的国家治理制度体系，还应该把增强制度执行力作为现代化的题中应有之义，不断提高落实国家治理制度的规范化、程序化水平。正如党的十九届四中全会所强调的："各级党委和政府以及各级领导干部要切实强化制度意识，带头维护制度权威，做制度执行的表率，带动全党全社会自觉尊崇制度、严格执行制度、坚决维护制度。"①

实现国家治理制度化、规范化、程序化，是基于特殊发展阶段提出的实践指南。我国已进入新的历史阶段，从国内看，我国经济正在进行深刻的发展方式转变和结构调整，经济增长速度放缓与经济转型升级压力巨大同时并存，经济运行稳中有变、变中有忧。在社会转型期，各种矛盾相互交织，各种思潮相互激荡，各种诉求相互碰撞，使社会风险压力增大。党的建设面临"四大考验"和"四种危险"，党要管党、从严治党的任务比以往任何时候都更为繁重更为紧迫。从国际看，力量转移导致国际矛盾激化凸显，多边主义和自由贸易体制受到冲击，不稳定不确定因素依然很多。在这个时期，挑战与机遇并存，考验中国共产党人的智慧。中国特色社会主义伟大事业和党的建设新的伟大工程，需要在制度层面来解决问题，改革发展稳定和治党治国治军需要在制度层面来解决问题，需要国家治理更加制度化、规范化、程序化。实现国家治理制度化、规范化、程序化，成为这个新历史阶段国家制度建设的实践指南，这既是国家的需要，也是时代的需要。

实现国家治理制度化、规范化、程序化，是基于当前发展要求提出的总体方略。经过40多年改革发展，我们的国家治理体系和治理能力总体上是好的，也取得了许多成功经验和辉煌成就。但同时也要看到，当前我们在国家治理体系和治理能力方面还有许多不足，有许多亟待改进的地方。主要是国家制度体系还不完善，法制还不健全，有法不依、执法不严等现象还比较突出，部分党员干部的能力素质还不适应形势任务需要，社会参与、群众自治程度还不高，国家治理的制度化、规范化、程序化水平有待提高。我国经济社会各领域存在的许多矛盾和问题，都与制度不完善、法制不健全、制度和法律执行不力密切相关。因此，面对特定发展阶段出现的特殊发展要求，需

---

① 《中共中央关于坚持和完善中国特色社会主义制度 推进国家治理体系和治理能力现代化若干重大问题的决定》，《人民日报》2019年11月6日第6版。

要坚定不移地推进国家治理制度化、规范化、程序化，不断提高国家治理的科学性、针对性、有效性。

3. 实现国家治理制度化、规范化、程序化，是有效治理国家的必然要求

国家治理是一个动态过程，必须以一系列完整而系统的规范和程序来确保治理成效。制度只能规定国家治理中各方在此过程中的地位、作用和相应的责任、权力等，而这些规定在国家治理过程中得以正常运行，还需要一系列具体的规范和程序。因此，实现国家治理制度化、规范化、程序化，是有效治理国家的必然要求。

"制度化、规范化、程序化"，这三个概念在党的重要文件和领导人的重要讲话中多次出现。2002年，党的十六大报告第一次提出要着重加强制度建设，实现社会主义民主政治的制度化、规范化和程序化。2007年，党的十七大报告强调"推进社会主义民主政治的制度化、规范化、程序化，为党和国家长治久安提供政治和法律制度保障"。2011年7月1日，胡锦涛同志在纪念中国共产党成立90周年大会上指出："健全民主集中制，不断推进党的建设制度化、规范化、程序化。"2012年，党的十八大报告指出，要"加快推进社会主义民主政治制度化、规范化、程序化，从各层次各领域扩大公民有序政治参与，实现国家各项工作法治化"。2013年，党的十八届三中全会通过的《中共中央关于全面深化改革若干重大问题的决定》，在两处提到了"制度化、规范化、程序化"。一是"紧紧围绕坚持党的领导、人民当家作主、依法治国有机统一深化政治体制改革，加快推进社会主义民主政治制度化、规范化、程序化"，二是"重点推进政治协商、民主监督、参政议政制度化、规范化、程序化"。2014年，党的十八届四中全会通过的《中共中央关于全面推进依法治国若干重大问题的决定》中强调："制度化、规范化、程序化是社会主义民主政治的根本保障。"2017年，党的十九大报告指出，要"长期坚持、不断发展我国社会主义民主政治，积极稳妥推进政治体制改革，推进社会主义民主政治制度化、规范化、程序化"。由此可见，"制度化、规范化、程序化"的每次出现，都是与我们党治国理政的重大举措紧密联系在一起的，都是与社会主义民主政治紧密联系在一起的。

有效治理国家，既要有科学完备的制度体系，又要有强大的制度执行力。长期以来，由于一些主客观方面的因素，在有些地方、部门的制度建设中还

存在着重实体、轻程序，重形式、轻操作的倾向，以致一些好的制度因缺乏科学、规范的程序而无法操作。因此，制度建设既要贯穿、融汇于国家治理不同领域的建设之中，又要以规范化、程序化的条文形式对国家治理体系和治理能力建设起到支撑、承载和具体体现的作用。

（三）着眼全面深化改革积极推进国家治理制度化、规范化、程序化

蹄疾走日月，步稳度关山。当前，国家发展的进程波澜壮阔，我们前所未有地靠近世界舞台中心，前所未有地接近实现中华民族伟大复兴的目标，前所未有地具有实现这个目标的能力和信心。在这样的新形势下，我们必须适应国家全面现代化总进程，以坚持和完善中国特色社会主义制度、推进国家治理体系和治理能力现代化的总体目标为指引，在为国家治理现代化提供坚强制度保障的同时，积极推进国家治理制度化、规范化、程序化。

1. 将社会主义制度优势最大程度地转化为治理国家的效能

国家治理的制度化、规范化、程序化，是国家治理现代化的题中应有之义，在很大程度上决定着经济社会发展的方向、速度和国家现代化的质量。从世界现代化历史经验看，越是能用制度进行有效治理的国家，现代化的程度就越高。国家治理制度化、规范化、程序化，是现代化国家治理的重要基石、发展的重要动力。众所周知，1688年英国"光荣革命"成功，为其18世纪开始的现代化准备了条件；美国的现代化进程，得益于建国之初的政治制度设计；日本的现代化之路，是从明治维新开始的；等等。大致可以这样说，现在被认为走在现代化前列的国家，现代化道路几乎都是从解决制度问题起步。制度问题解决好了，现代化的道路就比较顺畅；制度问题解决不好，现代化的道路就可能比较坎坷。

中国特色社会主义制度模式中的国家治理体系，是在我国历史传承、文化传统、经济社会发展的基础上，长期发展、逐渐改进、内生演化的结果，是我们坚持独立自主选择自己的道路，走出了一条不同于西方国家的成功发展道路，形成了一套不同于西方国家的成功制度体系。这个国家治理制度体系，植根于中华文化沃土，反映中国人民意愿，适应中国和时代发展进步要

求,有着深厚历史渊源和广泛现实基础,有着自己的鲜明特点和显著优势。改革开放以来,我们之所以能创造经济高速成长、社会充满活力、政治安定团结的"中国奇迹",之所以能战胜一个又一个突如其来的重大自然灾害,从容应对一系列关系我国主权和安全的重大突发事件,经受住一次又一次国际政治、经济风浪的重大考验,就是因为我们有中国共产党的坚强领导,有党和国家实行的民主集中制,有集中力量办大事的举国体制,有党和政府强有力的社会动员组织能力,有全国一盘棋的互助协作机制等,这些都是我们的制度优势。

把社会主义制度优势转化为国家治理的效能,制度化、规范化、程序化起着"桥"和"船"的重要作用。党的领导是中国特色社会主义制度的核心。宪法规定了中国共产党的领导地位,这是中国特色社会主义从胜利走向胜利的根本保证,是我们最大制度优势所在。全面深化改革,决不能放弃党的领导;推进国家治理现代化,决不能否定和丢弃我们制度的优势,应该把社会主义制度优势以条文形式具体化,在执行过程中更加注重规范化和程序化,从而充分发挥各方面制度优势,不断提高治理国家的效能。

2. 促使国家进一步从"人治社会"走向"法治社会"

随着经济社会发展,我国正在经历从传统社会向现代社会,从农业、农村社会向工业、城市社会,从"熟人社会"向"陌生人社会"转型,这种转型是实现现代化的必然趋势。长期农业、农村社会形成了深厚的"人治"传统,而工业化、城市化的现代社会则以"法治"为主要特征;如果说"熟人社会"难免是"人情社会"的话,那么"陌生人社会"则必然是法治社会。就是说,我国社会转型已经对国家治理提出了新要求,推进国家治理现代化就是对时代要求的回应。实现国家治理的制度化、规范化、程序化,就是要促使国家进一步从"人治社会"走向"法治社会"。

我国古代,人治的传统比较多,法治的精神比较少,而法治却是现代国家治国理政的基本方式。改革开放以来我们大力推进国家法制建设,中国特色社会主义法律体系已经基本形成,依法治国基本方略得到有效实施,社会主义法治国家建设取得重要进展,但是传统人治社会的影响依然广泛而深刻地存在。与那些率先实现现代化的发达国家相比,我们差就差在法治,差就差在国家治理的制度化、规范化、程序化水平。从人治走向法治,就是从传统治理走向现代治理的过程，就是不断推进治理制度化、规范化、程序化的过程。

党的十九大提出"全面依法治国是国家治理的一场深刻革命"，强调坚持厉行法治，推进科学立法、严格执法、公正司法、全民守法，都是推进国家治理现代化的题中应有之义。法治是治国理政的基本方式，法治思维是深化改革、化解矛盾的重要武器。在建设法治中国的今天，改革必须在法治轨道上推进，任何重大改革都要于法有据。这就要求立法机关紧密围绕全面深化改革总目标，把立法决策和改革决策更好结合起来，加强重点领域立法，不断提高立法质量，从法律制度上推动和落实改革举措，防止部门利益法制化和地方保护，以法治思维和法治方式为全面深化改革护航。无论是破解难题、化解矛盾、凝聚共识，还是激发动力、促进和谐、推动发展，唯有更加自觉并善于运用法治这个集中体现现代化治理本质要求的思维方式，在法治轨道上寻求国家治理制度化、规范化、程序化的解决之道，我们才能啃下改革攻坚期的一个个硬骨头，涉过利益格局调整的深水区，使各项制度更加成熟更加定型，促进社会公平正义，维护社会和谐稳定，保障人民安居乐业，推进全面深化改革，实现国家长治久安。

3. 构建系统完备、科学规范、运行有效的制度体系

国家治理体系的现代化，最重要的还是体制机制的现代化和人的现代化。治理的制度和治理者的素质，影响着国家治理水平和效益，这两者都是推进国家治理体系和国家治理能力现代化的的基本因素。但比较而言，制度更具有根本性，因为制度可以改造人的素质，可以制约治理者的滥权和失职。邓小平同志在总结新中国成立以来的历史经验时曾指出："我们过去发生的各种错误，固然与某些领导人的思想、作风有关，但是组织制度、工作制度方面的问题更重要。这些方面的制度好可以使坏人无法任意横行，制度不好可以使好人无法充分做好事，甚至会走向反面。"这充分表明，好的制度和完善的制度体系，对国家发展和民族振兴具有重大而深远的意义。因此，实现国家治理制度化、规范化、程序化，就必须加强制度文明建设，构建系统完备、科学规范、运行有效的国家治理制度体系。

西方社会经过了几百年的现代化进程，各方面制度已相对成熟定型，人们生产生活的方方面面都有法条"管"着，违法必究的铁律深入人心，完备

的法律体系能够覆盖各种社会关系、规范各种社会行为。西方社会的文明，很大程度上是法治"管"出来的。到过西方发达国家的人们会有一个印象：我们许多领域的"硬件"，尤其是基础设施建设的现代化水平已经赶上甚至超过了它们，差距主要在法规制度管理等"软件"上。应该承认，西方发达国家在现代国家治理方面，确实积累了大量有益经验，取得了很多成就，改革开放以来我们在建立现代国家治理体系方面的许多进步和成就，其实也得益于向外国的先进经验学习。例如，政策制定过程中的"听证制度"、公共服务中的"一站式服务"、责任政府建设的"政府问责"制度等等，都是直接或间接地从西方发达国家引入的。当然，学习借鉴不是照抄照搬。我国的基本国情、社会制度、发展阶段、法治理念等，都与西方国家不同，对国外的东西必须经过科学的扬弃后为我所用。

制度文明与物质文明、精神文明、生态文明一样，是人类文明的基本形态之一。我们党领导人民不懈奋斗，根本目的之一就是要创造和建设更先进、更优越的社会制度，最高理想和最终目标是实现共产主义。社会主义制度的发展和完善是一个长期的历史过程。国家治理体系是一个复杂的制度体系。党的十九届四中全会《决定》指出，要"突出坚持和完善支撑中国特色社会主义制度的根本制度、基本制度、重要制度，着力固根基、扬优势、补短板、强弱项，构建系统完备、科学规范、运行有效的制度体系"[1]。对国家治理来说，这里的"系统完备"就是对制度化的具体要求，"科学规范"就是对规范化的具体要求，"运行有效"就是对程序化的具体要求。同时，国家治理制度化、规范化、程序化涉及党、政府、企业、公民、社会组织等多个主体，只有这些多个主体具有了一定的治理能力，才能发挥制度管理经济社会的效能。

4. 不断提高制度执行力和治理能力，推进国家治理创新发展

党的十九届四中全会《决定》指出，"制度的生命力在于执行"，并强调要"把制度执行力和治理能力作为干部选拔任用、考核评价的重要依据"。[2]

---

[1] 《中共中央关于坚持和完善中国特色社会主义制度 推进国家治理体系和治理能力现代化若干重大问题的决定》，《人民日报》2019年11月6日第1版。

[2] 《中共中央关于坚持和完善中国特色社会主义制度 推进国家治理体系和治理能力现代化若干重大问题的决定》，《人民日报》2019年11月6日第6版。

国家治理制度化、规范化、程序化，是制度执行力和治理能力的集中体现，是运用国家制度管理社会各方面事务的能力，包括改革发展稳定、内政外交国防、治党治国治军等各个方面。要把我国制度优势更好转化为国家治理效能，为实现"两个一百年"奋斗目标、实现中华民族伟大复兴的中国梦提供有力保证，就要在实现国家治理制度化、规范化、程序化的过程中，不断推进国家治理创新发展。既要改革不适应实践要求的体制机制，又要不断构建新的制度和体制机制，使经济、政治、文化、社会、生态文明和党的建设等各方面制度和体制机制更加科学、更加完善。

一是冲破陈旧观念的桎梏，进一步解放思想、更新观念。习近平总书记在《关于〈中共中央关于坚持和完善中国特色社会主义制度推进国家治理体系和治理能力现代化若干重大问题的决定〉的说明》中指出，我们已经啃下了不少硬骨头但还有许多硬骨头要啃，我们攻克了不少难关但还有许多难关要攻克，我们决不能停下脚步，决不能有松口气、歇歇脚的想法。[①] 国家治理主要属于政治体制领域，改革面临着许多困难矛盾，有许多急流险滩需要过，有许多"硬骨头"需要啃下来，有许多"娄山关""腊子口"需要跨越。只有解放思想、更新观念，才能冲破传统和教条的束缚，提出能够解决问题、化解矛盾的新观点。一种新的思想、观念、政策或制度，只要有利于国家的富强民主、人民的自由幸福、社会的公平正义，有利于实现中华民族伟大复兴的中国梦，就应该大胆地试、大胆地闯，坚决破除一切束缚改革发展的思想观念，破除一切有碍于实现国家治理现代化的体制机制。

二是强化战略筹划，促进国家治理体制创新发展。党的十九届四中全会《决定》强调，坚持和完善中国特色社会主义制度、推进国家治理体系和治理能力现代化，"必须在党中央统一领导下进行，科学谋划、精心组织、远近结合、整体推进"[②]。国家治理体系是一个制度系统，包括政治、经济、社会、文化、生态等各个领域，必须从总体上考虑和规划各个领域的改革方案，从

---

① 习近平：《关于〈中共中央关于坚持和完善中国特色社会主义制度　推进国家治理体系和治理能力现代化若干重大问题的决定〉的说明》，《人民日报》2019年11月6日第4版。

② 《中共中央关于坚持和完善中国特色社会主义制度　推进国家治理体系和治理能力现代化若干重大问题的决定》，《人民日报》2019年11月6日第6版。

中央宏观层面加强对改革措施落实的领导和指导，坚决防止碎片化、短期行为、政出多门、部门主义和地方主义。深入推进国家治理体制改革，既要保持中国特色社会主义制度和国家治理体系的稳定性和延续性，又要抓紧制定国家治理体系和治理能力现代化急需的制度、满足人民对美好生活新期待必备的制度，推动中国特色社会主义制度不断自我完善和发展、永葆生机活力。

三是抓好制度建设的"破"与"立"。现代国家制度建设主要体现在破立结合这两大方面。所谓"破"，指的是变革不适应时代需要和社会发展要求的法律法规、体制机制、政策安排，着力推进制度转型、制度变迁、制度创新；所谓"立"，指的是不断构建新的体制机制、法律法规，使各方面制度更加科学、更加完善。应该看到，现存的一些治理体制机制不尽合理，有的不适应经济发展的变化，有的不符合现代社会的需要，少数甚至产生一定的负效应。例如，至今仍有一些机构只有权力而几乎不承担责任、政出多门、职责不清、职能错位等现象存在；有的多年前制定的政策规定，现在已经远远不能适应公共生活的变化；有的领域作为社会发展的新生事物，许多重要的制度机制或者仍然缺失，或者极不完善，缺少必要有效的监管；等等。这些治理体制机制的弊端，必须在国家治理现代化的进程中得到破除和纠正。

四是将优秀的地方治理创新做法上升为国家制度。从根本上说，国家治理体制改革创新的动力源自经济发展、政治进步、人民需要和全球化冲击，但其直接动力则是压力、激励和制度，其中制度是长久性的动力所在。改革开放以来，我们在政府治理和社会治理方面做了大量可贵的探索，积累了许多宝贵的经验。然而，一些好的治理改革因为没有上升为国家制度而被中止，或者仅在小范围内实施。应当系统地总结各级政府的治理改革经验，及时将成熟的改革创新政策上升为法规制度，从制度上解决政府治理和社会治理改革创新的动力问题。

第十二讲

国家制度和国家治理体系

国家制度和国家治理体系现代化是社会主义现代化的应有之义。坚持和完善中国特色社会主义制度，必然要求推进国家治理体系现代化。党的十九届四中全会《决定》明确指出顺应时代潮流，推进"四个伟大"工程必须在坚持和完善中国特色社会主义制度、推进国家治理体系和治理能力现代化上下更大功夫。同时《决定》提出"三步走"的总体目标，清晰擘画出国家制度和国家治理体系现代化建设的时间表和路线图，开辟出国家有效治理的新境界。

（一）中国特色社会主义制度和治理体系的主要特征及重大意义

1. 国家制度和国家治理体系的内涵

制度是国家安邦定国的根本、成就事业的保障，也是实现治理的基础。中国特色社会主义制度是党和人民在长期实践探索中形成的科学制度体系，是国家治理一切工作和活动的根本依据，我国国家治理体系是中国特色社会主义制度的集中体现。

国家治理体系是由政治权力系统、社会组织系统、市场经济系统、宪法法律系统、思想文化系统、生态文明系统等构成的一个有机整体。构建现代化的中国特色社会主义的国家治理体系是推进国家发展的必由之路。

国家制度和国家治理体系的基本释义。国家制度和治理体系是建立在一定历史文化传统和社会经济基础之上的上层建筑,它离不开一个国家的历史文化传统和社会经济基础。习近平总书记指出:"一个国家选择什么样的治理体系,是由这个国家的历史传承、文化传统、经济社会发展水平决定的,是由这个国家的人民决定的。"① 我国今天的国家制度和国家治理体系,就是在我国历史传承、文化传统、经济社会发展的基础上长期发展、渐进改进、内生性演化的结果。我们所讲的"治理",在本质上既不同于中国传统的皇权统治者的"治国理政",又不同于西方政治和管理理论中倾向于政府分权、实现社会多中心治理和社会自治的"治理"概念,而是在中国特色社会主义道路的既定方向上,在中国特色社会主义理论的话语语境中,在中国特色社会主义制度的坚持和完善的改革意义上,中国共产党领导人民科学、民主、依法和有效地治国理政。我国的国家制度和国家治理体系是在中国共产党领导下的制度体系,是由各个领域的指导思想、组织机构、法律法规、组织人员、制度安排等要素构成一整套紧密相连、相互协调的体系;是一整套包括党的领导和经济、政治、文化、社会、生态文明、军事、外事等各方面体制机制、法律法规安排,紧密相连、相互协调的制度体系。

国家制度和国家治理体系理念的发展。在传统文化中,"治理"概念是指统治者的"治国理政",治国理政的基本含义是指统治者治理国家和处理政务。中国共产党在汲取中国传统政治文化治国理政的精华基础上扬弃性地吸收西方"治理"的有益要素,不断探索国家制度建设,充分发挥国家制度的效力,不断调整国家治理体系重心,日益释放社会发展活力,不断丰富着治理的内涵。新中国成立后,中国共产党人在探索治理社会主义国家的历史过程中,解决了孙中山先生提出的如何实现"人民有权,政府有能"的现代民主之问,确立了人民代表大会制度这一根本政治制度和中国共产党领导的多党合作和政治协商制度、民族区域自治制度等基本政治制度,奠定了国家治理理念的基础。改革开放以来,在探索中国特色社会主义发展道路实践中,从完善社会主义市场经济体制到形成中国特色社会主义法律体系,从实行基层群众自治到创新社会管理制度,进一步取得了国家治理丰富成果。党的十六大提出了"党领导人民治理国家"的理念。党的十七大进一步提出"要

---

① 《习近平谈治国理政》,外文出版社2014年版,第105页。

坚持党总揽全局、协调各方的领导核心作用，提高党科学执政、民主执政、依法执政水平，保证党领导人民有效治理国家"。党的十八大报告更是多处采用"治理"的理念，并且在治理国家的意义上进一步提出"坚持依法治国这个党领导人民治理国家的基本方略"，"要更加注重改进党的领导方式和执政方式，保证党领导人民有效治理国家"，"更加注重发挥法治在国家治理和社会管理中的重要作用"，等等。党的十九大提出新时代中国特色社会主义思想和基本方略，全面系统的指出了国家制度和治理体系的"八个明确"和"十四个坚持"。党的十九届四中全会直接以"坚持和完善中国特色社会主义制度，推进国家治理体系和治理能力现代化"为主题，"聚焦坚持和完善支撑中国特色社会主义制度的根本制度、基本制度、重要制度，安排了13个部分，明确了各项制度必须坚持和巩固的根本点、完善和发展的方向，并作出工作部署"。①"国家治理"的概念与理念不断在实践中深化、发展和完善。

科学把握国家制度和国家治理体系的内涵。全面深刻准确理解国家制度和国家治理体系，需要注意防止两种倾向：一是简单按照西方治理概念的含义来理解我国制度建设和全面深化改革的目标，忽视我国全面深化改革的总体目标的首要内容和前提是坚持和完善中国特色社会主义制度。二是简单认为"治理"的概念只是西方的理论特权。实际上中国共产党在建立中华人民共和国执掌政权、运行治权，探索中国特色社会主义道路的长期历史过程中，已经积累了丰富的治国理政经验。坚持和完善中国特色社会主义制度、推进国家治理体系和治理能力现代化具有科学严密的历史逻辑、理论逻辑和发展逻辑。其历史逻辑出自于新中国成立70年来中国共产党带领中国人民建设社会主义现代化强国的改革进程，理论逻辑来自于马克思主义中国化理论的不断创新发展，发展逻辑植根于在坚持中不断对中国特色社会主义制度的发展和完善。

2. 国家制度和国家治理体系的主要特征

坚持党的集中统一领导。中国特色社会主义最本质的特征是中国共产党的领导，中国特色社会主义制度的最大优势是中国共产党的领导。在国家的

---

① 习近平：《关于〈中共中央关于坚持和完善中国特色社会主义制度 推进国家治理体系和治理能力现代化若干重大问题的决定〉的说明》，《人民日报》2019年11月6日第4版。

稳定与发展上，是否存在集中统一的政治领导起着能否决胜全局的关键作用。中国共产党的领导是实现"人民有权，政府有能"根本政治保障，也是带领全国人民实现中华民族伟大复兴的重要政治前提。中国共产党的集中统一领导更好地发挥了总揽全局、协调各方的优势，实现调动一切力量，集中力量办大事。中国共产党的集中统一领导更好地体现了"不谋万世者不足以谋一时，不谋全局者不足以谋一域"的长远规划和决策优势，实现改革与稳定、活力与秩序的有机统一。中国共产党的集中统一领导更好地展现了"民主集中制"的决策民主化与科学化以及意志和行动的统一的优势，实现了凝聚一切因素最终形成有效治理的合力，开启了当代中国国家治理的新时代。

坚持人的全面发展。马克思主义的根本命题在于实现人的全面发展，中国共产党亦将追求人的全面发展视为最高的理想。人的全面发展涉及经济、政治、文化、社会、生态以及人的全部生活实践等各个方面。中国特色社会主义制度从根本制度、基本制度到重要制度都以提升人的全面发展为立足点，在坚持党的领导制度中着重提高党科学执政、民主执政、依法执政水平。在发展上提出"以人民为中心"的新发展理念，不断保障和改善民生、增进人民福祉，走共同富裕道路。在政治上坚持和发展人民民主，密切联系群众，紧紧依靠人民推动国家发展与民族进步。全面推进依法治国重大方略，切实保障人民的权利和社会的公平正义。在文化建设上，发展社会主义先进文化，坚持百花齐放、百家争鸣，激发全民族创造活力。在社会治理上坚持共建、共治、共享理念，完善民生保障制度，不断提升人民的安全感、幸福感、获得感。在生态文明建设中践行绿色青山就是金山银山的理念，走生产发展、生活富裕、生态良好的文明发展道路。

坚持制度体系不断创新。顺应时代发展，不断推进制度体制机制创新是国家和社会健康顺利发展的基础和前提。40多年来中国改革开放的实践证明，制度体制机制创新为中国特色社会主义的发展提供不竭动力。党的十九届四中全会进一步提出坚持和完善中国特色社会主义制度，并对制度建设提出了时间表、路线图，合理规划中国特色社会主义制度的发展方向。习近平总书记强调："新时代改革开放具有许多新的内涵和特点，其中很重要的一点就是制度建设分量更重。新时代谋划全面深化改革，必须以坚持和完善中国特色社会主义制度、推进国家治理体系和治理能力现代化为主轴，深刻把握我国发展要求和时代潮流，把制度建设和治理能力建设摆到更加突出的位置，继续深化各领域各方面体制机制改革，推动各方面制度更加成熟更加定型，推进国家治理体系和治理能力现代化。"①

3. 探索发展国家制度和国家治理体系的意义

当代中国，坚持和完善中国特色社会主义制度，更加注重改革的系统性、整体性、协同性，构建现代化的国家治理体系，是充分释放全面深化改革红利的根本保障。

指导国家治理实践。中国特色的国家制度和国家治理体系是中国发展的根本指引。正如邓小平同志指出的："领导制度、组织制度问题更带有根本性、全局性、稳定性和长期性。""制度好可以使坏人无法任意横行，制度不好可以使好人无法充分做好事，甚至会走向反面。"② 中国特色社会主义建设犹如攀登一座人所未至的高山，没有前车之鉴，制度也不能搬来一座飞来峰。自新中国成立以来，我们一直对国家发展道路以及经济、政治、文化、社会等方面制度建设进行全方位探索。改革开放以前，新中国成立后的前30年的探索重点在于建立一个主权独立的国家和走上社会主义道路，在学习苏联经验过程中，我们党很快察觉到苏联模式的局限性，提出要以苏联为鉴，探索适合中国国情的社会主义建设道路和制度。由于我们对社会主义建设规律认识不够深入，其中有些教训和曲折，但确立了适合中国国情的社会主义基本制度，为当代中国一切发展进步奠定了根本政治前提和制度基础。改革开放后，我国总结国内国际国家治理的经验教训，在现代化建设的实践基础上提出中国特色的社会主义制度和国家治理体系，坚持在实践基础上不断创新，形成和发展党的领导和经济、政治、文化、社会、生态文明、军事、外事等各方面制度，加强和完善国家治理，使具有中国特色的国家治理道路越走越宽，成就越来越大。

全面推动社会发展进步。中国特色的国家制度和国家治理体系具有多方面的显著优势，也具有动员、组织、监管、服务和配置五大功能。一是有效

---

① 习近平：《关于〈中共中央关于坚持和完善中国特色社会主义制度 推进国家治理体系和治理能力现代化若干重大问题的决定〉的说明》，《人民日报》2019年11月6日第4版。

② 《邓小平党的建设理论学习纲要》，党建读物出版社1998年版，第36页。

发挥社会动员功能，在经济、政治、文化、社会、生态、党建等各个领域的深化改革和制度完善中，能够越来越凝聚共识，取得最大的社会合力。二是谋求把个体化的社会主体融入各类组织体系之中，提高国家与社会的组织化程度，实现个人利益、集体利益和国家利益三者的统一。三是形成一套完备的监督手段，对各类经济主体、政治主体和社会主体实施宏观监控，保持国家政治、经济和社会的总体和谐稳定。四是顺应经济社会发展的趋势和要求，最大程度地提供规模化、优质化、多样化的公共服务和社会保障，满足人民群众日益增长的多元化物质文化与精神需求。五是促进经济资源的市场化配置、社会服务资源的社会化配置，全面提高资源配置效率，充分挖掘国家发展的活力。

探索国家治理模式。中国特色的国家治理制度与治理体系，为发展中国家提供一种可行性的发展框架，具有一定的借鉴意义和示范作用。从世界现代化进程来看，中国治理模式是一种后发追赶型发展模式，在短时间内缩小了与发达国家之间的发展差距，走出了一条具有中国特色的治理路径。强调发展的全面性和可持续性，强调经济、政治、文化、社会与生态的协调性。在突出经济快速发展的同时，充分重视改革的约束条件，考虑它们特定的情境与特定的脉络，注重中国现行体制完善与发展的历史连续性以及民族特点的坚守。中国特色的国家治理模式，彰显了社会主义制度的优越性，是不断地理论创新和实践探索的成果，为世界展现中国智慧和提供中国方案。

（二）中国特色社会主义制度和治理体系不断完善的历史路径

国家治理体系的形成和治理能力的提升，是一个历史的社会的发展过程，不同阶段国家治理体系有着不同的时代内涵和要求。新中国成立以来，我们一直在探索国家制度和国家治理体系建设，调整国家治理的重心，不断释放社会的活力。以经济体制改革为先导的制度机制建设催生行政体制创新，我国的政府管理从计划经济时代的全能主义，转向市场经济时代的有限政府、有为政府，中国在现代治理之路上充分发挥制度的效力。

1. 改革开放前的全能国家治理体系

自新中国成立到 1978 年党的十一届三中全会前，整个国家基本上处于泛政治化时期，国家全能是该阶段比较明显的制度特征。

全能国家就是由一个高度组织化的政党国家，在全能主义意识形态引导下，全方位地渗透到社会的全部单位，并有效地控制社会生活的各个领域、各个层面的制度模式，通过这种方式来进行最广泛、最深入的社会政治动员，以此来实现政党所确定的社会发展目标。改革开放前，我国经济上实行命令体制，政治上是高度一元化的组织和领导体制，公与私、国家与社会、政府与民间几乎完全合为一体。国家作为唯一的治理主体，拥有非常强的社会控制能力，社会没有参与国家治理的机会。

国家治理的全能治理主要表现为：一是党和国家的一体性及治理主体的一元性。新中国成立后，形成以党组织为核心的党政一体化结构，以各级党组织和国家政权机构为核心，实现了党对国家和社会的统一领导，为中央各项政策有效执行提供了强大的组织支撑，保证了社会资源迅速整合。二是强国家，弱社会，弱市场。国家通过单位制、人民公社制和户籍制等获得全部资源的支配权，形成"国家—单位—个人"社会管理格局。把计划作为资源配置的主要方式，导致整个国家的市场以及社会功能严重弱化。三是群众运动和阶级斗争的治理路径。国家自下而上的治理路径主要表现为采用广泛的群众运动和阶级动员，为社会发展创造必要的阶级基础和政治资源。

全能国家治理对民族自立自强和国家迅速发展有着重要历史贡献。以毛泽东同志为主要代表的中国共产党人建立的社会主义制度，是我国历史上最深刻最伟大的社会变革。为早日实现现代化和繁荣富强，在一穷二白的基础上，展开了大规模、全面的社会主义建设。社会主义现代化建设取得重大的物质技术基础，对中国特色社会主义道路历史性课题进行了重要探索，建立了较为完整的工业体系，并为改革开放以来国家现代化治理奠定了初具规模的物质与社会基础，充分体现了全能动员体制是一种非常有效的动员体制。我们党虽然发现了苏联模式的弊端，但由于国内外各方面的客观环境，当时并没有摆脱这种模式弊端的影响。全能国家治理作为国家现代化发展过程中的一个过渡阶段，必将被新型国家治理模式所取代。

2. 以经济建设为中心的发展型国家治理体系

改革开放后，我国进入以经济建设为中心的时期。国家通过各种形式积极推动经济增长，激活了国家内部治理主体竞争活力，确立了以市场为资源配置的基础、决定因素的治理机制，强调了市场在国家治理中的重要作用，一种新形态的发展型国家治理逐渐形成。改革开放以来，邓小平同志提出以经济建设为中心的国家发展战略，是针对生产力水平低下、效率不高而提出的国家治理方针。邓小平同志所说的发展，强调以经济建设为中心，但决不意味着经济的单一发展，而是一个涉及经济、社会各方面进步的综合性概念，是一种全面、协调和可持续的发展思想。邓小平同志指出：为了建设现代化的社会主义强国，任务很多，需要做的事情很多，各种任务之间又有相互依存的关系，如像经济与教育、科学，经济与政治、法律，等等，都有相互依存的关系，不能顾此失彼。他反复强调全面协调发展的观点：正确处理好改革、发展、稳定三者之间的关系；经济发展与政治发展相协调；物质文明与精神文明协调发展等。

中国的社会主义发展型国家，既有别于西方资本主义发展型国家，又突破和超越了传统的社会主义全能主义国家，逐渐演变成为一种新式的社会主义发展型国家。根据国家与市场关系演变以及治理实践经验，第一，全面释放市场活力。改革开放以来，我国从计划经济向市场经济转变的过程中，逐渐建立社会主义市场经济制度，确立了市场在资源配置中的基础性、决定性作用，企业逐步成为自主经营、自负盈亏、自我发展和自我约束的市场竞争主体。第二，以经济发展为首要的国家治理目标。党的十一届三中全会把国家的工作重点转移到以经济建设为中心的社会主义现代化上来，经济发展成为国家工作的重中之重。在农村实行家庭联产承包责任制，在城市推进放权让利，让企业成为独立的市场竞争主体，这种以经济快速发展为首要目标的发展型国家治理，大大提高了人民生活水平和国家的综合实力。

3. 社会主义和谐社会的国家治理体系

随着发展型国家治理积极效应的不断释放、全球化进程的加速以及世界政治经济结构发生的深刻变革，经济社会发展中的诸多矛盾也不断聚积。特别是在我国社会转型过程中，原有的动员体系日益弱化，社会与单位调控体系日益转变。构建党的集中统一领导下调动各方面积极性，使社会充满生机活力的治理结构是优化国家治理体系的重要内容。

和谐的理念是中国传统文化的基本精神。"和"用来描述内部治理良好、上下协调一致的状态，被广泛运用到家庭、国家与天下等方面。"和"是一个较为明显的政治概念，是关于治国方略的根本探讨，强调多样性的统一。在新的时代背景下，我们赋予了"和谐"新的内涵，成为新时期国家治理的重内容。主要内涵包括以下几个方面：第一，人与自然的和谐。把天、地、人看成一个统一、平衡与和谐的整体。主张天人合一，强调人类应当认识自然，尊重自然，保护自然，反对一味地向自然界索取，反对片面地利用与征服自然，走生产发展、生活富裕、生态良好的文明发展道路，建设美丽中国。第二，人与人的和谐。提倡宽和处世，主张创造和谐的人际关系，强调人与人的和谐在人际交往和社会发展中的重要性。第三，社会的和谐。强调社会的融洽：个人、家族、社会之间的和睦，国家、民族、地区间的协调以及天下民众的友善和睦，乃至天下大同。

构建社会主义和谐型国家，主要表现为以下特征。

第一，强调公平正义。习近平总书记指出，公平正义是中国特色社会主义的内在要求。社会公正与社会主义和谐社会是紧密相连、密不可分的，它们互为前提和基础。它意味着权利的平等、分配的合理、机会的均等和司法的公正。社会公正是社会主义和谐社会的价值目标。社会公正是贯穿于和谐社会各个层面的灵魂，是社会价值体系的核心内容和首要价值，也是千百年来人们追求的理想社会状态。和谐社会也是社会公正的前提和基础，唯有真正实现社会主义和谐社会的发展目标，才有可能使社会公平正义得到切实维护和实现。

第二，构建合理的社会制度。发展型国家首要特征是经济发展，几乎所有政策都是围绕着经济发展而制定。和谐社会强调经济发展与分配正义并重，在做大蛋糕的同时分好蛋糕，既允许一些地区、一些人先富起来，更着眼于消除两极分化最终达到共同富裕。特别是注重普惠性、基础性、兜底性民生建设，追求使改革发展的成果更多更公平地惠及全体人民，使人们有更多的获得感。

第三，优化国家与社会的关系。中国特色社会主义制度内在的运行机理是民主与集中的统一，凝聚力与积极性的结合，既坚持全国一盘棋，又调动各方面积极性。反映到国家与社会的关系上首先体现在既充分发挥市场在资源配置中的决定性作用又坚持更好发挥政府作用，深入推进简政放权、放管结合、优化服务，深化行政审批制度改革，改善营商环境，激发各类市场主体活力。其次还体现在不断加强和创新社会治理，不断建立党委领导、政府负责、民主协商、社会协同、公众参与、法治保障、科技支撑的社会治理体系。

（三）坚持与完善中国特色社会主义制度和治理体系的建构原则

国家治理体系具有结构性质，具有中国特色的国家治理结构应该是既有统一领导又有分工合作、上下联动、平衡互动的有机体系。

1. 现代国家制度和国家治理体系结构的发展目标

党的十九届四中全会明确提出建设国家制度和国家治理体系的重点在于：“坚持和完善支撑中国特色社会主义制度的根本制度、基本制度、重要制度，着力固根基、扬优势、补短板、强弱项，构建系统完备、科学规范、运行有效的制度体系，又加强系统治理、依法治理、综合治理、源头治理，把我国制度优势更好转化为国家治理效能。"[1] 治理现代化意味着国家治理要更加科学、更加民主、更加法治，同时也要制度化、规范化、程序化。

从管理转向现代治理。治理现代化意味着将国家对现代化建设各领域的有力有序有效管理，同各种范畴、各种层次、各种形式的自主网络、自治权威相结合，从全能转向有限、从垄断转向参与、从管理转向服务、从人治转向法治、从封闭转向开放、从权力转向责任，做到国家治理、政府治理、社会治理的全覆盖。管理和治理蕴含着两种不同的治国理政观念。首先，管理强调强制，政府下命令、发指示、做出政策方案。而治理则强调政府、社会、民众多主体互动协作，共同处理公共事务。治理作为一种政治过程，需要权威与自由、民主与集中的有效结合，既形成发展合力又体现社会活力。其次，权力运行的向度不一样，政府管理的权力运行方向总是自上而下的，政府治理则是一个上下互动和中央与地方联动的运作过程。进入新世纪以来，市场、社会的复杂性加剧，要求国家治理体系从管

---

[1] 《中共中央关于坚持和完善中国特色社会主义制度 推进国家治理体系和治理能力现代化若干重大问题的决定》，《人民日报》2019年11月6日第1版。

理走向治理、实现治理现代化。

政府主导国家治理。我国是世界上最大的发展中国家，经济、政治、文化、社会、生态文明领域的体制改革尚未完成，国家治理现代化仍处在进行时。坚持和完善中国特色社会主义制度，推进国家治理体系和治理能力现代化需要在党的集中统一领导下发挥政府的主导作用，也只有实行政府主导型治理，才能实现有效的国家治理。特别是现阶段我国市场经济体制还不尽完善，包括法律法规在内的制度设计与整个制度体系都还不够完备，发挥政府的主导作用具体地说有三个方面优势：首先，政府起着发动机和推进器的角色，承担领导责任，肩负创新使命，把握战略方向，确保制度供给；其次，更好地发挥政府在市场经济中"看得见的手"的作用，制定规则体系，做好宏观调控，优化公共服务，保障公平竞争，加强市场监管，促进共同富裕，弥补市场失灵；最后，政府帮助培育和完善各类社会组织，起着引导、规范、约束的作用，并倡导社会责任和培养公共人文精神，推动社会参与。

创新社会治理体制。社会治理是国家治理的重要组成部分，社会治理能力是国家治理能力的题中应有之义。要加快形成科学有效的社会治理体制，确保社会既充满活力又和谐有序。正如习近平总书记所说：社会治理是一门科学，管得太死，一潭死水不行；管得太松，波涛汹涌也不行。要讲究辩证法，处理好活力和秩序的关系。第一，坚持政府治理与社会自治良性互动。改进社会治理方式，充分发挥人民主人翁精神，坚持注重联动融合、开放共治的治理理念，在鼓励人民群众依法实行自我管理、自我服务，推动社会和谐发展。第二，实施社会组织科学分类管理，推进社会组织公开透明化、规范有序化的改革，推进社会组织明确权责、依法自治、发挥作用，激发社会组织活力。例如，充分发挥民间商会、行业协会的中介作用，协助政府规范市场主体行为，维护市场经济秩序，降低交易成本；充分发挥工会、共青团、妇联等人民团体在维护群众权益方面的作用。第三，完善基层群众自治制度，创新有效预防和化解社会矛盾体制，发挥城乡社区在发展民主自治、扩大有序参与、提供公益服务、加强社会管理、防化矛盾纠纷、维护社会稳定方面的作用。第四，构建"多中心、协作型、整体性"治理模式，坚持系统治理，发挥政府主导作用，鼓励和支持社会各方面参与，实现政府治理和社会自我调节、居民自治良性互动。

2. 国家制度和国家治理体系的建构原则

习近平总书记指出，独特的文化传统、独特的历史命运、独特的基本国情，注定了我们必然要走适合自己特点的发展道路。世界上没有放之四海而皆准的发展模式，也没有一成不变的发展道路。中国的历史传承、文化传统、自身的经济社会发展状况等决定了中国特色社会主义的制度模式。

坚持社会主义发展方向。在我国，无论是进一步发展市场经济，还是构建现代化的国家治理体系，都要始终坚持中国特色社会主义的发展方向。在推进国家治理体系现代化方面，绝不能照搬西方的制度模式。任何一种制度安排都是一定价值取向的体现，在制度模式的背后都有其特定的价值体系作为支撑。中国近代从变法维新到辛亥革命，都尝试过西方政治制度模式，如君主立宪制、议会制、多党制、总统制等，事实证明这些制度在中国行不通。中国特色制度模式的根本就是社会主义方向，即中国特色社会主义道路。

坚持民主治理原则。民主是现代国家制度和国家治理体系的本质特征，是区别于传统国家的根本所在。国家治理要以保证人民当家作主为根本，坚持和完善人民代表大会制度、中国共产党领导的多党合作和政治协商制度、民族区域自治制度以及基层群众自治制度，更加注重健全民主制度、丰富民主形式，充分发挥社会主义政治制度优越性。治理过程中，一要坚持民主决策，决策不仅是政府的事，而是扩大参与主体，实现共同决策；二要坚持民主参与，广泛发动社会组织和公民参与治理或进行自治；三要坚持民主监督，国家治理过程应该是公开化、透明化的过程，巩固治理合法性。建立和健全一整套民主的和科学的现代化治理制度和机制，强调制度的执行力和实际效益。

突出法治制度建设。严格遵循法治是实现国家治理现代化走上正确轨道的必然选择。国家治理的现代化进程，不仅反映了社会主义现代化程度，也反映着我国的民主法治进程。法治是民主政治不可或缺的，是实现社会公平正义、保障人民权益的坚强后盾。第一，任何组织和个人都必须在宪法和法律规定的框架内行动，这是宪法与党章的基本要求。第二，要坚持依法治国，建设法治中国。科学执政、民主执政、依法执政，是我们党治国理政的基本方略，也是推进国家治理现代化的基本方略。第三，坚持党在推进民主法治事业中始终处于引领地位，以党内民主带动人民民主，是发展中国特色社会主义民主政治的现实路径。同时各级党组织和党员领导干部也要树立民主法治意识，带头以民主法治的方式推进国家治理现代化，带头弘扬民主精神，带头维护宪法和法律的权威。

3. 实现国家制度和国家治理体系现代化的培育路径

坚持和完善中国特色社会主义制度，推进国家治理体系和治理能力现代化，充分释放改革红利，要更加注重改革的系统性、整体性、协同性，将治理的一般方法和中国国情、政情、社情有机结合，使得国家治理体系体现时代性、把握规律性、富于创造性。

坚持治理的价值指引。习近平总书记强调，推进国家治理体系和治理能力现代化，要大力培育和弘扬社会主义核心价值体系和核心价值观，加快构建充分反映中国特色、民族特性、时代特征的价值体系。要深刻把握国家治理体系与价值体系的内在联系，把二者更好地统筹起来，为推进国家治理体系和治理能力现代化提供坚实的价值支撑。新中国成立以来，我们在马克思主义理论指导下，不仅走出了一条不同于西方国家的成功发展道路，而且形成了一套不同于西方国家的有效治理体系。事实证明，我们的国家治理体系总体上是与社会主义核心价值体系和核心价值观相适应的。在坚持和完善中国特色社会主义制度过程中，我们还要继续以社会主义核心价值体系为引领，推进国家治理体系现代化，构建系统完备、科学规范、运行有效的制度体系。同时，在坚守的基础上我们也应该发挥国家治理体系对社会主义核心价值体系的培育功能，为培育和弘扬社会主义核心价值体系和核心价值观，为坚持和发展中国特色社会主义、实现中华民族伟大复兴中国梦，提供更为坚实的制度保障。

完善治理制度体系。国家治理体系现代化是制度现代化的集中体现，国家治理现代化必须不断完善制度体系。制度设计应坚持以人民为中心的价值理念。把经济增长、社会进步与促进人的全面发展结合起来，加快现代国家制度体系建设的步伐。通过有效的体制变革和机制完善，进一步确保制度功能的充分发挥。在形成系统完备、科学规范、运行有效的制度体系的基础上，使各方面制度更加成熟更加定型，通过发挥制度体系的整体功能以增强政治体制的开放性与包容性。具体来说如加快转变政府职能，深化财税体制改革，实现公共政策的普遍统一性与地方实际情况多样性的均衡。在优化治理的基础上加强社会主义民主政治制度建设，在民主的规范化、制度化和法治化的历史进程中更好地实现人民民主。

推进全面深化改革。推进国家治理体系现代化，不断提升国家治理能力，积极有效地应对由于经济社会急剧变迁而遇到的诸多挑战，必须走全面深化改革之路。一是深化行政体制改革，转变政府职能。优化政府组织结构，健全政府之间以及政府部门之间合理的职责、权限分工体系，形成中央与地方、不同政府主体的整体型、协作型治理机制，提高政府治理体系的总体效能。二是深化经济体制改革，处理好政府和市场的关系。使市场在资源配置中起决定性作用，坚持和完善基本经济制度，加快完善现代市场体系、宏观调控体系、开放型经济体系，加快转变经济发展方式，加快建设创新型国家，推动经济更有效率、更加公平、更可持续发展。三是行政、经济和社会体制改革相互配合，理顺政府、市场、社会的关系，形成政府、市场、社会既相对独立又相互制约、相互支撑的开放型治理结构。坚持法治国家、法治政府、法治社会一体建设，开创依法治国新局面，借此不断提高政治上的决断力、凝聚力，行政上的执行力、公信力，社会上的整合力、团结力。

习近平总书记指出，从形成更加成熟更加定型的制度看，我国社会主义实践已走过前半程，后半程的主要历史任务是完善和发展中国特色社会主义制度，为党和国家事业发展、为人民幸福安康、为社会和谐稳定、为国家长治久安提供一整套更完备、更稳定、更管用的制度体系。把握机遇、应对挑战，特别是面对世界百年未有之大变局，解决好前进道路上所面临的诸多问题，实现中华民族的伟大复兴，必须继续深化改革，坚持和完善中国特色社会主义制度，为中国特色社会主义提供坚实的制度保证。

第十三讲

提高国家治理能力的任务、重点和机制

国家治理体系和治理能力是中国特色社会主义制度及其执行能力的集中体现。党的十九届四中全会提出，坚持和完善中国特色社会主义制度、推进国家治理体系和治理能力现代化的总体目标是，"到我们党成立一百年时，在各方面制度更加成熟更加定型上取得明显成效；到二〇三五年，各方面制度更加完善，基本实现国家治理体系和治理能力现代化；到新中国成立一百年时，全面实现国家治理体系和治理能力现代化，使中国特色社会主义制度更加巩固、优越性充分展现"。[1]提高国家治理能力，是完善和发展中国特色社会主义制度的必然要求，是实现社会主义现代化的应有之义。改革开放特别是党的十八大以来，我们党领导人民统筹推进"五位一体"总体布局、协调推进"四个全面"战略布局，推动中国特色社会主义制度更加完善、国家治理体系和治理能力现代化水平明显提高，为政治稳定、经济发展、文化繁荣、民族团结、人民幸福、社会安宁、国家统一提供了有力保障。但同时也必须看到，相比我国经济社会发展和人民群众的要求，相比当今世界日趋激烈的国际竞争，相比实现国家长治久安，我们在治理能力方面还有许多亟须改进的地方，提高国家治理能力的任务艰巨而紧迫。

---

[1] 《中共中央关于坚持和完善中国特色社会主义制度 推进国家治理体系和治理能力现代化若干重大问题的决定》，《人民日报》2019年11月6日第1版。

(一) 明确提高国家治理能力的任务

习近平总书记指出:"我们必须适应国家现代化总进程,提高党科学执政、民主执政、依法执政水平,提高国家机构履职能力,提高人民群众依法管理国家事务、经济社会文化事务、自身事务的能力。"① 这明确了提高国家治理能力的任务。

1. 提高党科学执政、民主执政、依法执政水平

科学、民主、法治是社会文明进步的标志,也是马克思主义的光辉旗帜,一直是我们党追求的执政目标。党的十九届四中全会《决定》在第二部分旗帜鲜明地指出:"坚持和完善党的领导制度体系,提高党科学执政、民主执政、依法执政水平。"② 这是我们党在科学总结执政经验基础上所取得的重要成果,反映了我们党对共产党执政规律认识的深化。

提高党科学执政水平。科学执政,就是党要按照科学的思想、理论和科学的制度、方法来执政,进一步认识和把握共产党执政规律、社会主义建设规律和人类社会发展规律,把加强党的执政能力建设建立在更加自觉地运用客观规律的基础之上。在 70 年执政过程中,我们党创造了辉煌的执政成就,但是在坚持科学执政的问题上仍不可有丝毫松懈。提高党科学执政水平,就要坚持以发展着的马克思主义为指导,不断加强党的先进性建设,把党的先进性要求贯彻到党的全部执政活动中去,体现到不断提高党的执政能力上来;就是要从新的实际出发,正确认识国内外发展大势,全面把握我国发展的新要求和人民群众的新期待,认真总结党治国理政的实践经验,坚持继承与创新相结合、理论与实践相结合、当前与长远相结合,推进理论创新和其他各方面的创新,科学制定适应时代要求和人民愿望的施政纲领与大政方针;就是要不断深化对共产党执政规律、社会主义建设规律、人类社会发展规律的认识,不断推进思想观念、工作制度和工作方法创新,使我们的思想和行动

---

① 习近平:《完善和发展中国特色社会主义制度 推进国家治理体系和治理能力现代化》,《人民日报》2014 年 2 月 18 日第 1 版。

② 《中共中央关于坚持和完善中国特色社会主义制度 推进国家治理体系和治理能力现代化若干重大问题的决定》,《人民日报》2019 年 11 月 6 日第 5 版。

更加符合客观实际，更加符合社会主义初级阶段的基本国情和时代发展的新要求。

提高党民主执政水平。民主执政，就是要坚持为人民执政、靠人民执政，支持和保证人民当家作主，坚持和完善人民民主专政，坚持和完善民主集中制，健全社会主义协商民主制度，以发展党内民主带动人民民主，壮大最广泛的爱国统一战线。在现代社会，没有执政的民主，党的执政就没有牢固的根基，党就无法赢得人民的长期支持和真心拥护。提高党民主执政水平，就是要始终坚持全心全意为人民服务的根本宗旨和立党为公、执政为民的理念，始终从人民的利益出发，把实现好、维护好、发展好人民的利益，作为工作的出发点和落脚点；就是要密切联系群众，尊重群众的首创精神，充分发挥和保护人民群众参与社会主义建设和改革的积极性；就是要完善协商民主制度和工作机制，推进协商民主广泛、多层、制度化发展；就是要坚持和完善人民民主专政，坚持和完善民主集中制，以发展党内民主带动人民民主，壮大最广泛的爱国统一战线，不断提高民主执政的水平，落实好人民群众的民主权利。

提高党依法执政水平。法律是治国之重器，法治是国家治理体系和治理能力的重要依托。党的十九届四中全会指出："坚持和完善中国特色社会主义法治体系，提高党依法治国、依法执政能力。"[①] 依法执政，就是党要紧紧抓住制度建设这个更具根本性、全局性、稳定性、长期性的重要环节，坚持依法治国，领导立法，带头守法，保证执法，不断推进国家经济、政治、文化、社会生活的法治化、规范化，从制度上、法律上保证党的路线方针政策的贯彻实施，使这种制度和法律不因领导人的改变而改变，不因领导人的看法和注意力的改变而改变。提高党依法执政水平，就是要善于使党的主张通过法定程序成为国家意志，善于使党组织推荐的人选成为国家政权机关的领导人员，善于通过国家政权机关实施党对国家和社会的领导，支持国家权力机关、行政机关、审判机关、检察机关依照宪法和法律独立负责、协调一致地开展工作；就是要提高运用法治思维和法治方式深化改革、推动发展、化解矛盾、

[①]《中共中央关于坚持和完善中国特色社会主义制度　推进国家治理体系和治理能力现代化若干重大问题的决定》，《人民日报》2019年11月6日第5版。

维护稳定能力，努力推动形成办事依法、遇事找法、解决问题用法、化解矛盾靠法的良好法治环境；就是要健全权力运行制约和监督体系，有权必有责，用权受监督，失职要问责，违法要追究，保证人民赋予的权力始终用来为人民谋利益。

2. 提高国家机构履职能力

推动经济社会持续健康发展，促进民族复兴早日实现，对国家机构履职能力提出了新要求。结合我们党面临的国内外执政环境的深刻变化、我国今后阶段性战略任务，提高国家机构履职能力，应着重加强以下几个方面的能力建设。

提高驾驭社会主义市场经济的能力。科学的宏观调控，有效的政府治理，是发挥社会主义市场经济体制优势的内在要求。党的十九届四中全会在总结历史经验的基础上提出："必须坚持社会主义基本经济制度，充分发挥市场在资源配置中的决定性作用，更好发挥政府作用，全面贯彻新发展理念，坚持以供给侧结构性改革为主线，加快建设现代化经济体系"。[①]这就要求政府部门，必须不断提高把握市场经济发展的最新运行规律的能力，切实解决好今后关系深化经济体制改革全局的重大关系问题，如公有制经济与非公有制经济的关系问题，按劳分配为主体和实行多种分配方式的关系问题，市场机制和宏观调控的关系问题，中央和地方的关系问题，经济体制改革和其他方面改革的关系问题，改革发展稳定的关系问题，等等，使改革既符合社会主义社会的本质要求，也符合社会主义市场经济的本质要求。

提高发展社会主义民主政治的能力。发展社会主义民主政治，建设社会主义政治文明，是全面建成小康社会的重要目标。党的十九届四中全会指出："必须坚持人民主体地位，坚定不移走中国特色社会主义政治发展道路，健全民主制度，丰富民主形式，拓宽民主渠道，依法实行民主选举、民主协商、民主决策、民主管理、民主监督，使各方面制度和国家治理更好体现人民意志、保障人民权益、激发人民创造，确保人民依法通过各种途径和形式管理

[①]《中共中央关于坚持和完善中国特色社会主义制度 推进国家治理体系和治理能力现代化若干重大问题的决定》，《人民日报》2019年11月6日第5版。

国家事务，管理经济文化事业，管理社会事务。"① 遵循党的十九届四中全会精神，提高发展社会主义民主政治的能力，就要坚持"一条正确道路"，这就是中国特色社会主义政治发展道路；体现"一个基本要求"，这就是依法实行民主选举、民主协商、民主决策、民主管理、民主监督，使各方面制度和国家治理更好体现人民意志、保障人民权益、激发人民创造；明确"一个重要目标"，这就是使各方面制度和国家治理更好体现人民意志、保障人民权益、激发人民创造，要坚定不移地走中国共产党和中国人民自己选择的政治发展道路。

提高建设社会主义先进文化的能力。发展社会主义先进文化、广泛凝聚人民精神力量，是国家治理体系和治理能力现代化的深厚支撑。党的十九届四中全会指出："必须坚定文化自信，牢牢把握社会主义先进文化前进方向，围绕举旗帜、聚民心、育新人、兴文化、展形象的使命任务，坚持为人民服务、为社会主义服务，坚持百花齐放、百家争鸣，坚持创造性转化、创新性发展，激发全民族文化创造活力，更好构筑中国精神、中国价值、中国力量。"② 实现这样的任务要求，就必须坚持马克思主义在意识形态领域的指导地位，不断提高建设社会主义先进文化的能力。一是要不断巩固全党全国人民团结奋斗的共同思想基础，积极推动理论武装和理论创新工作，不断增强党的思想理论工作的创造力、说服力、感召力；二是要积极推进文化体制改革，解放和发展文化生产力；三是要提高引导舆论的本领，掌握舆论工作的主动权，增强舆论宣传的吸引力、感染力；四是要构建现代公共文化服务体系，提高公共文化服务水平；五是要提高文化开放水平，推动中华文化走向世界。

提高社会治理能力。社会治理是国家治理的重要方面。党的十九届四中全会指出："必须加强和创新社会治理，完善党委领导、政府负责、民主协商、社会协同、公众参与、法治保障、科技支撑的社会治理体系，建设人人有责、人人尽责、人人享有的社会治理共同体，确保人民安居乐业、社会安定有序，

---

① 《中共中央关于坚持和完善中国特色社会主义制度 推进国家治理体系和治理能力现代化若干重大问题的决定》，《人民日报》2019年11月6日第5版。

② 《中共中央关于坚持和完善中国特色社会主义制度 推进国家治理体系和治理能力现代化若干重大问题的决定》，《人民日报》2019年11月6日第5版。

建设更高水平的平安中国。"①要紧紧围绕更好保障和改善民生、促进社会公平正义深化社会体制改革,改革收入分配制度,促进共同富裕,推进社会领域制度创新,推进基本公共服务均等化,加快形成科学有效的社会治理体制,确保社会既充满活力又和谐有序。必须以能力建设为基础,加强和创新社会治理,加快形成政社分开、权责明确、依法自治的现代社会组织体制,有效应对我国改革开放以来经济和社会深刻变化带来的一系列新问题;就必须提高领导干部解决人民内部矛盾的能力与水平,提高保障公共安全和应对社会危机的能力,建立健全重大决策社会稳定风险评估机制,加快形成源头治理、动态管理、应急处置相结合的社会管理机制,从而达到人民团结、社会安定、发展协调。

提高建设社会主义生态文明的能力。生态文明建设是关系中华民族永续发展的千年大计。党的十九届四中全会指出:"必须践行绿水青山就是金山银山的理念,坚持节约资源和保护环境的基本国策,坚持节约优先、保护优先、自然恢复为主的方针,坚定走生产发展、生活富裕、生态良好的文明发展道路,建设美丽中国。"②要紧紧围绕建设美丽中国深化生态文明体制改革,加快建立生态文明制度,健全国土空间开发、资源节约利用、生态环境保护的体制机制,推动形成人与自然和谐发展现代化建设新格局。要建成这样的新格局,必须努力提高国家机构建设社会主义生态文明建设的能力,包括政府对自然规律认识的程度和水平,对环境治理的决策能力、规划能力,预防控制和治理环境污染的能力,促进环境科学技术创新水平提高的能力,制定出科学的环境保护规划和环境标准以及科学的环境教育、环境立法、环境税收、环境审计、绿色国民经济核算体系、战略环境影响评价的能力,促进环保产业特别是环保服务业发展的能力,促进循环经济发展的能力,应对各种生态环境灾难的能力,有效地借鉴西方发达国家环境治理成功经验的能力,动员公众广泛参与环境保护的能力,有效地规范和界定在环境治理过程中政府与

---

① 《中共中央关于坚持和完善中国特色社会主义制度 推进国家治理体系和治理能力现代化若干重大问题的决定》,《人民日报》2019 年 11 月 6 日第 5 版。

② 《中共中央关于坚持和完善中国特色社会主义制度 推进国家治理体系和治理能力现代化若干重大问题的决定》,《人民日报》2019 年 11 月 6 日第 6 版。

企业、非政府组织、社区、公民等方面的责任权利义务的能力，等等。

提高应对国际复杂形势和国际事务的能力。党的十九届四中全会指出："推动党和国家事业发展需要和平国际环境和良好外部条件。必须统筹国内国际两个大局，高举和平、发展、合作、共赢旗帜，坚定不移维护国家主权、安全、发展利益，坚定不移维护世界和平、促进共同发展。"[①] 伴随着经济社会持续发展，国家综合国力快速提升，我国正在迈向世界舞台的中心，国际交往更加频繁，国际联系更加广泛。在这样的历史条件下，必须提高应对国际复杂形势和国际事务的能力。一是要提高准确把握国际格局变化的能力，做到审时度势、因势利导、内外兼顾、趋利避害，善于从国际形势和国际条件的发展变化中把握发展方向，用好发展机遇，创造发展条件，掌握发展全局。二是提高统筹国内国际两个大局的能力，全方位推进大国、周边、发展中国家、多边外交和各个领域外交工作，积极构建不冲突、不对抗、相互尊重、合作共赢的新型大国关系。三是提高维护国家利益的能力，做到在任何情况下，都不放弃维护国家正当权益、不牺牲国家核心利益；提高外交战略策略运用能力，善于把握大局，善于牵住"牛鼻子"，善于刚柔相济，善于出其不意，善于弹好钢琴，综合运用政治、经济、人文、军事等各种手段，打好"组合拳"、综合牌。

3. 提高人民群众依法管理国家社会自身事务的能力

党的十九届四中全会指出："我国是工人阶级领导的、以工农联盟为基础的人民民主专政的社会主义国家，国家的一切权力属于人民。"[②] 要发挥人民主人翁精神，坚持依法治国这个党领导人民治理国家的基本方略，最广泛地动员和组织人民依法管理国家事务和社会事务、管理经济和文化事业、积极投身社会主义现代化建设，更好保障人民权益，更好保证人民当家作主。

扩大基层民主，扩大公民有序政治参与，依法保障群众知情权、参与权、表达权、监督权。要健全基层党组织领导的充满活力的基层群众自治机制，

---

① 《中共中央关于坚持和完善中国特色社会主义制度 推进国家治理体系和治理能力现代化若干重大问题的决定》，《人民日报》2019 年 11 月 6 日第 6 版。

② 《中共中央关于坚持和完善中国特色社会主义制度 推进国家治理体系和治理能力现代化若干重大问题的决定》，《人民日报》2019 年 11 月 6 日第 5 版。

以扩大有序参与、推进信息公开、加强议事协商、强化权力监督为重点，拓宽范围和途径，丰富内容和形式，保障人民享有更多更切实的民主权利；要扩大有序参与，更多地吸收城乡居民参与基层事务的管理，就涉及基层群众利益的事务广泛听取居民的意见和建议；要推进信息公开，把城乡社区管理涉及的事务尽可能地向居民公开，让每一位居民心里都有一本"明白账"；要加强议事协商，凡涉及居民的公共事务和公益性事业，都要开展议事协商，尽可能地达成一致性意见，妥善处理好各种不同意见和利益关系，维护社区和谐稳定；要加强权力监督，对城乡村、区中担负管理职责的机构和人员加强监督，调动居民参与监督的积极性，防止腐败现象的发生。

要健全以职工代表大会为基本形式的企事业单位民主管理制度，全心全意依靠工人阶级，保障职工参与管理和监督的民主权利。职工代表大会是基层民主制度的一个重要组成部分，是职工在企业内部行使民主管理权力的一种制度，其主要任务是正确处理国家、企业、职工三者的利益关系，在法律范围内行使职权，保障职工合法权益和主人翁地位，调动职工积极性，管理好企事业单位的各项事务。健全以职工代表大会为基本形式的企事业单位民主管理制度，就是要强化职工在本单位经营管理和各项事务中的民主管理、民主监督作用，审议企事业单位的重大决策，管理企事业单位内部事务，监督行政领导行使管理职权，维护职工合法权益，确保企事业单位各项事业健康、可持续发展。

发挥基层各类组织协同作用，实现政府管理和基层民主有机结合。基层工会、共青团、妇联等团体以及各类社会组织是基层群众自治的重要依托。要加强对基层各类组织的领导，积极培育各种有利于促进社会公共利益、基层民主和社会自治功能的社会组织，推动基层各类组织广泛发扬民主，实行民主决策、民主监督，提高工作透明度，引导和规范基层各类组织健康有序发展。在此基础上，要充分发挥基层各类组织在维护群众利益、反映基层群众诉求、管理基层事务、扩大群众参与等方面的积极作用，增强基层各类组织的自治功能，拓宽基层群众自我管理、自我服务、自我教育、自我监督的渠道，实现政府管理和基层民主的有机结合。

(二) 把握提高国家治理能力的重点

提高党的执政能力，是提高国家治理能力的重点。习近平总书记指出："只有以提高党的执政能力为重点，尽快把我们各级干部、各方面管理者的思想政治素质、科学文化素质、工作本领都提高起来，尽快把党和国家机关、企事业单位、人民团体、社会组织等的工作能力都提高起来，国家治理体系才能更加有效运转。"① 所谓党的执政能力，就是党提出和运用基本理论、基本路线、基本方略，领导制定和实施宪法和法律，采取科学的领导制度和领导方式，动员和组织人民依法管理国家和社会事务、经济和文化事业，有效治党治国治军，建设社会主义现代化国家的本领。提高党的执政能力，应把握好以下几个方面的要求。

1. 加强党的思想理论建设和理论武装工作

对于我们党来说，思想理论建设能力是其他一切能力建设的根本，也是我们党始终坚持放在首位强调的能力要素。不断提高执政党的理论水平和创新能力，不断加强党的理论武装工作，是永葆党的生机与活力的首要要求，也是加强党的执政能力建设的基础性工程。

推进理论创新。习近平总书记指出："实践没有止境，理论创新也没有止境。要使党和人民事业不停顿，首先理论上不能停顿。我们要根据时代变化和实践发展，不断深化认识，不断总结经验，不断进行理论创新，坚持理论指导和实践探索辩证统一，实现理论创新和实践创新良性互动，在这种统一和互动中发展21世纪中国的马克思主义。"② 改革开放以来，我们党坚持把马克思主义基本原理同中国具体实际相结合，创建形成了包括邓小平理论、"三个代表"重要思想、科学发展观、习近平新时代中国特色社会主义思想在内的中国特色社会主义理论体系，为加强党的执政能力奠定了坚实的理论基础。特别是党的十八大以来，以习近平同志为核心的党中央站在新时代发展的战略高度，立足国内国际发展全局，围绕"新时代坚持和发展什么样的中国特

---

① 习近平：《完善和发展中国特色社会主义制度 推进国家治理体系和治理能力现代化》，《人民日报》，2014年2月18日第1版。

② 习近平：《辩证唯物主义是中国共产党人的世界观和方法论》，《求是》2019年第1期。

色社会主义、怎样坚持和发展中国特色社会主义"这一重大时代课题，进行艰辛理论探索，取得重大理论创新成果，形成了习近平新时代中国特色社会主义思想，为在新的时代条件下坚持和发展中国特色社会主义提供了科学指南。历史实践证明，我们党是一个在理论上勇于创新、善于创新的党。实践发展永无止境，理论创新也应永无止境。当前，我国正处于实现中华民族伟大复兴的关键时期、全面建成小康社会的决胜时期。越是关键时期，越是决胜时期，越需要科学理论的指导。我们必须发挥历史的主动性和创造性，清醒认识世情、国情、党情的变和不变，锐意进取，大胆探索，敢于和善于分析回答现实生活中和群众思想上迫切需要解决的问题，不断深化改革开放，不断有所发现、有所创造、有所前进，不断推进理论创新。

坚定理论自信。如果说理论的生命力在于创新，那么创新需要无畏的勇气，而勇气的基础和前提是自信。纵观党的创新理论的发展历程，我们不难发现，每次重大思想理论成果的形成，都是马克思主义中国化时代化大众化的理论结晶，都与中国共产党人所特有的理论勇气和坚定的理论自信分不开。当前，中国社会思潮多元多向，西方思想舆论蛊惑不断，面对这样的形势，习近平总书记强调："我们坚持和发展中国特色社会主义，必须高度重视理论的作用，增强理论自信和战略定力，对经过反复实践和比较得出的正确理论，不能心猿意马、犹豫不决，要坚定不移坚持。"[1] 要让党的创新理论切实发挥科学指导作用，就必须树立理论自信，让党的创新理论在人民群众中真正生根发芽。

加强理论武装。科学理论每前进一步，理论武装就跟进一步，这是我们党加强自身建设的一条重要经验。习近平总书记强调："在前进道路上，我们一定要加强全党的理论武装，按照建设马克思主义学习型政党的要求，深入学习和掌握马克思列宁主义、毛泽东思想，深入学习和掌握中国特色社会主义理论体系，牢固树立辩证唯物主义和历史唯物主义世界观和方法论。"[2] 就当前和今后一个时期而言，加强理论武装要做好两方面的工作：一是加强理

---

[1] 习近平：《辩证唯物主义是中国共产党人的世界观和方法论》，《求是》2019年第1期。

[2] 习近平：《全面贯彻落实党的十八大精神要突出抓好六个方面工作》，《求是》2013年第1期。

论武装制度建设。党的十九届四中全会指出:"全面贯彻落实习近平新时代中国特色社会主义思想,健全用党的创新理论武装全党、教育人民工作体系,完善党委(党组)理论学习中心组等各层级学习制度,建设和用好网络学习平台。"① 二是在内容上要坚持聚焦习近平新时代中国特色社会主义思想,全面把握这一思想的丰富内涵、精神实质和实践要求,自觉用这一马克思主义中国化最新成果指导实践、推动工作。

2. 建设一支善于治国理政的高素质执政骨干队伍

马克思指出,思想要想得到实现,就要有使用实践力量的人。一个政党、一个国家,能不能不断培养出优秀的领导人才,在很大程度上决定着这个政党、这个国家的兴衰存亡。我们党要完成执政兴国的历史使命,就必须建设一支善于治国理政的高素质执政骨干队伍,使我们党真正成为优秀人才密集的执政党。

要树立正确的选人用人导向。用人以公,方得贤才。历史上那些盛世治世,都同注重立公道、举贤良相关。公正用人是我们党立党为公、执政为民在组织路线上的体现,应该成为我们选人用人的根本要求。现在有些地方和部门,正确用人导向没有得到很好体现,一些德才平平、投机取巧的人屡屡得到提拔重用,一些踏实干事、不跑不要的干部却没有进步机会,干部群众对此意见很大。针对这些情况,习近平总书记鲜明提出并系统回答了"怎样是好干部,怎样成长为好干部,怎样把好干部用起来"这三个干部工作的根本问题,提出选人用人,必须坚持德才兼备、以德为先,坚持五湖四海、任人唯贤;必须树立注重基层的导向,注重实干的导向,注重群众公认的导向;必须严格按原则、按政策、按规矩、按程序选用干部;必须坚决反对山头主义,反对任人唯亲,反对找关系、跑门路,反对打招呼、递条子,反对一切形式的跑官要官、买官卖官。

要注重提高领导干部素质。当前,我国正处于实现中华民族伟大复兴的关键时期,推动经济社会持续发展,既面临难得的发展机遇,也面临风险更大、难题更为集中的挑战,推进改革的复杂程度、敏感程度、艰巨程度前所

---

① 《中共中央关于坚持和完善中国特色社会主义制度 推进国家治理体系和治理能力现代化若干重大问题的决定》,《人民日报》2019年11月6日第5版。

未有，需要我们进行具有许多新的历史特点的伟大斗争。要取得这场伟大斗争的胜利，需要很强的能力和才干。习近平总书记指出："以德为先，不是说只看德就够了，还得有过硬本领。当前，干部队伍能力不足、'本领恐慌'问题是比较突出的。比如，在纷繁复杂的形势变化面前，耳不聪、目不明，看不清发展趋势，察不出蕴藏其中的机遇和挑战；贯彻新发展理念、推进供给侧结构性改革，找不到有效管用的好思路好办法；面对信息化不断发展，不懂网络规律、走不好网上群众路线、管不好网络阵地，被网络舆论牵着鼻子走，等等。解决这些问题，既要加快干部知识更新、能力培训、实践锻炼，更要把那些能力突出、业绩突出，有专业能力、专业素养、专业精神的优秀干部及时用起来。"① 不论是新老问题，不论是长期存在的老问题还是改变了表现形式的老问题，要认识好、解决好，唯一的途径就是增强领导干部的素质和本领。在领导干部素质培养上，要着力提高政治素养、理论素养、战略素养、科技素养。坚持把学到的知识运用于实践，又在实践中增长解决问题的新本领。

要培养领导干部敢于担当精神。我国发展仍处于重要战略机遇期，能不能抓住机遇、应对挑战，关键看各级领导干部有没有担当、有多大担当。可以说，有没有一大批始终坚持党的基本路线、敢想敢做敢担当也善想会做能担当的领导干部，很大程度上决定着全面建成小康社会的成败。同现实要求相比，现在我们的干部队伍中还存在着好人主义盛行的现象，一些领导干部不敢碰硬，不敢担当负责。习近平总书记指出："从党的十九大到二十大是'两个一百年'奋斗目标的历史交汇期，我们既要全面建成小康社会、实现第一个百年奋斗目标，又要乘势而上开启全面建设社会主义现代化国家新征程，向第二个百年奋斗目标进军。这就需要我们有更加强烈的担当精神，勇于涉险滩、破坚冰、攻堡垒、拔城池。"② 看一个领导干部，很重要的是看有没有责任感，有没有担当精神。担当是一种责任。担当大小，体现着干部的胸怀、勇气和品格，有多大担当才能干多大事业。我们选人用人，就应当选那些敢负责、勇担当的好干部。作为领导干部，都应当坚持原则、认真负责，面对

---

① 习近平：《努力造就一支忠诚干净担当的高素质干部队伍》，《求是》2019年第2期。
② 习近平：《推进党的建设新的伟大工程要一以贯之》，《求是》2019年第19期。

大是大非敢于亮剑，面对矛盾敢于迎难而上，面对危机敢于挺身而出，面对失误敢于承担责任，面对歪风邪气敢于坚决斗争，做一个敢作敢为、锐意进取、尽职尽责，在关键时刻靠得住、冲得上、能作为的领导干部。

3.不断加强党风廉政建设

执政党的能力建设与作风建设息息相关。党的十九大报告指出，要坚定不移全面从严治党，不断提高党的执政能力和领导水平。执政能力对政党建设来说，理所当然地包含自我净化、自我完善、自我革新、自我提高能力。提高党的执政能力，必须把加强党风廉政建设和反腐败斗争作为事关党和国家兴衰存亡的一项重大政治任务来抓。

在作风建设上，要下大力气解决作风方面存在的问题。习近平总书记指出："作风问题本质上是党性问题。领导干部的作风直接关系党内风气和政治生态，关系民心向背，决定着党的群众基础。领导干部作风不过关，不过硬，党风社会风气就不可能好。人们认为习以为常的一些作风问题，往往就是对党的公信力、党的形象带来致命破坏的问题。作风问题绝不是小事，一旦成风，危害巨大。"① 加强作风建设，要坚持领导带头、自上而下，严格执行中央八项规定，以踏石留印、抓铁有痕的劲头把改进作风持续下去；要坚持为民务实清廉，贯彻整风精神，深入开展"不忘初心、牢记使命"主题教育活动，反对形式主义、官僚主义、享乐主义和奢靡之风，对作风之弊、行为之垢来一次大排查、大检修、大扫除。在作风问题上起决定作用的是党性，衡量党性强弱的根本尺子是公、私二字，要把党性作为立身、立业、立言、立德的基石。要大胆使用、经常使用批评和自我批评这个有力武器，使之越用越灵、越用越有效。要严明党的政治纪律，维护党中央权威，绝不允许上有政策、下有对策，有令不行、有禁不止。严明党的组织纪律，切实遵守组织制度，加强组织管理，全面落实党组织的责任。

在反腐倡廉建设上，要深入推进反腐败斗争。建设廉洁政治，保持党的肌体健康，始终是我们党一贯坚持的鲜明政治立场。党的十八大以来，党中央高度重视党风廉政建设和反腐败斗争，经过各级党委、政府和纪检监察机关共同努力，党风廉政建设和反腐败斗争取得了新进展。但我们也要看到，

---

① 习近平：《推进党的建设新的伟大工程要一以贯之》，《求是》2019年第19期。

滋生腐败的土壤依然存在，反腐败形势依然严峻复杂，一些不正之风和腐败问题影响恶劣、亟待解决。党的十九届四中全会指出："坚定不移推进反腐败斗争，坚决查处政治问题和经济问题交织的腐败案件，坚决斩断'围猎'和甘于被'围猎'的利益链，坚决破除权钱交易的关系网。深化标本兼治，推动审批监管、执法司法、工程建设、资源开发、金融信贷、公共资源交易、公共财政支出等重点领域监督机制改革和制度建设，推进反腐败国家立法，促进反腐败国际合作，加强思想道德和党纪国法教育，巩固和发展反腐败斗争压倒性胜利。"[1]要始终保持反腐高压态势，坚持有腐必反、有贪必肃，坚持"老虎""苍蝇"一起打，坚持以零容忍态度惩治腐败，以猛药去疴、重典治乱的决心，以刮骨疗毒、壮士断腕的勇气，坚决把党风廉政建设和反腐败斗争进行到底。在此基础上，要加快构建一体推进不敢腐、不能腐、不想腐的体制机制。

4. 坚持和完善党的领导制度

党的十九届四中全会指出："中国共产党领导是中国特色社会主义最本质的特征，是中国特色社会主义制度的最大优势，党是最高政治领导力量。必须坚持党政军民学、东西南北中，党是领导一切的，坚决维护党中央权威，健全总揽全局、协调各方的党的领导制度体系，把党的领导落实到国家治理各领域各方面各环节。"[2]习近平总书记在《关于〈中共中央关于坚持和完善中国特色社会主义制度 推进国家治理体系和治理能力现代化若干重大问题的决定〉的说明》中强调："决定稿准确把握我国国家制度和国家治理体系的演进方向和规律，突出坚持和完善党的领导制度，抓住了国家治理的关键和根本。"[3]制度建设带有"硬件"的性质，相对于思想建设等"软件"，制度是规范，具有可操作性、具体性和精确性，是执政能力建设的载体和保证。提高党的执政能力，必须坚持和完善党的领导制度。坚持和完善党的领导制度，

---

[1]《中共中央关于坚持和完善中国特色社会主义制度 推进国家治理体系和治理能力现代化若干重大问题的决定》，《人民日报》2019年11月6日第6版。

[2]《中共中央关于坚持和完善中国特色社会主义制度 推进国家治理体系和治理能力现代化若干重大问题的决定》，《人民日报》2019年11月6日第5版。

[3] 习近平：《关于〈中共中央关于坚持和完善中国特色社会主义制度 推进国家治理体系和治理能力现代化若干重大问题的决定〉的说明》，《人民日报》2019年11月6日第4版。

首先体现为党如何既充分发挥核心作用，又充分发挥人大、政府、政协以及人民群众团体和其他方面的职能作用，处理好执政党同国家政权、民主党派、人民群众的关系，等等，以保持党的团结统一和增强活力的能力。要通过科学化、规范化、民主化、制度化的机制，规范各种关系，把坚持党的领导、人民当家作主和依法治国有机统一起来，坚决贯彻中央和各级党委的各项决策，从制度上保证党的执政能力建设扎实有效开展。

坚持和完善党的领导制度，核心要求是要提高贯彻民主集中制的质量。民主集中制是我们党的根本组织原则和领导制度，是激发党的创造力和保持党的团结统一的根本保证。党的十九届四中全会强调："坚持民主集中制，完善发展党内民主和实行正确集中的相关制度，提高党把方向、谋大局、定政策、促改革的能力。"[①] 提高贯彻民主集中制的质量，要克服有章不循、随心所欲的问题，严格按程序办事，按规则办事，按集体意志办事，真正做到集中大家智慧，形成统一意志，始终保持党组织的生机活力；要严格组织生活，坚持从细节抓起、从点滴做起，认真落实民主评议党员、民主生活会、双重组织生活等制度，不断强化党员意识和组织观念；要强化制度和纪律观念，按职责、权限开展工作，该请示的请示，该报告的报告，不能擅作主张、越级越权，不能先斩后奏、斩而不奏；要增强党内生活的原则性战斗性，开展积极的思想交锋，提高批评和自我批评的质量，通过健康的党内生活，及时解决党员干部的思想问题。

（三）构建提高国家治理能力的机制

提高国家治理能力是一个有序推进的过程，要推动这个过程的顺利完成，需要构建一套合理有效的机制。这套机制的构建有赖于多种因素的相互协调，如国家内部机构的组织状况、国家公务人员的素质、国家行为的合理性、国家职能与社会发展的适应状况等等。从当前我国的社会现实出发，构建提高国家治理能力机制，要着重从以下几方面入手。

---

① 《中共中央关于坚持和完善中国特色社会主义制度　推进国家治理体系和治理能力现代化若干重大问题的决定》，《人民日报》2019年11月6日第5版。

1. 明晰国家治理范围

一般来说，国家治理范围大小的标准主要是以国家治理行为能否提供保证社会发展的正常秩序、规范与服务，并提供持续发展的可能性。党的十九届四中全会指出，要优化政府职责体系，"完善政府经济调节、市场监管、社会管理、公共服务、生态环境保护等职能，实行政府权责清单制度，厘清政府和市场、政府和社会关系"。① 因此，将国家治理范围限定在合理的、社会公共需要的"度"的范围内，就需要界定政府与市场、政府与社会、政府与公民的关系，合理界定国家治理的领域，准确定位国家治理范围。

明晰国家与市场的关系。尽管我国已经建立了社会主义市场经济体制，但是国家与市场的关系尚未完全理顺，国家对经济领域的微观干预仍然存在，这就一定程度上阻碍了市场经济的发展。由于国家管了不该管的事而致使经济发展受阻，这本身就是国家治理能力低下的表现。因此，重构国家与市场的关系的关键在于明确国家与市场的界限，理清国家在市场经济中的职能。就政府与市场的界限而言，主要是明晰国家与市场发挥各自作用的领域，即什么是国家领域的基本任务，什么是市场经济的界限范围，国家可以通过宏观经济政策调控经济活动，但是无法越权直接干预经济领域中的活动。就政府在市场经济中的职能而言，一方面是要减少国家对市场的干预，将直接管理转变为间接管理，将微观管理转变为宏观调控；另一方面扩大政府监管市场、提供公共产品与公共服务的职能，使国家成为维护社会公平的管理机构。

明晰国家与社会的关系。明晰国家与社会的关系，将国家从不该管也管不好的社会领域中解放出来，有利于提高国家治理能力的有效性。现代社会发展的基本趋势是国家与社会日益分离并各有其明确的界限，一旦国家干预的范围超出政治领域而侵入到社会生活的所有方面，便容易导致全能主义。从长远来看，全能主义必然将抑制社会的自由发展，从而使整个社会发展缺乏活力与创造力，最终导致国家能力有效性的降低。明晰国家与社会的关系，关键在于要变全能政府为有限政府，强调国家与社会的协商合作治理。因此，国家要改变权力运行方式，将权力下放给日益成熟的社会公共组织，形成国

---

① 《中共中央关于坚持和完善中国特色社会主义制度 推进国家治理体系和治理能力现代化若干重大问题的决定》，《人民日报》2019年11月6日第5版。

家权威与社会的合作治理、政府与非政府组织的合作治理,彻底改变传统的政府单一主体的管理模式。

2. 强化国家治理的制度化运行

制度管根本,也管长远。习近平总书记指出:"我们党要更好领导人民进行伟大斗争、建设伟大工程、推进伟大事业、实现伟大梦想,必须加快推进国家治理体系和治理能力现代化,努力形成更加成熟更加定型的中国特色社会主义制度。这是摆在我们党面前的一项重大任务。"① 国家治理运行制度化的基本要义在于国家治理在运行过程中要接受法律规则的指引与制约,从而实现国家治理的规范运行。从我国国家治理现实来看,其存在的突出问题是对国家治理运行的自我约束机制及外部控制机制均不完善,致使国家治理难以保证运行过程的科学性和目标的公共性。所以,要以国家治理的制度化运行来弥补国家治理自身能力的缺陷与限度,通过法律来调节和规范国家治理行为,防止和束缚国家权力的专横,维护社会公共利益,进而促进社会的健康发展。

以法治规范国家权力。习近平总书记在谈到全面深化改革时曾指出,在整个改革过程中,都要高度重视运用法治思维和法治方式,发挥法治的引领和推动作用,加强对相关立法工作的协调,确保在法治轨道上推进改革。不仅深化改革需要法治思维,国家治理也需要法治思维。党的十九届四中全会指出:"必须坚定不移走中国特色社会主义法治道路,全面推进依法治国,坚持依法治国、依法执政、依法行政共同推进,坚持法治国家、法治政府、法治社会一体建设,加快形成完备的法律规范体系、高效的法治实施体系、严密的法治监督体系、有力的法治保障体系,加快形成完善的党内法规体系,全面推进科学立法、严格执法、公正司法、全民守法,推进法治中国建设。"② 法治意味着用法律规范国家治理行为,使得国家权力受到法律的制约与约束,确保国家在法律框架下开展行动。通过法治将国家治理行为纳入秩序规范,

---

① 习近平:《关于〈中共中央关于坚持和完善中国特色社会主义制度 推进国家治理体系和治理能力现代化若干重大问题的决定〉的说明》,《人民日报》2019 年 11 月 6 日第 4 版。

② 《中共中央关于坚持和完善中国特色社会主义制度 推进国家治理体系和治理能力现代化若干重大问题的决定》,《人民日报》2019 年 11 月 6 日第 5 版。

使国家治理行为以法律作为依据,有助于克服国家权力的特殊化与官僚化,从而提高国家治理效能。因此,法治并不会弱化国家治理能力,而会增强国家治理能力。

以责任约束国家治理行为。一般而言,责任机制包括国家机构及国家官员所担负的政治责任和法律责任两方面,它既是一种规范机制,又是一种纠错机制。它依靠有效的法律体系,通过国家行动过程的法治化、程序化,使国家行动者对其行动负责,防止任意行动的发生。通过完善责任机制,可以明确国家与社会、公民之间的权利与义务关系,即国家应依法对待社会组织与公民,不得随意侵害社会组织与公民的利益,同时,社会组织与公民也要遵守法律规范,不得随意破坏国家的权威性,从而保证国家治理的合法性、权威性与公正性。总之,国家治理的制度化有利于优化配置国家资源、降低国家耗损、克服管理混乱,进而提升国家能力。

3. 建立多元主体治理机制

随着市场经济的发展,我国产生了各种独立的利益主体,社会结构开始多元化,具有不同身份的力量在国家系统的内外部展开策略竞争以追求自身的利益。能否将这些多元化的社会力量整合进国家的政治、经济秩序之中从而避免发生社会断裂,成为一个必须解决的问题。党的十九届四中全会提出要坚持和完善共建共治共享的社会治理制度,强调:"必须加强和创新社会治理,完善党委领导、政府负责、民主协商、社会协同、公众参与、法治保障、科技支撑的社会治理体系,建设人人有责、人人尽责、人人享有的社会治理共同体,确保人民安居乐业、社会安定有序,建设更高水平的平安中国"。[①]总体来看,国家、市场、社会、公民的合作日益紧密,在推动经济发展与国家治理以及社会发展中发挥着不可忽视的作用,已经成为国家治理的重要机制之一。因此,提高当代中国国家治理能力需要建构多元主体治理机制。

一方面,重新定位国家在社会治理体系中的角色。尽管社会主义市场经济体制使得中国传统的国家与社会高度统一的一元化结构日益被打破,社会、公民逐渐成为社会治理的重要力量,但在中国特殊的历史条件下,市场的发

---

① 《中共中央关于坚持和完善中国特色社会主义制度 推进国家治理体系和治理能力现代化若干重大问题的决定》,《人民日报》2019年11月6日第5版。

展、社会的成熟都有赖于国家的培育，这就要求在社会治理过程中，国家既是规则制定者，同时也可以充当仲裁者，也可以是参与者。只要国家能够在政府、社会、私人部门之间建立合作伙伴关系，构筑起一个多元的、动态的治理协作体系，就可以实现国家、社会、市场之间的利益活动者的"多赢"。

另一方面，加快建立"强国家—强社会"的推动机制。国家治理能力的提升，需要国家与社会的合作推动。党的十八届三中全会指出，坚持系统治理，加强党委领导，发挥政府主导作用，鼓励和支持社会各方面参与，实现政府治理和社会自我调节、居民自治良性互动。为此，要提升社会的自主、自治机制，并形成国家与社会的互动合作机制，使国家既能够推动社会发展，又能接受社会的约束与促进，在合作共治的"强国家—强社会"关系模式中合力推进国家治理能力的提高。总之，多元主体治理机制的形成，并不是在"反对国家"的语境下削弱国家治理能力，而是在国家与市场、社会合作治理中增强国家治理能力。

第十四讲

创新社会治理制度

社会治理是国家治理的重要方面。坚持和完善中国特色社会主义制度、推进国家治理体系和治理能力现代化，必须创新社会治理。从党的十八届三中全会《决定》提出创新社会治理体制，到党的十九届四中全会公报提出坚持和完善共建共治共享的社会治理制度，党对国家治理和社会治理的理论创新与实践探索不断深化发展，中国的社会治理正在顺应全面建设社会主义现代化国家的要求而发生深刻变化。

（一）社会治理的基本内涵

社会治理是社会建设的重大任务，是国家治理的重要方面。改革开放特别是进入新世纪以来，党和政府高度重视社会管理，进行了许多方面的积极探索，取得了很大进展，积累了许多宝贵经验。但是同时也要看到，当前改革处于攻坚期和深水区，社会管理面临新情况新问题，无法满足新形势新任务的要求，这就迫切需要通过全面深化改革，实现从社会管理向社会治理的转变。

1. 从社会管理到社会治理

社会管理是人类社会维持正常运转所必不可少的一项活动，其内容包括协调社会关系、规范社会行为、解决社会问题、化解社会矛盾、促进社会公正、应对社会风险、维持社会和谐等方面。2004年，党的十六届四中全会的文件中首次出现了"社会管理创新"的提法，党的十七大报告、十八大报告沿用了这个概念。党的十八届三中全会首次明确提出了社会治理，作为"国家治理体系"的重要组成部分。社会治理概念的提出,是对多年来推进社会建设事业、处理社会转型期的众多矛盾和问题的经验、教训的吸取和总结,也是推进国家治理体系和治理能力现代化的题中应有之义。从社会管理到社会治理,虽是一字之差,却意味着治理主体、治理目标和治理方式都更加具备现代化特征,因而成为党治国理政理念的重要创新。

第一,社会管理是"政治本位"的,而社会治理则是"社会本位"的。从社会管理变为社会治理,意味着政府与社会关系由"政治本位"向"社会本位"过渡和转变,这是政府与社会关系的现代性重构。具体说,就是原来政府对社会的统治观念让位于政府服务于社会的观念,原来政府控制和管理社会的观念让位于调控、引导、服务和整合社会的观念,原来政府对社会实行单方面管理的观念让位于政府与社会合作治理的观念。这种观念的转变,在根本上是由市场经济的发展与社会领域的壮大所决定的,并且也为政府失灵与市场失灵的风险所推动。面对日益复杂的社会事务和各种新兴的社会力量,政府的有限性日渐凸显,不可能再像传统社会那样大包大揽、面面俱到。即使是一个完善的政府管理体系,也不可能充分满足社会特殊需求和个性化需求。而市场虽然在许多方面都发挥着"看不见的手"的力量,调节着整个社会的利益和资源配置,但即使是一个成熟的自由市场经济和完善的市场体制,也难以解决一些外部性强的资源配置问题,需要政府与社会协同解决。在这种情况下,正确处理好政府、市场、社会三者的关系,就成为现代社会治理的核心问题。

创新社会治理,关键也在于创新政府、市场、社会三者的互动与合作关系,以"社会本位"为原则,树立政府为社会服务、政府对社会进行适度干预的理念,逐步培育社会的独立性、自主性和自治性,实现政府与社会的合作治理,这是现代社会治理应坚持的基本理念。政府必须划定自己的作用边界,使自己成为有限政府,该交给市场的就交给市场,该交给社会的就交给社会,形成政府、市场与社会的良性互动格局。习近平总书记指出,在处理市场和政府的关系中,"既坚持使市场在资源配置中起决定性作用,又要更好发挥政府在创造制度环境、编制发展规划、建设基础设施、提供公共服务、加强社会治理等方面的职能"。[1] 在政府与社会的关系中,那些政府自己无法

---

[1] 《习近平关于全面深化改革论述摘编》,中央文献出版社2014年版,第63页。

管理或管理不好的空间，应让渡给独立的社会组织进行自我管理，或者与社会进行共同治理，鼓励和支持社会力量参与社会治理、公共服务，激发社会活力。

第二，社会管理重在政府对社会的"控制"与"他治"，而社会治理更强调社会的自治和政府为社会而服务。从"他治"向"自治"转变过程中，政府承担着首要的职责，那就是政府首先向有限政府和服务型政府转变，这是达成现代社会治理的前提条件。一方面，政府要划定自己的职能与作用边界，从管不好和不该管的领域中恰当退出，建设有限政府。唯有政府在国家治理体系的框架内给予市场组织与社会组织适度的参与空间，使之有条件、有资格分担一部分公共事务，才能鼓励更多社会力量、社会创新在社会治理过程中涌现。另一方面，政府要加强各类公共服务提供，建设服务型政府。服务型政府以服务为宗旨，政府行使权力的目的，不再主要是为了管制，而是为公众提供更好的服务。这既是中国共产党执政为民理念的体现，也是政治体制改革的重要内容和关键环节。服务型政府既要在经济、社会等事业上代表最广大人民的根本利益，也要为人民参与维护自己的利益创造条件，不断扩大人民群众参与管理国家和社会事务的范围和权利，从而不断促进社会的自我组织和自我管理。

从根本上说，现代社会广泛起作用的、维持社会稳定和社会秩序的自动调节机制，必定是公民和社会组织的自我管理。如果没有社会的自我组织和自我管理，公民和社会组织的一切活动都依靠国家和政府发出指令实施控制，那么，国家和政府将不堪重负，社会秩序和社会稳定也难以维持。从这个意义上讲，为了维护社会稳定和社会秩序，国家和政府首先应致力于促进社会的成长和发育，致力于提高社会自我管理的能力和水平。因此，国家和政府培育强大的自我组织和自我管理的社会，正是社会治理改革的首要任务。

第三，社会管理强调政府对于社会的优势地位和单向主导，而社会治理则强调政府与社会的平等地位以及两者的互动合作。长期以来，由于历史与现实的各方面原因，我国政府在社会治理中扮演的角色及其所发挥的作用，都是远远大于社会自身的。随着社会领域的壮大和各种社会组织的涌现，社会要求与政府分享公共权力的要求也日渐凸显。因此，在社会治理进程中，社会作为同政府相对的另一方主体，其地位正在自然而然地提升。在这个过程中，政府应该顺势而为，在完成自身向有限政府和服务型政府转型的同时，促进公众参与的效能和社会力量的进一步发挥。政府与社会的合作治理，需要强大独立的社会和有公共精神、参与精神的公民作为基础。因此，政府对社会的管理向共同治理的转变，决定了培养公民参与和志愿精神、保障公民基本权利的实现以及促进社会的自主自治，将成为社会治理的基本方向和落脚点。只有充分发挥公民的参与力量，使民间社会成为社会治理的真正参与者和监督者，不断完善公民权利对于公共权力的制约机制，才能在调动公民和民间社会参与积极性的前提下，保证和增加社会治理的透明度；才能促进公民享有基本公共服务的权利平等和机会均等，切实保护社会弱势群体的权益，保证公民共享社会发展的成果；才能及时反映群众意愿，引导全体社会以理性合理的形式表达利益要求、解决利益矛盾等。

社会治理要求建立政府与社会的平等关系，发挥二者的互动合作效应。要实现这个目标，也就需要有合理的参与方式和途径。在这方面，协商民主成为创新社会治理的重要载体与途径。协商民主强调自由而平等的公民在公共利益的指向下通过对话、讨论、协商而达成共识，并最终形成约束各方参与主体的公共决策，从而达到社会治理的目标。习近平总书记指出，协商民主"可以广泛形成人民群众参与各层次管理和治理的机制，有效克服人民群众在国家政治生活和社会治理中无法表达、难以参与的弊端；可以广泛凝聚全社会推进改革发展的智慧和力量，有效克服各项政策和工作共识不高、无以落实的弊端。这就是中国社会主义协商民主的独特优势所在"。[①]

第四，社会治理比社会管理更加强调依法治理。传统社会是推行人治的社会，而现代社会则是崇尚法治的社会。进入改革开放历史新时期，我们党把依法治国确定为党领导人民治理国家的基本方略，党的十八大以来全面依法治国深入推进。实现一体化建设法治国家、法治政府、法治社会的目标，依法治理都是题中之义。习近平总书记指出，人类社会发展的事实证明，依法治理是最可靠、最稳定的治理，"治理一个国家、一个社会，关键是要立规矩、讲规矩、守规矩。推进国家治理体系和治理能力现代化，必须坚持依法

---

① 习近平：《在庆祝中国人民政治协商会议成立65周年大会上的讲话》，人民出版社2014年版，第17页。

治国,为党和国家事业发展提供根本性、全局性、长期性的制度保障"。①2014年3月5日,习近平总书记在参加十二届全国人大二次会议上海代表团审议时讲话指出:"治理和管理一字之差,体现的是系统治理、依法治理、源头治理、综合施策。"②2016年10月12日,习近平总书记就加强和创新社会治理作出重要指示,强调要完善中国特色社会主义社会治理体系,就要更加注重民主法治、科技创新,提高社会治理社会化、法治化、智能化、专业化水平,由此形成了创新社会治理的"四化"标准。从中不难看出,法治的逻辑不断凸显,成为社会治理在制度方面最重要的依据和保障。

以上四个方面,主要体现了从社会管理向社会治理的转变中,创新社会治理是一个包括治理主体的多元化、治理结构的合理化、治理方式的科学化和治理过程的民主化等在内的一个体系性的创新。创新社会治理的目标是着眼于维护最广大人民的根本利益,最大限度增加和谐因素,增强社会发展活力,维护国家安全,确保人民安居乐业、社会安定有序。

2. 从社会治理体制到社会治理制度

党的十八届三中全会《决定》提出了创新社会治理体制,打造共建共治共享的社会治理格局。党的十九届四中全会提出了坚持和完善共建共治共享的社会治理制度。从社会治理体制到社会治理制度,从打造共建共治共享的社会治理格局到坚持和完善共建共治共享的社会治理制度,表明党在加强和创新社会治理方面的理论与实践探索又向前大大迈进了一步。

党的十九届四中全会将共建共治共享的社会治理格局升级为社会治理制度,首先表明我们党对现代社会治理所涉及的社会关系的深刻理解。所谓制度,在宏观层面上,制度是指在一定历史条件下形成的规范化、系统化、定型化的社会关系体系,例如围绕经济关系、政治关系、思想关系相应就会形成一定的经济制度、政治制度和文化意识形态制度,是用来规范个体与群体行为的社会结构。而在微观层面,制度是指能够日常或重复行使、由成员共同遵守的办事规程或行动准则,"制度就是稳定的、受珍重的和周期性发生的

---

① 《习近平关于全面依法治国论述摘编》,人民出版社2015年版,第12页。
② 《习近平总书记系列重要讲话读本(2016年版)》,学习出版社、人民出版社2016年版,第224页。

行为模式"①,"制度化是组织和程序获取价值观和稳定性的一种进程"②。由此可知,制度具有双重意涵:一是在实践上,指的是一定的行为、组织或程序稳定地、周期性的运行;二是在思想上,指的是一定的行为、组织或程序的运行获得稳定的价值观支撑,即人们愿意并期待(内在认同)制度发挥其规范性效力。尽管这是对微观制度的分析,但对宏观制度也是同样适用的。选择什么样的制度,意味着要规范什么样的社会关系;如果这种规范反映了多数意志,它就具有不可动摇性。因此,坚持和完善共建共治共享的社会治理制度,就意味着共建共治共享的性质发生了跃迁:它不再只是一种方式方法,更是治理的基本规范、基本原则;它不再只是一种可欲的目标,更是现代社会多元主体参与治理的起点。这种跃迁,在根本上是由当代中国社会关系日趋多元性、丰富性和复杂性所决定的。在社会结构深度变动、利益格局深度调整、思想观念深度变化的情况下,多主体、多方面的利益需求不断涌现。在这种情况下,只有广泛参与、提高共识、找到利益的汇聚点,才能保证社会共同体的团结和秩序。

其次,坚持和完善共建共治共享的社会治理制度,也表明党中央要使之成为管长久的稳定的、可持续的制度形式,并在此基础上激发更多体制机制的创新。有学者认为,体制就是制度体系,"社会治理是一套制度化、组织化的行动体系,建立适宜的体制是推进社会治理的重要基础。所谓社会体制(社会建设的体制),是指社会治理各个方面的制度构建,包括在资源调动与分配、社会服务的运行、组织体系构建及各类各级组织之间分工配合的制度体系"。③ 这里的体制显然是着眼于各种具体制度之间的组合关系。但一般地说,制度是体制的根据,制度是根本性、决定性的,而体制、机制则是从属性、依附性的。制度决定着体制、机制的根本性质,体制和机制则服从、服务于制度。在一定意义上,制度是根本、是内容;而体制机制是形式、是载体;制度具有相对稳定性,而体制、机制则具有易变性。习近平总书记认为,加

---

① [美]塞缪尔·P. 亨廷顿:《变化社会中的政治秩序》,王冠华、刘为等译,上海人民出版社2008年版,第10页。

② [美]塞缪尔·P. 亨廷顿:《变化社会中的政治秩序》,王冠华、刘为等译,上海人民出版社2008年版,第10页。

③ 范鹏主编:《统筹推进"五位一体"总体布局》,人民出版社2017年版,第262页。

强和创新社会治理关键在体制创新,要深入调研治理体制问题,就是因为体制不断开拓创新,才能发挥出治理制度应有的治理效能;而明确了共建共治共享的社会治理制度,意味着它是长久的、稳定的结构性存在,是社会治理体制创新的根本依据。

最后,坚持和完善共建共治共享的社会治理制度,是建设人人有责、人人尽责、人人享有的社会治理共同体的基本保证。在此基础上加快形成科学有效的社会治理制度,是中国特色社会主义社会建设的关键和要害所在。党的十八届三中全会在创新社会治理体制中提出,要改进社会治理方式,"坚持系统治理,加强党委领导,发挥政府主导作用,鼓励和支持社会各方面参与,实现政府治理和社会自我调节、居民自治良性互动"[①],要构建党的领导、政府负责、社会协同、公民参与、法治保障的治理体系。党的十九届四中全会则提出了加强和创新社会治理,必须完善党委领导、政府负责、民主协商、社会协同、公众参与、法治保障、科技支撑的社会治理体系。"民主协商"和"科技支撑"成为社会治理体系的两个新的要素。实际上,"科技支撑"是对此前社会治理"智能化"的另一种表述;唯有"民主协商"是全新要素。民主协商之所以重要,是因为它不仅是调节政府与社会关系的基本规范,也是促进政府与社会合作治理的程序要求。唯有政府必须率先树立起民主协商的意识和理念,社会力量与社会公众才有可能被纳入到治理进程中来。因此,民主协商是党委、政府同社会、公民之间的中介,是社会公众积极参与社会政治生活的桥梁。

(二) 创新社会治理的重大意义

根据党的十九届四中全会精神,创新社会治理关键是要坚持和完善共建共治共享的社会治理制度。也就是说,坚持和完善共建共治共享的社会治理制度,在创新社会治理的工作中处于原则性与指导性地位。这是我们党认识和把握社会发展规律的一个新飞跃,也是 21 世纪马克思主义中国化

---

① 《〈中共中央关于全面深化改革若干重大问题的决定〉辅导读本》,人民出版社 2013 年版,第 48 页。

的又一项新成果。

1. 创新社会治理反映了国家治理现代化的内在要求

国家治理是指一国范围内的所有治理，从领域上来划分，它包括经济、政治、文化、社会、生态文明、国防、军队和党的建设等。国家治理现代化自然也要体现在这些领域治理的现代化之上来。当作为种概念的"国家治理"与作为子概念的"社会治理"并列出现时，实际上"国家治理现代化"就包含了国家与社会进行结构性划分的维度。这种结构性划分首先就是"国家治理现代化"的前提性要求，而结构性划分后的社会治理自身的现代化，又成为国家治理现代化的组成部分。

在新中国 70 年的建设历程中，国家与社会的结构性划分的逻辑是随着经济社会的发展而不断凸显并鲜明化的。从新中国成立之初一直到改革开放前，基于当时落后的生产力状况和保家卫国的基本需要，国家是完全统治和包纳社会的，社会基本没有多少自主性。改革开放以后，随着商品经济与市场经济的发展，社会力量自发、自然的生长起来。国家一开始是从"统治和管理"的逻辑出发来约束和管制社会力量的。但与此同时，国家也进行了"简政放权"等各方面的体制机制的改革，以使自身符合经济社会发展的需要。这说明国家与社会作为一对矛盾关系已经基本确立起来，并且逐渐向着国家收缩其权力领域和社会不断扩大自主领域的方向发展。正是在认识这一规律的基础上，十八届三中全会《决定》在国家治理现代化问题上做出了重要突破，既明确提出了使市场经济在资源配置中起决定性作用，又明确提出了创新社会治理体制，用"系统治理"的概念初步表达了鼓励社会各方面参与治理，实现政府治理和社会自我调节、居民自治良性互动的思路。在此基础上，党的十九届四中全会将坚持和完善共建共治共享的社会治理制度作为一项制度确立下来，共建共治共享的"共"首先表达的就是国家与社会的合作治理问题，而后才是社会内部的多元力量合作问题。正是在这个意义上，坚持和完善共建共治共享的社会治理制度标志着党对现代社会发展规律的认识、对如何带领人民治国理政的认识达到了新的水平。

2. 创新社会治理顺应了我国发展的新特点和人民的新期待

创新社会治理的根本动力源自经济社会高速发展，并由当下中国社会深刻转型的阶段性特征的所决定。新中国成立后，我国城市逐步建立了以"单位制"为主、以基层地区管理为辅的社会管理体制。国家通过单位这一组织形式管理职工,通过街道、居委会管理社会闲散人员、民政救济和社会优抚对象等,从而实现对城市全体社会成员的控制和整合,达到社会稳定和巩固政权的目的。从某种意义上说,"单位制"对于当时高度集中的政治体制和计划经济体制的运作实施,对于整个社会秩序的整合,发挥了重要的功能。

改革开放以来,中国社会发生了重大变迁,尤其是社会主义市场经济体制的确立,使"单位制"失去了生存土壤,原来的社会联结和社会整合机制失去了效用,同时社会结构、社会组织方式和社会安全形势都已经发生深刻变化,人民的利益需求也更加多样化、分层化,对政府治理与社会事业提出了更大挑战。一方面,我国仍处于并将长期处于工业化、城市化和现代化的"赶超"阶段。经济和社会的快速发展使得居民对教育、就业、住房、医疗保障、交通等方面的公共服务的需求,都要领先于国家的现实供应状况和政府服务的改进速度,政府的公共服务能力面临巨大压力。另一方面,经济和社会的快速发展也使不同阶层、族群间的利益诉求分化程度加快,这种利益冲突既使社会不稳定因素增多,社会冲突和社会矛盾加剧,也使政府的一般性治理相形见绌,并且政府作出普惠性的公共决策也更不容易。

在这样的现实基础上,自党的十八大以来,社会治理与社会事业(民生保障事业)就成为社会建设的两个支柱,二者相互支撑、相互统一,表明社会治理现代化是顺应社会发展新特点和人民新期待的必然选择。习近平总书记强调,人民期盼有更好的教育、更稳定的工作、更满意的收入、更可靠的社会保障、更高水平的医疗卫生服务、更舒适的居住条件、更优美的环境,期盼孩子们能成长得更好、工作得更好、生活得更好。我们要在经济发展的基础上,更加注重社会建设,着力保障和改善民生;推进社会体制改革,扩大公共服务,激发社会活力,创新社会治理。党的十九届四中全会全面总结了70年来我国国家制度和国家治理体系多方面显著优势。在社会建设上,我们形成了两个显著优势:一是坚持以人民为中心的发展思想,不断保障和改善民生、增进人民福祉,走共同富裕道路的显著优势;二是坚持改革创新、与时俱进,善于自我完善、自我发展,使社会始终充满生机活力的显著优势。相应地,在坚持和完善中国特色社会主义制度、推进国家治理体系和治理能力现代化的任务上,未来必须坚持和完善统筹城乡的民生保障制度,满足人民日益增长的美好生活需要；必须坚持和完善共建共治共享的社会治理制度，保持社会稳定、维护国家安全。

（三）创新社会治理的重点工作

与党的十八届三中全会在创新社会治理体制的工作思路相比，十九届四中全会在准确把握国内国际两个大局的基础上，提出了要着力抓好发展和安全两件大事。因此，"安全"问题成为社会治理的重中之重。围绕着社会安全与国家安全，党的十九届四中全会《决定》确立了创新社会治理五个方面的重点工作，而共建共治共享的基本原则贯穿始终。

1. 完善正确处理新形势下人民内部矛盾有效机制

任何社会都不可能没有矛盾。面对大量而复杂的社会矛盾，特别是利益矛盾，要更加积极主动地正视矛盾、有效预防和化解矛盾，增进社会和谐。

要化解矛盾，首先要了解矛盾是什么，其问题和根源是什么，这就要让群众正当表达其利益诉求。对此，党的十九届四中全会《决定》首先强调，要坚持和发展新时代"枫桥经验"，畅通和规范群众诉求表达、利益协调、权益保障通道。"枫桥经验"是基层治理和基础民主自治的典范，其核心就是引导群众、相信群众、发动群众和依靠群众，矛盾不上交，就地解决好。这就要求从基层开始建立顺畅有序的诉求表达机制，为各利益主体提供充分的表达利益诉求的制度性平台，使各个利益主体的利益诉求能够通过正当的、规范的渠道进入公共决策过程中，使地方的公共决策尽可能满足当地群众的最大多数利益。与此同时，也要完善社会矛盾纠纷多元预防调处化解综合机制，努力将矛盾化解在基层。基层要解决好土地征用、房屋拆迁、企业改制、劳动工资、教育、医疗、社会保险、环境保护、安全生产、食品药品安全、城市管理等方面群众反映强烈的问题，切实维护好、发展好、实现好群众的切身利益。

从整个国家层面来讲，应该进一步完善和充分利用民意调查制度、信息公开制度、听证会制度、协商谈判制度、公民投票制度等等，完善诉讼、仲裁、行政复议等诉求表达机制，发挥人大、政协、人民团体、社会组织、基层群众自治组织以及新闻媒体等的社会利益表达功能，畅通和拓宽群众诉求表达渠道。在矛盾没有就地解决或解决不顺利的情况下，就要通过完善信访制度，完善人民调解、行政调解、司法调解联动工作体系，使群众的维权之路"有路可走"。

此外，还要健全社会心理服务体系和危机干预机制。从心理层面和危机意识上来对待矛盾个体，健全相关干预机制，标志着社会治理从宏观向微观进一步深化。面对部分弱势群体和诉求不满群体，通过心理干预，使处于心理危机状态的个人能够及时得到适当的心理援助，从而尽快摆脱心理危机，防范和降低心理危机引发的社会风险。健全个人心理医疗服务体系，开展个人心理咨询、疏导、调节、治疗服务；开展专项社会关爱行动，对精神病人、艾滋病人、刑满释放人员等特殊人群进行专业心理疏导和矫治，帮助他们回归社会。这些举措将有利于从源头减少和处消灭社会极端性事件。

2. 完善社会治安防控体系

社会治安指的是社会的安定秩序，包括维护公共场所秩序、公民生活秩序，保护国家、集体和个人财物的安全，保障公民人身权利不受侵犯等。社会治安不仅事关人民群众的生命财产安全和正常的生活状态，也事关国家的兴旺发达和整个社会的发展进步。加强社会治安，切实提高维护公共安全能力水平，才能提高人民群众的安全感和满意度，促进社会安定有序，建设更高水平的平安中国。

加强社会治安综合治理，首先要创新和完善社会治安防控体系，其基本原则是坚持专群结合、群防群治，提高社会治安立体化、法治化、专业化、智能化水平。当前，受国际国内各种复杂因素的影响，我国公共安全问题复杂性不断加剧，各种潜在危险大量存在，传统犯罪和新型犯罪在互联网和新媒体作用下危害进一步加大。面对这样的挑战，公安机关在承担主要职责的同时，也要广泛动员各方力量参与。群防群治的力量是公安机关的"千里眼""顺风耳"，二者合作有利于更加严密防范和惩治各类违法犯罪活动，并将许多不安全因素消除在萌芽状态。在工作方法上，公安机关要进一步强化依法管理、严格执法的意识，善于运用电子眼、监控视频、新媒体平台、大数据等科技手段，切实提高社会治安立体化、法治化、专业化、智能化水平，不断提高人民群众的安全感。

随着网络技术的发展，许多风险和违法犯罪行为也"上了网"。网络已经成为社会治安的重要领域。党的十八大后，中央成立了以习近平总书记为组长的网络安全和信息化领导小组，组建了相应的办事机构，这为从全局加强互联网治理的领导提供了重要保障。加大依法管理网络力度，加快完善互联网管理领导体制，要做好以下两项工作：一是要提高对网络虚拟社会的管理水平。构建政府主导、多方参与的互联网管理模式；逐步完善立法，实现虚拟社会法制化管理；加强网络交易行为的制度建设和监管，保护公平经济权益；加强技术研发，实现虚拟社会高科技化管理。二是要完善舆情监控机制，加强网络舆论引导。通过加强对网络舆论的引导，形成自觉、自主、自治的网络舆论平台规范网络行为，建立理性、规范的网络传播秩序；通过政策调控、行业管理等多元化手段引导互联网业界行业自律，实行自我管理，寻求良性发展；通过法制教育、舆论宣传等建立相应的网络伦理道德规范，引导网民自律，净化网络环境。

3. 健全公共安全体制机制

公共安全是指社会公众的安全，同社会治安相比，它侧重于公众正常生存与生活所需要的稳定的外部环境和秩序，而这些外部环境和秩序往往容易遭遇来自社会和自然两方面的挑战和破坏，即人们常说的"天灾人祸"。因此，公共安全问题呈现为生存危机问题，如事故灾难、公共卫生事件、社会安全事件、自然灾害等。2015年5月29日，习近平总书记主持中共中央政治局就健全公共安全体系进行第二十三次集体学习时强调，公共安全连着千家万户，确保公共安全事关人民群众生命财产安全，事关改革发展稳定大局。要牢固树立安全发展理念，自觉把维护公共安全放在维护最广大人民根本利益中来认识，扎实做好公共安全工作，努力为人民安居乐业、社会安定有序、国家长治久安编织全方位、立体化的公共安全网。

在工业化和城市化建设进程中，安全生产问题首当其冲。生产必须安全，没有安全就无法生产。安全生产首先就要保护劳动者在生产过程中的安全，尽可能地减少和杜绝人员的伤亡。这是我们党和政府以人为本的执政本质、以人民为中心的发展观在生产领域的具体体现。保证安全生产，必须完善和落实安全生产责任和管理制度，建立公共安全隐患排查和安全预防控制体系；大力普及安全发展的思想观念，进一步完善安全生产法律法规，加强安全生产执法，企业要负起安全生产的重任，相关部门要理顺安全生产监管体制，细化安全生产防范制度，有效地处理安全生产事故；深化安全生产管理体制改革，建立隐患排查治理体系和安全预防控制体系，遏制重特大安全事故。

在天灾与人祸面前，国家要构建统一指挥、专常兼备、反应灵敏、上下联动的应急管理体制，优化国家应急管理能力体系建设，提高防灾减灾救灾能力。坚持以人为本、政府主导、分级管理，社会互助、灾民自救的救灾工作原则，落实统一指挥、综合协调、分类管理、分级负责、属地管理为主的自然灾害应急管理体制，完善救灾准备、应急救助、灾后救助、恢复重建相衔接的自然灾害救助制度，建立方便快捷的储备、调运、接收、发放、回收相衔接的救灾物资应急调度体系，健全以抢险、搜救、救护、救助、捐赠为基本内容的救灾应急社会动员机制。坚持灾前预防与应急处置并重，推进常态减灾与非常态救灾结合，完善部门协同、上下联动、社会参与、分工合作的防灾减灾救灾机制，形成有效应对自然灾害的强大合力。

在食品、药品的安全问题上，要进一步加强和改进食品药品安全监管制度，保障人民身体健康和生命安全。提升食品药品安全监管机构的统一性和权威性，建立食品原产地可追溯制度和质量标识制度，形成全过程追踪的食品药品安全监管制度。要通过加强食品药品安全法律制度建设，抓住重点环节，实施全面覆盖，深入持久地开展食品药品放心工程，要推进食品药品安全信用体系建设，提高食品药品诚信水平，进一步理顺食品药品安全监管职能，做好食品药品安全宣传工作，形成全社会普遍关注、参与监督的良好舆论氛围。

无论维护哪一方面的公共安全，都要倡导共建共治共享的基本理念和原则。习近平总书记强调，要坚持群众观点和群众路线，拓展人民群众参与公共安全治理的有效途径。要把公共安全教育纳入国民教育和精神文明建设体系，加强安全公益宣传，健全公共安全社会心理干预体系，积极引导社会舆论和公众情绪，动员全社会的力量来维护公共安全。

4. 构建基层社会治理新格局

国家治理的基础在社会治理，而社会治理的基础则在基层。基层治理是贯彻落实创新社会治理基本思路的基础单元。习近平总书记指出："加强和创新社会治理，关键在体制创新，核心是人，只有人与人和谐相处，社会才会安定有序。社会治理的重心必须落到城乡社区，社区服务和管理能力强了，社会治理的基础就实了。要深入调研治理体制问题，深化拓展网格化管理，尽可能把资源、服务、管理放到基层，使基层有职有权有物，更好为群众提供精准有效的服务和管理。要加强城市常态化管理，聚焦群众反映强烈的突出问题，狠抓城市管理顽症治理。"①

党的十九大以来，推动社会治理重心向基层下移，成为创新社会治理中愈加明确并重要的思路。农村地区的行政村和城市的社区是组成社会的基层单元，是各种利益关系的交汇点、社会矛盾的集聚点，也是社会建设的着力点。基层社会的治理事关国家的稳定和社会的和谐。2015年3月5日，习近平总书记在参加十二届全国人大三次会议上海代表团审议时指出，现在基层社会治理体系中存在不少问题，必须通过改革加以解决。城乡社区处于党同群众连接的"最后一公里"，要把加强基层党的建设、巩固党的执政基础作为贯穿社会治理和基层建设的一条红线，深入拓展区域化党建。要调整和完善不适应的管理体制机制，推动管理重心下移，把经常性具体服务和管理职责落下去，把人财物和权责利对称下沉到基层，把为群众服务的资源和力量尽量交给与老百姓最贴近的基层组织去做，增强基层组织在群众中的影响力和号召力。②

坚持和完善共建共治共享的社会治理制度能否实现，实现就要看它在基层能否实现。而创新社会治理体制，关键就是要创新能够使广大社区居民能够真正广泛地参与到社区建设之中的体制、机制，即创新和完善群众参与基层社会治理的制度化渠道。在我国，实行村民自治和居民自治的基层民主制度为群众的参与提供了制度前提，而协商民主的广泛多层制度化发展则为基层社会治理提供了直接的渠道和载体。因此，要在基层社会治理中充分运用发挥民主协商的作用和功能，将人民的利益、诉求、建议和主张纳入基层社会治理中来。习近平总书记指出："在中国社会主义制度下，有事好商量，众人的事情由众人商量，找到全社会意愿和要求的最大公约数，是人民民主的真谛。涉及全国各族人民利益的事情，要在全体人民和全社会中广泛商量；涉及一个地方人民群众利益的事情，要在这个地方的人民群众中广泛商量；涉及一部分群众利益、特定群众利益的事情，要在这部分群众中广泛商量；

---

① 《习近平关于全面深化改革论述摘编》，中央文献出版社2014年版，第101页。
② 《习近平关于全面建成小康社会论述摘编》，中央文献出版社2016年版，第148页。

涉及基层群众利益的事情，要在基层群众中广泛商量。这样做起来，国家治理和社会治理才能具有深厚基础，也才能凝聚起强大力量。"①

党的十九届四中全会《决定》在系统治理、综合治理的方法上，进一步明确提出了健全党组织领导的自治、法治、德治相结合的城乡基层治理体系，健全社区管理和服务机制，推行网格化管理和服务，发挥群团组织、社会组织作用，发挥行业协会商会自律功能，注重家风家教作用等。这是一种"大视野"的治理思路：从宏观的社会结构、社会主体关系，到微观的道德规范和家庭家教家风，都体现了共建共治共享的基本原则，并且使共建共治共享具备了更坚实的社会基础和更丰富的社会载体。构建基层社会治理新格局的主旨和重心，就是促进群众的城乡社区治理，推进基层群众自治，使基层公共事务和公益事业自我管理、自我服务、自我教育、自我监督，最终实现政府治理和社会调节、居民自治良性互动，夯实基层社会治理基础。

5. 完善国家安全体系

国家安全是安邦定国的重要基石，维护国家安全是全国各族人民根本利益所在。广义的国家安全包括国民安全、领土安全、主权安全、政治安全、军事安全、经济安全、文化安全、科技安全、生态安全、信息安全和核安全。当前，我国国家安全在总体上是有保障的，但也面临诸多矛盾叠加、风险隐患增多的严峻挑战。"安而不忘危，存而不忘亡，治而不忘乱"，居安思危是治国理政的重大原则。面对各种不确定性与风险性因素的挑战，国家安全问题被置于社会治理的框架下，就是要强调国家安全必须依靠国家和社会、政府和群众携手共治，才能共同建设安全共同体，打造更高水平的平安中国。

党的十八大以来，习近平总书记站在国家发展和民族复兴的战略高度，准确把握国家安全的新特点新趋势，提出了总体国家安全观的重大战略思想，为新形势下维护国家安全确立了重要遵循。坚持总体国家安全观，就要统筹发展和安全，坚持人民安全、政治安全、国家利益至上有机统一。以人民安全为宗旨，以政治安全为根本，以经济安全为基础，以军事、科技、文化、社会安全为保障，健全国家安全体系，增强国家安全能力。习近平总书记指出："国泰

---

① 习近平：《在庆祝中国人民政治协商会议成立65周年大会上的讲话》，人民出版社2014年版，第13页。

民安是人民群众最基本、最普遍的愿望。实现中华民族伟大复兴的中国梦,保证人民安居乐业,国家安全是头等大事。要以设立全民国家安全教育日为契机,以总体国家安全观为指导,全面实施国家安全法,深入开展国家安全宣传教育,切实增强全民国家安全意识。要坚持国家安全一切为了人民、一切依靠人民,动员全党全社会共同努力,汇聚维护国家安全的强大力量,夯实国家安全的社会基础,防范化解各类安全风险,不断提高人民群众的安全感、幸福感。"[①]

完善国家安全体系,要秉持国家和社会、政府和群众共建共治共享原则,一方面要完善集中统一、高效权威的国家安全领导体制,健全国家安全法律制度体系,发挥好国家安全委员会作为党中央领导下国家安全事务决策、协调"神经中枢"功能,发挥好《国家安全法》的指导作用,根据维护国家安全的实际需要,推动出台反恐怖主义法、境外非政府组织管理法、网络安全法等法律法规,加快国家安全法治建设,为维护国家安全提供有力法治保障。另一方面要加强国家安全人民防线建设,增强全民国家安全意识,建立健全国家安全风险研判、防控协同、防范化解机制。国家安全的根基在人民,力量在人民。只有广大群众同心聚力,广泛参与,国家安全人民防线才会真正落到实处、细处,坚决防范和严厉打击敌对势力渗透、破坏、颠覆、分裂活动,推动全社会形成维护国家安全的强大合力。

---

① 《习近平在首个全民国家安全教育日之际作出的指示》,《人民日报》2016 年 4 月 15 日第 1 版。

第十五讲

提高城市治理现代化水平

新中国成立70年来，我们党领导人民创造了世所罕见的经济快速发展奇迹和社会长期稳定奇迹，中华民族迎来了从站起来、富起来到强起来的伟大飞跃。在改革开放40多年历程中，党的十一届三中全会是划时代的，开启了改革开放和社会主义现代化建设历史新时期；党的十八届三中全会也是划时代的，开启了全面深化改革、系统整体设计推进改革的新时代，开创了我国改革开放新局面。从设立四个经济特区，到1984年4月召开"城市经济体制改革试点工作座谈会"，再到党的十八届三中全会提出推进国家治理体系和治理能力现代化的新目标，城镇化一直是中国经济社会快速发展的动力之一。

城镇化本质上是个结构性改革问题。通过不断深化改革，放开城乡和区域限制，促进资金、信息、技术、人才、货物等各要素资源的自由流动和高效配置，使市场在资源配置中起决定性作用，这依然是未来完善社会主义基本经济制度、推动经济高质量发展的重要要求。党的十九大报告指出，我国已进入由高速增长向高质量发展转变的阶段，实现高质量发展需要发展的方方面面来支撑。考虑到我国各类资源和要素的配置以及未来人口主要集中在城镇地区，因此提高城镇化和城市发展质量，毫无疑问是支撑高质量发展最重要的领域，凸显了我国国家制度和国家治理体系所具有的"坚持以人民为中心的发展思想，不断保障和改善民生，增进人民福祉，走共同富裕道路的显著优势"。

党的十八届三中全会推出336项重大改革举措。经过5年多努力，我们在重要领域和关键环节改革成效显著，主要领域基础性制度体系基本形成，为推进国家治理体系和治理能力现代化打下了坚实基础。同时也要看到，这些改革举措有的尚未完成，有的甚至需要相当长的时间去落实，我们已经啃下了不少硬骨头但还有许多硬骨头要啃，我们攻克了不少难关但还有许多难关要攻克[①]。从城市社会发展看，中国已进入城镇化后期，城镇化速度下降，城市发展质量有待提高，积累的一些传统城镇化矛盾逐渐显现，城市风险有所增加。这一切都有赖于深入学习贯彻党的十九届四中全会精神，坚持稳中求进工作总基调，全面贯彻新发展理念，加快改革开放步伐，加快建设现代化经济体系，加大推进三大攻坚战力度，扎实推进区域经济一体化发展，妥善应对国内外各种风险挑战，勇挑最重担子、敢啃最难啃的骨头，着力提升城市能级和核心竞争力，不断提高社会主义现代化城市治理能力和治理水平。

（一）我国社会主义现代化城市发展理念和治理体系的形成

回顾 70 年来特别是改革开放 40 多年我国城市发展历程，城市发展理念经历了重大转变。1984 年 10 月党的十二届三中全会通过的《中共中央关于经济体制改革的决定》指出，城市在社会主义现代化建设中起着主导作用。在"建设适应四个现代化需要的社会主义的现代化城市"的理念指引下，重新强调了城市在国民经济发展中的重要地位与作用，对城市规划、建设与发展的科学内涵的认知逐步加深。"八五"计划纲要（1991—1995 年）首次提出"城市化"概念，要求"有计划地推进我国城市化进程"，"十五"计划纲要（2001—2005 年）提出"随着农业生产力水平的提高和工业化进程的加快，我国推进城镇化的条件已渐成熟，要不失时机地实施城镇化战略"。

党的十八届三中全会提出推进国家治理体系和治理能力现代化重大命题，随后召开的新中国成立以来首次中央城镇化工作会议，新型城镇化发展上升到"新四化"这一前所未有的国家战略高度。中央城镇化工作会议明确了推进城镇化的指导思想、主要目标、基本原则，提出了城镇化发展的六大重点任务：推进农业转移人口市民化；提高城镇建设用地利用效率；建立多元

[①] 习近平：《关于〈中共中央关于坚持和完善中国特色社会主义制度 推进国家治理体系和治理能力现代化若干重大问题的决定〉的说明》，《人民日报》2019 年 11 月 5 日。

可持续的资金保障机制；优化城镇化布局和形态；提高城镇建设水平；加强对城镇化的管理。自此，如何完善政府治理能力，建设人民安居乐业的宜居城镇和美丽乡村，成为社会各界共同关注的重大议题。

2014年《政府工作报告》提出"推进以人为核心的新型城镇化"，指出将在今后一个时期着重解决现有"三个1亿人"问题，即促进约1亿农业转移人口落户城镇，改造约1亿人居住的城镇棚户区和城中村，引导约1亿人在中西部地区就近城镇化。2014年3月16日，《国家新型城镇化规划（2014—2020年）》出台，设定了2020年城镇化水平、基本公共服务、基础设施等量化指标，从农业转移人口市民化、城镇化布局和形态、城市可持续发展能力、城乡发展一体化、城镇化发展体制机制五个方面部署具体工作。

2015年12月召开的中央城市工作会议中提出"建设和谐宜居、富有活力、各具特色的现代化城市""要尊重城市发展规律"，并提出五大统筹理念，即"统筹好空间、规模、产业三大结构，以提高城市工作全局性；统筹好规划、建设、管理三大环节，以提高城市工作的系统性；统筹好改革、科技、文化三大动力，以提高城市发展持续性；统筹好生产、生活、生态三大布局，以提高城市发展的宜居性；统筹好政府、社会、市民三大主体，以提高各方推动城市发展的积极性"，第一次提出"完善城市治理体系，提高城市治理能力"。

2016年，国务院印发《关于深入推进新型城镇化建设的若干意见》，至2019年，连续三年发布新型城镇化建设主要任务。每年城镇化建设任务在此前工作取得进展的基础上，针对存在问题进行政策微调，在落户政策、城市功能建设、中小城市和特色小城镇培育、土地利用机制等方面进一步细化。

新型城镇化格局培育重点在以中心城市引领的城市群和都市圈，国家发展战略相关区域将成为建设领头羊。《国家新型城镇化规划（2014—2020年）》提出以"城市群"为主体形态推动大中小城市协调发展，近年来政策关注度更是日益增加，党的十九大报告、中央经济工作会议、政府工作报告等都纷纷指出要重视中心城市的辐射作用。2018年11月发布《中共中央国务院关于建立更加有效的区域协调发展新机制的意见》，从区域经济角度，强调了发展城市群对板块融合的推动作用，重要区域中的城市群建设将是奠定区域协调发展的重心所在。

2019年8月9日发布《中共中央国务院关于支持深圳建设中国特色社会主义先行示范区的意见》，提出到2025年，深圳建成现代化国际化创新型城市；到2035年，成为我国建设社会主义现代化强国的城市范例；到本世纪中叶，成为竞争力、创新力、影响力卓著的全球标杆城市。"先行示范区"被赋予5项战略定位，即高质量发展高地、法治城市典范、城市文明典范、民生幸福标杆和可持续发展先锋。这是中央强调一线城市、中心城市在京津冀、长三角和粤港澳大湾区三大重点区域建设中的辐射带动作用的一项明确指示和试验。

党的十九届四中全会通过的《中共中央关于坚持和完善中国特色社会主义制度 推进国家治理体系和治理能力现代化若干重大问题的决定》（以下简称《决定》）中，在第五部分"坚持和完善中国特色社会主义行政体制，构建职责明确、依法行政的政府治理体系"强调要"优化行政区划设置，提高中心城市和城市群综合承载和资源优化配置能力，实行扁平化管理，形成高效率组织体系"。这为新时代提升城市治理现代化水平指明了方向。

（二）城市治理现代化的具体内涵和意义

现代化发轫于西方发达国家，随后逐渐延展到发展中国家和地区，当今，现代化水平已经成为衡量一个国家经济社会发展程度的重要指标。随着经济社会转型升级加速，我国现代化进程不断推进。现代化是一个社会整体变迁的过程，涉及诸多领域，城市治理包含其中。

1. 城市治理现代化的具体内涵

一是坚持以人民为中心的现代化城市治理理念。城市工作的中心目标是创造优良人居环境，城市治理现代化要顺应城市工作新形势、改革发展新要求、人民群众新期待，坚持以人民为中心的发展思想，坚持人民城市为人民。习近平总书记在2019年11月2日至3日上海考察时强调，城市是人民的城市，人民城市为人民。无论是城市规划还是城市建设，无论是新城区建设还是老城区改造，都要坚持以人民为中心，聚焦人民群众的需求，合理安排生产、生活、生态空间，走内涵式、集约型、绿色化的高质量发展路子，努力创造宜业、宜居、宜乐、宜游的良好环境，让人民有更多获得感，为人民创造更加幸福的美好生活。要牢记党的根本宗旨,坚持民有所呼、我有所应,把群众大大小小的事情办好。要抓住人民最关心最直接最现实的利益问题,扭住突出民生难题,一件事情接着一件事情办,一年接着一年干,争取早见成效,让人民群众有更多获得感、幸福感、安全感。

二是坚持制度化、规范化、程序化和法治化的现代化城市治理理念。要发挥群众主体作用,调动群众积极性、主动性、创造性,探索建立可持续的运作机制,这样才能使城市社区充满活力[①]。《决定》指出,要健全充满活力的基层群众自治制度。健全基层党组织领导的基层群众自治机制,在城乡社区治理、基层公共事务和公益事业中广泛实行群众自我管理、自我服务、自我教育、自我监督,拓宽人民群众反映意见和建议的渠道,着力推进基层直接民主制度化、规范化、程序化。全心全意依靠工人阶级,健全以职工代表大会为基本形式的企事业单位民主管理制度,探索企业职工参与管理的有效方式,保障职工群众的知情权、参与权、表达权、监督权,维护职工合法权益。《决定》还指出,完善立法体制机制,必须坚持科学立法、民主立法、依法立法,完善党委领导、人大主导、政府依托、各方参与的立法工作格局,立改废释并举,不断提高立法质量和效率。城市社区是全国人大常委会建立的基层立法联系点,保障基层群众参与立法工作,才能及时反映社情民意,确保立法的科学性、民主性。习近平总书记指出,人民代表大会制度是我国的根本政治制度,要坚持好、巩固好、发展好,要畅通民意反映渠道,丰富民主形式[②]。

三是坚持开放包容共享的现代化城市治理理念。当今是"城市的世纪",城市是现代社会的载体,是经济、政治、文化的中心。《决定》指出,在国内,要推动经济高质量发展,建设更高水平开放型经济新体制。要实施更大范围、更宽领域、更深层次的全面开放。推动制造业、服务业扩大开放,拓展对外贸易多元化,加快自由贸易试验区、自由贸易港等对外开放高地建设,推动

---

① 习近平:《深入学习贯彻党的十九届四中全会精神 提高社会主义现代化国际大都市治理能力和水平》,新华网,2019年11月4日。

② 习近平:《深入学习贯彻党的十九届四中全会精神 提高社会主义现代化国际大都市治理能力和水平》,新华网,2019年11月4日。

建立国际宏观经济政策协调机制，等等。这些都需要有更加开放的、包容的、共享的城市，需要共建共治社会治理制度，这是现代城市的核心精神所在，是城市具有吸引力的根本保障。当今世界更是开放多元的世界，世界上最具有活力和创新力的城市，都是最具开放和包容性的城市，中国也不例外。城市治理的开放包容，更多引入市民阶层的参与，可以增强市民的城市主人翁意识，把城市真正作为自己的家园。

2. 城市治理现代化的意义

城市治理现代化是国家发展战略的总体要求。党的十八大以来，以习近平同志为核心的党中央提出了许多新的发展战略，形成"五位一体"总体布局和"四个全面"战略部署，提出"创新、协调、绿色、开放、共享"新发展理念，布局"一带一路"发展战略等，党的十九大确立到本世纪中叶把我国建成富强民主文明和谐美丽的社会主义现代化强国的目标。城市是全面建成小康社会的排头兵，是全面深化改革的重点，是全面依法治国的集中地，是全面从严治党的主阵地。要通过对城市治理体系和治理能力现代化的全力构建，探索国家治理体系和治理能力现代化的过程、方法、模式。为了贯彻新时代党和国家提出的发展要求，必须提高城市治理现代化水平。

城市治理现代化是提升城市发展质量、提高国际竞争力的客观要求。21世纪是"大城市的世纪"，今天，全球已经拥有29座超过1000万城市人口的超大城市。大城市的爆发性发展是世界发展格局变化的产物。20世纪80年代以来，信息革命和全球化相辅相成推动了不同技术、不同产业、不同领域、不同地域之间的大融合，大城市在全球化浪潮中崛起，成为主宰世界经济的新主体[①]。不断提高我国城市治理现代化水平和国际化程度，才能产生巨大的城市凝聚力，促进要素的合理流动，使我国城市在激烈的国际竞争中获得优势。习近平总书记在上海考察时指出，自贸区要努力成为集聚海内外人才开展国际创新协同的重要基地、统筹发展在岸业务和离岸业务的重要枢纽、企业走出去发展壮大的重要跳板、更好利用两个市场两种资源的重要通道、参与国际经济治理的重要试验田，要有针对性地进行体制机制创新，强化制度

---

① 周牧之等主编：《中国城市综合发展指标2017——中心城市发展战略》，人民出版社2018年版，第2页。

建设，提高经济质量。

城市治理现代化是满足人民群众美好生活需求的必然要求。城市是社会经济发展的基础。当前，国内外形势正在发生深刻复杂变化，我国发展仍处于重要战略机遇期，前景十分光明，挑战十分严峻。我国社会主要矛盾已经转化为人民日益增长的美好生活需求和不平衡不充分的发展之间的矛盾。改革开放 40 多年的高速发展，在政治、经济、社会、文化、生态环境等方面也累积了矛盾甚至冲突，这就要求城市治理要把握大局，综合治理，多方发力，以确保经济在合理的区间发展，破解矛盾、难题。

（三）我国城市发展水平现状及问题

改革开放以来，我国经历了世界历史上最快速的城镇化发展历程。40 多年间，我国城镇常住人口达到 7.9 亿人，城镇化率达到 59.58%，年均增长 1.19 个百分点。与此同时，中国城市土地开发和基础设施建设不断提速。未来 15 年，中国城镇化率将持续增长，城镇化的速度将持续平稳下降，户籍人口城镇化差距下降。预计到 2035 年，中国城镇化比例将达到 70% 以上[1]。

快速的城镇化发展过程也积累了很多矛盾问题，影响制约我国城镇化和城市发展的质量提升，亟须得到重视和解决。

第一，传统的城镇化不完全是以人为核心。大量城市常住人口不能市民化，基本公共服务的提供还未实现完全均等化，造成城市内部的二元结构。目前，我国异地转移的农村转移人口约为 2.7 亿人，还有 8000 多万城市间转移就业常住人口[2]。这些人没有真正落户成为市民，没有充分被包容在基本公共服务之中，享受不到公平福利待遇，实际上为我国压低城镇化和城市发展成本作出了贡献。这些城市新移民在城市里缺乏归宿感和归属感，很难形成对自己人生和事业的长期稳定预期和规划，难以成为城市社会秩序的维护者

---

[1] 中国社科院财经院：《中国城市竞争力第 17 次报告（总报告）摘要》，《经济日报》2019 年 6 月 24 日。

[2] 周牧之等主编：《中国城市综合发展指标 2017——中心城市发展战略》，人民出版社 2018 年版，第 7 页。

和建设者。

第二，传统的城镇化在大城市、中等城市、小城市和小城镇之间还没有形成一个相互协调互补、各具优势的合理布局。不仅城市规划上，而且产业结构上雷同，因此一些小城市和小城镇缺乏竞争力、逐渐丧失活力。虽然少数大城市已跨入高收入门槛，但多数城市距离高收入门槛尚远，一些老工业基地城市和资源型城市正面临转型升级的压力和传统产业动能转弱的挑战，缺乏可持续发展的支柱产业，创新驱动不足。同时，大城市和中心城市的经济总量虽高，但城市发展质量不高，城市能级和核心竞争力还有待进一步提升。

第三，传统城镇化使城市空间无序扩张和低效利用，导致城市土地利用效率和集约化利用程度低下。在城市发展过程中，许多城市规划设立了数量过多、规模过大的新城新区和各类产业园区，一些城市现有新区和园区尚未开发饱和，就热衷于设立新的更大面积的城区或园区，最终导致城市土地空间利用效率难以提高，产生了不少"鬼城"、空城现象，积累了大量房地产库存。"土地城镇化快于人口城镇化"这一趋势，既不利于有效保护耕地，也使各地方政府过于依赖土地财政收入，进入不可持续发展的恶性循环。

第四，传统城镇化的基础设施网络建设摊子过大，布局不够合理。许多城市由于城市规划区范围过大，导致基础设施网络覆盖面相应扩大。一方面，这导致投资规模扩大和政府债务负担，基础设施建设运营财务的不可持续，潜伏着较大的地方债务风险和金融风险；另一方面，一些城市基础设施网络密度与不断增长的人口密度不匹配，中心城区由于建设难度大、成本高而密度不够，而人口密度相对较低地区由于建设难度较小反而网络密度较高，导致基础设施网络利用率不高，供给和需求之间存在空间错配现象。

第五，传统城镇化的城市规划缺乏科学性和前瞻性，不能合理引领并规范城市建设与发展。城市规划理念、方法和制度方面的缺陷，许多大城市患上各种"大城市病"。规划的刚性约束与经济发展基于弹性的市场机制之间难以匹配协调，规划之间缺乏统筹协调，相互之间矛盾甚至打架的现象比较普遍，比如城市路网建设和交通管理水平难以适应汽车产业发展，造成几乎所有大中城市都存在交通拥堵现象，造成空气污染和能源浪费等问题。

第六，现有城市的开放性和包容性不够，削弱了城市创新能力和城市有机体活力。随着城市规模不断扩大，为了便于管理和维护城市秩序，城市的开放性和包容度下降，制约了城市规模经济和范围经济对经济增长和分工效率提高的积极作用，导致城市创新能力和创业空间缩小，活力不足。共建、共享、共治的现代城市治理理念在城市社会治理中没有得到全面落实。

第七，绿色城镇化还没有成为我们的战略出发点和实践立足点。从产业、治理、生活、环境各个方面来看，传统城市还没有完全绿色化，资源和能源集约循环利用不足，没有切实做到低碳环保，垃圾分类处理刚刚在部分大城市启动、有待推广。

未来，我国城镇化将面临更大的挑战：一方面，人口大规模进入城镇化需要相应就业机会，2019年城镇新增劳动力达1500万人。智能化将从结构和总量上影响就业机会，劳动密集型产业转移也将出现就业岗位流失，就业问题解决不好，将引发严重社会风险。另一方面，人口以家庭式迁移方式向城镇加速聚集，老龄化时代到来，对公共支出提出巨大需求。风险多发容易引起风险共振。

（四）提高城市治理现代化水平的战略目标、举措和根本保证

针对上述城镇化进程中凸显出来的问题，《决定》在第五部分"坚持和完善中国特色社会主义行政体制，构建职责明确、依法行政的政府治理体系"给出了提高城市治理现代化水平的战略目标和举措，强调要"优化行政区划设置，提高中心城市和城市群综合承载和资源优化配置能力，实行扁平化管理，形成高效率组织体系"。在第八部分指出推进包括城市治理在内的国家治理体系和治理能力现代化，根本目标在于健全国家基本公共服务制度体系，"满足人民日益增长的美好生活需要"。

1. 优化行政区划设置，提高中心城市和城市群综合承载和资源优化配置能力

中心城市和城市群引领带动经济社会发展的作用日益凸显，近年来，随着我国经济进入到转型升级新阶段，中心城市的辐射带动引领作用彰显。2019年8月召开的中央财经委员会第五次会议指出，当前我国区域发展形势是好的，同时经济发展的空间结构正在发生深刻变化，中心城市和城市群正

在成为承载发展要素的主要空间形式。通过提高基础设施水平和城市治理水平，城市能够大幅度提升对人口密度和人口规模的承载能力，有效解决"大城市病"，更好发挥中心城市和城市群的带动引领作用。

优化行政区划设置包含两个层面：一是中心城市行政范围内的区划调整和整合。近年来各大中心城市纷纷将下辖的县（县级市）撤县设区，并将原有的市辖区进行规模结构调整。当前四大一线城市北上广深以及一些强二线城市都已经进入到"无县时代"，杭州、济南、成都等城市纷纷将下辖的县（市）改成区，进而实现中心城市平台的扩大。二是不少中心大城市通过行政区划调整，将市域范围以外的、原属于其他地市的部分区域纳入，扩大城市的发展空间。2011年通过"三分巢湖"，原地级市巢湖的居巢区、庐江县划归合肥；2016年，简阳市正式划归成都代管；2017年，西安代管了西咸新区等。

优化行政区划设置，可以更好发挥中心城市带动作用，也有助于形成共建共治共享的社会治理格局，保持社会稳定、维护国家安全。《决定》指出，构建基层社会治理新格局，应完善群众参与基层社会治理的制度化渠道。健全党组织领导下的自治、法治、德治相结合的城乡基层治理体系，健全社区管理和服务机制，推行网格化管理和服务，发挥群团组织、社会组织作用，发挥行业协会商会自律功能，实现政府治理和社会调节、居民自治良性互动，夯实基层社会治理基础。优化行政区划设置，有助于加快推进市域社会治理现代化。推动社会治理和服务重心向基层下移，把更多资源下沉到基层，更好提供精准化、精细化服务。

2. 实行扁平化管理，形成高效率组织体系

"扁平化管理"是相对于传统的层级结构管理模式而言的。传统社会管理的特点表现为层级结构，即在一个社会中，其高层、中层、基层管理者组成一个金字塔状的结构。社会的最高决策者和管理者位于金字塔顶，他们的指令通过一级一级的政府机构，最终传达到民众；基层的信息通过一层一层的筛选，最后到达最高决策者。扁平化管理是指当城市和人口规模扩大时，改变原来的增加管理层次，增加管理幅度。当管理层次减少而管理幅度增加时，金字塔状的社会管理形式就被"压缩"成扁平状的社会治理形式。

"扁平化"成为现代社会变革的关键词，是因为传统的城市管理形式难

以适应快速变化的市场环境,造成决策链过长、反应缓慢。现代社会,为了增加城市竞争力,就必须进行分权,下放更多资源和权力到基层,使城市在规模扩大的同时,组织机构趋向"扁平化"。现代信息技术的发展、计算机管理信息系统的应用,使严格意义上的多层级、层层汇报的垂直管理不再有效,从另一方面加速了企业组织机构"扁平化"的趋势。

"扁平化管理"在当今中国城市治理中成为可能,与科技进步密切相关。信息化、大数据、人工智能等现代技术手段可以帮助完善公共服务体系,推进基本公共服务实现均等化、可及性,对城市治理现代化水平的提高具有根本性意义。中心城市在现代技术的产生和应用中具有先发优势和规模效应,极化趋势越来越明显。中小城市受益于信息技术的低空间成本、现代化基础设施的连通性,发展优势在增强,发展劣势在减弱。通过中心城市和城市群的引领,信息网络和交通基础设施的互联互通、公共服务共建共享,区域内城市间一体联动发展,带来了事半功倍的治理效率和竞争力。

3. 完善统筹城乡的民生保障制度,健全国家基本公共服务制度体系

《决定》指出,增进人民福祉、促进人的全面发展是我们党立党为公、执政为民的本质要求。必须健全幼有所育、学有所教、劳有所得、病有所医、老有所养、住有所居、弱有所扶等方面国家基本公共服务制度体系,尽力而为,量力而行,注重加强普惠性、基础性、兜底性民生建设,保障群众基本生活。创新公共服务提供方式,鼓励支持社会力量兴办公益事业,满足人民多层次多样化需求,使改革发展成果更多更公平惠及全体人民。

第十六讲

推进乡村治理体系和治理能力现代化

新中国成立后特别是改革开放40多年来，中国的农业产值比重、农业人口比重、农村户籍人口比重、农村常住人口比重逐渐下降，但农业在国民经济中的基础性地位始终没有改变，农业收入仍然构成相当数量农民的重要收入来源，农村户籍人口比重依然超过50%，农村常住人口比重依然接近50%。展望未来，在中国实现工业化并大幅提高城市化水平后，农业、农民和农村仍将长期存在。上述情况表明，在新中国史上、在改革开放进程中、在中国特色社会主义进入新时代后，乡村和由此引发的乡村治理，不仅是一种长期存在的历史、现实和趋势，而且始终具有战略意义，是全党和国家工作的"重中之重"。这是当前党和国家推进乡村治理体系和治理能力现代化不容忽视的宏观背景，也是本讲论述起点。

（一）乡村治理体系和治理能力现代化的内涵

2013年11月12日党的十八届三中全会通过的《中共中央关于全面深化改革若干重大问题的决定》首次明确提出："全面深化改革的总目标是完善和发展中国特色社会主义制度、推进国家治理体系和治理能力现代化。"[①] 当天习近平总书记发表重要讲话，详细阐述国家治理体系和治理能力的概念："国

---

① 中共中央文献研究室编：《十八大以来重要文献选编》（上），中央文献出版社2014年版，第512页。

家治理体系和治理能力是一个国家制度和制度执行能力的集中体现。国家治理体系是在党领导下管理国家的制度体系,包括经济、政治、文化、社会、生态文明和党的建设等各领域体制机制、法律法规安排,也就是一整套紧密相连、相互协调的国家制度;国家治理能力则是运用国家制度管理社会各方面事务的能力,包括改革发展稳定、内政外交国防、治党治国治军等各个方面。"两者相辅相成:"国家治理体系和治理能力是一个有机整体,相辅相成,有了好的国家治理体系才能提高治理能力,提高国家治理能力才能充分发挥国家治理体系的效能。"①2014年2月17日,习近平总书记在省部级主要领导干部学习贯彻十八届三中全会精神全面深化改革专题研讨班上发表重要讲话,继续阐释国家治理体系和治理能力的关系:一方面,治理体系和治理能力"两者相辅相成,单靠哪一个治理国家都不行","治理国家,制度是起根本性、全局性、长远性作用的。""然而,没有有效的治理能力,再好的制度也难以发挥作用。"另一方面,两者"又不是一码事,不是国家治理体系越完善,国家治理能力自然而然就越强","甚至同一个国家在同一种治理体系下不同历史时期的治理能力也有很大差距。"综上所述"我们才把国家治理体系和治理能力现代化结合在一起提"。②

乡村治理体系和治理能力现代化,是继国家治理体系和治理能力现代化一词之后出现的概念,两者是种概念和属概念、局部和整体、要素与系统的关系。乡村治理体系和治理能力现代化,有广义和狭义之分,本讲主要从狭义角度展开论述。

1. 广义的乡村治理体系和治理能力现代化

乡村是具有自然、社会、经济特征的地域综合体,兼具生产、生活、生态、文化等多重功能,与城镇互促互进、共生共存,共同构成人类活动的主要空间。依据2013年11月12日和2014年2月17日习近平总书记关于国家治理体系和治理能力的重要讲话,本书认为:广义的乡村治理体系和治理能力是

---

① 习近平:《切实把思想统一到党的十八届三中全会精神上来》(2013年11月12日),《习近平关于全面深化改革论述摘编》,中央文献出版社2014年版,第24页。

② 习近平:《在省部级主要领导干部学习贯彻十八届三中全会精神全面深化改革专题研讨班上的讲话》(2014年2月17日),《习近平关于全面深化改革论述摘编》,中央文献出版社2014年版,第27—28页。

当前我国乡村制度和制度执行能力的集中体现；乡村治理体系是在党领导下管理乡村的制度体系，包括经济、政治、文化、社会、生态文明和党的建设等各领域体制机制、法律法规安排，也就是一整套紧密相连、相互协调的乡村制度；乡村治理能力则是运用乡村制度管理乡村各方面事务的能力；乡村治理体系和治理能力既相辅相成又有一定差异；乡村治理体系和治理能力现代化即上述制度体系和能力的现代化。由此可见，广义的乡村治理体系和治理能力现代化，大体上涵盖乡村经济治理体系和治理能力现代化、乡村政治治理体系和治理能力现代化、乡村文化治理体系和治理能力现代化、乡村社会治理体系和治理能力现代化、乡村生态治理体系和治理能力现代化，涉及乡村经济建设与物质文明、乡村政治建设与政治文明、乡村文化建设和精神文明、乡村社会建设和社会文明、乡村生态文明建设与生态文明，涉及党的十九届四中全会概括的社会主义基本经济制度，党的领导制度体系、人民当家作主制度体系、中国特色社会主义法治体系和行政体制，繁荣发展社会主义先进文化的制度，民生保障制度和社会治理制度，生态文明制度体系。广义的乡村治理体系和治理能力现代化，与党的十九大报告提出的乡村振兴战略总要求即"产业兴旺、生态宜居、乡风文明、治理有效、生活富裕"，实质上是一致的，均体现"五位一体"总体布局。

2. 狭义的乡村治理体系和治理能力现代化

狭义的乡村治理体系和治理能力现代化，特指乡村社会治理体系和治理能力现代化，主要涉及乡村社会建设和社会文明，基本对应党的十九届四中全会强调的社会治理制度，完全对应乡村振兴战略总要求之一"治理有效"。依据2013年11月12日和2014年2月17日习近平总书记关于国家治理体系和治理能力的重要讲话，本书认为：狭义的乡村治理体系和治理能力是当前我国乡村社会建设制度和该制度执行能力的集中体现；乡村治理体系是在党领导下管理乡村社会建设的体制机制、法律法规安排等制度体系；乡村治理能力则是运用上述制度管理乡村社会建设的能力；乡村治理体系和治理能力既相辅相成又有一定差异；乡村治理体系和治理能力现代化即上述制度体系和能力的现代化。

（二）推进乡村治理体系和治理能力现代化的意义

推进乡村治理体系和治理能力现代化，首先不可避免地涉及三个领域——乡村领域，治理体系和治理能力领域，现代化领域；推进乡村治理体系和治理能力现代化的意义，也不可避免地首先表现在上述三个领域。

1. 从乡村的角度看，推进乡村治理体系和治理能力现代化是实施乡村振兴战略的需要

党的十九大报告首次提出实施乡村振兴战略，并将"治理有效"列为五项总要求之一，作为社会建设与社会文明的题中之义。从此前"管理民主"到党的十九大后"治理有效"的话语转变，突出了乡村治理能力和水平的现代化取向。乡村振兴离不开和谐稳定的社会环境，推进乡村治理体系和治理能力现代化成为新时代乡村振兴的重要领域和目标。

2. 从治理体系和治理能力的角度看，推进乡村治理体系和治理能力现代化，是坚持和完善社会治理制度、推进国家治理体系和治理能力现代化的需要

党的十九届四中全会指出：社会治理是国家治理的重要方面，因此必须加强和创新社会治理；通过完善社会治理体系，并建设人人有责、人人尽责、人人享有的社会治理共同体，达到保持社会稳定、维护国家安全的目标。众所周知，社会治理的基石均在基层。习近平总书记指出："党的工作最坚实的力量支撑在基层，经济社会发展和民生最突出的矛盾和问题也在基层，必须把抓基层打基础作为长远之计和固本之策，丝毫不能放松。"[①] 而基层的薄弱环节无疑位于农村。因此，推进乡村治理体系和治理能力现代化，是新时代社会治理的重要领域和目标，有助于推进国家治理体系和治理能力现代化。

3. 从现代化的角度看，推进乡村治理体系和治理能力现代化，是实现"两个一百年"奋斗目标和农业农村现代化的需要

现代化缘起于西欧与北美，继而扩展至其他地区，是一个历史过程和一种进步趋势，体现在诸多领域。现代化是从传统社会向现代社会的过渡，具

---

① 习近平：《在贵州调研时的讲话》（2015年6月16—18日），《习近平关于社会主义社会建设论述摘编》，中央文献出版社2017年版，第131页。

有全球性、阶段性和全面性。各个国家和地区在现代化浪潮中概莫能外，因而现代化具有全球性。现代化是一个长期性的转变过程，故不可避免地带有阶段性。由于传统社会与现代社会在诸多方面尖锐对立，所以现代化又呈现出全面性。在经济层面，从农本社会向工业社会过渡即工业化，从自给自足到互通有无即市场化是其主要内涵。社会现代化则主要指城乡联系加强、闭塞状态消失、城市化进程以及职业流动。在政治层面，通常表现为民族国家的建立、官僚体制的形成、政治参与的扩大与依法治国的原则。此外，现代化还表现在意识形态和生态环境层面。

现代化理论随现代化进程的不断深入而持续发展，是一部不断继承、不断抛弃、不断创新的连续剧。中国现代化理论奠基人罗荣渠，曾依据国家政权在现代化中的作用大小，将现代化分成"适应型"与"赶超型"两类，而后者曾遭受西方侵略并面临严峻挑战。他强调："狭义而言，现代化又不是一个自然的社会演变过程，它是落后国家采取高效率的途径（其中包括可利用的传统因素），通过有计划地经济技术改造和学习世界先进，带动广泛的社会变革，以迅速赶上先进工业国和适应现代世界环境的发展过程。"[①]

新中国作为"赶超型"国家，其现代化进程具有明显的国家政权主导特点，其主流现代化理论更强调国家政权的作用和现代化的紧迫性。习近平总书记提出的"中国梦"理论，从本质上讲是一种赶超型现代化理论。推进乡村治理体系和治理能力现代化，不能不考虑到上述情况。

一是推进乡村治理体系和治理能力现代化，是实现"两个一百年"奋斗目标的需要。农村还是全面建成小康社会的短板。如期实现第一个百年奋斗目标并向第二个百年奋斗目标迈进，最艰巨最繁重的任务在农村，最广泛最深厚的基础在农村，最大的潜力和后劲也在农村。

二是推进乡村治理体系和治理能力现代化，是实现农业农村现代化的需要。要在农村实现"两个一百年"奋斗目标，就必须实现农业现代化和农村现代化。习近平总书记指出："坚持农业现代化和农村现代化一体设计、一并推进"，"农村现代化既包括'物'的现代化，也包括'人'的现代化，还

---

① 罗荣渠：《现代化新论》（修订版），商务印书馆2004年版，第9—17页。

包括乡村治理体系和治理能力的现代化。"① 乡村治理体系和治理能力现代化，既是农村现代化的重要内容，又是其薄弱环节，必须加以推进。

推进乡村治理体系和治理能力现代化，贯穿实现"两个一百年"奋斗目标和农业农村现代化的全过程，三者呈共时性并相辅相成，共同致力于实现中华民族伟大复兴的中国梦。按照党的十九大提出的决胜全面建成小康社会、分两个阶段实现第二个百年奋斗目标的战略安排，2018年中央一号文件提出，到2020年，以党组织为核心的农村基层组织建设进一步加强，乡村治理体系进一步完善；到2035年，乡村治理体系更加完善，农业农村现代化基本实现；到2050年，乡村全面振兴，农业强、农村美、农民富全面实现。

（三）推进乡村治理体系和治理能力现代化的途径

党的十九届四中全会通过的《中共中央关于坚持和完善中国特色社会主义制度　推进国家治理体系和治理能力现代化若干重大问题的决定》强调，要夯实基层社会治理基础、构建基层社会治理新格局。这种基础和格局是什么呢？一言以蔽之，就是"健全党组织领导的自治、法治、德治相结合的城乡基层治理体系"②。乡村治理体系显然是基层治理体系的重要方面。2018年1月2日，《中共中央国务院关于实施乡村振兴战略的意见》指出："农村基层党建存在薄弱环节，乡村治理体系和治理能力亟待强化。"③ 为推进乡村治理体系和治理能力现代化，2017年12月，习近平总书记指出："要加强和创新乡村治理，建立健全党委领导、政府负责、社会协同、公众参与、法治保障的现代乡村社会治理体制，健全自治、法治、德治相结合的乡村治理体系，

---

① 习近平：《在十九届中央政治局第八次集体学习时的讲话》（2018年9月21日），《习近平关于"三农"工作论述摘编》，中央文献出版社2019年版，第45页。

② 《中共中央关于坚持和完善中国特色社会主义制度　推进国家治理体系和治理能力现代化若干重大问题的决定》（2019年10月31日中国共产党第十九届中央委员会第四次全体会议通过），《人民日报》2019年11月6日第1版。

③ 《中共中央国务院关于实施乡村振兴战略的意见》（二〇一八年一月二日），中共中央党史和文献研究院编：《十九大以来重要文献选编》（上），中央文献出版社2019年版，第187—188页。

让农村社会既充满活力又和谐有序。"① 2018年12月颁布的《中国共产党农村基层组织工作条例》强调:"党的农村基层组织应当健全党组织领导的自治、法治、德治相结合的乡村治理体系。"② 由此可见,健全自治、法治、德治相结合的乡村治理体系,并坚持和完善党对农村工作的领导,构成新时代乡村治理体系和治理能力现代化的核心内容。

1. 深化村民自治实践

20世纪80年代初,在改革开放初期,随着家庭联产承包责任制的广泛推行,政社合一的人民公社体制被废除,乡镇广泛出现,村民委员会成为基层群众性自治组织。1982年12月,五届全国人大五次会议通过的新宪法,规定改变农村人民公社政社合一体制,设立乡政府作为基层政权,普遍成立村民委员会作为群众性自治组织。1983年10月,中共中央、国务院发出《关于实行政社分开建立乡政府的通知》,宣布废除人民公社体制,建立乡(镇)政府作为基层政权,同时成立村民委员会作为村民自治组织;到1984年底,全国基本完成政社分设,建立9.1万个乡(镇)政府,92.7万个村民委员会;到1985年春,撤社建乡(镇)工作完成,自1958年以来延续27年之久的人民公社体制至此不复存在。村民委员会的广泛设立,成为村民自治实践的历史起点。

深化村民自治实践,是健全基层群众自治制度、坚持和完善人民当家作主制度体系的重要内容,主要表现在民主选举、民主决策、民主管理、民主监督四个方面,简称"四个民主"。现行《中华人民共和国村民委员会组织法》规定:"村民委员会是村民自我管理、自我教育、自我服务的基层群众性自治组织,实行民主选举、民主决策、民主管理、民主监督。""村民委员会向村民会议、村民代表会议负责并报告工作。"③ 党的十九届四中全会《决定》指出,要健全民主制度,丰富民主形式,拓宽民主渠道,依法实行民主选举、民主

---

① 习近平:《走中国特色社会主义乡村振兴道路》(2017年12月28日),习近平:《论坚持全面深化改革》,中央文献出版社2018年版,第407页。

② 《中国共产党农村基层组织工作条例》(2018年12月28日),党建读物出版社2019年版,第12页。

③ 《中华人民共和国村民委员会组织法》(2018年12月29日第十三届全国人大常委会第七次会议修正),中国法制出版社2018年版,第5页。

协商、民主决策、民主管理、民主监督,并着力推进基层直接民主制度化、规范化、程序化。习近平总书记强调,要扩大农村基层民主、保证农民直接行使民主权利,"重点健全农村基层民主选举、民主决策、民主管理、民主监督的机制"①。

2. 建设法治乡村

党的十九大报告指出,全面依法治国是"四个全面"战略布局的重要内容,是中国特色社会主义的本质要求和重要保障,是新时代坚持和发展中国特色社会主义的基本方略之一。党的十九届四中全会《决定》强调,要坚持和完善中国特色社会主义法治体系,推进法治中国建设。法治中国建设当然包括乡村,乡村治理也离不开法治。习近平总书记指出:"法治是乡村治理的前提和保障"②。乡村法治建设,要把政府各项涉农工作纳入法治化轨道,加强农村法治宣传教育,完善农村法治服务,引导干部群众尊法学法守法用法,依法表达诉求、解决纠纷、维护权益。当前法治乡村建设,重点在于建设平安乡村并完善信访制度。

(1) 建设平安乡村

习近平总书记指出:"平安是老百姓解决温饱后的第一需求,是极重要的民生,也是最基本的发展环境。"③建设平安乡村,主要包括两方面内容,一是健全农村公共安全体制机制,二是完善农村治安防控体系,后者是重点。

一是健全农村公共安全体制机制。近年来,农村自建房、河塘、枯井、桥梁、客运和校车等安全事故时有发生。党的十九届四中全会《决定》指出,要完善和落实安全生产责任和管理制度,建立公共安全隐患排查和安全预防控制体系,完善公共安全体制机制。

二是完善农村治安防控体系。近年来农村治安状况不容乐观,集中表现在三个方面:一些地方违法犯罪活动仍然不少,黑恶势力活动时有发生,邪

---

① 习近平:《在中央农村工作会议上的讲话》(2013年12月23日),中共中央文献研究室编:《十八大以来重要文献选编》(上),中央文献出版社2014年版,第685页。

② 习近平:《走中国特色社会主义乡村振兴道路》(2017年12月28日),习近平:《论坚持全面深化改革》,中央文献出版社2018年版,第408—409页。

③ 习近平:《在中央政法工作会议上的讲话》(2014年1月7日),《习近平关于社会主义社会建设论述摘编》,中央文献出版社2017年版,第148页。

教和利用宗教进行非法活动仍然较多存在。针对上述情况，要依法严厉打击危害农村稳定、破坏农业生产和侵害农民利益的违法犯罪活动；特别是对农村黑恶势力，要集中整治、重拳出击；依法加大对农村非法宗教、邪教活动打击力度，严防境外渗透，继续整治农村乱建宗教活动场所、滥塑宗教造像。上述三方面的举措，归结为一点就是要深入推进平安乡村建设，加快完善农村治安防控体系。党的十九届四中全会《决定》也强调，要完善社会治安防控体系，增强社会治安防控的整体性、协同性、精确性，提高社会治安法治化水平。

（2）完善信访制度

习近平总书记指出，"在具体工作中，不能简单依靠打压管控、硬性维稳，还要重视疏导化解、柔性维稳"①。信访制度尤其要注意这一点。

上通下情与下情上达，历来构成执政党与国家实现长治久安的重要途径；因此农民信访工作与乡村治理具有紧密的内在关联。若要减少农民信访总量并化解信访积案，尤其需要实现基层信访工作机构的科学管理。近年来，农民构成基层信访工作机构的主要服务对象，而农民信访的主要内容是民生问题。民众频繁信访，说明许多公民知法懂法、愿意通过合法渠道维护自身利益，同时也尖锐表明多种矛盾错综复杂、进而对社会稳定提出挑战。习近平总书记指出："当前群众通过信访渠道反映出来的信访突出问题，既有新动向，也有老难题，但都事关群众切身利益，事关社会和谐稳定。"②他强调要"处理好维稳和维权的关系。从人民内部和社会一般意义上说，维权是维稳的基础，维稳的实质是维权"，"对涉及维权的维稳问题，首先要把群众合理合法的利益诉求解决好。"③

在当代中国，人民群众是中国共产党的执政基础所在，全心全意为人民服务是中国共产党的初心和宗旨；人民群众也是各级政府的衣食父母与权力

---

① 习近平：《在中央政法工作会议上的讲话》（2014年1月7日），《习近平关于社会主义社会建设论述摘编》，中央文献出版社2017年版，第126页。

② 习近平：《就信访工作作出的指示》（2016年4月），《习近平关于社会主义社会建设论述摘编》，中央文献出版社2017年版，第159页。

③ 习近平：《在中央政法工作会议上的讲话》（2014年1月7日），《习近平关于社会主义社会建设论述摘编》，中央文献出版社2017年版，第147页。

来源,实现社会和谐和政治稳定是各级政府的重要任务。"各级党委、政府和领导干部要坚持把信访工作作为了解民情、集中民智、维护民利、凝聚民心的一项重要工作,千方百计为群众排忧解难。""真正把解决信访问题的过程作为践行党的群众路线、做好群众工作的过程。"① 习近平总书记强调,要学习和推广"枫桥经验",做到"小事不出村,大事不出镇,矛盾不上交"。② 党的十九届四中全会强调:要完善信访制度,完善正确处理新形势下人民内部矛盾有效机制,坚持和发展新时代"枫桥经验",努力将矛盾化解在基层。

3. 提升乡村德治水平

新中国成立前夕和初期,中国的自然村不论大小都是"熟人社会",村民"生于斯、死于斯","这是一个'熟悉'的社会,没有陌生人的社会。"③ 改革开放后特别是 20 世纪 90 年代以来,行政村和较大的自然村逐渐变成"半熟人社会",小自然村或村民小组(原人民公社时期的生产小队)仍然称得上是个熟人社会。当前乡村的熟人社会或半熟人社会特征非常显著,其间蕴含的道德规范就使乡村德治成为可能。习近平总书记指出:"要加强乡村道德建设,深入挖掘乡村熟人社会蕴含的道德规范,结合时代要求进行创新,强化道德教化作用,引导农民爱党爱国、向上向善、孝老爱亲、重义守信、勤俭持家。"④

提升乡村德治水平,不仅是"乡风文明"的内在要求,而且是推进乡村治理体系和治理能力现代化的重要手段。党的十九届四中全会《决定》提出,要注重发挥家庭家教家风在基层社会治理中的重要作用。习近平总书记指出:乡村振兴既要塑形也要铸魂,"要在实行自治和法治的同时,注重发挥好德治的作用"⑤。提升乡村德治水平,主要表现在加强农村思想道德建设、传承发

---

① 习近平:《关于信访工作的指示》(2017 年 7 月),《习近平关于社会主义社会建设论述摘编》,中央文献出版社 2017 年版,第 163 页。

② 习近平:《在中央农村工作会议上的讲话》(2013 年 12 月 23 日),中共中央文献研究室编:《十八大以来重要文献选编》(上),中央文献出版社 2014 年版,第 683—684 页。

③ 费孝通:《乡土中国》(修订本),上海人民出版社 2013 年版,第 9 页。

④ 习近平:《走中国特色社会主义乡村振兴道路》(2017 年 12 月 28 日),习近平:《论坚持全面深化改革》,中央文献出版社 2018 年版,第 409 页。

⑤ 习近平:《在十九届中央政治局第八次集体学习时的讲话》(2018 年 9 月 21 日),《习近平关于"三农"工作论述摘编》,中央文献出版社 2019 年版,第 137 页。

展提升农村优秀传统文化、加强农村公共文化建设、开展移风易俗行动四个方面。

（1）加强农村思想道德建设

近年来一些村庄道德沦丧，不孝父母、不管子女、不守婚则、不睦邻里等现象明显增多。针对上述不良风气，应强化孝敬父母、呵护子女、夫妻恩爱、邻里互助等社会风尚。党的十九届四中全会《决定》强调，要坚持依法治国和以德治国相结合，完善弘扬社会主义核心价值观的法律政策体系，坚持以社会主义核心价值观引领文化建设制度。要弘扬和践行社会主义核心价值观，通过教育引导、实践养成、制度保障三种途径，以农民喜闻乐见的方式，深化中国特色社会主义和中国梦教育，加强爱国主义、集体主义、社会主义教育。

（2）传承发展提升农村优秀传统文化

要把保护传承和开发利用有机结合起来，把现代文明要素、新的时代内涵和我国农耕文明优秀遗产结合起来，让中国历史悠久的农耕文明在新时代展现风采。

（3）加强农村公共文化建设

农民的文化程度大大低于市民、生活相对贫困，加上政府对农村公共文化投入相对不足，导致农村公共文化设施相对短缺，农民精神生活比较贫乏。一是增加公共文化产品和服务供给。要培育挖掘乡土文化人才，开展文化结对帮扶，制定政策引导企业家、文化工作者、科普工作者、退休人员、文化志愿者等投身乡村文化建设，形成一股新的农村文化建设力量。二是广泛开展群众文化活动。要整合乡村文化资源，广泛开展农民乐于参与的群众性文化活动。三是健全公共文化服务体系。落后地区农村存在"三叫""四难"："早上听鸡叫，白天听鸟叫，晚上听狗叫""看书难、看戏难、看电影难、收听收看广播电视难"。应完善农村新闻出版广播电视公共服务覆盖体系，推进数字广播电视户户通，探索农村电影放映的新方法新模式，推进农家书屋延伸服务和提质增效。

（4）开展移风易俗行动

近年来，一些村庄天价彩礼、铺张浪费、红白喜事大操大办、封建迷信等现象层出不穷。农村一些地方名目繁多的人情礼金让人"还不起"，天价彩礼让人"娶不起",出现"因婚致贫"现象,儿子结婚成家,父母却贫困潦倒。针对上述弊病,要旗帜鲜明反对天价彩礼和铺张浪费、反对大操大办红白喜事、坚决抵制封建迷信,推动移风易俗,实现乡风文明。

4. 加强和改善党对农村工作的领导

(1) 必须加强和改善党对农村工作的领导

从历史上看,党管农村工作是中国共产党的传统,这个传统不能丢。从现实中看,面对新时代农村工作的任务和要求,当前党领导"三农"工作的体制机制、干部队伍、农村基层组织还不能很好适应。体制机制方面,一些地方基层民主管理制度不健全,忽视党管农村工作重要性、放松党管农村工作的原则。干部队伍方面,有的干部不了解农业农村情况或对农民感情不深,愿意做农村工作的少了,会做农村工作的更少了,有的干部没有"三农"工作经验、缺乏领导农村工作本领;一些地方干群关系紧张,侵害农民合法权益的事件仍时有发生,农村"少数干部作风不实、优亲厚友,'小官巨贪'时有发生,对惠农项目资金'雁过拔毛'的'微腐败'也不同程度存在"[①]。基层组织方面,农村基层党组织软弱涣散,公共管理和社会服务能力不强。

总体而言,办好农村的事情,实现乡村振兴,关键在党。《中国共产党农村基层组织工作条例》强调:"农村工作在党和国家事业全局中具有重要战略地位,是全党工作的重中之重。"[②]党的十九届四中全会《决定》指出,要坚持和完善党的领导制度体系,把党的领导落实到国家治理各领域各方面各环节,并提高党科学执政、民主执政、依法执政水平。因此,新时代坚持和完善党的领导制度体系,就必须加强和改善党对农村工作这个"重中之重"的领导。

(2) 怎样加强和改善党对农村工作的领导

加强和改善党对农村工作的领导,关键是抓好农村基层组织建设。《中国共产党农村基层组织工作条例》强调,乡镇党委和行政村党组织"是党在农

---

① 习近平:《在中央农村工作会议上的讲话》(2017年12月28日),《习近平关于"三农"工作论述摘编》,中央文献出版社2019年版,第9页。
② 《中国共产党农村基层组织工作条例》(2018年12月28日),党建读物出版社2019年版,第1页。

村的基层组织,是党在农村全部工作和战斗力的基础,全面领导乡镇、村的各类组织和各项工作"①。与乡镇党委相比,村党组织的地位更为重要,农村党支部在农村各项工作中居于领导核心地位。因此,办好农村的事,要靠好的带头人,靠一个好的基层党组织。习近平总书记强调:"农村工作千头万绪,抓好农村基层组织建设是关键。"②

如何抓好农村基层党组织建设?

一是健全以党组织为核心的组织体系。要抓住健全乡村组织体系这个关键,发挥好农村基层党组织在宣传党的主张、贯彻党的决定、领导基层治理、团结动员群众、推动改革发展等方面的战斗堡垒作用。村党支部要成为帮助农民致富、维护农村稳定、推进乡村振兴的坚强战斗堡垒。

二是加强农村基层党组织带头人队伍建设和党员队伍建设。农村基层党组织带头人队伍建设方面,要完善农村基层干部选拔任用制度,打造一支高素质农村基层党组织带头人队伍;注重培养选拔有干劲、会干事、作风正派、办事公道的人担任支部书记,团结带领乡亲们脱贫致富奔小康。农村党员队伍建设方面,要稳妥有序开展不合格党员处置工作,着力引导农村党员发挥先锋模范作用。

三是强化农村基层党组织建设责任与保障。强化保障方面,要建立稳定的村级组织运转和基本公共服务经费保障制度,提高农村基层干部报酬待遇和社会保障水平。《中国共产党农村基层组织工作条例》强调:"各级党委应当健全以财政投入为主的稳定的村级组织运转经费保障制度,建立正常增长机制。""落实村干部基本报酬","落实村级组织办公经费、服务群众经费、党员活动经费。"③ 强化责任方面,要加强对农村基层干部队伍的监督管理。严肃查处侵犯农民利益的"微腐败",紧盯惠农项目资金、集体资产管理、土地征收等领域的突出问题;严惩横行乡里、欺压百姓的黑恶势力及充当保护

---

① 《中国共产党农村基层组织工作条例》(2018年12月28日),党建读物出版社2019年版,第1—2页。

② 习近平:《在中央农村工作会议上的讲话》(2013年12月23日),中共中央文献研究室编:《十八大以来重要文献选编》(上),中央文献出版社2014年版,第684页。

③ 《中国共产党农村基层组织工作条例》(2018年12月28日),党建读物出版社2019年版,第22页。

伞的党员干部。《中国共产党农村基层组织工作条例》强调:"依法严厉打击农村黑恶势力、宗族黑恶势力、宗教极端势力、'村霸',严防其侵蚀基层干部和基层政权。坚决惩治黑恶势力'保护伞'。"①

  需要注意的是,与城市治理相比,乡村治理体系和治理能力现代化,既具有乡村的个性或特殊性,又具有社会治理的共性或普遍性。一是要通过全面深化改革来克服城乡基层社会治理体系中存在的问题。习近平总书记指出:"现在,基层社会治理体系中存在不少问题,必须通过改革加以解决。"②二是城乡社会治理既不可管得太死也不能管得太松,要在活力和秩序之间寻找平衡。习近平总书记指出:"社会治理是一门科学,管得太死,一潭死水不行;管得太松,波涛汹涌也不行。要讲究辩证法,处理好活力和秩序的关系。"③乡村治理体系和治理能力现代化,也要遵守上述原则。

---

  ① 《中国共产党农村基层组织工作条例》(2018年12月28日),党建读物出版社2019年版,第12页。
  ② 习近平:《在参加十二届全国人大三次会议上海代表团审议时的讲话》(2015年3月5日),《习近平关于社会主义社会建设论述摘编》,中央文献出版社2017年版,第129页。
  ③ 习近平:《在中央政法工作会议上的讲话》(2014年1月7日),《习近平关于社会主义社会建设论述摘编》,中央文献出版社2017年版,第125—126页。

第十七讲

促进制度体系、治理体系与价值体系融合贯通

文化是国家和民族的魂，也是国家治理的魂，可以说文化在国家治理当中发挥着不可替代的重要作用。一个国家所选择的治国体系甚或制度体系，是由这个国家的历史传承、文化传统和经济社会发展水平决定的。中国特色社会主义制度和国家治理体系所以具有强大的生命力和巨大的优越性，就是因为它是以马克思主义为指导、植根中国大地、具有深厚的中华文化根基、深得人民拥护的制度和治理体系。党的十九届四中全会《决定》概括了我国国家制度和国家治理体系具有多方面的显著优势，其中之一是坚持共同的理想信念、价值理念、道德观念，弘扬中华优秀传统文化、革命文化、社会主义先进文化，促进全体人民在思想上精神上紧紧团结在一起的显著优势[1]。彰显了中央领导集体从国家发展战略高度，把国家治理统一于现代国家制度体系构建与现代社会价值体系塑造中，充分体现了我们党对社会主义建设规律的认识把握有了新的提升，对国家现代化治理的方向思路有了新的拓展，对培育和践行社会主义核心价值观的战略意义有了新的认识。准确把握国家治理体系和治理能力现代化的科学内涵，深入领会制度体系、治理体系与价值体系的内在联系，深刻认识培育和践行社会主义核心价值观对推进国家治理现代化的重大意义，积极促进国家制度体系、治理体系与社会价值体系融合

---

[1] 《中共中央关于坚持和完善中国特色社会主义制度　推进国家治理体系和治理能力现代化若干重大问题的决定》，《人民日报》2019年11月6日第1版。

贯通，是坚持和发展中国特色社会主义的一项重要内容。

（一）制度体系、治理体系与价值体系的高度统一

全面深化改革既是制度完善、治理推进的过程，也是价值凸显、价值塑造的过程。国家治理体系现代化，离不开现代制度体系的支撑、保障，更离不开先进价值体系的引领、整合。党的十九届四中全会提出了坚持和完善中国特色社会主义制度，推进国家治理体系和治理能力现代化的总体目标。总体目标明确了改革的根本方向和鲜明指向，把坚持和完善中国特色主义制度、推进国家治理体系和治理能力现代化作为全面深化改革、实现中华民族伟大复兴中国梦的重要内容、根本保障。同时，全会决定坚持以社会主义核心价值观引领文化建设制度，完善弘扬社会主义核心价值观的法律政策体系，把社会主义核心价值观要求融入法治建设和社会治理。这就从战略高度阐明了中国特色社会主义制度体系、社会主义价值体系与社会主义治理体系之间的高度统一。

1. 国家治理体系是在党领导下管理国家的制度体系

党的十九届四中全会《决定》明确指出，"中国特色社会主义制度是党和人民在长期实践探索中形成的科学制度体系，我国国家治理一切工作和活动都依照中国特色社会主义制度展开，我国国家治理体系和治理能力是中国特色社会主义制度及其执行能力的集中体现"。[①] 治理是制度的有效运用、功能发挥和实践拓展，推进国家治理现代化，就是中国特色社会主义制度建设、创新、完善、实践的过程，就是充分发挥中国特色社会主义制度功能的过程。党的十八大以来，围绕制度功能发挥进行了从制度自觉到治理自觉，从制度功能到治理效能，从制度优势到治理转化的思考探索。增强制度自信，就是要发挥人民当家作主的制度优势，保证人民的治理主体地位；强化自我更新完善的制度韧性，就是促进治理体系更加科学、治理能力更加有效；激发解放和发展社会生产力的制度活力，就是破除治理体系的陈规陋习；发掘维护

---

① 《中共中央关于坚持和完善中国特色社会主义制度 推进国家治理体系和治理能力现代化若干重大问题的决定》，《人民日报》2019 年 11 月 6 日第 1 版。

社会公正的制度潜能，就是保证最大多数人共享治理利益。

制度体系与治理体系一体化。2014年9月5日，习近平总书记在庆祝全国人民代表大会成立六十周年大会上的讲话中强调："完善和发展中国特色社会主义制度、推进国家治理体系和治理能力现代化。前一句规定了根本方向，我们的方向就是中国特色社会主义道路，而不是其他什么道路。后一句规定了在根本方向指引下完善和发展中国特色社会主义制度的鲜明指向。两句话都讲，才是完整的。"[①] 这一重要论述深刻阐明了制度和治理的关系。制度是治理的依据，制度的性质决定治理的方式；治理是制度的实践，制度的实践过程就是治理。我国国家治理的一切工作和活动都依照中国特色社会主义制度展开，并在这一过程中不断积累经验、提高水平。迈向"中国之治"新境界，党的十九届四中全会提出坚持和完善中国特色社会主义制度、推进国家治理体系和治理能力现代化总体目标是，到我们党成立一百年时，在各方面制度更加成熟更加定型上取得明显成效；到二〇三五年，各方面制度更加完善，基本实现国家治理体系和治理能力现代化；到新中国成立一百年时，全面实现国家治理体系和治理能力现代化，使中国特色社会主义制度更加巩固、优越性充分展现。推进国家治理体系抓住了根本，就是要不断提高运用中国特色社会主义制度有效治理国家的能力。

把中国制度优势更好转化为国家治理效能。新中国成立70年来，我们党领导人民不断探索实践，形成了一套具有强大生命力和巨大优越性的中国特色社会主义制度和国家治理体系。以愈加成熟的社会主义民主政治制度，推动实现最广泛、最真实、最管用的民主；完善和发展以宪法为核心的中国特色社会主义法律体系，努力建设法治中国；依靠一系列制度安排，确保发展成果更多更公平惠及全体人民；通过越来越完善的对外开放制度，深度融入全球经济发展等，党的十九届四中全会对此集中概括了我国国家制度和国家治理体系13个方面的显著优势，为提高国家治理效能提供了前提和基础。要在不断推动制度创新、完善治理体系上下更大功夫，完善制度建设，推进制度创新，优化制度结构，使国家的根本制度、基本制度、重要制度形成科学合理的治理结构，产生制度合力；要毫不动摇地坚持和完善党的领导制度体

---

① 《习近平在庆祝全国人民代表大会六十周年大会上的讲话》，新华网，2014年9月5日。

系，提高党科学执政、民主执政、依法执政水平，提高国家机构及其工作人员的履职能力，提高人民群众依法参与管理国家事务的能力，推进国家治理体系更加有效运转，等等。

我们的方向是中国特色社会主义道路，这就规定了国家治理现代化的根本方向。我国国家治理体系需要推进，但坚持和巩固什么、完善和发展什么，我们的主张和定力，就是坚持中国特色社会主义制度模式。党的十九届四中全会确立的总体目标，表明了推进国家治理体系和治理能力现代化，必须坚持中国特色社会主义道路的根本方向，回答和解决了在什么制度模式下实现治理现代化的问题。治理从属于制度，没有超越社会制度的"治理现代化"。

2. 社会主义价值体系是国家治理体系构成的核心要素

党的十九届四中全会《决定》多次提到"治理"一词，主要有国家治理、社会治理、基层治理、国际治理、全球治理、治理体系、治理能力、治理体制、治理结构、治理方式、系统治理、依法治理、综合治理、源头治理等等，这已涉及了治理体系及其结构层次、方式方法、组织人员等诸多方面。习近平总书记强调："推进国家治理体系和治理能力现代化，要大力培育和弘扬社会主义核心价值体系和核心价值观，加快构建充分反映中国特色、民族特性、时代特征的价值体系。"[1] 这就表明，中国特色社会主义治理体系与中国特色社会主义价值体系，相辅相成、相得益彰。

所谓国家治理，是指主权国家的执政者及其国家机关（包括立法、行政和司法等机关）为了实现社会发展目标，通过一定的体制设置和制度安排，协同经济组织、政治组织、社会团体和公民一起，共同管理社会公共事务、推动经济和社会其他领域发展的过程。它是多层管理主体共同管理社会公共事务、处理社会冲突、协调不同利益的一系列制度、体制、规则、程序和方式的总和。[2] 当代中国国家治理就是在中国共产党的领导下，整合、协调国家机关、社会组织和社会公民有机融合协调发展的政治行为，涵盖经济、政治、文化、社会、生态、军事、政党等各领域，涉及国家、地区、基层、组

---

[1] 习近平：《大力培育和弘扬社会主义核心价值观 推进国家治理现代化》，新华社，2014年3月7日。

[2] 郭小聪：《财政改革：国家治理转型的重点》，《人民论坛》2010年第2期。

织等各层面。国家治理体系即是由各个领域、各个层面的指导思想、组织机构、法律法规、组织人员、制度安排等要素构成一整套紧密相连、相互协调的体系。

按照构成来讲，国家治理体系可分解为系统、结构、层次三个方面。从系统看，国家治理体系是由政治权力系统、社会组织系统、市场经济系统、宪法法律系统、思想文化系统等构成的一个有机整体。各系统既独立又相互影响，其中，宪法法律系统和思想文化系统置于其他系统之上，具体地渗入到政治权力系统、社会组织系统、市场经济系统的治理之中。从结构看，国家治理体系涉及三个要素：一是国家治理体系背后的价值体系，二是国家治理的制度体系，三是国家治理的组织体系。① 这三个构成要素既有自身的独立性，又相互作用、渗透。制度体系、组织体系需要价值体系的引领，价值体系贯通于制度和组织体系之中，三者相互配合、协同运转。可以说，实现中国国家治理的现代化，就是中国特色社会主义制度体系、组织体系、价值体系三者共同支撑、协调推进、相互促进、形成合力的总体模式和演进过程。②

尽管国家治理体系构成三要素相互促进、共同支撑，但从结构的层次性看，社会主义价值体系处于国家治理体系的核心地位。习近平总书记在中共中央政治局第十三次集体学习时的讲话中指出，培育和弘扬核心价值观，有效整合社会意识，是社会系统得以正常运转、社会秩序得以有效维护的重要途径，也是国家治理体系和治理能力的重要方面。在五四青年节与北京大学师生座谈时，他再次强调，价值观承载着一个民族、一个国家的精神追求，是最持久、最深层的力量。③ 这些讲话揭示了核心价值观包括价值体系在国家治理体系和治理能力中的核心地位和作用。我们把现代国家看作一个系统，那么，国家制度和组织就是这个系统运行的"硬件"设施，价值体系就是这个系统运行的"软件"设施。而任何一个国家的"硬件"设施——制度和组织体系，都以一定的作为"软件"系统的价值体系为基础，围绕其而推进，

---

① 林尚立：《当代中国政治形态研究》，天津人民出版社2000年版，第35—42页。

② 唐皇凤：《构建现代政治价值体系：当代中国政治发展的战略抉择》，《湖北社会科学》2010年第9期。

③ 习近平：《青年要自觉践行社会主义核心价值观》，《人民日报》2014年5月5日第2版。

价值体系决定了国家治理制度的组织方式、运行目标和政治取向。所以,社会主义价值体系不仅是国家治理体系构成的重要内容,还是其构成的核心要素。法国思想家托克维尔就认为,与法律、制度等硬性因素相比较,精神和品性等软性因素更具有根本性意义。基于对美国社会结构和法国大革命进程的比较观察,他得出结论:"政治社会的建立并非基于法律,而是基于情感、信念、思想以及组成社会的那些人的心灵和思想的习性。"①

3. 坚持和完善中国特色社会主义制度、推进国家治理体系现代化要以社会主义价值体系为引领

人类历史和现实的基本经验表明,社会变革,尤其是制度安排与组织、架构等社会变革的成果,最终需要形成共识的价值理念来加以定型与固化,进而成为人们内化的社会行为规范,使新的价值体系在社会中生根发芽,开花结果,从而使得现代的制度与组织体系能够有效地运转起来。②简而言之,在世界历史的大视野中,古今中外的任何社会都有自己的核心价值体系,这是一定的社会系统得以运转、一定的社会秩序得以维持的基本精神依托。一个社会的稳定、发展和繁荣,必然离不开相应核心价值体系的确立、巩固和完善,离不开成熟的核心价值体系的强大支撑。所以,从现代国家建设的角度看,核心价值观的确立、现代价值体系的重新塑造,对于维护社会稳定、激发社会活力、促进社会发展,对于坚持和完善中国特色社会主义制度、推进国家治理体系和治理能力现代化建设具有重大的战略意义。

首先,社会主义价值体系的确立是现代国家得以有效建立的最关键的基础。国家意志的取向、结构和特性,与国家所承载的信仰、观念、信念和理想直接相关,这一切背后的深刻决定力量就是国家身上所累积起来的精神与文化。"求木之长者,必固其根本;欲流之远者,必浚其泉源;思国之安者,必积其德义。"一个强大有力的国家,其物质化的实力与制度化的强力,都能与这个国家与社会的内在文化精神协调与统一起来,并确立在相当厚实的

---

① [美]安东尼·奥罗姆:《政治社会学导论》,张华青译,上海人民出版社2006年版,第88页。
② 唐皇凤:《构建现代政治价值体系:当代中国政治发展的战略抉择》,《湖北社会科学》2010年第9期。

精神和文化基础之上。① 因此，从这个意义上讲，牢固确立与中国历史传统、社会主义价值原则以及改革开放以来社会价值体系的变革进程相适应的现代价值体系，并使之在整个中国社会弘扬践行，成为规范人们行为的主要力量，这是当代中国政治发展的战略抉择。这就是习近平总书记强调推进国家治理体系和治理能力现代化，要大力培育和弘扬社会主义核心价值体系和核心价值观，加快构建充分反映中国特色、民族特性、时代特征的价值体系的深意所在。

其次，社会主义价值体系对坚持和完善中国特色社会主义制度、推进国家治理体系现代化具有定向导航作用。社会价值体系是一个民族在发展的历史进程中，依据社会经济、政治制度的基本属性，依据意识形态的本质要求，依据民族文化传统的深厚血脉，由国家正式确定下来的。一个民族的发展兴旺，离不开包含着核心价值观的进步价值体系引领方向。没有先进的价值体系的国家容易迷失方向、失去目标。从新中国成立之日起，我们党就把社会主义价值体系体现在国家治理之中。毛泽东同志1954年在论述我国宪法时曾说："用宪法这样一个根本大法的形式，把人民民主和社会主义原则固定下来，使全国人民有一条清楚的轨道，使全国人民感到一条清楚的明确的和正确的道路可走，就可以提高全国人民的积极性。"毛泽东同志在这里强调的"轨道"，就是指人民民主和社会主义这两个根本价值的导航和定向作用。新中国成立特别是改革开放之后，我们国家之所以发展壮大、生机勃勃，而没有像苏联、东欧那样分崩离析，一个很重要原因，就是我们始终坚持与民族性、先进性、科学性、人民性相一致的价值取向，确定了始终保持正确方向的价值航标，为建设社会主义现代化国家提供了牢固的价值支撑。新时代，深化改革、完善制度和推进治理也要以一定的价值为目标牵引，通过价值观赋予制度以灵魂，给予治理以原则。党的十九大报告提出的培育和践行社会主义核心价值观，就从国家、社会和个人三个层面为坚持和完善中国特色社会主义制度、推进国家治理体系现代化起到了定向导航的作用。

最后，社会主义价值体系对社会力量的整合是当代中国维护社会稳定的

---

① 林尚立：《社区民主与治理：案例研究》，社会科学文献出版社2003年版，第323页。

关键。现代化的国家治理，需要坚如磐石的精神和信仰力量的支撑驱动，尤其是对于中国这样一个超大规模社会的治理，共同的生活信仰与价值体系是凝聚人心、凝聚社会的基本力量，具有核心的战略地位。邓小平同志对此有着深刻的认识，他认为："我们这么大一个国家，怎样才能团结起来、组织起来呢？一靠理想，二靠纪律。组织起来就有力量。没有理想，没有纪律，就会像旧中国那样一盘散沙，那我们的革命怎么能够成功？我们的建设怎么能够成功？"① 社会主义核心价值观，反映了当代中国的价值需求和全体人民的价值追求，是国家、执政党、社会和公民自觉的价值认同和行动指南，它所具有的凝心聚力功能，能从思想认知、精神价值上为消除社会隔阂、冷漠、不信任提供公认的标准和强大动力，它为国家治理制度的整合提供了价值共识，全体人民都能够在此基础上求同存异，为共圆中国梦而努力奋斗。

（二）制度体系、治理体系与价值体系相互促进的生动实践

习近平总书记指出，每个时代都有每个时代的精神，每个时代都有每个时代的价值观念。一个民族、一个国家的核心价值观必须同这个民族、这个国家的历史文化相契合，同这个民族、这个国家的人民正在进行的奋斗相结合，同这个民族、这个国家需要解决的时代问题相适应。② 中国百年现代化历程，就是中华民族为实现民族独立、富强和人民解放、幸福，立足民族的基本现实，塑造现代民族精神、构建现代国家制度体系和治理体系，不断增强民族自信、道路自信、制度自信和理论自信的光荣奋斗的历史。

1. 改革开放前：追求民族独立和人民解放价值目标下中国特色社会主义制度体系、现代国家治理体系的建立

探索中国的现代国家建构，起始于晚清政权应对西方挑战所做出的反应。在坚持"中学为体、西学为用"思想下，以挽救封建帝制为目的一系列现代国家治理改革方案，"师夷长技以制夷"的洋务运动，"师学东夷明治维新之举"的维新运动，及至晚清政府最后推行的"新政"，最终不仅没能把传统

---

① 《邓小平文选》第三卷，人民出版社 1993 年版，第 111 页。
② 习近平：《青年要自觉践行社会主义核心价值观》，《人民日报》2014 年 5 月 5 日第 2 版。

中国国家治理带进现代化，反而给中国社会带来灾难性的后果。随着主权的逐步沦丧，传统社会也逐渐分化。在整个传统价值体系已经崩溃的情形下，新的价值体系还未建立，中国一盘散沙，整个民族陷入了前所未有的生存危机。蒋介石通过军事独裁建立起了形式上一统的国民政府，并推动了中国社会有限的现代化治理。但建立在维护大地主、大官僚利益之上的资产阶级民主政治，在政治上各路军阀与蒋介石中央国民政府貌合神离，根本不可能真正地达成社会共识，更不可能调动起全民族的力量激发社会活力。因此，走资本主义道路实现中华民族复兴也只能是一个虚幻。正如习近平总书记强调的，一个国家选择什么样的治理体系，是由这个国家的历史传承、文化传统、经济社会发展水平决定的，是由这个国家的人民决定的。建立在维护大地主、大官僚、大资产阶级利益之上，依附于西方帝国主义开启的资本主义国家治理改革最终注定是失败的。

把一盘散沙的中国重新凝聚起来的重任，历史性地落到了中国共产党的肩上。以毛泽东同志为主要代表的中国共产党人，基于对中国半殖民地半封建社会基本国情的深刻认识，顺应人民大众要求国家独立、民族解放和人民民主的政治价值诉求，提出了反帝反封建的革命纲领，进行土地革命，坚持群众路线，建立起了以无产阶级为领导、以工农联盟为基础的最广泛的人民统一战线。最终"星火燎原"，发展壮大，以强有力的整合姿态和效果取得了民族独立和人民解放，并建立起中国历史上第一个人民当家作主的民主政治制度。中华人民共和国的成立是中国现代化国家成长的里程碑。到1954年，第一届全国人民代表大会通过了《中华人民共和国宪法》，正式开启了当代中国国家制度的构建进程。与此同时，也初步构建起具有现代意义的国家治理体系。

中国共产党在革命价值基础上建立起的国家，成立初期实现了对整个社会的有效整合，国家的力量渗透到社会的每个角落，每个社会成员都被纳入国家的组织体系中，成为一个具有强大组织力量的"单位社会"。这种国家制度和治理体系赋予了政府极强的政治动员力、执行力，对于"一穷二白"的后发国家而言，为抵御帝国主义封锁、巩固新生政权有其必然性与必要性。必须肯定，这种国家制度和治理体系确保了中国统一民族国家和民主政治的建设，为新中国成立初期的民生经济发展、维护人民群众根本利益提供了制度保障，为后来的中国大发展乃至"中国奇迹"打下了坚实的基础。随着社会秩序由革命、战争年代进入社会主义建设、发展时期，这种高度集权的国家治理体系越来越不符合社会发展需求。

2. 改革开放后：追求国家富强和人民幸福价值目标下中国特色社会主义制度体系、国家治理体系的不断完善

如何适应社会从革命向建设转变的新趋势，回应人民大众急于改变贫穷落后的新需求，寻求由革命党转为执政党后的执政新根基，成为我们党改革和完善现有的制度机制、创新国家治理体系、获取不竭政治力量的重大使命。以党的十一届三中全会召开为标志，改革开放使中国国家治理现代化进入了一个新的发展时期。

面对十年"文化大革命"造成的国家治理混乱局面，以邓小平同志为核心的第二代中央领导集体，以极大的政治勇气和坚定信念，在深刻总结国内外社会主义发展实践的经验教训基础上，结合时代主题变化，作出了重大的战略决策。把党和国家的工作重心由"以阶级斗争为纲"转移到"以经济建设为中心"上来，确立了"一个中心、两个基本点"的国家治理路线和经济、政治、文化"三位一体"的治理纲领，制定了社会主义初级阶段中国现代化建设的"三步走"治理路线图。邓小平同志指出，贫穷不是社会主义，发展太慢也不是社会主义，经济长期处于停滞状态总不能叫社会主义，人民生活水平长期停止在很低的水平总不能叫社会主义。他提出了"解放和发展生产力、实现共同富裕"是社会主义本质要求，把发展生产和增加人民收入作为"三个有利于"社会主义价值标准的重要方面。在追求国家富强和人民幸福的价值目标牵引下，邓小平同志带领党和人民奋力开辟了一条中国特色社会主义道路，由农村向城市、由经济向政治、文化领域不断推进的改革，把中国的国家制度、治理体系带进新的历史时期。不断制度化、规范化、法制化的国家治理体系和能力建设，激活了社会活力，促进了社会生产力快速发展，人民生活水平显著提高，使我们党有效积聚了国家治理的巨大社会资本。实践充分证明了邓小平同志关于制度建设的重要判断：制度建设带有根本性、全局性、稳定性和长期性。

20世纪90年代，苏东剧变，国内社会矛盾不断凸显，加强以党的执政能力建设为核心的执政党建设，上升为新时期中国政治建设的核心，成为国家制度体系完善、治理体系现代化的主轴。面对世情、国情、党情的深刻变化，以江泽民同志为核心的第三代中央领导集体紧紧围绕"建设什么样的党、怎样建设党"的核心问题，提出了"三个代表"重要思想，以加强党的执政能力建设，不断增强党的创造力、凝聚力和战斗力，不断巩固党的阶级基础和扩大党的群众基础，为国家应对国内外各种风险考验，更好地把中国特色社会主义伟大事业推向前进，提供了坚强有力的组织保障，为高效的国家治理奠定了坚实的组织基础。

进入21世纪，中国现代化建设实现了温饱，达到了小康水平，开始向全面建设小康社会新阶段迈进。为了适应新阶段发展的新要求，顺应各族人民过上更好生活的新期待，以胡锦涛为总书记的党中央紧紧围绕"实现什么样的发展、怎样发展"重大问题，提出了科学发展的国家治理新思路。坚持"以人为本，树立全面、协调、可持续的发展观，促进经济社会和人的全面发展"的价值追求，标志着国家治理理念有了更深刻的内涵。胡锦涛同志强调，坚持科学发展，全面建设小康社会，促进经济社会和人的全面发展，必须更加突出以"民主法治、公平正义、诚信友爱、充满活力、安定有序、人与自然和谐相处"为基本特征的社会主义和谐社会建设。社会主义和谐社会建设，在突出经济建设的同时，更加强调社会公正和社会和谐，这意味着科学发展观指导下的中国现代化进入社会建设与经济建设并重的新阶段，标志着追求国家富强和人民幸福价值目标下中国国家制度体系和治理体系的不断完善、成熟。

3. 全面建成小康社会新征程：实现中华民族伟大复兴中国梦价值目标下中国特色社会主义制度体系的完善、治理体系的现代化

党的十八大根据国内外形势的新变化，把握经济社会发展的趋势和规律，郑重提出了"两个一百年"奋斗目标。从"全面建设小康"到"全面建成小康"，提升了发展的质量和境界，标志着国家未来发展的新要求：经济持续健康发展，人民民主不断扩大，文化软实力显著增强，人民生活水平全面提高，资源节约型、环境友好型社会建设取得重大进展。全面建成小康社会奋斗目标，既关注富强中国又关注幸福中国，既关注和谐中国又关注美丽中国，完整体现了"五位一体"治理总纲领，更好地体现了推动科学发展、促进社会和谐，改善人民生活、促进人民福祉的要求，是实现社会主义现代化和中华民族伟大复兴"三步走"治理路线图的细化与展开，是我们党以科学发展观为指导完善执政理念的重要表现。

党的十八大开启全面建成小康社会的新征程，新一届中央领导集体在新的征程中奋力开拓、发展创新。2012年11月29日，习近平总书记参观《复兴之路》展览后指出，实现中华民族伟大复兴，就是中华民族近代以来最伟大的梦想。这个梦想凝聚了几代中国人的夙愿，体现了中华民族和中国人民的整体利益，是每一个中华儿女的共同期盼。习近平总书记多次对中国梦进行论述，在十二届全国人大一次会议上，他指出，实现中华民族伟大复兴的中国梦，就是要实现国家富强、民族振兴、人民幸福。他强调，实现中国梦必须走中国道路，必须弘扬中国精神，必须凝聚中国力量。习近平总书记阐述的中国梦，把国家、民族的价值追求与人民的价值追求统一起来，把中华民族共同坚守的理想理念与夺取中国特色社会主义新胜利的行动纲领统一起来，表达了中国人民的心声，概括了当代中国人的价值追求，凝聚了海内外各阶层、各方面民众的最大共识，承载着亿万人为之不懈奋斗的百年祈盼。中国梦既是亿万中国人的精神寄托，也是新时代治国理政的新纲领，为坚持和发展中国特色社会主义注入了新的内涵，是对我们党的执政理念和治国方略的升华。

（三）促进制度体系、治理体系与价值体系的良性互动

现代国家建设是一个由传统国家向现代国家转型的过程，这个过程是全方位、多层次的，不仅包含建构起一套具有现代国家特征的基本制度和组织架构，更包括了一个国家基本政治价值的转向。可以说，推进现代价值体系的塑造、现代制度体系的构建与现代组织体系的培育，是实现国家治理体系和治理能力现代化的核心内容，同时也是当代中国国家治理战略选择的关键举措。健康有序有效的社会主义建设过程也就是社会主义价值体系培育与制度体系完善、治理体系现代化良性互动、相辅相成的过程。

1. 以法治德治结合为纽带，促进社会主义价值体系塑造与中国特色社会主义制度体系、现代治理体系构建的有机统一

党的十九大高度评价十八大以来我国"民主法治建设迈出重大步伐"，作

出"全面依法治国任务依然繁重"的客观判断，并对"深化依法治国实践"作出全面部署，科学回答了建设什么样的法治国家、如何建设法治国家的重大问题，为新时代法治中国建设作出战略擘画。"依法治国"自从党的十五大被确定为党治理国家的基本方略以来，中国特色社会主义法律体系逐步完善，国家各项事业逐渐纳入了法制化发展轨道，社会主义法治理念深入人心，社会主义现代化建设在法治的引导下得到了有条不紊的推进，社会政治局面保持了长期稳定，法治在国家治理和社会管理中发挥了重要作用。但我们还必须看到与达到"依法治国，建设社会主义法治国家"建设目标还有相当的差距，主要表现在：保障宪法实施的监督机制和具体制度还不健全；有法不依、执法不严、违法不究现象在一些地方和部门依然存在；关系人民群众切身利益的执法司法问题还比较突出；一些公职人员滥用职权、失职渎职、执法犯法甚至徇私枉法严重损害国家法制权威；公民包括一些领导干部的法治意识还有待进一步提高；等等。因此，党的十八届三中全会提出"全面深化改革，必须推进法治中国建设"。党的十八届四中全会提出了建设法治中国的目标，把实现"科学立法、严格执法、公正司法、全民守法"作为全面推进依法治国的重点任务。截至 2017 年 6 月底，十二届全国人大及其常委会制定法律 20 件，修改法律 101 件次，通过有关法律问题和重大问题决定 36 件，作出法律解释 9 件；国务院制定修订行政法规 43 部，以"一揽子"方式修订行政法规 125 部。

法治是治理现代化的基石与标志，建设法治中国是全面深化改革的必然要求。建设法治中国既是全面深化改革的重要组成部分，同时也是保障全面深化改革顺利推行的基础力量。全面深化改革是一场攻坚战，面对复杂而艰巨的利益调整，破解难题、凝聚共识、形成合力、扫除障碍，都需要在法治构架下进行。同样，中国特色社会主义经济、政治、文化、社会和生态文明建设，都需要法治提供制度保障。因此，全面推进法治中国建设，坚持依法治国、依法执政、依法行政共同推进，法治国家、法治政府、法治社会一体建设，逐步推进社会主义民主制度化、法制化、规范化，努力营造公平正义的社会环境，切实保证公民的经济、政治、文化、社会等各方面权利得到落实，从而实现人民安居乐业、社会和谐稳定、国家长治久安，是现代国家制度体系完善、治理体系构建的核心内容，是当代中国国家治理战略选择的关键举措。

与此同时,还要将法治与德治紧密结合起来。习近平总书记在主持中央政治局关于全面推进依法治国的集体学习时强调:"要坚持依法治国和以德治国相结合,把法治建设和道德建设紧密结合起来,把法的他律与德的自律紧密结合起来,做到法治和德治相辅相成、相互促进。"①2019年10月27日,中共中央、国务院印发了《新时代公民道德建设实施纲要》,强调坚持德法兼治,以道德滋养法治精神,以法治体现道德理念,全面贯彻实施宪法,推动社会主义核心价值观融入法治建设,将社会主义核心价值观要求全面体现到中国特色社会主义法律体系中,体现到法律法规立改废释、公共政策制定修订、社会治理改进完善中,为弘扬主流价值提供良好社会环境和制度保障。法治和德治是现代国家治理体系的两个重要支柱,缺一不可。法治以其权威性和强制手段规范社会成员的行为,德治以其说服力和劝导力提高社会成员的思想认识和道德觉悟;法治通过制度达到他律,德治通过内在觉悟达到自律。同时,二者之间又是辩证统一、相辅相成的。可以说,道德是自觉的法律,法律是强制的道德。通过强化执法和司法制度,打击恶行、弘扬善行,以此营造清风正气,促进道德规范的培育。没有法治,就没有长效机制作保障,德治只能是"水中月、镜中花"。同样,德治为法治提供了坚实的思想道德保证,具有道德义务感的人其守法更自觉、更坚定。一个社会的道德水平越高,内在守法意识就越强,建立法治社会的可能性、法治的实现程度就越高。缺乏德治的支撑和配合,法律的实施停留于外在的强制或惩罚,法治也还是建立不起来的。

一个文明、和谐、有序的现代社会,必然是"法治"与"德治"的完善结合与有机统一。中国特色社会主义国家制度的坚持和完善、国家治理体系的现代化既是法治建设之路,也是德治建设之路。必须将"依法治国"与"以德治国"紧密结合起来,以法彰德、以德辅法,发挥"法治"与"德治"的整体功能,促进社会主义价值体系塑造与中国特色社会主义制度体系、现代治理体系构建的有机统一。

---

① 习近平:《依法治国依法执政依法行政共同推进 法治国家法治政府法治社会一体建设》,《人民日报》2013年2月25日第1版。

2. 以实现中国梦为契机，推进社会主义价值体系培育与中国特色社会主义制度体系、现代治理体系完善的有机统一

习近平总书记在参观《复兴之路》展览时，富有诗意地指出，中华民族的昨天可以说是"雄关漫道真如铁"，中华民族的今天正可谓"人间正道是沧桑"，中华民族的明天可以说是"长风破浪会有时"。他强调，我们比历史上任何时期都更接近中华民族伟大复兴的目标，比历史上任何时期都更有信心、更有能力实现这个目标。习近平总书记提出实现中国梦的伟大目标既是亿万中国人的精神寄托、价值追求，也是新时期治国理政的新纲领。中国梦的提出为坚持和完善中国特色社会主义制度体系注入了新的内涵，为推进国家治理体系和治理能力现代化赋予了新的要求。

习近平总书记告诫全党，必须牢记，要把蓝图变为现实，还有很长的路要走。我们面临着前所未有的机遇，同样我们所面临的挑战前所未有。在进行具有许多新的历史特点的伟大斗争中，如何始终坚持、不断拓展中国特色社会主义道路，如何汇聚来自各个领域、各条战线、各行各业的力量形成追梦合力，如何在利益格局多样化、社会意识多样化和人民利益诉求多样化下增进共识，这些是必须面对和回答的问题。解决好这些问题是实现中国梦的关键，也是推进社会主义价值体系培育、完善现代制度体系和治理体系、提高治理能力的契机。

破解这些难题，要依靠深化改革开放，要依靠弘扬中国精神。习近平总书记指出，改革开放是决定当代中国命运的关键一招，也是决定实现"两个一百年"奋斗目标、实现中华民族伟大复兴的关键一招，必须积极回应广大人民群众对深化改革开放的强烈呼声和殷切期待，以更大的政治勇气和智慧，不失时机深化重要领域改革，攻克体制机制上的顽瘴痼疾，突破利益固化的藩篱，进一步解放和发展社会生产力，进一步激发和凝聚社会创造力，进一步释放改革发展红利，在不断推进国家治理体系和治理能力现代化的进程中，不断完善和发展中国特色社会主义，最终实现中华民族伟大复兴。深化改革、增进共识、凝聚力量成就梦想的动力，必须来自弘扬中国精神。弘扬中国精神，就要培育和践行社会主义核心价值观。2013年12月23日，中共中央办公厅印发了《关于培育和践行社会主义核心价值观的意见》，《意见》强调，面对改革开放和发展社会主义市场经济条件下思想意识多元多样多变的新特点，积极培育和践行社会主义核心价值观，是推进中国特色社会主义伟大事业、实现中华民族伟大复兴中国梦的战略任务。2019年印发《新时代公民道德建设实施纲要》，强调坚持以社会主义核心价值观为引领，将国家、社会、个人层面的价值要求贯穿到道德建设各方面，以主流价值建构道德规范、强化道德认同、指引道德实践，引导人们明大德、守公德、严私德。这对于巩固马克思主义在意识形态领域的指导地位、巩固全党全国人民团结奋斗的共同思想基础，对于促进人的全面发展、引领社会全面进步，对于集聚全面建成小康社会、实现中华民族伟大复兴中国梦的强大正能量，具有重要的现实意义和深远的历史意义。

3. 以党的作风建设为抓手，实现社会主义价值体系弘扬与中国特色社会主义制度体系、现代治理体系践行的有机统一

政党是现代国家的核心，强大的政党是动员资源与整合社会的主导力量。中国共产党是中国社会现代化的领导核心，是中国政治经济体制改革的推动者和主导者、国家发展战略的制定者和直接推行者、政治稳定的维护者以及经济、社会可持续发展的推动者，是凝聚我们这样一个多民族的、超大规模的发展中大国的组织和领导力量，是中国国家治理最为关键的组织支撑。[①] 正是基于中国共产党在中国现代化建设与大国治理中的核心地位，加强以党的作风建设为重点的党的建设，就成为推进国家制度完善和国家治理体系践行的关键问题。

执政党的党风问题，是关系执政党生死存亡和社会主义事业成败的根本问题。习近平总书记强调，作风问题绝对不是小事，如果不坚决纠正不良风气，任其发展下去，就会像一座无形的墙把我们党和人民群众隔开，我们党就会失去根基、失去血脉，失去力量。从党自身建设角度看，党的作风是党的性质、宗旨、纲领、路线的重要体现，是党创造力、战斗力和凝聚力的重要内容。党的作风好坏，关乎党的形象，关系人心向背，甚至决定党的生死存亡。从社会事业建设看，党的作风建设是带动社会风气，保持社会和谐稳定的根本保障。中国共产党的执政地位决定了党在配给社会资源、领导国家

---

① 唐皇凤：《大国治理与政治建设——当代中国国家治理的战略选择》，《天津社会科学》2005年第3期。

建设和社会发展过程中,党的价值观、权力运行过程会对社会风气、国家建设发展产生深刻影响。俗话说:党风正,则民风正,事业兴;党风邪,则民心散,事业垮。因此,加强党的作风建设,提升执政党的价值引导力、制度创新力、组织动员力,既是党执政能力建设的内容和党的先进性、纯洁性建设的基础,也是中国特色社会主义制度完善和国家治理体系现代化的必然要求。

当前,加强党的作风建设,仍然是我们必须面对的时代课题。习近平总书记深刻指出,随着改革不断深入和对外开放不断扩大,党必将面临前所未有的风险和挑战,党的作风建设始终是摆在我们面前的一项重大而紧迫的任务,抓作风建设一丝都不能放松、一刻都不能停顿。他深刻剖析了作风方面存在的突出问题,强调要对作风之弊、行为之垢来一次大排查、大检修、大扫除,切实解决人民群众反映强烈的突出问题。党的十八大以来,中央政治局把加强作风建设作为工作开局的重要切入点,制定实施密切联系群众的八项规定、开展党的群众路线、"三严三实"等教育实践活动,坚决整治"四风",纠治形式主义官僚主义。同时,通过全面增强党的思想政治教育、加强反腐倡廉建设,引导广大党员干部"不忘初心、牢记使命",坚定理想信念,坚守共产党人的精神家园,筑牢思想根基,模范践行社会主义核心价值观,弘扬党的优良传统和优良作风,夯实廉洁从政、为民执政的思想道德根基。通过完善制度建设,加强对权力运行的制约和监督,规范权力科学运行,以制度化推进党风建设常态化、规范化,以确保党和国家的长治久安。以习近平同志为核心的党中央在党风建设上采取一系列治党理政"组合拳",有力地促进了党风、政风、民风转变,极大地提高了党在政治上的决断力、凝聚力,行政上的执行力、公信力,社会上的整合力、团结力。作为主体,各级党组织在不断适应新时代的要求,在统筹制度改革和制度运行,处理好顶层设计和分层对接的关系,搞好上下左右、方方面面的配套,注重各项改革协调进,使各项相得益彰,发生"化学反应",把制度优势转化为治理效能。

第十八讲

在坚持和完善中国特色社会主义制度的实践中推进国家治理体系和治理能力现代化

党的十九届四中全会站在新的历史起点上,进一步明确提出了坚持和完善中国特色社会主义制度、推进国家治理体系和治理能力现代化的总体目标,并规划了"三步走"战略:到我们党成立一百年时,在各方面制度更加成熟更加定型上取得明显成效;到 2035 年,各方面制度更加完善,基本实现国家治理体系和治理能力现代化;到新中国成立一百年时,全面实现国家治理体系和治理能力现代化,使中国特色社会主义制度更加巩固、优越性充分展现。[1]全会对坚持和完善中国特色社会主义制度、推进国家治理体系和治理能力现代化作出重大战略部署,体现了以习近平同志为核心的党中央先进执政理念和高度制度自信。

(一)坚定维护中国特色社会主义制度

当今世界正处于大发展大变革大调整时期,如何充分发挥中国共产党领导的政治优势和中国特色社会主义制度优势,将各方智慧和力量凝聚起来,

---

[1] 《中共中央关于坚持和完善中国特色社会主义制度 推进国家治理体系和治理能力现代化若干重大问题的决定》,《人民日报》2019 年 11 月 6 日第 1 版。

有效应对现代化建设道路中的风险挑战，是必须面对的历史性课题。

1. 发挥中国特色社会主义制度的显著优势

新中国 70 年创造的经济快速发展和社会长期稳定两大奇迹，展现着中国特色社会主义制度的强大生命力和巨大优越性。中国特色社会主义国家制度和法律制度，植根于中华民族 5000 多年文明史所积淀的深厚历史文化传统，吸收借鉴了人类制度文明有益成果，经过了长期实践检验。一是坚持党的领导的优势。70 年来，正是因为在党的坚强领导下，集中力量办大事，国家统一有效组织各项事业、开展各项工作，才能成功应对一系列重大风险挑战、克服无数艰难险阻，始终沿着正确方向稳步前进。二是保证人民当家作主的优势。我国国家制度深深植根于人民之中，能够有效体现人民意志、保障人民权益、激发人民创造力。三是坚持全面依法治国的优势。坚持依法治国，坚持法治国家、法治政府、法治社会一体建设，为解放和增强社会活力、促进社会公平正义、维护社会和谐稳定、确保党和国家长治久安发挥了重要作用。四是实行民主集中制的优势。在党的领导下，各国家机关是一个统一整体，既合理分工，又密切协作，既充分发扬民主，又有效进行集中。[①]

中国特色社会主义制度坚持把根本政治制度、基本政治制度同各项制度法律体系以及各方面体制机制有机结合，坚持把国家层面民主制度同基层民主制度有机结合起来，坚持把党的领导、人民当家作主、依法治国有机结合起来，既坚持社会主义根本性质，又借鉴古今中外制度建设有益成果，集中体现了中国特色社会主义的特点和优势。

2. 以坚持和完善中国特色社会主义制度为根本方向

中国特色社会主义制度是党和人民在长期实践探索中形成的科学制度体系，我国国家治理一切工作和活动都依照中国特色社会主义制度展开，我国国家治理体系和治理能力是中国特色社会主义制度及其执行能力的集中体现。[②] 可见，在实现中华民族伟大复兴的征途中，构建系统完备、结构合理、

---

① 《习近平主持十九届中共中央政治局第十七次集体学习时的讲话》，中国政府官网，2019 年 9 月 24 日，http://www.gov.cn/xinwen/2019-09/24/content_5432784.htm。

② 《中共中央关于坚持和完善中国特色社会主义制度 推进国家治理体系和治理能力现代化若干重大问题的决定》，《人民日报》2019 年 11 月 6 日第 1 版。

运行有效的制度法律体系是提升中国国家治理体系和治理能力现代化的前提和基础。

党的十九届四中全会首次系统描绘了中国特色社会主义制度的图谱。其中，党的领导制度是国家的根本领导制度，统领贯穿其他12个方面的制度，即：人民当家作主制度体系、中国特色社会主义法治体系、中国特色社会主义行政体制、社会主义基本经济制度、繁荣发展社会主义先进文化的制度、统筹城乡的民生保障制度、共建共治共享的社会治理制度、生态文明制度体系、党对人民军队的绝对领导制度、"一国两制"制度体系、独立自主的和平外交政策、党和国家监督体系。[①] 构成完整的制度系统。实践证明，我们党把马克思主义基本原理同中国具体实际相结合，在古老的东方大国建立起保证亿万人民当家作主的新型国家制度，使中国特色社会主义制度成为具有显著优越性和强大生命力的制度，保障我国创造出世所罕见的经济快速发展奇迹和社会长期稳定奇迹。中国特色社会主义制度是当代中国发展进步的根本保障，这是从历史和现实中得出的鲜明结论。只有好的制度，才有可能实现治理体系和治理能力现代化。

党的十八大以来，以习近平同志为核心的党中央着眼坚持和发展中国特色社会主义，着力推进全面深化改革，坚决破除各方面体制机制弊端，各领域制度建设得到全面完善加强。新时代，我们必须增强坚信制度优势、坚定制度自信的战略定力，坚持以实践基础上的理论创新推动制度创新，坚持和完善现有制度，从实际出发，及时制定一些新的制度，构建系统完备、科学规范、运行有序的制度体系，为推动将制度优势转化为国家治理效能奠定基础。

3. 以推进国家治理体系和治理能力现代化为鲜明指向

党的十九届四中全会强调要将"我国制度优势更好转化为国家治理效能"，为实现"两个一百年"奋斗目标、实现中华民族伟大复兴的中国梦提供有力保证。国家治理包括了国家治理体系和治理能力两个方面，国家治理体系是在党领导下管理国家的制度体系，包括经济、政治、文化、社会、生态

---

① 《中共中央关于坚持和完善中国特色社会主义制度 推进国家治理体系和治理能力现代化若干重大问题的决定》，《人民日报》2019年11月6日第1版。

文明和党的建设等各领域体制机制、法律法规安排，也就是一整套紧密相连、相互协调的国家制度。国家治理能力则是运用国家制度管理社会各方面事务的能力，包括改革发展稳定、内政外交国防、治党治国治军等各个方面。概括而言，治理体系是一个制度系统，包含多方面的制度；治理能力则是运用制度管理社会各方面事务的能力，也就是制度在运行中的表现。

国家治理体系和治理能力现代化与中国特色社会主义制度是一个有机整体，相辅相成，有了好的国家治理体系和治理能力才能使中国特色社会主义制度运转得更加高效，推动国家各项制度建设更加完善。制度是治理的依据，制度的性质决定治理的方式；治理是制度的实践，制度的实践过程就是治理。总之，推进国家治理体系和治理能力现代化是坚持和完善中国特色社会主义制度的必然要求。只有不断提高国家治理能力，才能充分发挥制度的效能，彰显中国特色社会主义制度优越性。

中国特色社会主义进入新时代，推进国家治理体系和治理能力现代化，一方面，要适应时代变化，既改革不适应实践发展要求的体制机制、法律法规，又不断构建新的体制机制、法律法规，使各方面制度更加科学、更加完善，实现党、国家、社会各项事务治理制度化、规范化、程序化。另一方面，要坚持中国特色社会主义道路。推进国家治理体系和治理能力现代化，必须发挥中国特色社会主义制度优势，坚持中国共产党领导，坚持党和国家民主集中制度，集中全国力量办大事，推进中国特色社会主义制度优势转化为国家治理效能。

综上，为实现坚持和完善中国特色社会主义制度、推进国家治理体系和治理能力现代化的总体目标，一方面，必须坚持和完善支撑中国特色社会主义制度的根本制度、基本制度、重要制度，着力固根基、扬优势、补短板、强弱项，构建系统完备、科学规范、运行有效的制度体系，另一方面，要加强系统治理、依法治理、综合治理、源头治理，把我国制度优势更好转化为国家治理效能。具体而言，各级党委和政府以及各级领导干部要切实强化制度意识，带头维护制度权威，做制度执行的表率，带动全党全社会自觉尊崇制度、严格执行制度、坚决维护制度。加强制度理论研究和宣传教育，引导全党全社会充分认识中国特色社会主义制度的本质特征和优越性，坚定制度自信。推动广大干部严格按照制度履行职责、行使权力、开展工作，提高推进"五位一体"总体布局和"四个全面"战略布局等各项工作能力和水平。[①]

(二) 有效提升国家治理执行力

"制度的生命力在于执行",国家治理现代化重在提升制度执行力。制度执行力是执行主体在对制度产生一定认同的基础上,为实现制度既定目标,在制度执行过程中通过对各种制度资源的调度、控制和使用,实现制度执行绩效所应具有的能力。只有不断提高治理执行力,才能使国家治理体系发挥出最大效能。当前,我国国家制度和国家治理体系具有13个方面的显著优势,制度的高效执行是把"制度优势"转化为治理效能的关键影响因素。

1. 维护和谐稳定能力

社会和谐稳定是国家治理现代化的重要基础和条件。没有和谐稳定的社会环境,一切都无从进行。特别是对于我国这样一个处于社会转型升级期的最大发展中国家,有效地维护社会和谐稳定能力,是推进国家治理现代化的重要保证。

一是增强政治定力。一个国家选择什么样的治理体系,是由这个国家的历史传承、文化传统、经济社会发展水平决定的,是由这个国家的人民决定的。新中国成立70年来,我们党领导人民创造了世所罕见的经济快速发展奇迹和社会长期稳定奇迹,中华民族迎来了从站起来、富起来到强起来的伟大飞跃。在中国共产党领导下,我国既不走封闭僵化的老路,也不走改旗易帜的邪路,而是坚定不移走中国特色社会主义道路,创造了经济社会发展的"中国奇迹",为世界经济发展作出重大贡献。国际上对中国道路、中国模式大都是肯定的。正如"软实力"概念提出者、美哈佛大学教授约瑟夫·奈说,中国的经济增长让发展中国家收益巨大,中国独特的发展模式也被很多国家视为可效仿的榜样。事实说明,我们国家治理体系和治理能力总体上是好的,是有独特优势的,是适应我国国情和发展要求的,体现了中国人民的意愿。同时必须看到,西方敌对势力出于意识形态的偏见和自身战略利益的需要,

---

[①] 《中共中央关于坚持和完善中国特色社会主义制度 推进国家治理体系和治理能力现代化若干重大问题的决定》,《人民日报》2019年11月6日第1版。

不愿看到一个繁荣富强、统一和谐的社会主义中国，千方百计对我国实施"西化""分化"战略，不择手段对我国进行思想文化观念渗透，遏制我国发展、破坏我国和谐稳定。对此，一定要头脑清醒、旗帜鲜明，始终保持坚定政治自信。这样才能与西方敌对势力在意识形态、价值观念、社会制度、发展道路方面的较量中咬定青山不放松、任尔东西南北风；才能在与西方敌对势力的反渗透、反颠覆、反分裂斗争中立于不败之地。

二是提高预防和处理矛盾纠纷的能力。当前，影响国家治理现代化的因素主要是社会内部矛盾。改革开放以来，我国经济实力、综合国力大大增强，人民生活水平大幅提高，国际地位和国际影响力显著上升，同时，发展不平衡、不协调、不可持续问题比较突出，地区之间、城乡之间的发展差距以及居民收入分配差距没有根本扭转，由此引发大量社会矛盾，因食品药品安全、安全生产、劳资纠纷、医患纠纷、环境污染等问题引发的社会矛盾明显增多。新旧矛盾问题交织叠加，社会矛盾关联性、敏感性、对抗性明显增大，使社会稳定面临一系列可以预见和难以预见的风险，这就要求我们在加快现代化建设、推进国家治理现代化的同时，必须下更大的决心、采取更加有效的方法措施，妥善化解各种社会矛盾。要强化从源头预防的思想，健全社会利益协调机制和社会风险评估机制，狠抓矛盾纠纷排查调处，形成党委总揽全局、各部门齐抓共管、人民群众广泛参与的预防工作格局，从源头上预防和减少社会矛盾的发生。要善于发挥基层组织就地化解矛盾纠纷的作用，主动适应经济社会发展新要求，健全以基层党组织为核心、以群众自治组织为主体、社会各方广泛参与的综合治理服务体系，努力把社区建成社会管理的平台、居民日常生活的依托、社会和谐稳定的根基。要以扩大有序参与、推进信息公开、加强议事协商、强化权力监督为重点，努力让群众更好地行使民主权利，提高自我管理、自我服务水平。要充分发挥人民团体、群众组织、社会组织的作用，形成多元治理格局，促进社会矛盾纠纷化解。

2. 推动科学发展能力

党的十八大以来，习近平总书记多次强调，以经济建设为中心是兴国之要，发展是党执政兴国的第一要务，是解决我国一切问题的基础和关键。国家治理能力现代化的目的是为了促进发展，也只有发展才能为国家治理能力现代化提供根本动力和保障。

一是提高发展能力。发展是我党执政兴国第一要务,推进国家治理体系和治理能力现代化,首先要实现发展。抓住发展,就抓住了国家治理现代化的根本任务和主要内容。改革开放以来,创造了发展的"中国奇迹",在国际社会产生了重大影响。当前,中国特色社会主义进入新时代,我国社会主要矛盾已经转化为人民日益增长的美好生活需要和不平衡不充分的发展之间的矛盾。[①] 推动科学发展高质量发展,仍然是推进国家治理现代化的核心任务。我们要在继续推动发展的基础上,着力解决好发展不平衡不充分问题,大力提升发展质量和效益,更好满足人民在经济、政治、文化、社会、生态等方面日益增长的需要,更好推动人的全面发展、社会全面进步,为推进国家治理体系和国家治理能力现代化、实现中国特色社会主义事业发展新胜利奠定坚实基础。

二是把握发展规律。国家治理现代化所要求的发展,不是片面的发展、不计代价的发展、竭泽而渔的发展,而是坚持以人为本、又好又快的发展。因此,推进国家治理现代化,必须把握发展规律、创新发展理念,提高发展的全面性协调性。要坚持人民群众在社会发展中的主体地位,以人的解放、自由和全面发展为目标,始终做到发展为了人民,发展依靠人民,发展成果由人民共享。要按照中国特色社会主义事业"五位一体"总体布局要求,全面推进经济建设、政治建设、文化建设、社会建设、生态文明建设,促进现代化建设各方面相协调,促进生产关系与生产力、上层建筑与经济基础相协调,促进速度和结构质量效益相统一、经济发展与人口资源环境相协调,不断开拓生产发展、生活富裕、生态良好的文明发展道路。要正确认识和妥善处理社会主义现代化建设中的重大关系,统筹城乡发展、区域发展、经济社会发展、人与自然和谐发展、国内发展和对外开放,统筹各个方面利益,充分调动各方面积极性,努力形成全体人民各尽所能、各得其所而又和谐相处的局面。

3. 深化改革创新能力

国家治理体系和治理能力现代化实质上就是一个与时俱进、改革创新的

---

① 习近平:《决胜全面建成小康社会 夺取新时代中国特色社会主义伟大胜利——在中国共产党第十九次全国代表大会上的报告》,《人民日报》2017年10月28日第1版。

过程。没有改革创新能力，也就谈不上推进国家治理现代化。

一是增强推进改革的信心和勇气。全面深化改革，是以习近平同志为核心的党中央带领全国各族人民在新时代开启的伟大斗争。改革开放以来，我们党靠改革开放振奋民心、统一思想、凝聚力量，靠改革开放激发全体人民的创造精神和创造活力，靠改革开放实现我国经济社会快速发展、赢得与资本主义竞争中的比较优势，中华民族比近代以来历史上任何时期都更接近伟大复兴的目标，比近代以来任何时期都更有信心、更有能力实现这个目标。面对未来，我国经济社会发展面临的矛盾和问题更为艰巨复杂，躲不开绕不过，解决不好就有可能陷入"中等收入陷阱"。处在这样一个重要历史关头，要破解发展面临的各种难题，化解来自各方面的风险挑战，更好发挥中国特色社会主义制度优势，推动国家治理现代化，实现经济社会持续健康发展，就必须以坚定的改革信心，以更大的政治勇气和智慧、更有力的措施和办法全面深化改革，唯有如此，别无他途。

二是提高改革协同能力。党的十九大把"着力增强改革系统性、整体性、协同性"作为全面深化改革取得重大突破的一项重要经验，把"更加注重改革的系统性、整体性、协同性"写入党章，对今后一个时期围绕决胜全面建成小康社会、开启全面建设社会主义现代化国家新征程来全面深化改革作出新的部署。经济体制改革是全面深化改革的重点，应坚持以经济体制改革为牵引。政治体制改革攸关社会前进方向，必须坚持走中国特色社会主义政治发展道路不动摇。文化体制改革能产生激励全党全国各族人民奋勇前进的强大精神力量，要为社会主义文化强国建设奠定制度基础。社会体制改革直接决定保障和改善民生、促进社会公平正义的效果，要抓住人民最关心最直接最现实的利益问题。生态文明体制改革的目标是建设美丽中国，要推动形成人与自然和谐发展现代化建设新格局。党的领导是中国特色社会主义制度的最大优势，必须毫不动摇坚持和完善党的领导，毫不动摇把党建设得更加坚强有力。习近平同志指出："改革开放是一个系统工程，必须坚持全面改革，在各项改革协同配合中推进。"经济、政治、文化、社会、生态文明、党的领导这六大体制改革、覆盖国家治理体系的方方面面，构成一项结构复杂、关联紧密的庞大系统工程。各项改革既相互促进又相互制衡，只有整体推进、重点突破、协同配合，才能形成合力，推动全面深化改革取得更辉煌成就。

三是提高创新能力。创新是一个民族进步的灵魂，是一个国家兴旺发达的不竭动力，也是推进国家治理现代化的必由之路。纵观社会主义发展历史，怎样治理社会主义社会这样的全新社会，马克思主义经典作家进行了探索，创造性提出了一些政策举措，取得了一些成功经验，也有东欧剧变、苏联解体的失败教训。中国共产党成立特别是新中国成立以来，我们党以全新的国家治理理念，对我国社会进行深刻分析，认识到只有社会主义才能解决中国问题，才是实现民族独立人民解放、国家富强和人民幸福的正确道路。在中国革命、建设和改革进程中，既没有走西方资本主义道路，也没有照抄照搬别人的制度模式，而是从我国国情出发，开创了一条中国特色社会主义发展道路，形成了一套中国特色社会主义制度体系，实现了经济社会快速发展，人民群众幸福安康，在国际社会产生了越来越大的影响力。我们只有全面深化改革，通过理论创新、制度创新、实践创新，才能不断革除体制机制弊端，使我国社会主义制度更加成熟定型持久。要站在大数据、云计算、区块链等科技高地提升国家治理现代化水平，建立健全大数据辅助科学决策和社会治理的机制，推进政府管理和社会治理模式创新，实现政府决策科学化、社会治理精准化、公共服务高效化。

4. 促进公平正义能力

公平正义是人类社会的共同追求，也是国家治理现代化的本质要求。新时代，将坚持和完善中国特色社会主义制度、推进国家治理体系和治理能力现代化作为重要目标，根本目的就是促进和实现社会公平正义、增进人民福祉。

一是提高公平正义制度化能力。国家治理能力是国家制度执行能力的集中体现。推进社会公平正义制度化，是实现国家治理能力现代化的重要内容，是促进和实现社会公平正义的根本保证。促进和实现社会公平正义是一项复杂的系统工程，要从多方面入手，包括发展经济，增强物质基础；发展社会事业，提高公共服务水平和能力；加强社会主义核心价值体系建设，形成诚信友爱、融洽和谐的社会环境；等等。所有这些方面的工作及其成果都要通过一定的制度安排和制度运行，才能转化为社会成员的权利和利益，才能使公平正义得到实质性的推动促进。因此，要在全体人民共同奋斗、经济社会发展的基础上，加快提高促进社会公平正义的制度化水平，逐步建立以权利公平、机会公平、规则公平为主要内容的社会公平保障体系，努力营造公平的社会环境，切实保证人民在政治、经济、文化、社会、生态文明等方面的平等参与、平等发展权利。

二是维护公民平等权利能力。平等是公平正义的第一要义，唯有平等才能服人，唯有平等才能治理好社会，在一定意义上说，国家治理能力的提升，在于维护公民平等权利能力的提升。恩格斯指出："平等是正义的表现，是完善的政治制度或社会制度的原则"，"一切人，或至少是一个国家的一切公民，或一个社会的一切成员，都应当有平等的政治地位和社会地位"。我国公民在法律面前一律平等，但由于种种原因，公民权利在实现过程中存在着事实上的不平等，存在着相对不平等。提高国家治理能力，不仅是满足于形式意义上的平等，而且是要以法律上的平等权为基础，不断追求实质意义上的平等，即不断追求社会公平正义。要坚持权利平等、机会平等、规则平等的法规制度，在法律上实现人人平等。要坚持底线公平，实行最低标准保障、最低限度保护，消除绝对贫困和边缘化；同时在发展的基础上，不断缩小差距，消除不合理差别，逐步实现实质平等。

（三）全面加强党对国家治理现代化的领导

中国共产党领导是中国特色社会主义最本质的特征，是中国特色社会主义制度的最大优势，党是最高政治领导力量。党的十九届四中全会强调，要坚持和完善党的领导制度体系，提高党科学执政、民主执政、依法执政水平。必须坚持党政军民学、东西南北中，党是领导一切的，坚决维护党中央权威，健全总揽全局、协调各方的党的领导制度体系，把党的领导落实到国家治理各领域各方面各环节。[①] 要建立"不忘初心、牢记使命"的制度，完善坚定维护党中央权威和集中统一领导的各项制度，健全党的全面领导制度，健全为人民执政、靠人民执政各项制度，健全提高党的执政能力和领导水平制度，完善全面从严治党制度。

---

① 《中共中央关于坚持和完善中国特色社会主义制度　推进国家治理体系和治理能力现代化若干重大问题的决定》，《人民日报》2019年11月6日第1版。

1. 加强党的统筹谋划和科学指导

国家治理是一个系统工程，各项治理举措之间的关联性、耦合性要求非常高。任何一个领域的举措都会牵动其他领域，同时也需要其他领域配合。否则，治理就很难进行下去，即使是勉强推进，效果也会大打折扣。必须从全局的高度统筹谋划国家治理的各个方面、各个层次、各个要素，使各项治理措施相互促进、良性互动、协同配合。同时必须统一思想、凝聚共识。把全党的思想和行动统一到中央精神上来，牢牢把握国家治理体系和治理能力现代化的正确方向，正确处理中央和地方、全局和局部、长远和当前的关系，正确对待利益格局调整，坚决维护中央权威，确保政令畅通，最大限度地凝聚思想共识，最大限度调动一切积极因素，形成推进国家治理现代化的强大合力。

2. 落实各级党组织的领导责任

推动全党增强"四个意识"、坚定"四个自信"、做到"两个维护"，自觉在思想上政治上行动上同以习近平同志为核心的党中央保持高度一致，坚决把维护习近平总书记党中央的核心、全党的核心地位落到实处。健全党中央对重大工作的领导体制，强化党中央决策议事协调机构职能作用，完善推动党中央重大决策落实机制，严格执行向党中央请示报告制度，确保令行禁止。健全维护党的集中统一的组织制度，形成党的中央组织、地方组织、基层组织上下贯通、执行有力的严密体系，实现党的组织和党的工作全覆盖。要充分发挥基层党组织和党员在国家治理中的作用。通过健全党的基层组织体系，加强党员队伍建设，创新基层党建工作，使每个基层党组织都成为战斗堡垒，使广大党员起到先锋模范作用，引领带动群众积极投身国家治理实践，为实现国家治理现代化作出贡献。

3. 按照要求选准用好干部和人才

党对国家治理现代化的领导，是通过各级干部实现的。当前，我们干部队伍的素质状况与国家治理体系和治理能力现代化的要求还不相适应，迫切需要进一步深化干部人事制度改革，努力构建有效管用、简便易行的选人用人机制，真正把那些好干部选拔出来、使用到位。这就要求我们坚持党管人才的原则，建立起集聚人才的体制机制，把天下英才紧紧团结和凝聚在党的事业之中，使各方面优秀人才都能在国家治理中发挥作用。党的十九届四中全会《决定》指出，要把提高治理能力作为新时代干部队伍建设的重大任务。通过加强思想淬炼、政治历练、实践锻炼、专业训练，推动广大干部严格按照制度履行职责、行使权力、开展工作，提高推进"五位一体"总体布局和"四个全面"战略布局等各项工作能力和水平。坚持党管干部原则，落实好干部标准，树立正确用人导向，把制度执行力和治理能力作为干部选拔任用、考核评价的重要依据。尊重知识、尊重人才，加快人才制度和政策创新，支持各类人才为推进国家治理体系和治理能力现代化贡献智慧和力量。①

4. 坚持为人民执政、靠人民执政原则

充分发挥人民群众参与国家治理的积极性、主动性、创造性。人民群众是国家治理的主体。坚持以人为本，尊重人民主体地位，发挥群众首创精神，紧紧依靠人民治理国家，体现了我们党的根本宗旨和执政理念，凝聚了国家建设的宝贵经验，是推进国家治理体系和治理能力现代化必须遵循的基本原则。党的十九届四中全会强调，要坚持立党为公、执政为民，保持党同人民群众的血肉联系，把尊重民意、汇集民智、凝聚民力、改善民生贯穿党治国理政全部工作之中，巩固党执政的阶级基础，厚植党执政的群众基础，通过完善制度保证人民在国家治理中的主体地位，着力防范脱离群众的危险。贯彻党的群众路线，完善党员、干部联系群众制度，创新互联网时代群众工作机制，始终做到为了群众、相信群众、依靠群众、引领群众、深入群众、深入基层。健全联系广泛、服务群众的群团工作体系，推动人民团体增强政治性、先进性、群众性，把各自联系的群众紧紧团结在党的周围。

总之，要坚持党的根本宗旨，贯彻党的群众路线，尤其是在全面深化改革进程中，国家治理情况趋于复杂、矛盾突出、难度加大时，更要坚持问政于民、问需于民、问计于民，广泛听取群众意见和建议，通过建立社会参与机制，最大限度地集中全党全社会智慧。要鼓励地方、基层和群众大胆探索，及时总结群众在治理实践中创造的新鲜经验，使国家治理避免失误，少走弯路。

---

① 《中共中央关于坚持和完善中国特色社会主义制度 推进国家治理体系和治理能力现代化若干重大问题的决定》，《人民日报》2019年11月6日第1版。

（四）持续深化机构和行政体制改革

党的十九届三中全会提出，深化党和国家机构改革是推进国家治理体系和治理能力现代化的一场深刻变革。党和国家机构职能体系是中国特色社会主义制度的重要组成部分，是我们党治国理政的重要保障。深化机构和行政体制改革是全面深化改革的重要内容。它直接关系国家治理体系的完善和治理能力的提升，对各领域改革发挥着体制支撑和保障作用。要从根本上解决发展中的深层次矛盾和问题，就必须对机构和体制进行调整完善。需要通过深化机构和行政体制改革，推动经济、社会、文化、生态文明等领域改革持续深化，加快构建系统完备、科学规范、运行有效的制度体系。

1. 准确把握改革着力点和重点任务

统筹机构设置是深化机构和行政体制改革的首要举措。党的十九大报告指出，要统筹考虑各类机构设置，科学配置党政部门及内设机构权力、明确职责。①改革开放以来，我国行政体制改革实践主要发生在行政系统，侧重对行政机构进行改革，而忽视了其他类型机构改革对行政体制改革的制约和影响。统筹各类机构设置，突破了原有的仅仅局限于行政机构改革的传统路径，将行政改革放到我国国家治理体系和治理能力现代化的总体格局中思考和谋划，有利于提高行政体制改革的有效性和整体性。顺利推进新时代中国特色社会主义各项事业，必须从组织机构上发挥党的领导这个最大体制优势，协调好并发挥出各类机构的职能作用，形成适应新时代发展要求的党政群机构新格局。为此，需要统筹考虑党和国家各类机构设置，完善科学领导和决策、有效管理和执行的体制机制。一是统筹考虑各类机构设置，科学配置党政部门及其内设机构权力，明确职责。二是统筹使用各类编制资源，形成科学合理的管理体制。三是完善国家机构组织法。

2. 切实推动政府职能转变

新时代，中国需深化简政放权、坚持放管结合，进一步转变政府职能。改革开放40多年来，在经济体制改革目标和方向的牵引下，国务院先后进行

---

① 《决胜全面建成小康社会 夺取新时代中国特色社会主义伟大胜利——在中国共产党第十九次全国代表大会上的报告》，《人民日报》2017年10月28日第1版。

了七次机构改革，行政体制改革深入推进。尤其是党的十八大以来，我国行政体制改革聚焦政府职能转变，把转变政府职能作为推进行政体制改革的重要方向和抓手，深入推进简政放权改革。从中央到地方，上下接力、持续发力，取消和下放了许多行政审批事项，政府职能转变取得了突破，我国市场主体的营商创业环境得到了显著改善。职能转变是深化行政体制改革的核心。一是加大简政放权力度，深化行政审批制度改革，释放市场发展活力。二是坚持放管结合放管并举，创新监管方式。三是规范行政行为、优化办事流程，增强政府公信力和执行力，建设人民满意的服务型政府。进一步精简环节，规范行政程序、行为、时限和裁量权，加快实施"互联网+政务服务"，提高政务公开水平，营造稳定公平透明、可预期的营商环境。

3. 发挥基于基层群众的管理服务优势

优化地方各级权力配置，更好发挥贴近基层和群众的管理服务优势。从历史上看，我国的历次改革往往都是从基层开始，群众广泛参与的"摸着石头过河"式的基层创新是通过以点带面的方式进行"政策测验"，或通过总结基层经验注入国家政策的方式来配合顶层设计的另一条创新路径。坚持发挥中央和地方两个积极性，尊重地方首创精神。不同层级各有其职能重点，对那些由下级管理更为直接高效的事务，应赋予地方更多自主权，这样既能充分调动地方积极性、因地制宜做好工作，也有利于中央部门集中精力抓大事、谋全局。我国幅员辽阔、人口众多，各级各地情况千差万别。改革既要加强领导统一部署，做到全国一盘棋；又要充分考虑各地实际，调动和发挥地方的积极性主动性创造性。特别是市县直接面对基层和社会实施管理和服务，要支持和鼓励其因地制宜大胆改革探索。对具有普遍意义的经验做法，要及时总结推广。

（五）大力弘扬社会主义核心价值体系

党的十八大以来，以习近平同志为核心的党中央高度重视培育和践行社会主义核心价值观。习近平总书记曾这样总结24字的社会主义核心价值观：富强、民主、文明、和谐是国家层面的价值要求，自由、平等、公正、法治是社会层面的价值要求，爱国、敬业、诚信、友善是公民层面的价值要求。这个概括，实际上回答了我们要建设什么样的国家、建设什么样的社会、培育什么样的公民的重大问题。核心价值体系和核心价值观是一定社会形态社会性质的集中体现，在社会思想观念体系中处于主导地位，决定着社会制度、社会运行的基本原则，制约着社会发展的基本方向。我们党提出建设社会主义核心价值体系和核心价值观的战略任务，有力地统一了全党全社会思想、凝聚了社会共识，这对推进国家治理体系和治理能力现代化发挥着不可替代的作用。

1. 铸牢思想根基

推进国家治理体系和治理能力现代化是一个与时俱进、综合性的复杂工程。它既需要不断完善经济、政治、文化、社会和生态文明等各方面制度保障，也需要不断强化思想价值层面的方向引领。培育和弘扬社会主义核心价值体系和核心价值观，是中国特色社会主义的"铸魂工程"，可以从价值层面为社会长远、稳定发展提供根本价值遵循，为制度设计、决策部署、法律制定提供最终价值依托，使中国特色社会主义始终沿着正确方向全面健康发展。长期以来，我们党对国家治理现代化进行了艰苦曲折的探索，也不断深化对社会主义思想价值取向的认识。在当前国际形势复杂多变、西方国家在世界范围内推销其价值观念的情况下，在全社会大力培育和弘扬社会主义核心价值体系和核心价值观，有利于更好解析人们的思想疑虑和困惑，进一步坚定推进国家治理现代化的信心和信念。

2. 凝聚社会共识

核心价值体系和核心价值观蕴含着人们对世界、人生、社会等一系列重大问题的价值共识，深刻影响着每个社会成员的思想观念、思维方式、行为规范，是人们思想上精神上的灵魂旗帜。历史和现实一再表明，一个国家和民族能不能把握自己，很大程度上取决于有没有共同的价值目标。只有建立共同的价值目标，国家和民族才会有赖以维系的精神纽带，才会有统一的意志和行动。党的十九届四中全会《决定》强调："要坚持以社会主义核心价值观引领文化建设制度。推动理想信念教育常态化、制度化，弘扬民族精神和时代精神，加强党史、新中国史、改革开放史教育，加强爱国主义、集体主义、社会主义教育，实施公民道德建设工程，推进新时代文明实践中心建设。"[①]

---

① 《中共中央关于坚持和完善中国特色社会主义制度 推进国家治理体系和治理能力现代化若干重大问题的决定》，《人民日报》2019年11月6日第1版。

我国有 56 个民族、近 14 亿人口，要把人们思想意志凝聚起来，没有有效发挥统摄作用的核心价值体系和核心价值观，是不可想象的。现在，我国正处在经济转轨和社会转型的加速期，思想领域多元、多样、多变，各种思潮此起彼伏，各种观念交相杂陈，不同价值取向同时并存。在这种情形下，大力培育和弘扬社会主义核心价值体系和核心价值观，能够找到全体社会成员在价值认同上的最大公约数，在具体利益矛盾、各种思想差异之上最广泛地形成价值共识，有效引领整合纷繁复杂的社会思想意识，形成团结奋斗的强大精神力量。

3. 发挥文化作用

当今世界，文化是推动国家发展和民族振兴的强大力量。一个没有精神力量的民族难以自立自强，一项没有文化支撑的事业难以持续长久。发展先进文化是国家现代化的重要内容，博大精深的中华优秀传统文化是我国在世界发展中立足的根基。实现文化发展与国家治理现代化有机结合，是当代世界各国实现国家有效治理的战略选择。习近平总书记强调，推进国家治理体系和治理能力现代化，要大力培育和弘扬社会主义核心价值体系和核心价值观，加快构建充分反映中国特色、民族特性、时代特征的价值体系。坚守我们的价值体系，坚守我们的核心价值观，必须发挥文化的作用，把培育和弘扬社会主义核心价值观作为凝魂聚气、强基固本的基础工程。

文化不仅是国家治理体系现代化的重要组成部分，也是国家治理体系现代化的媒介，决定着国家治理体系现代化的方向。任何国家治理体系的形成，都需要相应的文化观念作为支撑和保障。因此，推进国家治理体系和治理能力现代化，必须坚持马克思主义立场，以马克思主义思想为指导，传承文化中正确的价值观和意识形态，体现我国国家治理的主流意识形态。同时，努力实现中华传统美德的创造性转化、创新性发展，努力使中华民族最基本的文化基因与当代文化相适应、与现代社会相协调，以人们喜闻乐见、具有广泛参与性的方式推广开来，把跨越时空、跨越国度、富有永恒魅力、具有当代价值的文化精神弘扬起来，把继承优秀传统文化又弘扬时代精神、立足本国又面向世界的当代中国文化创新成果传播出去，大力向国际社会展示中华文化独特魅力。此外，坚持依法治国和以德治国相结合，完善弘扬社会主义核心价值观的法律政策体系,把社会主义核心价值观要求融入法治建设和社会治理,体现到国民教育、精神文明创建、文化产品创作生产全过程。[①] 最后,要努力学习借鉴世界各国人民创造的优秀文明成果,在不断汲取各种文明养分中丰富和发展中华文化,提升国家文化软实力。

---

① 《中共中央关于坚持和完善中国特色社会主义制度 推进国家治理体系和治理能力现代化若干重大问题的决定》,《人民日报》2019年11月6日第1版。

后 记

党的十九届四中全会是在世界发展经历百年未有之大变局、我国正处于实现中华民族伟大复兴关键时期召开的一次重要会议。全会的主题是审议通过《中共中央关于坚持和完善中国特色社会主义制度 推进国家治理体系和治理能力现代化若干重大问题的决定》。习近平总书记就《决定（讨论稿）》向全会作了说明，并在会议结束时发表重要讲话。《决定》全面总结了中国特色社会主义制度建设的历史性成就，集中概括了中国特色社会主义制度和国家治理体系的显著优势，深刻阐述了支撑中国特色社会主义制度的根本制度、基本制度、重要制度，明确了坚持和完善中国特色社会主义制度、推进国家治理体系和治理能力现代化的总体要求、总体目标和重点任务，是坚持和完善中国特色社会主义制度、推进国家治理体系和治理能力现代化的政治宣言和行动纲领，是具有开创性、里程碑意义的战略决策。

书稿即将定稿时，恰逢党的十九届四中全会召开，我们根据全会最新精神对书稿进行了调整，阐释了有关主要内容，可供广大党员干部作为学习贯彻党的十九届四中全会精神的参考读物。

本书是集体攻关、合作研究的成果。各章作者及所在单位是：第一讲，颜晓峰（天津大学）；第二讲，王磊（天津大学）、詹仲亚（陆军勤务学院）；第三讲，朱康有（国防大学）；第四讲，常培育（国防大学）；第五讲，常培育（国防大学）；第六讲，李徐步（陕西省军区）、王丽君（国防大学）；第七讲，孙存良（教育部）、祁一平（国防大学）；第八讲，杨文圣（天津财经大学）；第九讲，韩刚（国防大学）；第十讲，王寿林（天津大学）；第十一讲，黄坤仑（解放军新闻传播中心）；第十二讲，王恒（天津大学）、刘群（国防大学）；第十三讲，颜旭（国防大学）；第十四讲，屈婷（天津大学）、张震（信息工程大学）；第十五讲，张畅（天津大学）；第十六讲，刘志华（天津大学）；第十七讲，王燕群（中国消防救援学院）、姜钦云（福州市财政局）；第十八讲，徐菁忆（天津大学）、杨永利（国防大学）。主编颜晓峰，副主编常培育、李徐步。主编负责全书总体设计和统稿，副主编协助主编统稿和承担编务工作。

  本书的出版，得到人民日报出版社领导的支持帮助，在此表示衷心的感谢！

  本书存在的不足之处，恳请各位读者批评指正。

颜晓峰

2019 年 11 月